# 主な手型

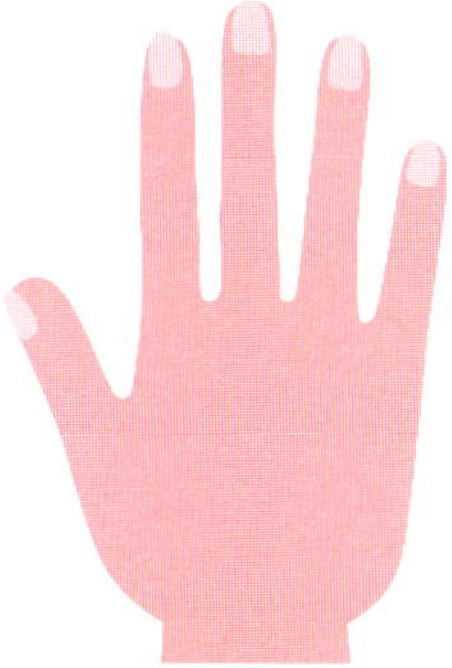

## 四角型

手の全体や指の先が四角ばっている

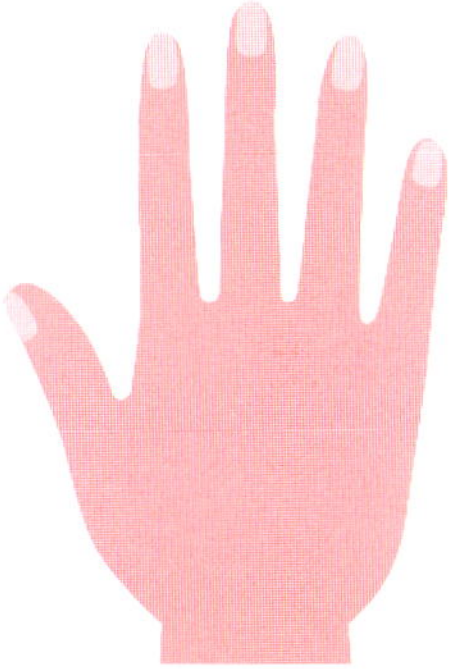

## 円すい型

指のつけ根から指先へ向かうほど細い

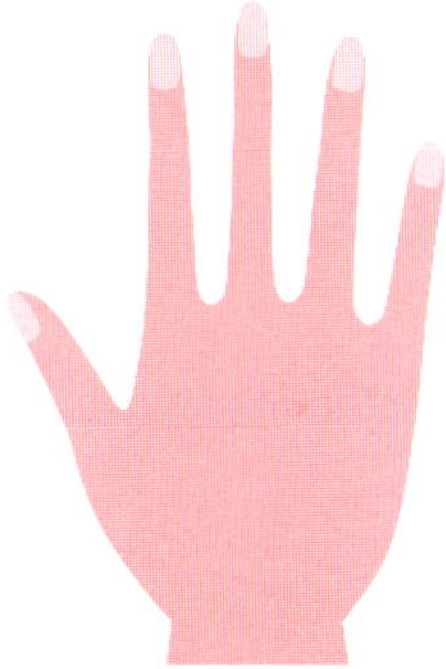

## 尖頭型

指がすらりと細く長く伸びている

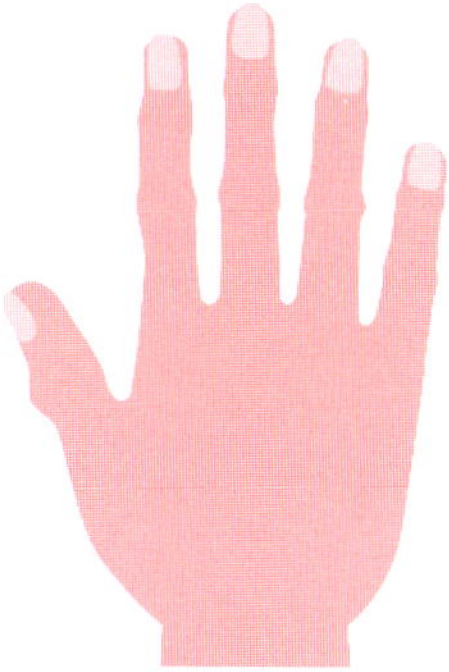

## 混合型

指先や手の型が混合している手型

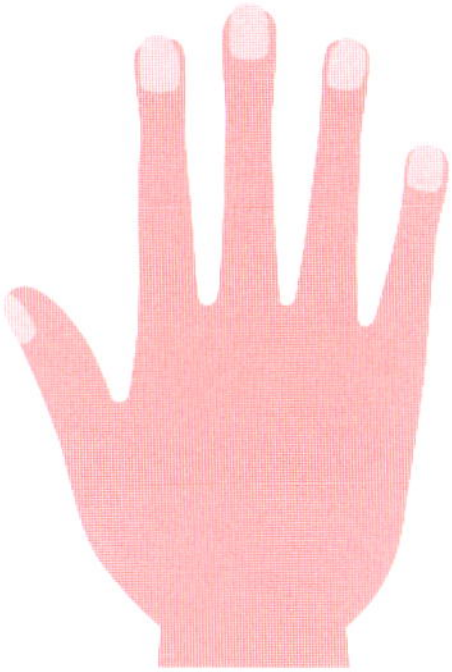

## ヘラ型

指先の肉づきがヘラの形に似ている

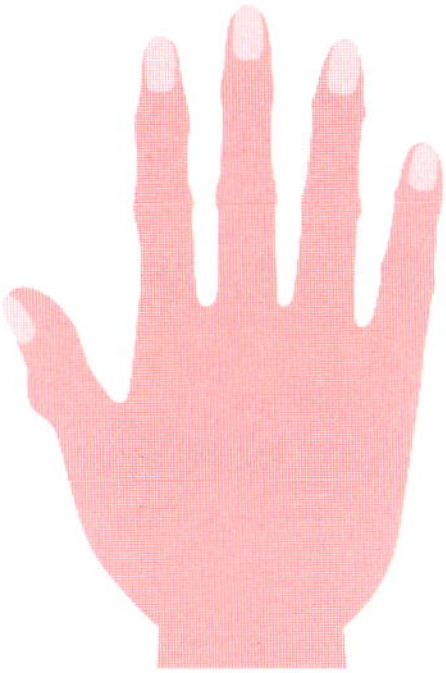

## 結節型

指の節々がよく発達し全体的にゴツゴツしている

手の型はぴったりと当てはまらなくても、
自分の手と近い型を選んでください。
また、他の人と手の型を比べてみると分かりやすいでしょう。

# 丘の場所と名前

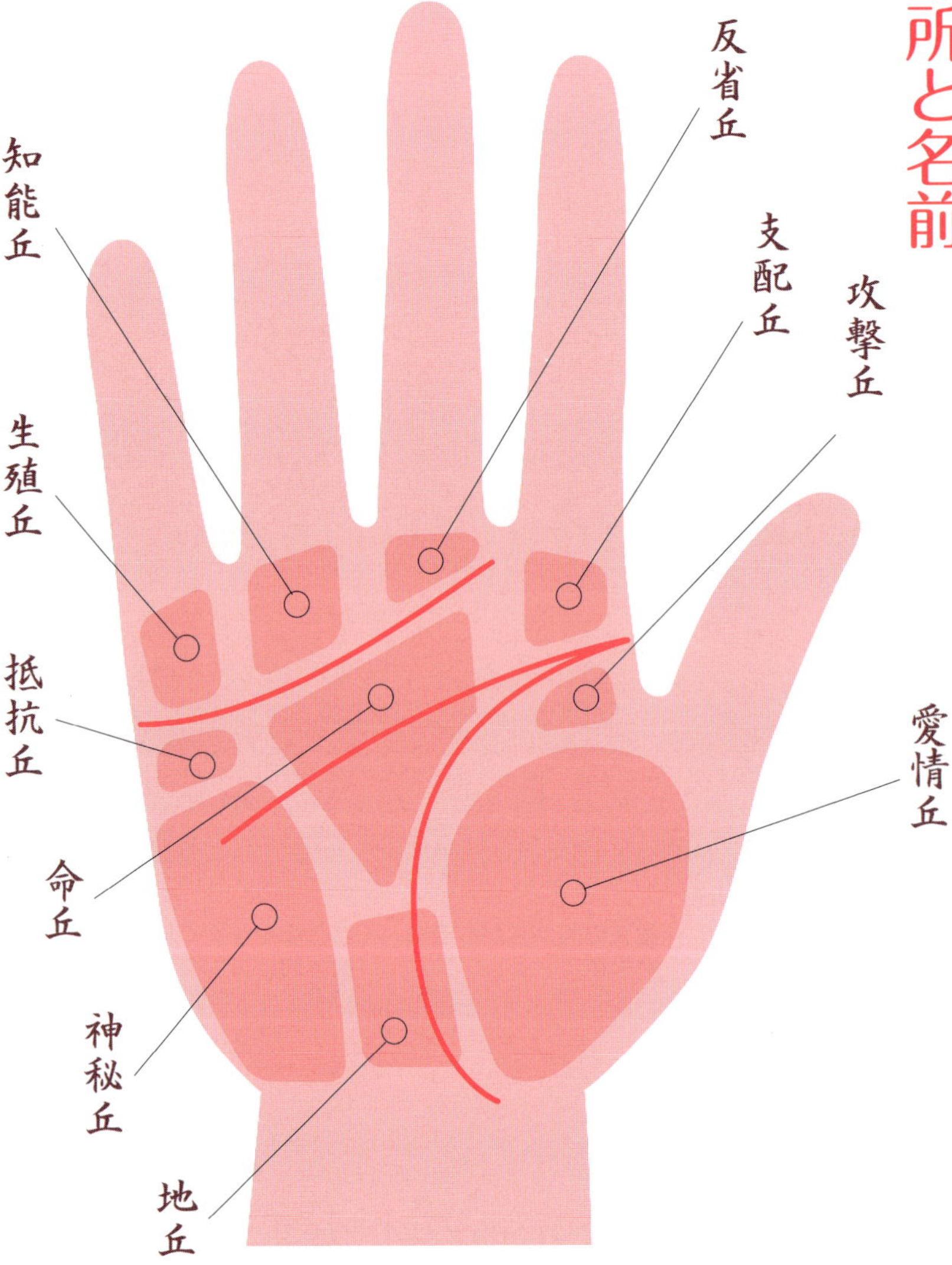

反省丘
知能丘
支配丘
攻撃丘
生殖丘
抵抗丘
愛情丘
命丘
神秘丘
地丘

右手
# 未来の運気判断にお使いください
## 紋線の場所と名前

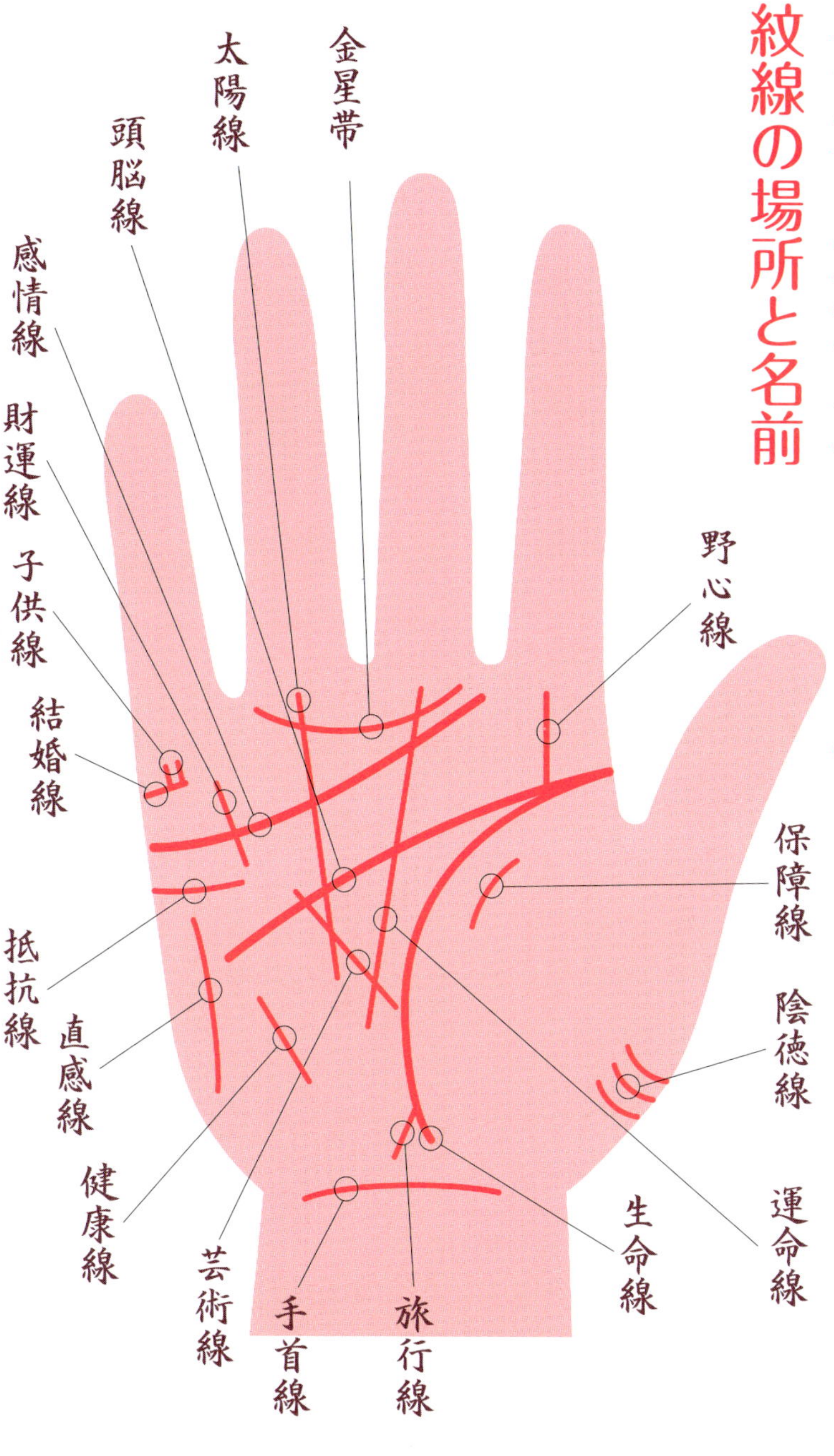

# 主な線の種類

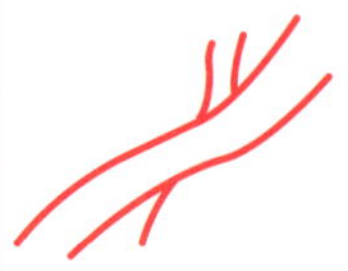

### 枝線

1つの線の途中から、上や下に枝分かれしている線。運命の展開や変化を表します。

### 房状線

末尾近くが短く房状に分かれている線。その紋線の意味を弱め、心身の疲労や衰えを表します。

### 波状線

波のように、くねくねと曲がっている線。運勢が定まらず、変化の多いことを表します。

### ふたまた線

末尾の先が2つに分かれ、Y字形になっている線。運勢や状況が好転する兆しを表します。

### みつまた線

末尾の先が3つに分かれている線。ふたまた線よりも、さらに運勢が好いことを表します。

### 鎖状線

線が絡み合い、鎖のような形になっている線。その紋線が表す意味を弱めます。

### 中断線

各線の妨害となる線。生活や職業、それに伴う人間関係、運命を悪化させる障害を表します。

### 切れ切れの線

短く不規則に、切れ切れになって続いている線。その紋線が表す意味を弱めます。

ここをめくると紋線の場所の一覧があります。本からはみ出したままにしておくと便利です。

# 知っておきたい 幸せになれる手相学

チャートですぐ分かる！すぐに使える手相の知識！

井上象英

# はじめに

手相を見てもらいたい、または、見たいと思う時は、将来の幸せや未来の運気を知りたいことが多いかもしれません。今の自分の運気はどうなっているのだろう。この先、幸せになれるのだろうか。こんなことを思って本書を手にして頂いたかもしれません。

手相を見る上で、重要なのは、過去と現在の状況を理解した上で、未来を予知することです。過去とは持って生まれた性格や才能を表し、現在は今の自分の精神状態や環境を表します。そして、未来とは、このまま進むとこうなるかもしれないということを示しているのです。

つまり、手相に出ている未来は、今、幸せになりたいと願い、行動を変えることで運気や人生を変えることができるのです。

手相は、一生変わらないと思っている人が多いかもしれませんが、日々、その人の運気や環境に合わせて変化しています。手の紋線や血色、肉厚というものは、絶対性がないのです。

例えば、手相を見て、「健康に注意したほうがよい」という鑑定が出たとします。その後、その忠告に沿って健康に注意して生活していると、環境が変わることで運気が変わり、いつしか手相もよくなっているのです。

このように「手相」は、過去に起きた事象や問題、生活環境や身体的問題を含め、生来の運勢や性格を知ることができます。そして、無数に存在する掌中にある線には開運の道を発見し、幸せな人生を送るための鍵が秘められているのです。

本書を手にし、「手相学」の扉を開いた今から、あなたの人生は大きく変わり、大輪の花を咲かせることが出来るでしょう。

井上象英

知っておきたい　幸せになれる手相学

# もくじ



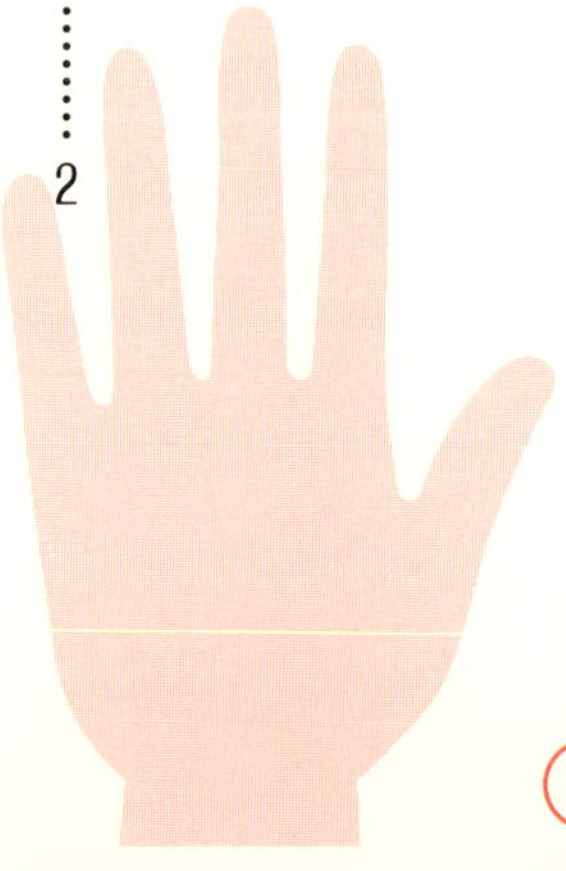

# 手相はどっちの手で見るの？
## 右手はあなたが切り開いていく未来を表す！

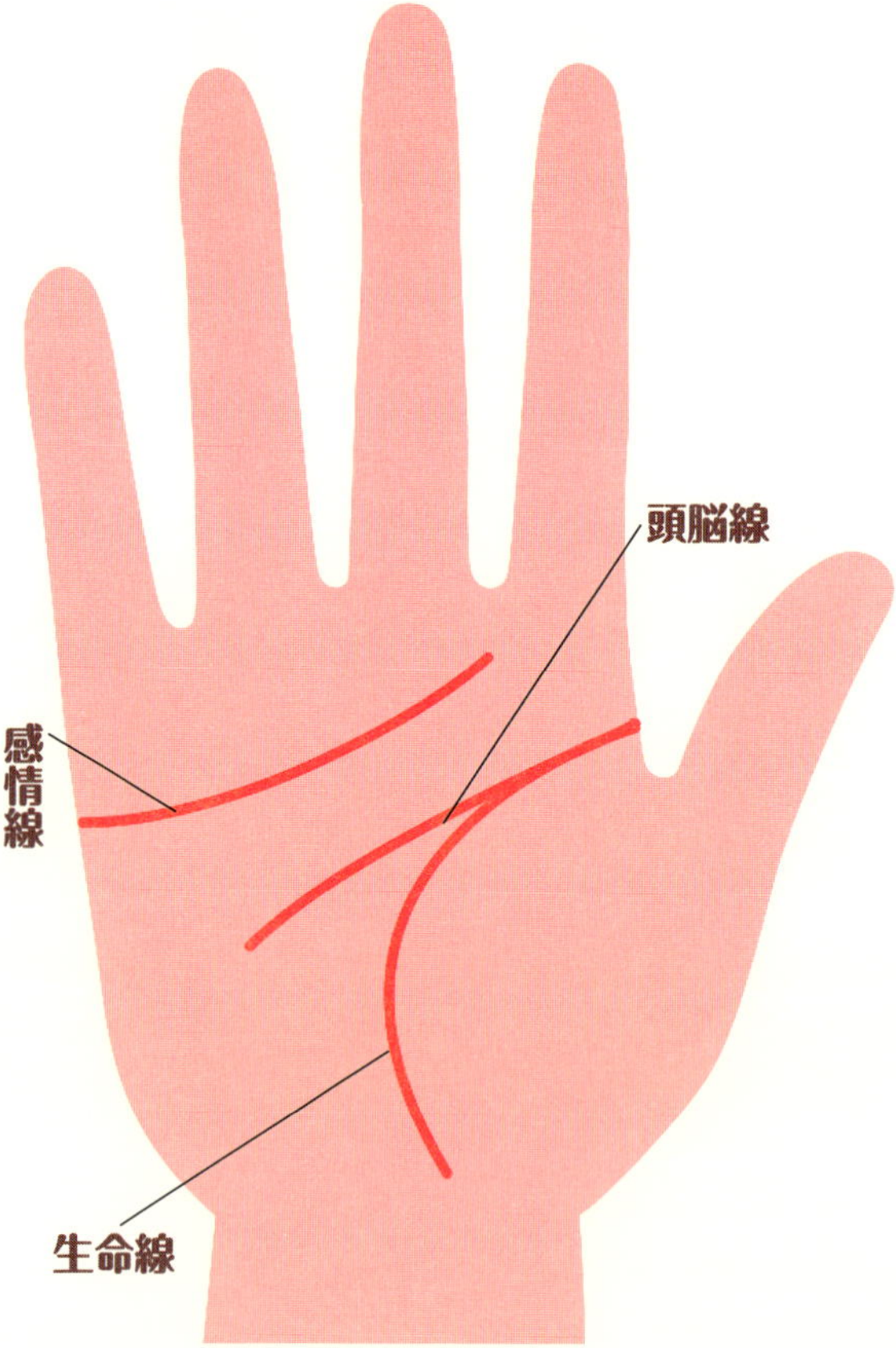


手相の歴史の始まりは、五千年前とも言われていて、発祥地のインドには人間の皮膚に描かれた手相の書が奉祭されています。その後、哲学者アリストテレスも１４９０年に手相術を発表するなど、学問として世界各地に広まり、日本にも伝わってきました。

流派や占術によって右手を見たり、左手を見る場合がありますが、本書では、左は神の手とされ、先天的に授かった運命を示すとしています。また、右手は、自分で描く後天的な手形で、あなたが自ら切り開いていく未来を表すとしています。そこで、本書では、現在や未来を判断する際は、利き手などは関係なく、右手を中心に見ていくことにします。

# 左手はあなたの持って生まれた運命や過ごしてきた過去を表す！

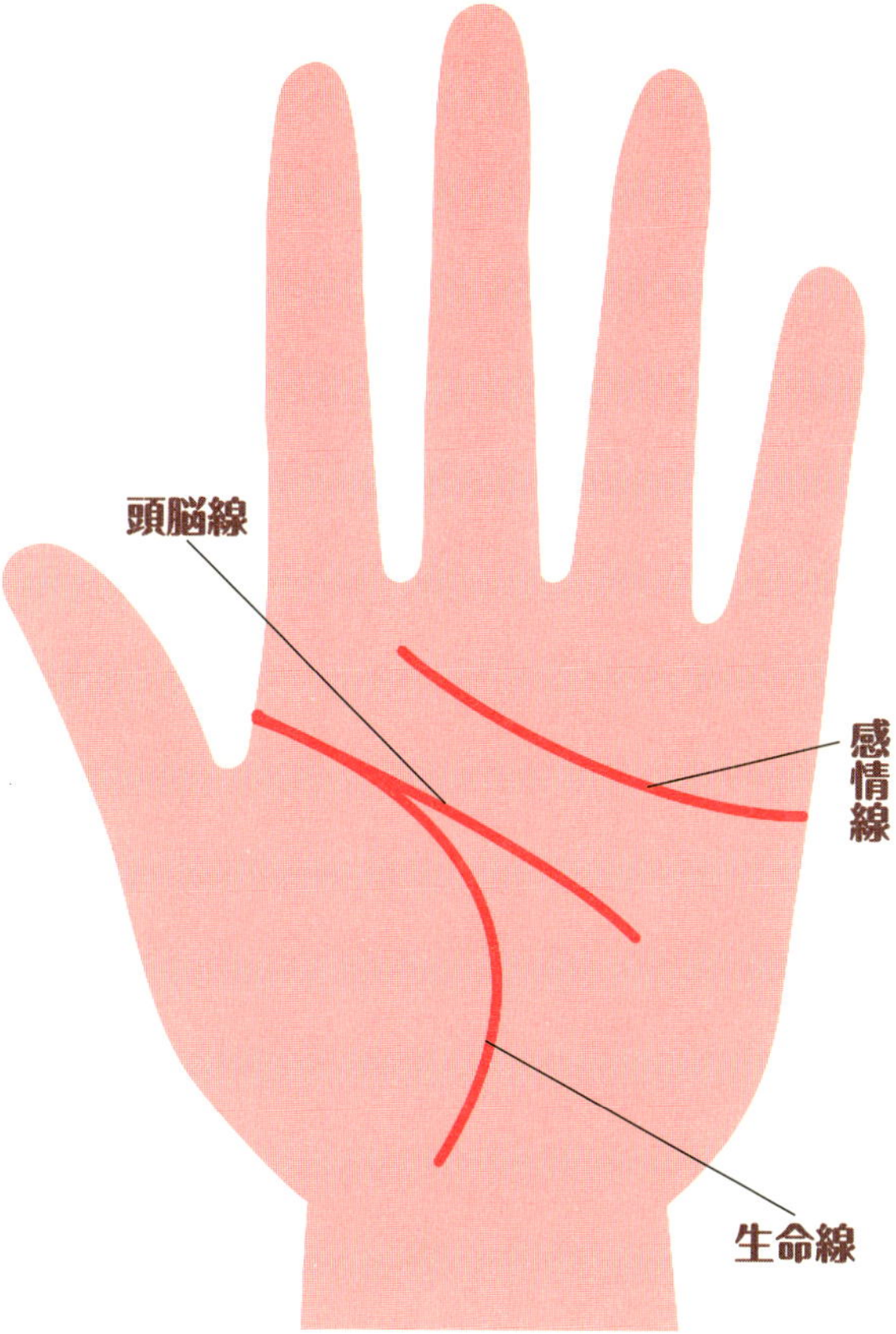


〝厚みのある手は働き者〟〝小さい手は知的分野で活躍する人になる〟などと言われています。これは、手相がその人の性格や運命を暗示しているからです。この持って生まれた先天的な性質を表しているのが左手の手相です。

先天的だからといって、運命は決まっているものではありません。持って生まれた運命でも、自分の意思と行動によって変えることができ、それに伴って手相も変化し続けるものなのです。

つまり、手相は左手で自分の素質を理解し、右手で現状を把握することができ、自分がいま何をしなければならないのかという行動の指針になるのです。

# 本書の特徴

巻末の手相一覧を引き出す

巻頭の手相一覧を引き出す

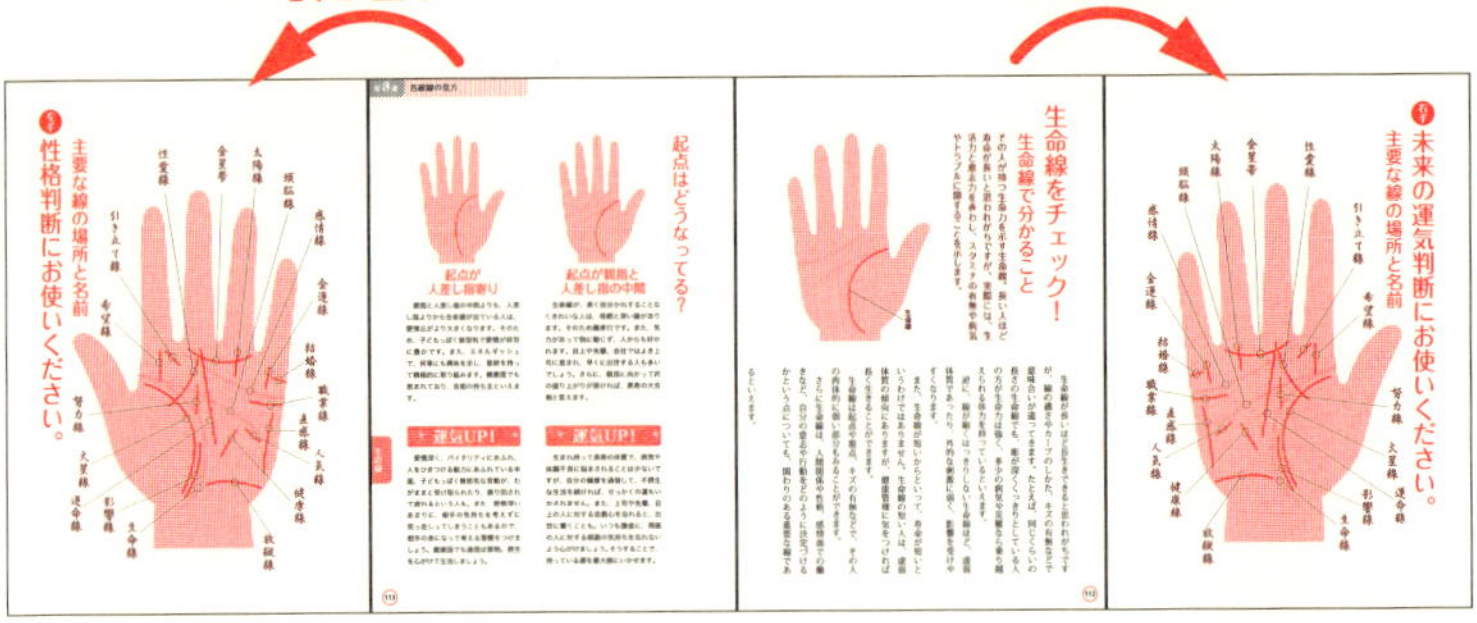


性格判断のときは左手

未来の運気判断のときは右手

## 手相の見方のポイント

- 巻頭（右手）と巻末（左手）の手相一覧を引き出せば、どこに何の線があるか一目瞭然！
- 質問に答えるだけで、運気が分かる！
- チャートを覚えれば、あなたも家族や友人の手相が簡単に見られる！

手相は、単純な紋線だけで判断するものではなく、細かい線や丘など様々な角度から総合的に判断しなくてはなりません。これを本で説明しようとすると、とてもわかりにくくなってしまいます。

そこで、本書は巻頭と巻末にある手相一覧を引き出すと、自分の手相と見比べながら読み進めることができるようになっています。

金運や健康運などの運気を見るときは、巻頭の右手の一覧で比較でき、性格判断では、巻末の左手の一覧と比較してください。とくに、1章から6章までは、質問に答えるだけのチャート式になっていますので、質問さえ覚えてしまえば、家族や友人の手相を見ることも簡単です。

# 第1章

# 金運を見てみよう

# チャート式金運診断

巻頭の手相一覧を出して右手でチェック！

## Q1

太陽線か財運線がある？

はい ▼ Q2へ

いいえ ▼ Q6へ

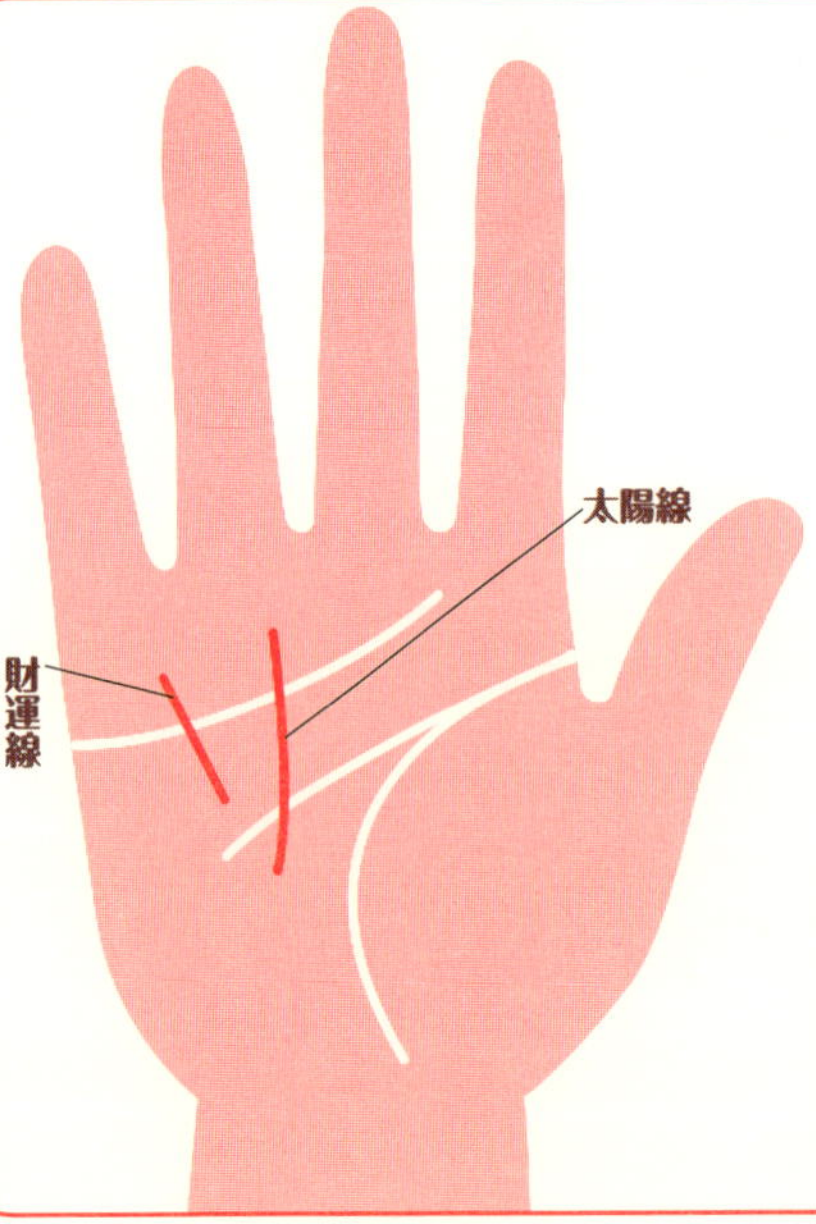


ポイント

太陽線や財運線は見えにくい場合もあり、線がない人もいます。詳しくは太陽線（P153）、財運線（P172）へ

## Q2

知能丘が発達している

はい ▼ Q3へ

いいえ ▼ Q5へ

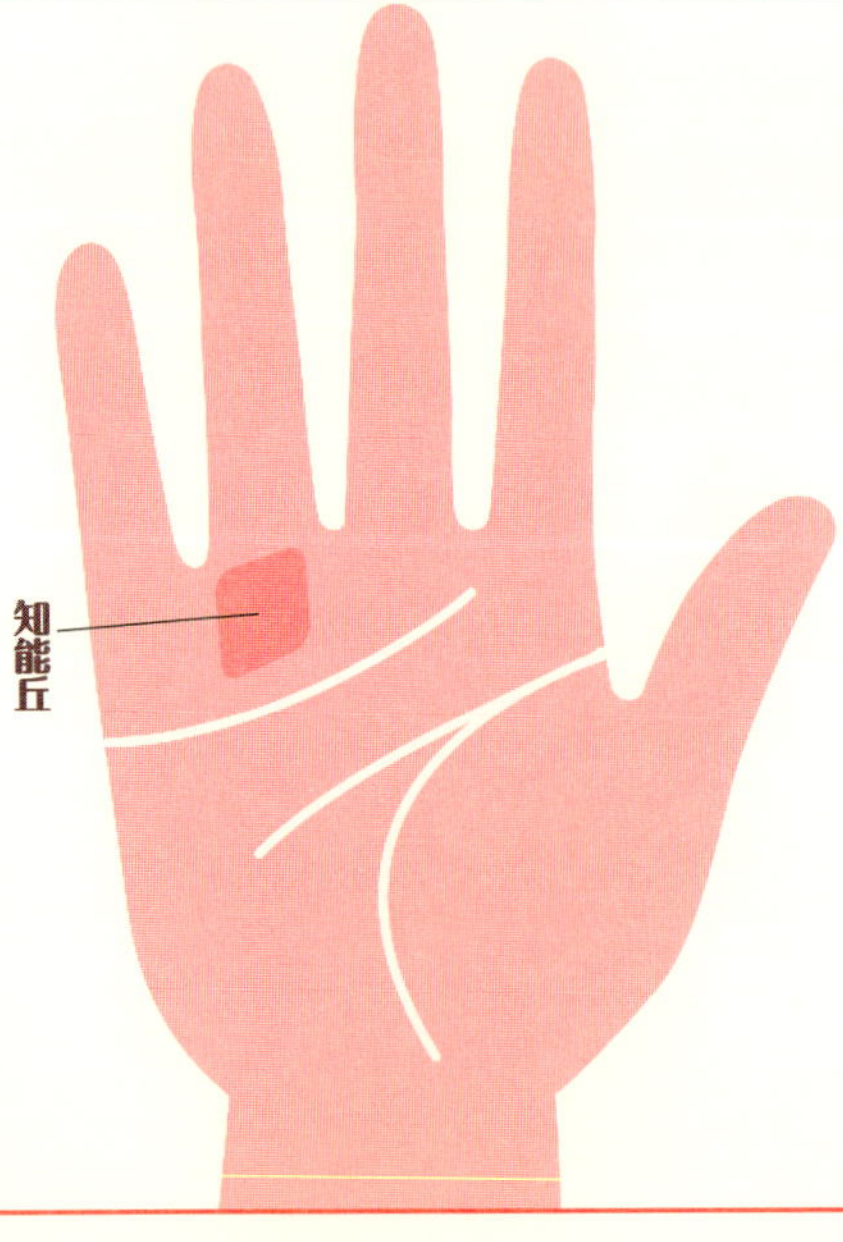


ポイント

知能丘は、薬指の付け根近くにあり、手のひらを少し下から見ると、発達しているか分かりやすいでしょう。詳しくはP191へ

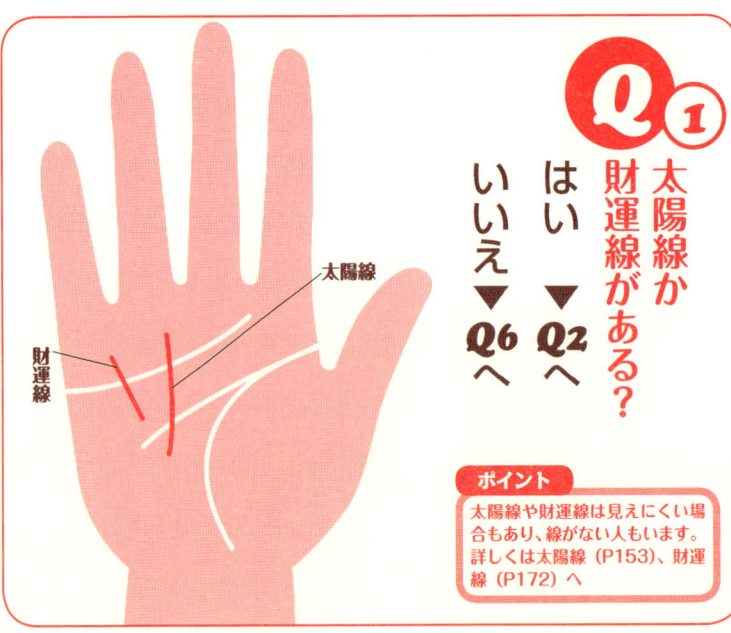

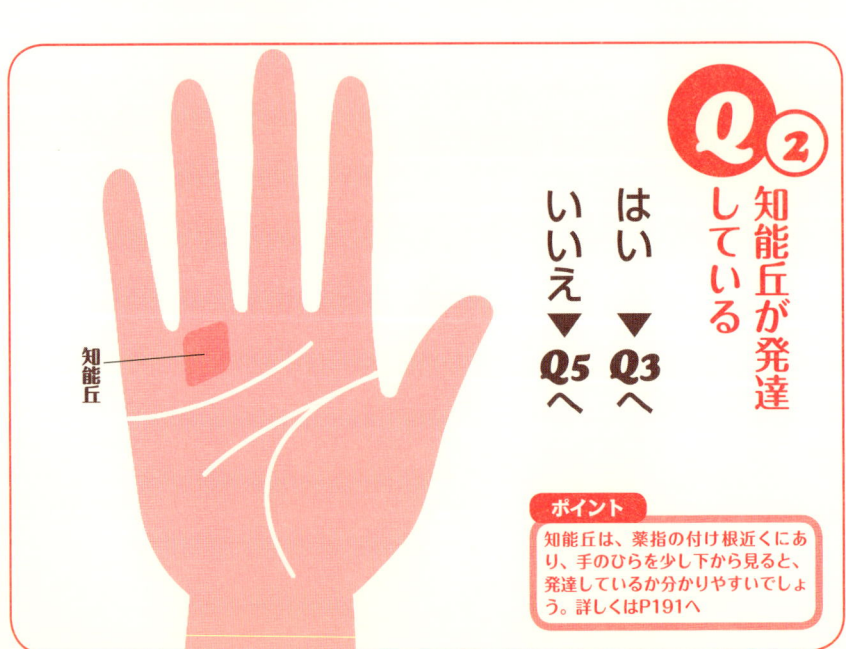

## Q3 あなたの手形は尖頭型？

詳しい手形はP105でチェック！

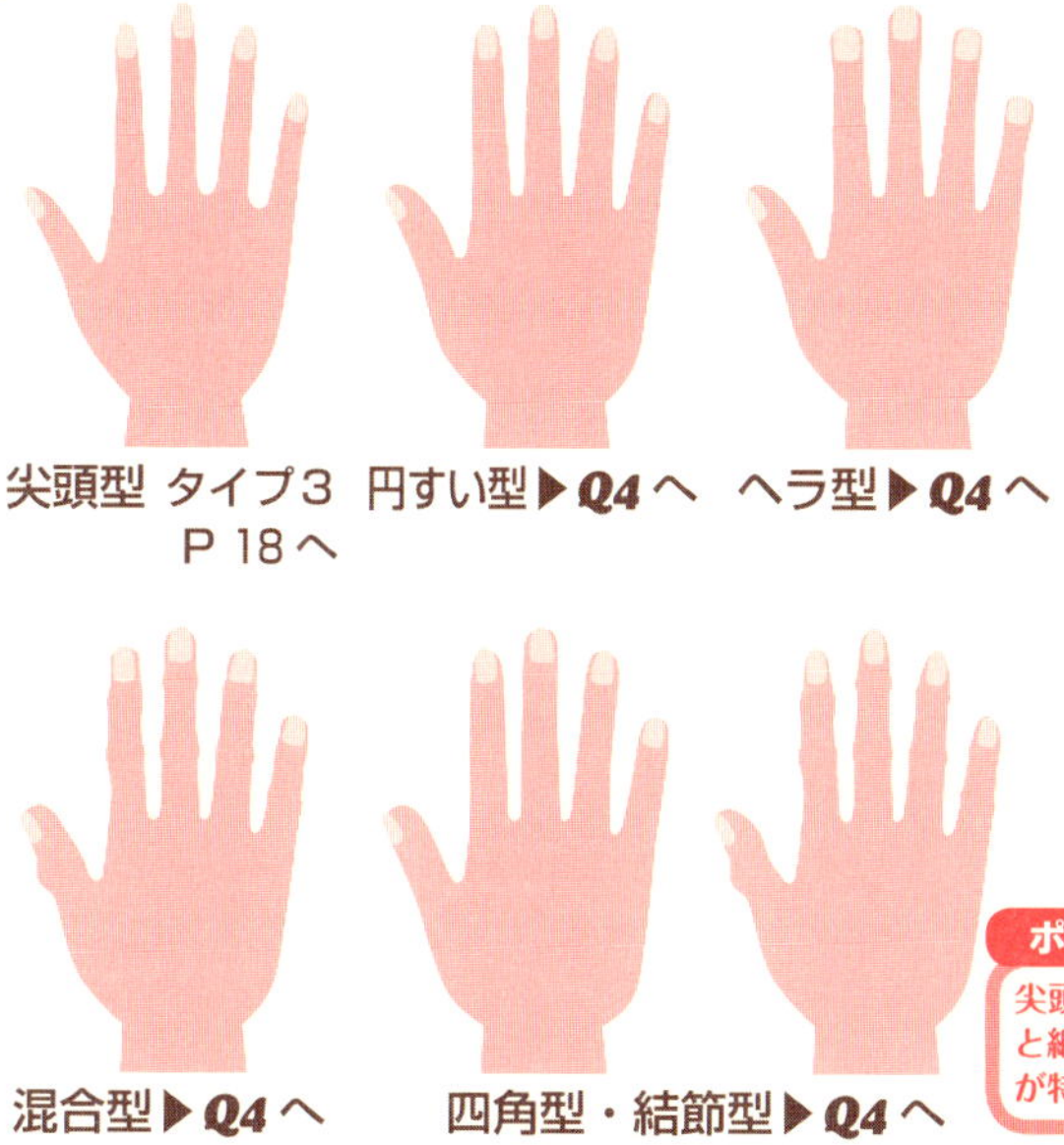


**ポイント**

尖頭型とは、女性に多く指がすらりと細長く、節もすらっとしているのが特徴です。

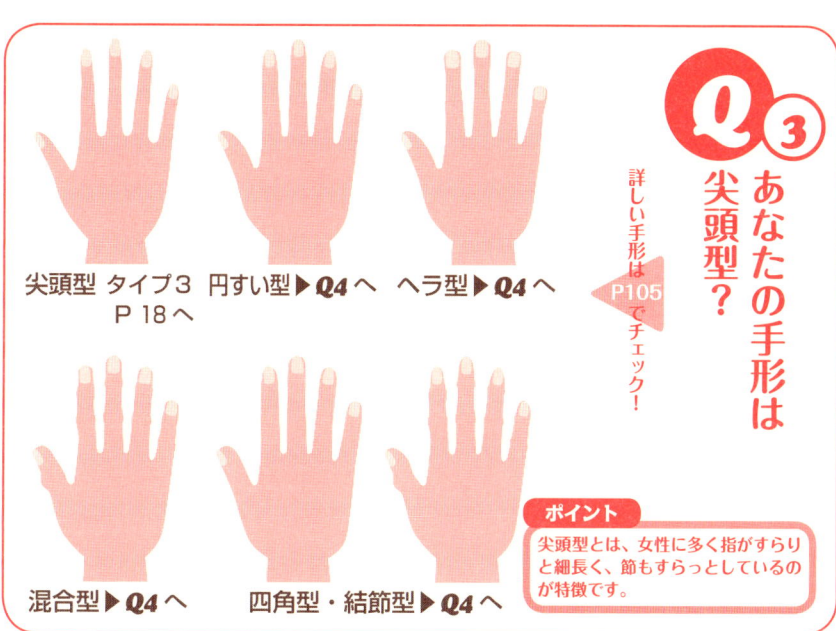

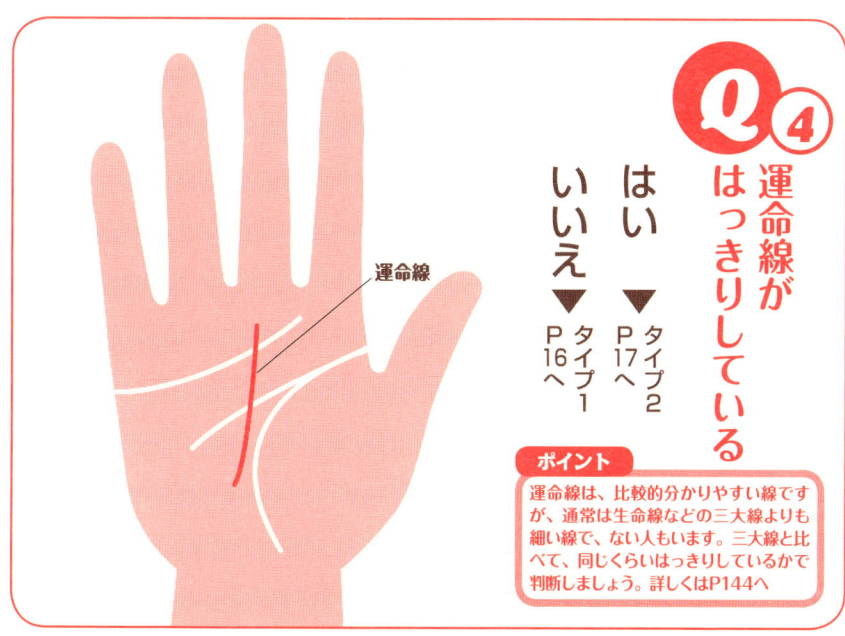

## Q4 運命線がはっきりしている

はい▼ タイプ2 P 17へ

いいえ▼ タイプ1 P 16へ

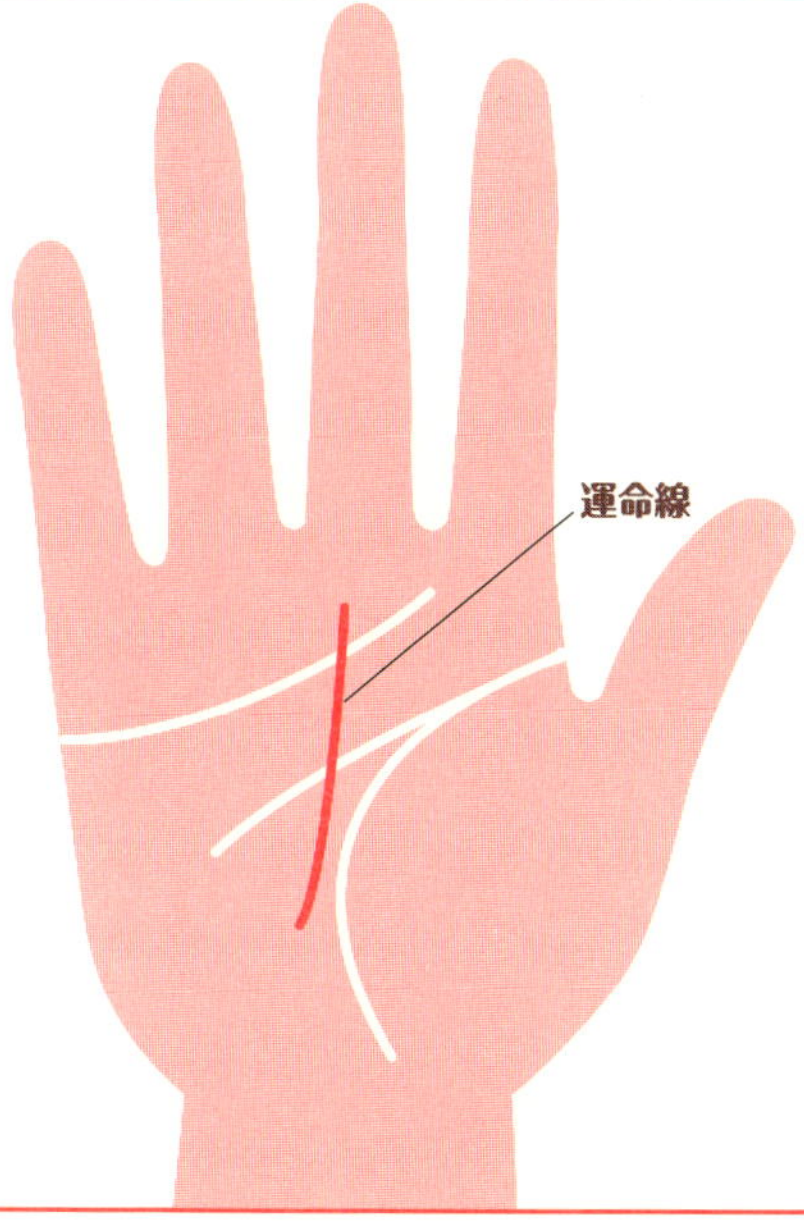


**ポイント**

運命線は、比較的分かりやすい線ですが、通常は生命線などの三大線よりも細い線で、ない人もいます。三大線と比べて、同じくらいはっきりしているかで判断しましょう。詳しくはP144へ

## Q5 太陽線に特徴はある？

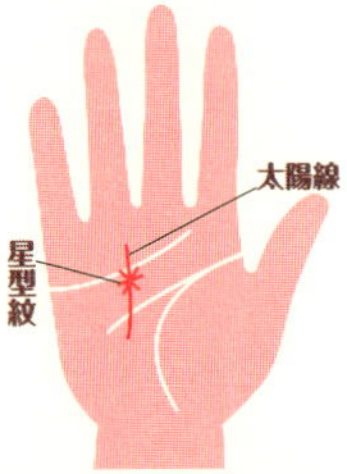


太陽線上に星型紋がある
タイプ3　P 18へ

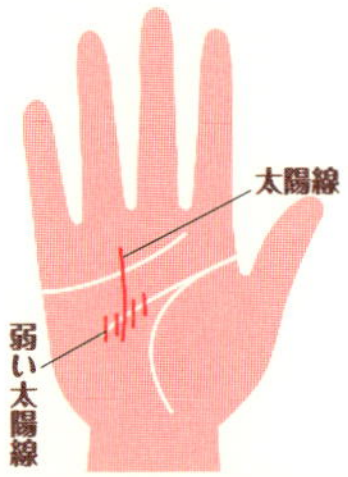


弱い太陽線が数本ある
タイプ4　P 19へ

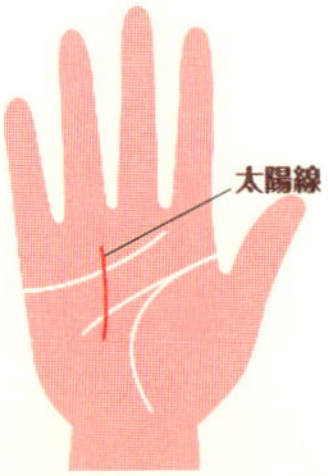


特に特徴はない▶Q7へ

**ポイント**

多くはありませんが、紋線の上に星のような形があったり、細い線が複数あったりすることがあります。分からない場合は、特徴がないと判断してよいでしょう。

## Q6 親指の近くに格子紋や、爪の中の白い斑点などの吉相符合がある

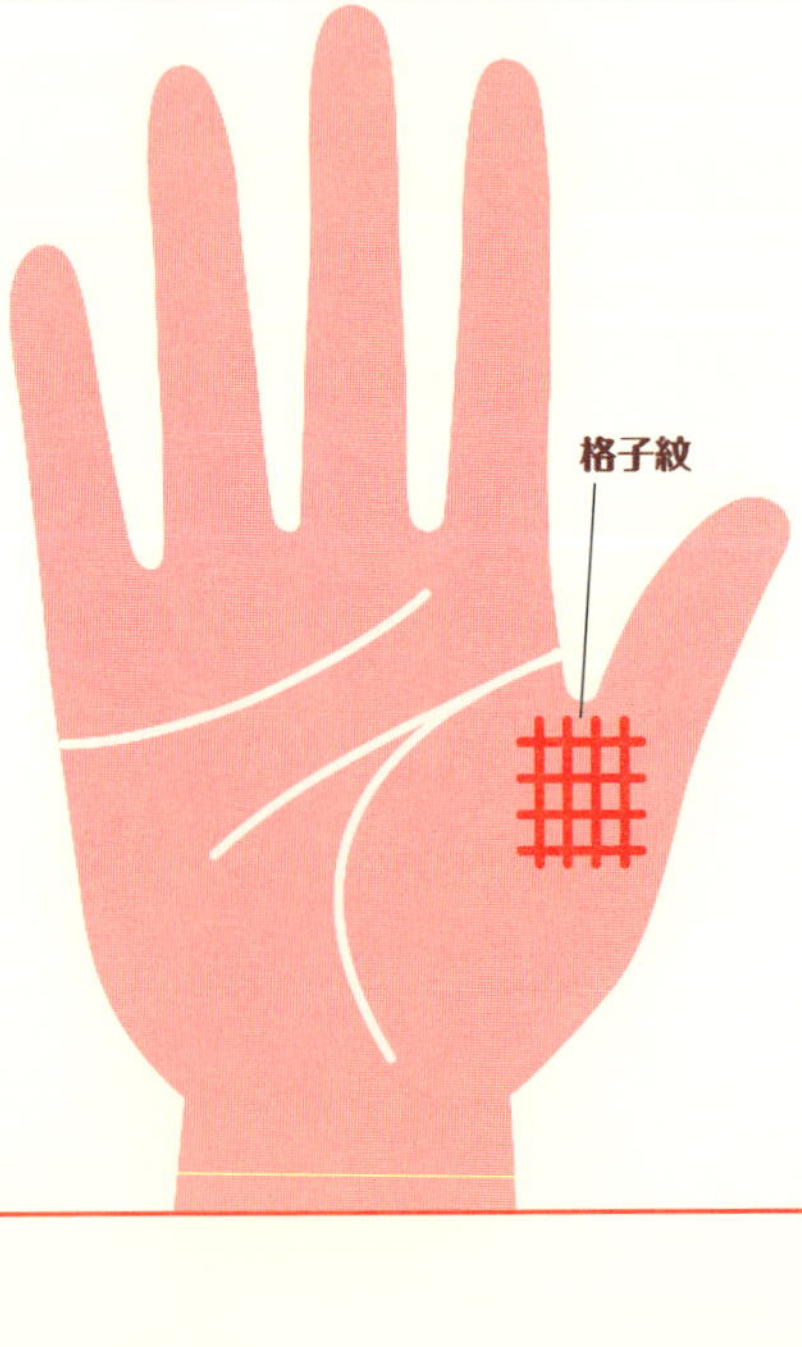


はい ▼タイプ3 P18へ

いいえ ▼Q7へ

**ポイント**

吉相符号とは、格子や星型など小さな模様のようになっています。突然現われる場合が多く、これが現われると富を得る知らせと言われています。詳しくは、P104へ

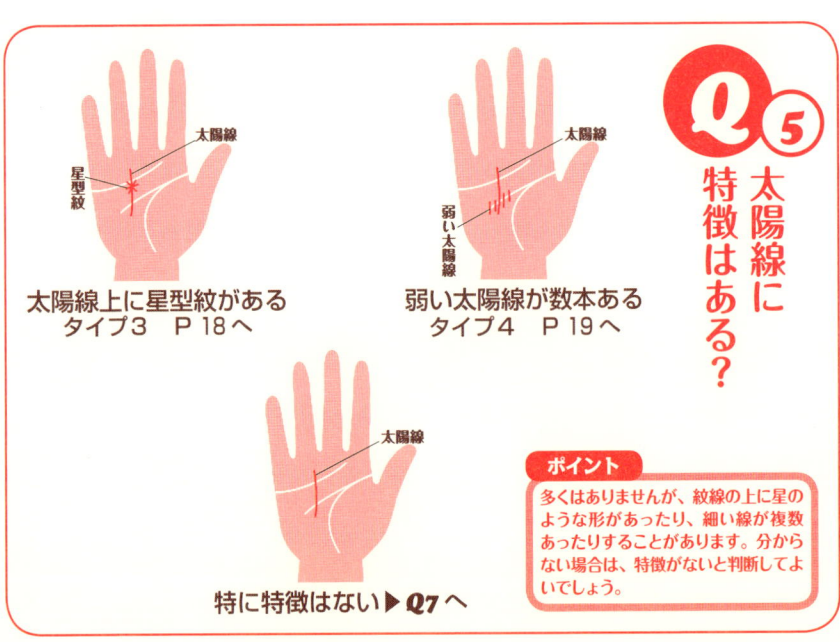

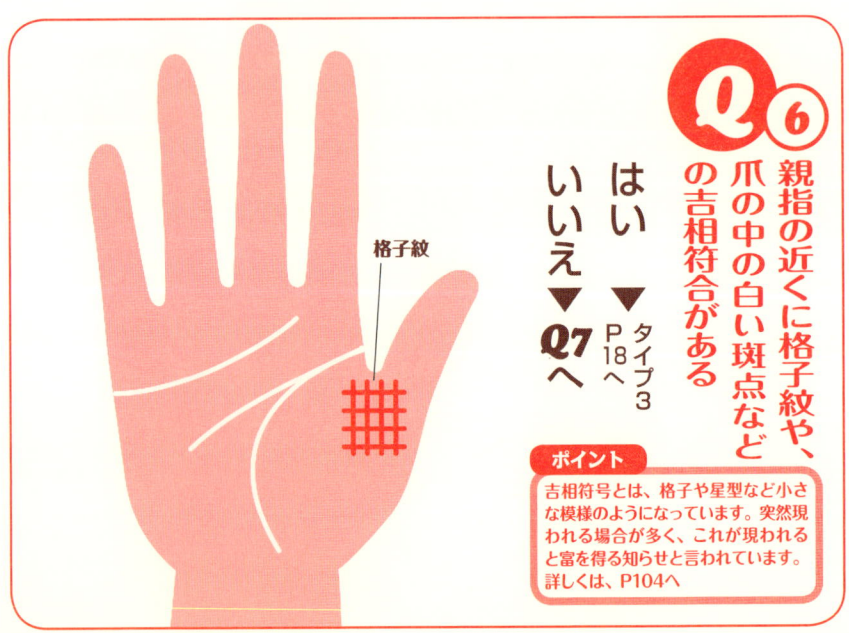

## Q7 運命線、生命線、太陽線上に障害線がある？

はい ▼ タイプ5 P20へ

いいえ ▼ タイプ4 P19へ

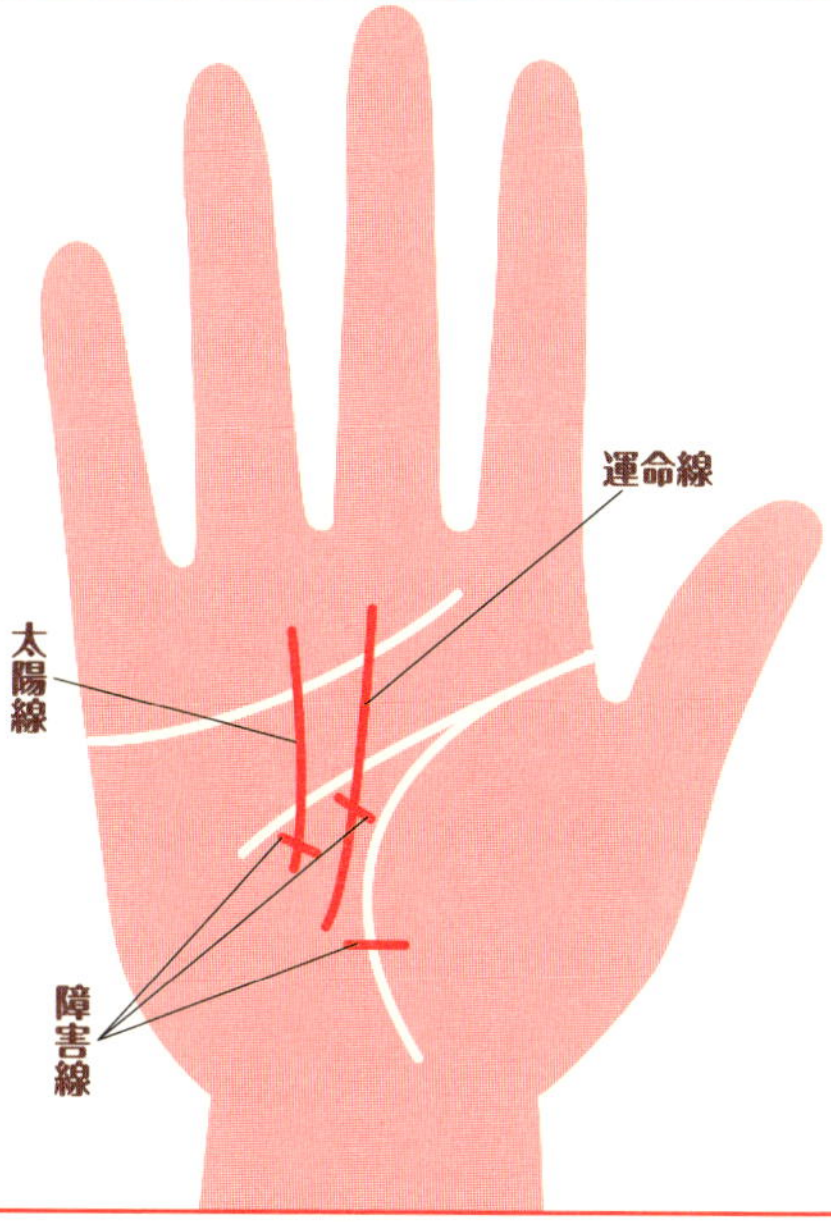


**ポイント**

障害線とは、大きな線を遮るように入っている線のことで、トラブルを暗示しています。

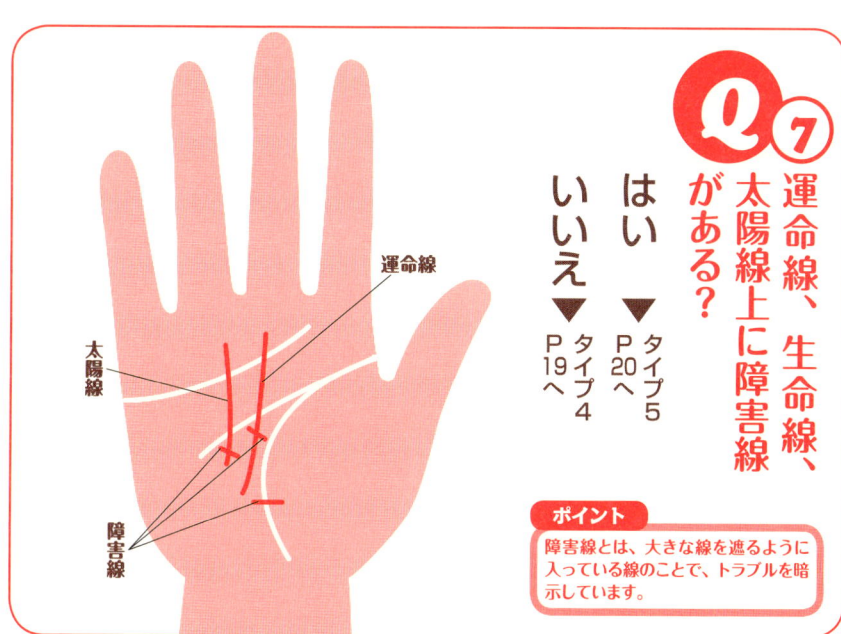

タイプ1
# 自ら財を築くことができる暗示

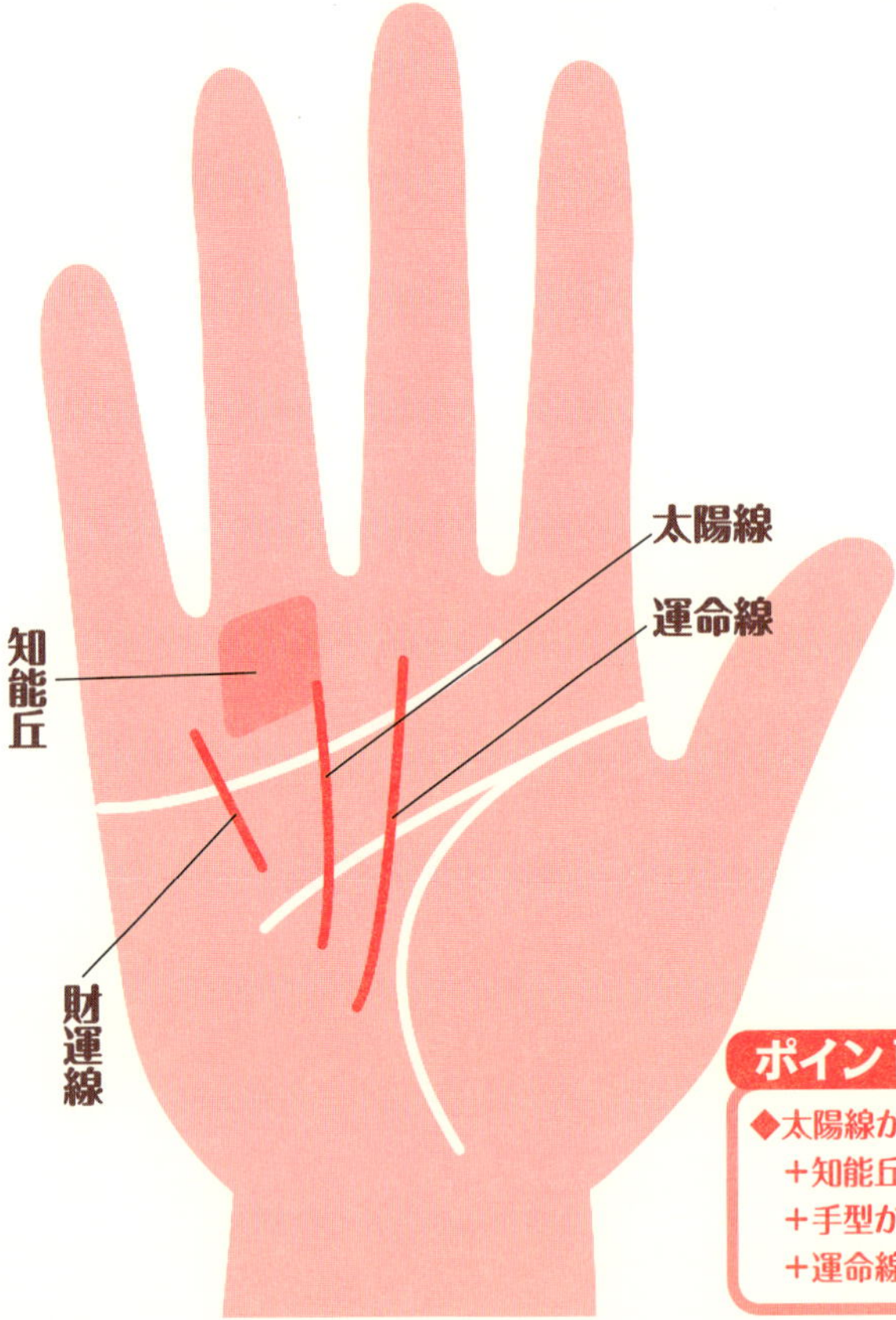


ポイント

◆太陽線か財運線あり
＋知能丘が発達
＋手型が尖頭型以外
＋運命線が薄い

金運をみる場合は、知能丘とそこに現れる吉紋、太陽線と財運線、各丘の調和と紋線のバランス、障害線がポイントになります。

金運を表す太陽線や財運線がある人は、投機的な仕事で巨額の富を得られることを示しています。薬指のつけ根近くにある知能丘が発達していれば、運気の向上を意味し成功に向かっていることを表しています。さらに吉紋が現れると、苦労せずに財を築く吉兆の暗示です。

手の型としては、金運に縁が深いのが四角型・結節型とヘラ型、次いで円すい型と混合型で、自ら財を築くことが多いでしょう。運命線が薄いのは努力型ではなく、自らの才能で財を成すことを表しています。

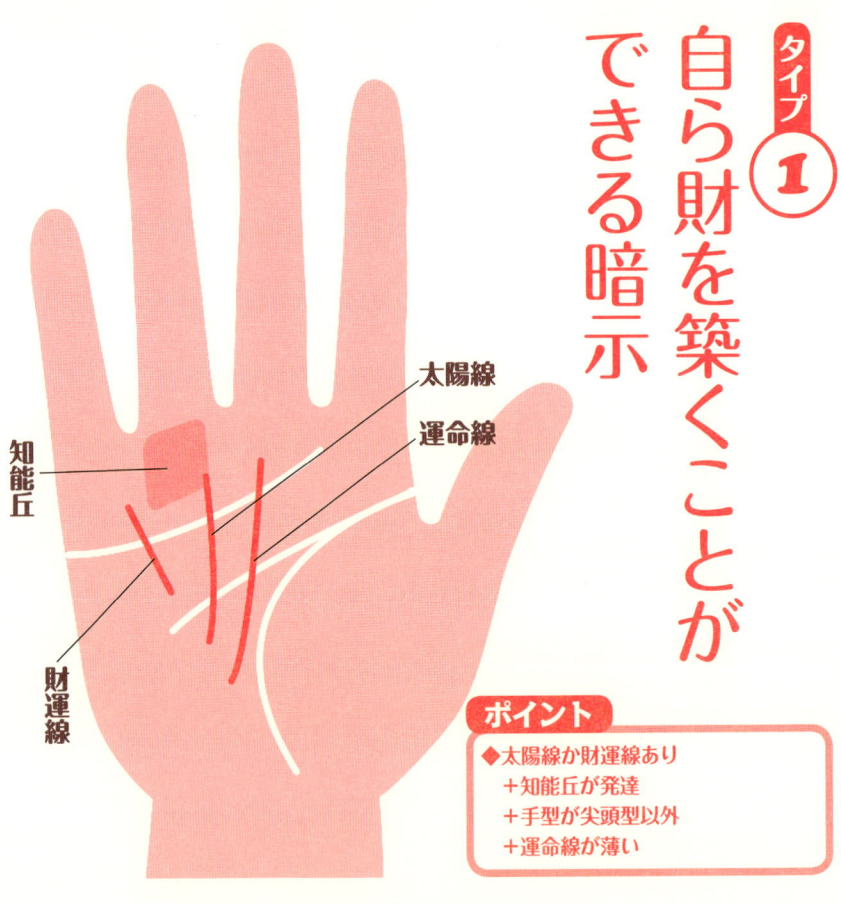

# タイプ2 昇格や昇進が近い 貯蓄もうまい

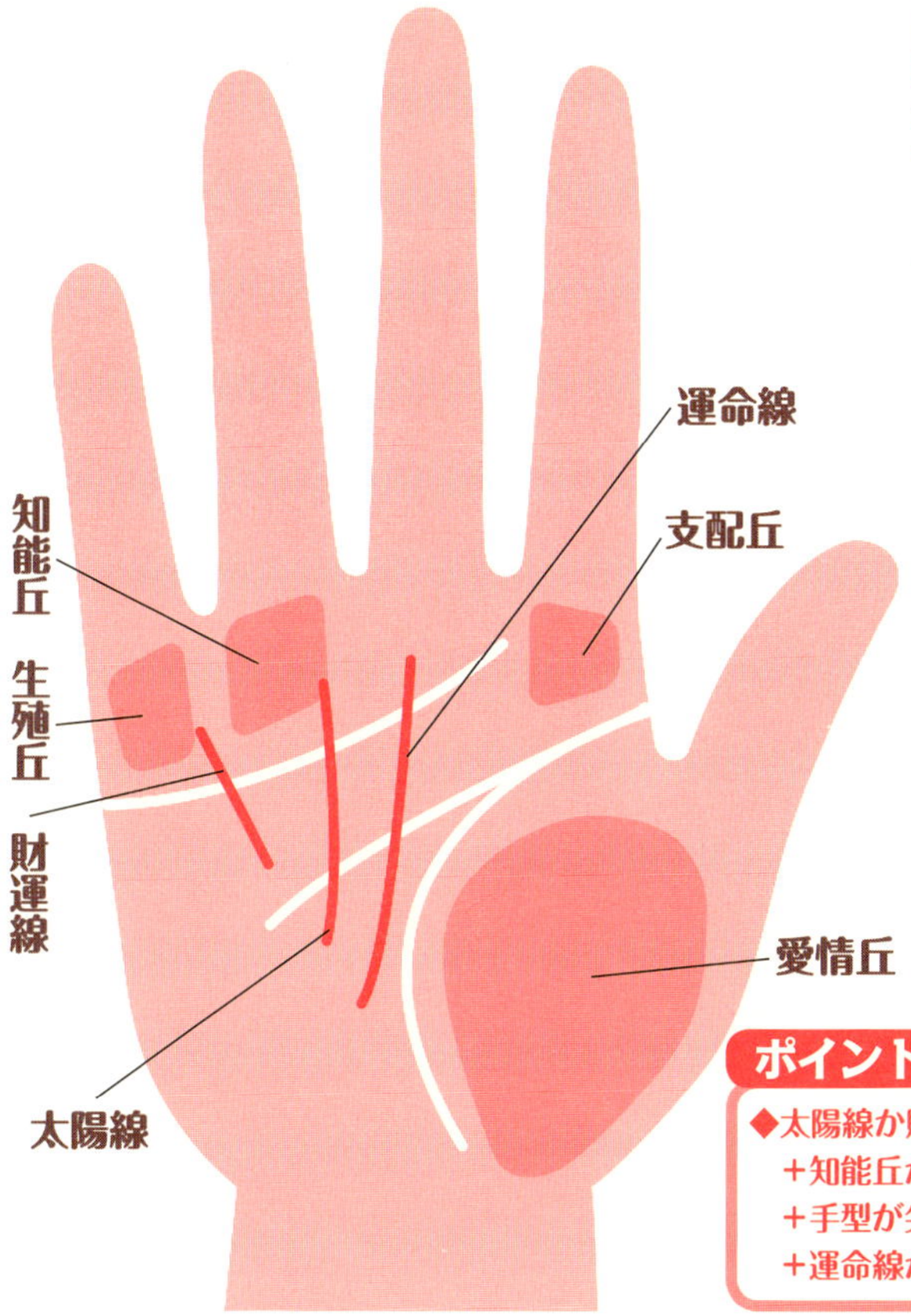


**ポイント**

◆太陽線か財運線あり
＋知能丘が発達
＋手型が尖頭型以外
＋運命線がはっきり

太陽線は、副線の財運線とともに、幸運と金運や名声、成功を知らせる紋線です。社会的な評価を表し、社交的な人に多くみられますが、そのときの健康状態によって、現れたり消えたりする線でもあります。

手の形としては、玉の輿など自分の手を使わず財を成す尖頭型以外の人は、周囲の力を当てにせず、自らの努力と経験を活かして成功を勝ち取る必要があります。

また、薬指のつけ根近くにある知能丘、あるいは支配丘、生殖丘が発達している人で、実力と努力を表す運命線が現れている場合は、出世が早く、金運に恵まれます。さらに、愛情丘も発達していれば、財力への執着も強く、意欲的に蓄財に励む人といえます。

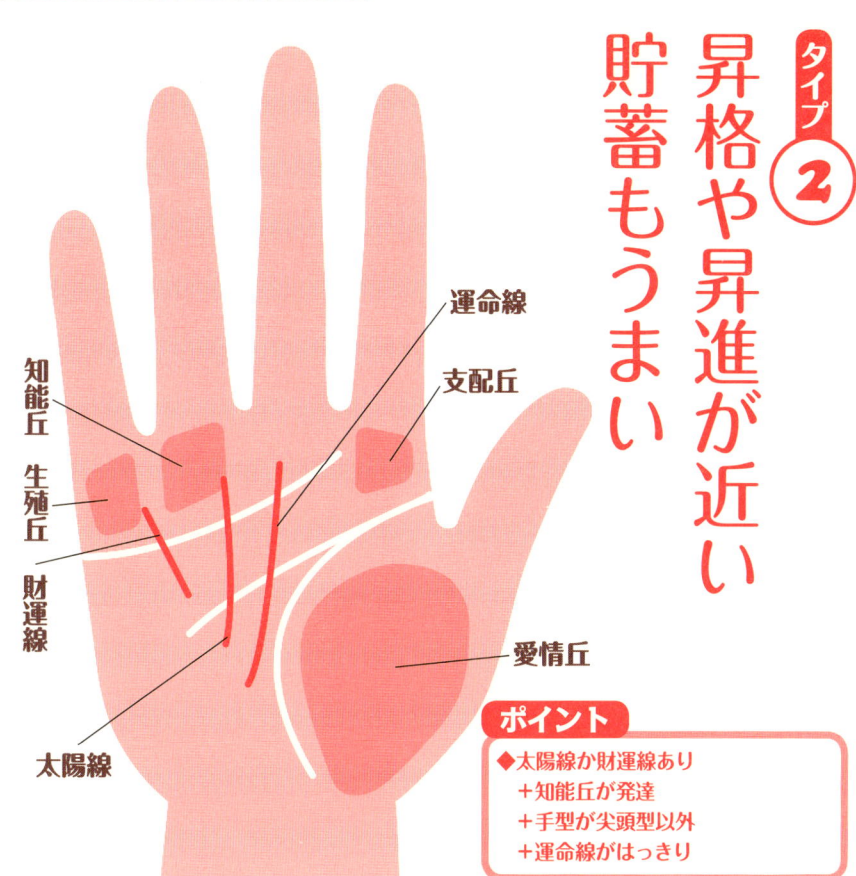

## タイプ3 遺産相続、宝クジ、玉の輿などで突然、お金が舞い込む

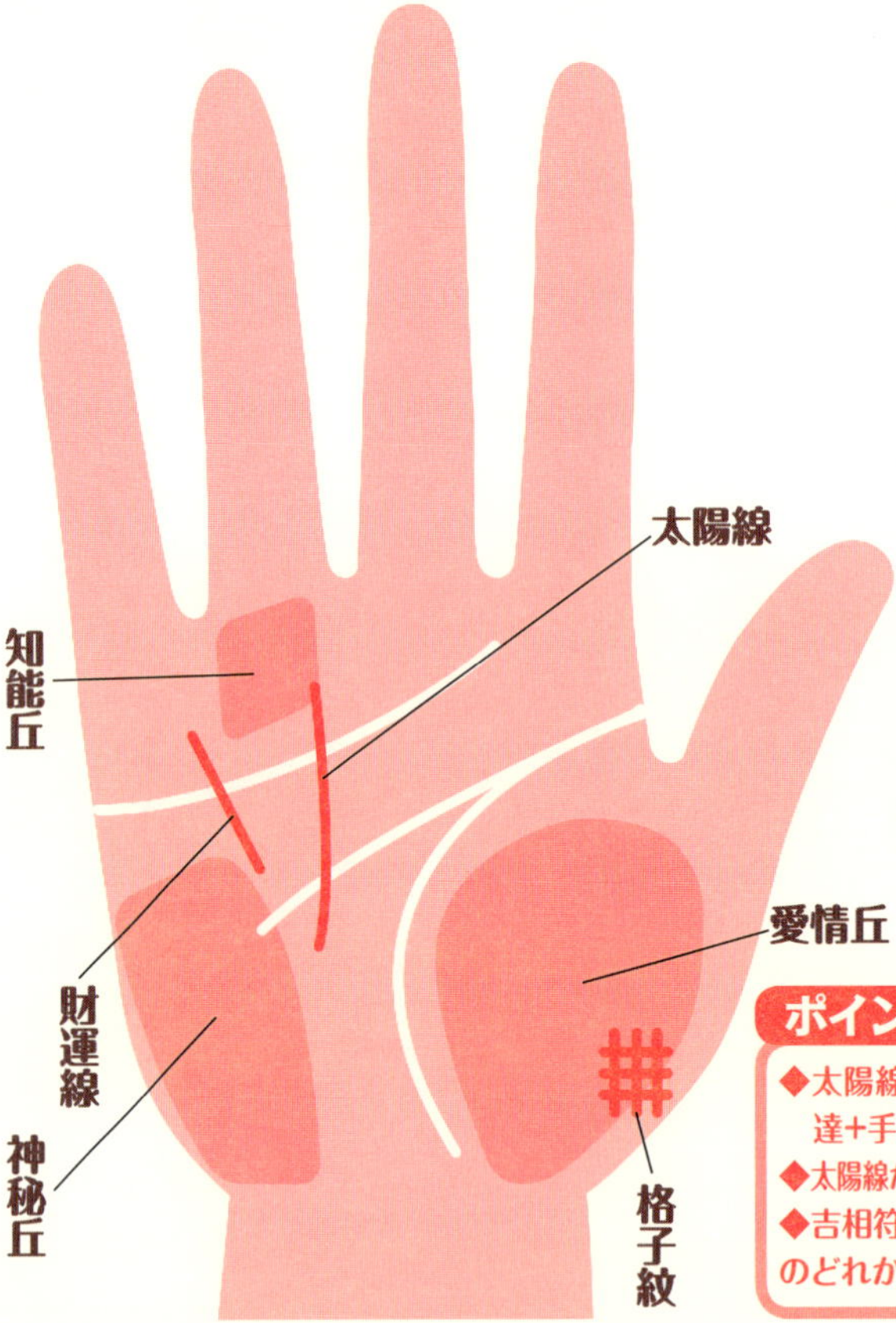


**ポイント**

- ◆太陽線か財運線あり＋知能丘が発達＋手型が尖頭型
- ◆太陽線か財運線あり＋太陽線上に星型紋
- ◆吉相符号あり

のどれかに当てはまる

思いがけない遺産相続は、太陽線の形状や現れる符号でわかります。太陽線の起点が神秘丘にあれば、親の遺産の正当な相続者となります。起点が愛情丘にある太陽線の人は、親戚から遺産を相続する暗示。手首から上る太陽線の場合は、まったくの他人からの遺産を示します。

また、太陽線上に吉紋の星型紋があれば、金運・財運・名声が続くでしょう。急に現れたときは、臨時収入があることを示しています。

太陽線や財運線がなくても、親指のつけ根近くに格子紋があれば、宝くじなどで巨額の富を得る知らせです。同様に、爪の中に白い斑点がある場合は、臨時収入があるか身に着ける物の贈り物をもらえる暗示です。

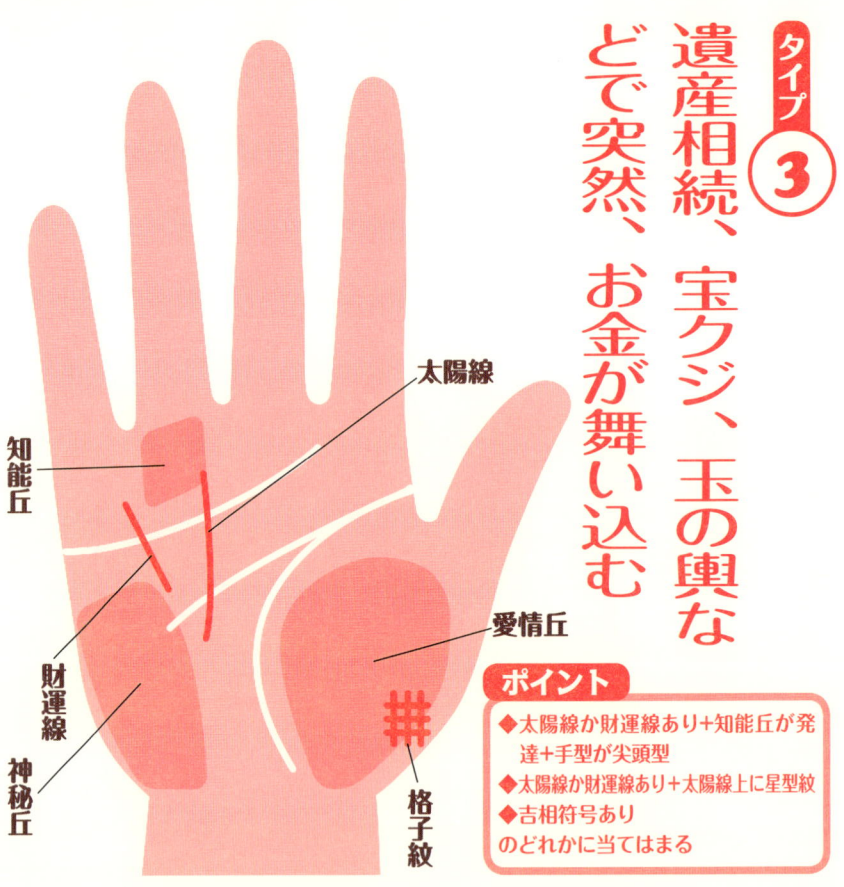

# タイプ④ 今は貯金に励もう！ 実力が評価につながりにくい

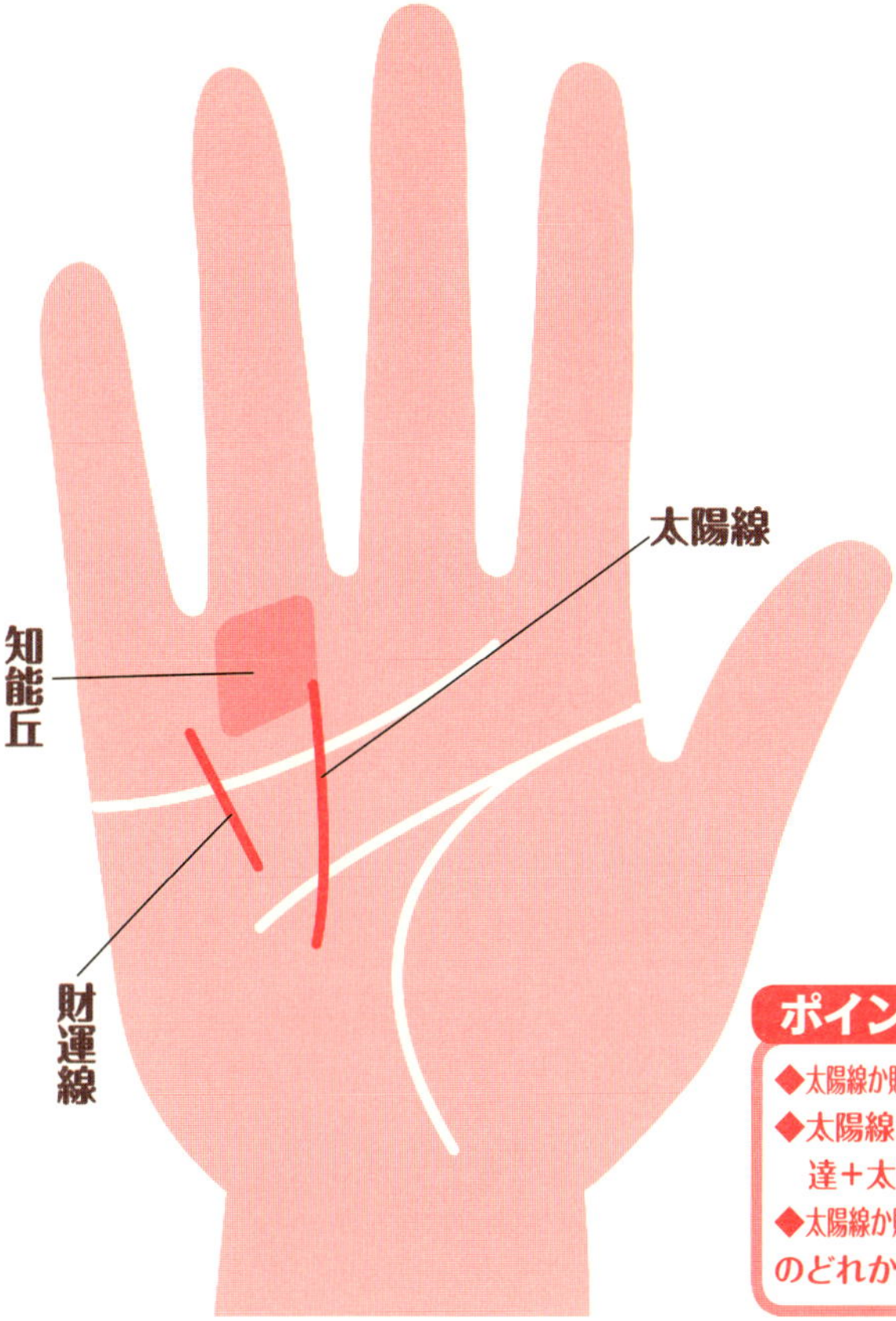


**ポイント**

- ◆太陽線か財運線あり＋知能丘が未発達＋弱い太陽線
- ◆太陽線か財運線あり＋知能丘が未発達＋太陽線特徴なし＋障害線なし
- ◆太陽線か財運線なし＋吉相符号なし＋障害線なし

のどれかに当てはまる

太陽線は、機転を表し、金運や名声、成功、経済性とともに社会進出の可能性を示しています。ただし、弱い太陽線が数本ある場合は、名声や金運が分散される傾向があります。支出が多くなりますが、何らかの形で戻ってくることも多い暗示です。

薬指のつけ根近くにある知能丘が発達していれば、運気の向上を意味しますが、発達していなければ運気は停滞気味で、実力に反して評価につながらないことが多く、特にお金に関わることとは慎重な行動が必要です。

財運線や太陽線がなかったり、太陽線に特徴がない場合でも、トラブルを暗示している障害線がなければ、借金などの問題などはなさそうです。ただし、貯蓄を心がけたほうが賢明です。

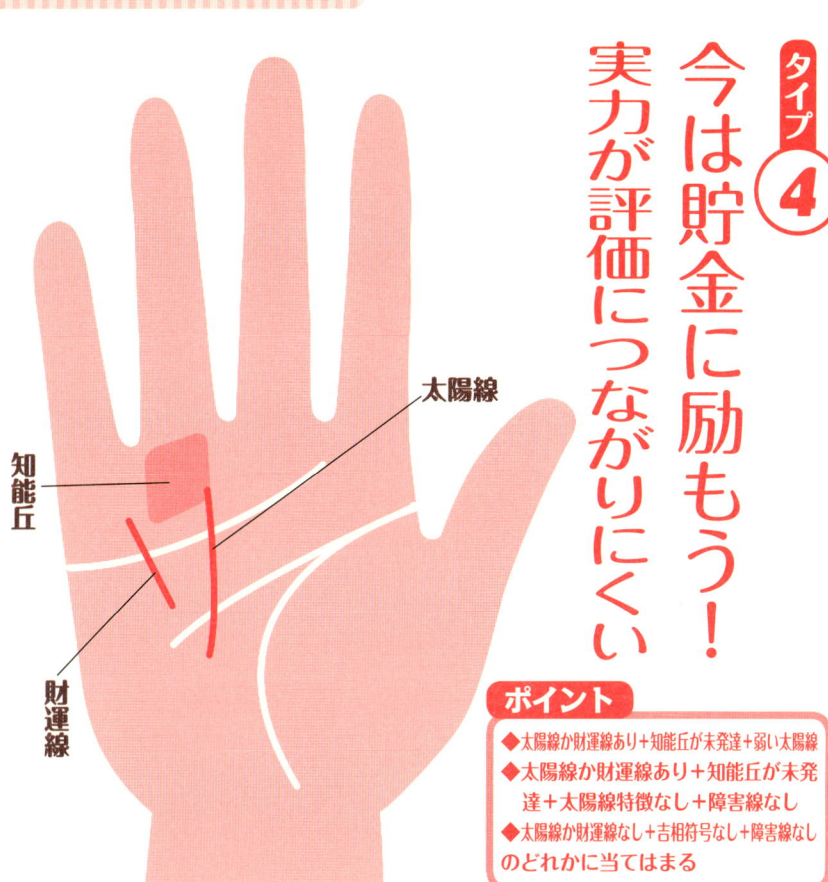

タイプ5

# 金運は悪くお金のトラブルが多い暗示

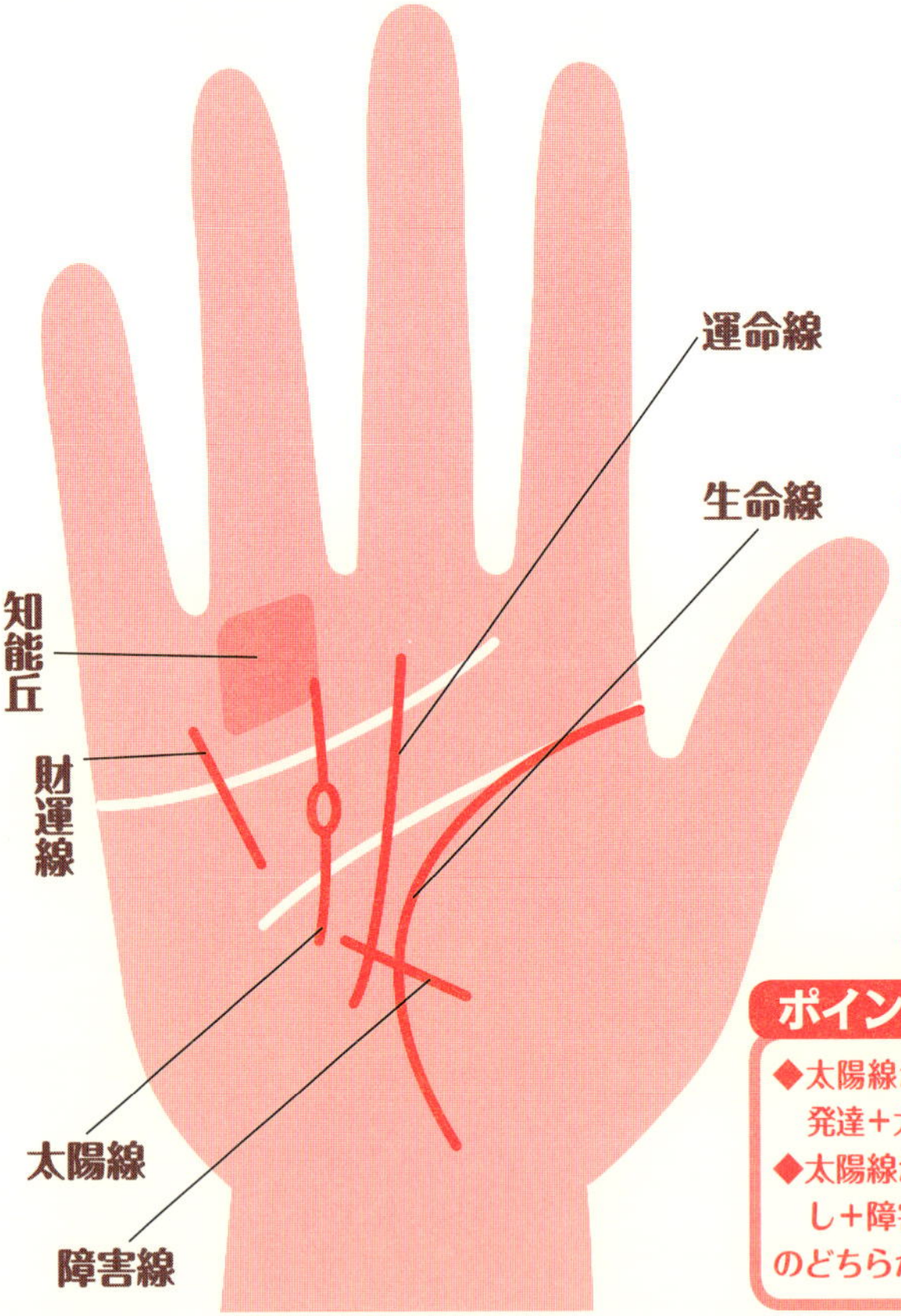


**ポイント**

◆太陽線か財運線あり＋知能丘が未発達＋太陽線特徴なし＋障害線あり
◆太陽線か財運線なし＋吉相符号なし＋障害線あり
のどちらかに当てはまる

太陽線や財運線がなく、しかも障害線がある場合は、お金にまつわるトラブルが多いでしょう。たとえば、生命線から運命線まで横切っている障害線は、遺産相続など身内に関わる問題を示し、金運には障害が多い暗示です。

太陽線や財運線がある場合でも障害線があれば、一時的な損失や損害を招く暗示です。また、太陽線の一部が円のようになっている場合は、詐欺などでお金を失う恐れがあります。

生命線に障害線がある場合は、病気が原因での金銭トラブルを表し、運命線に障害線がある場合は、仕事上の金銭トラブルを表します。

ただし、行動や努力次第で紋線は変化します。手相の暗示を忠告と受け止めて、常に貯蓄を心がけましょう。

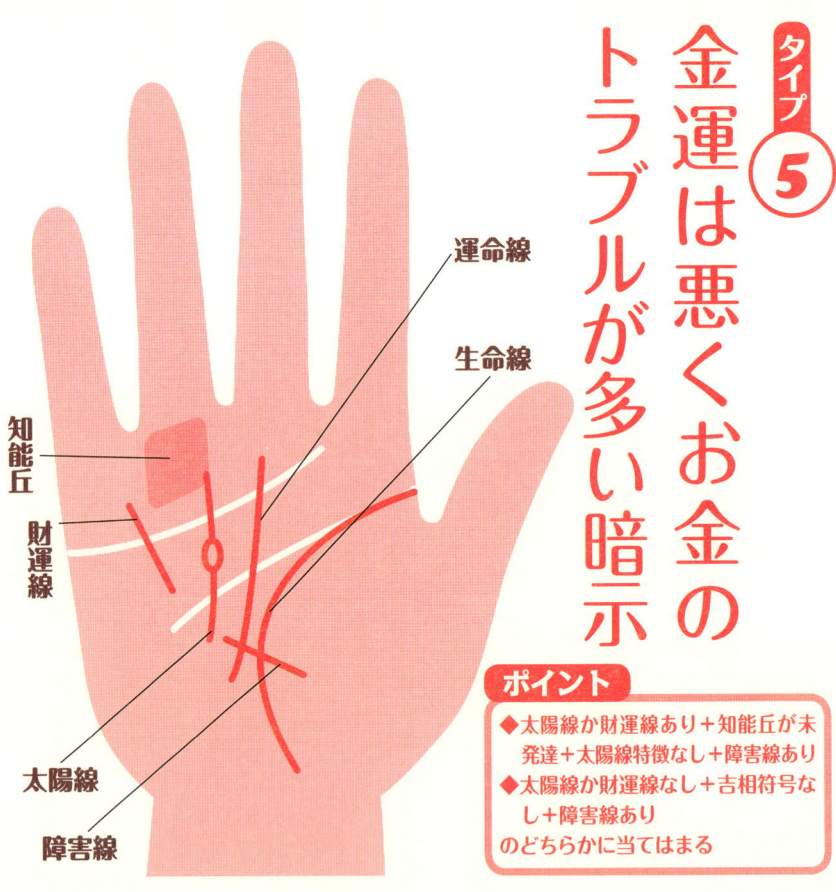

# 第2章

# 恋愛運を見てみよう

# チャート式恋愛運診断

巻頭の手相一覧を出して右手でチェック！

## Q1

感情線が上に向かって伸びている？

はい▼Q2へ

いいえ▼Q5へ

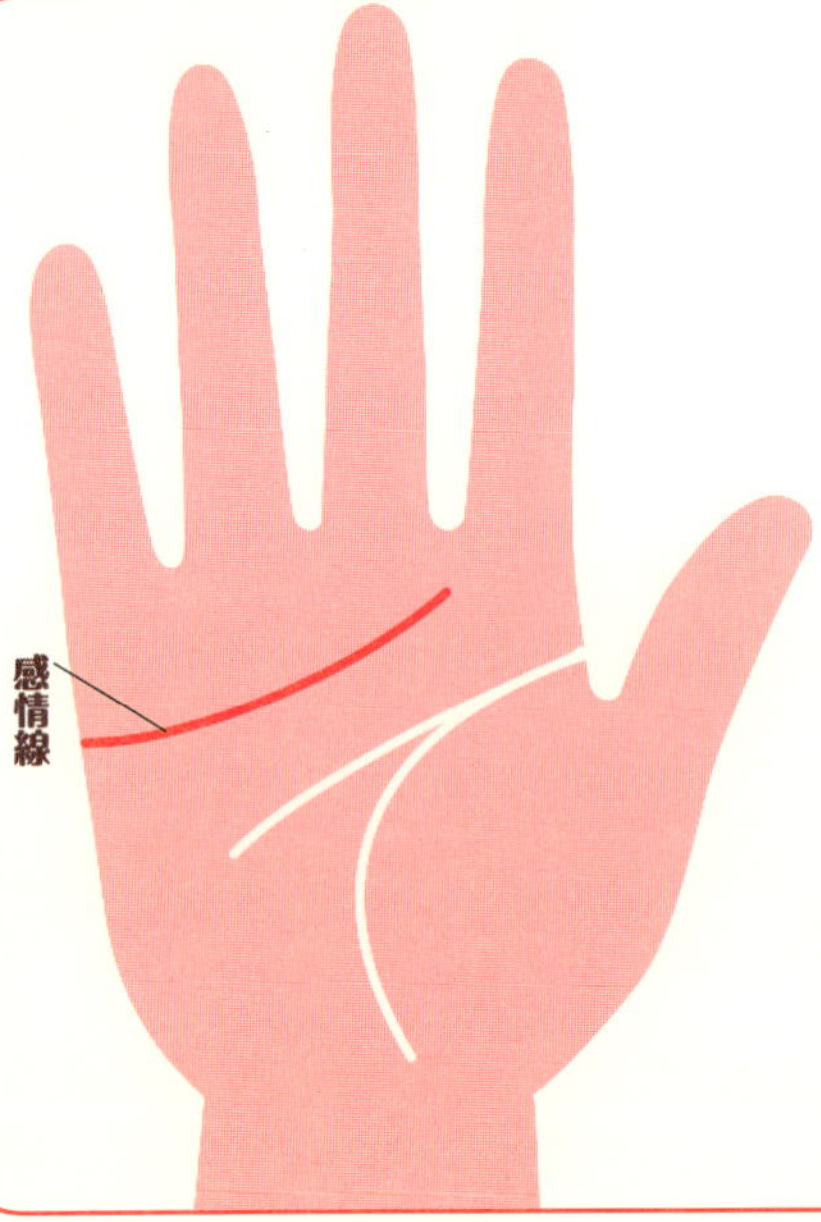


**ポイント**

感情線は三大線の一つで、比較的太めの小指の方から横に流れている線です。詳しくはP133へ

## Q2

金星帯がはっきりとある？

はい▼Q3へ

いいえ▼Q7へ

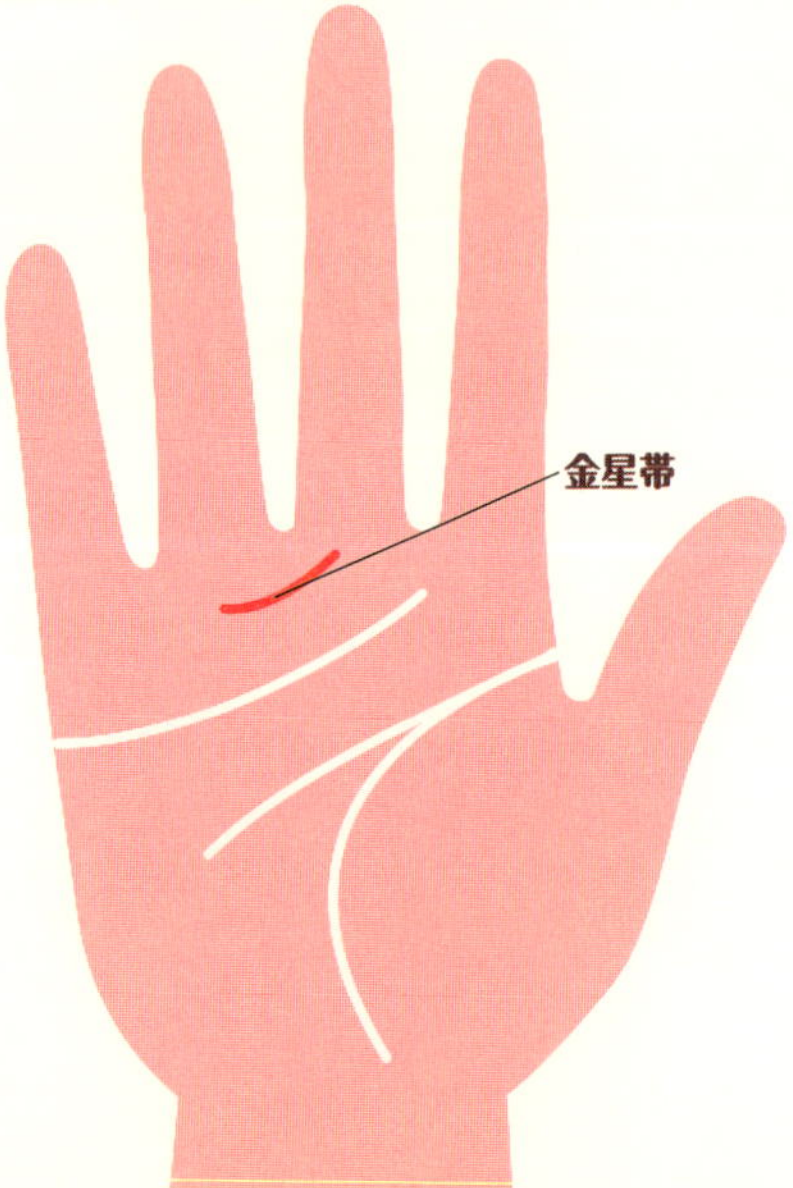


**ポイント**

金星帯とは、中指の付け根辺りにある線で、ない人も多く、あっても見えにくい線です。詳しくはP159へ

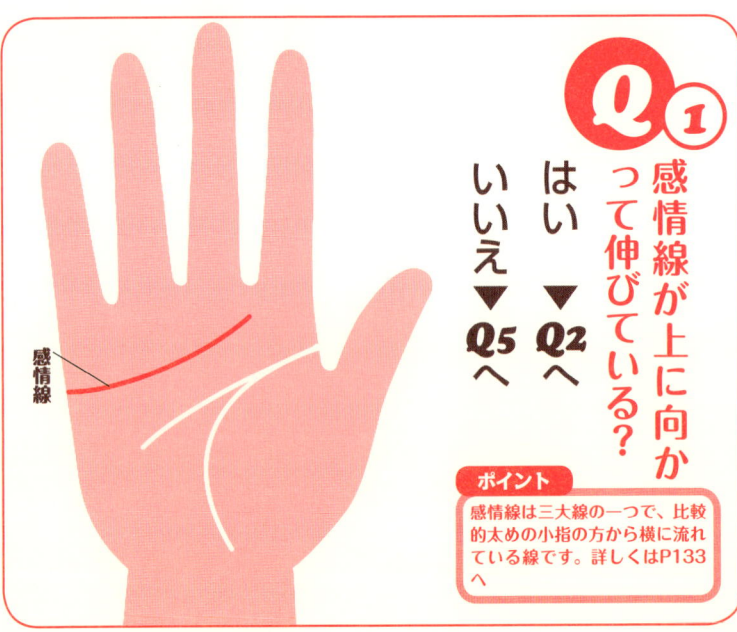

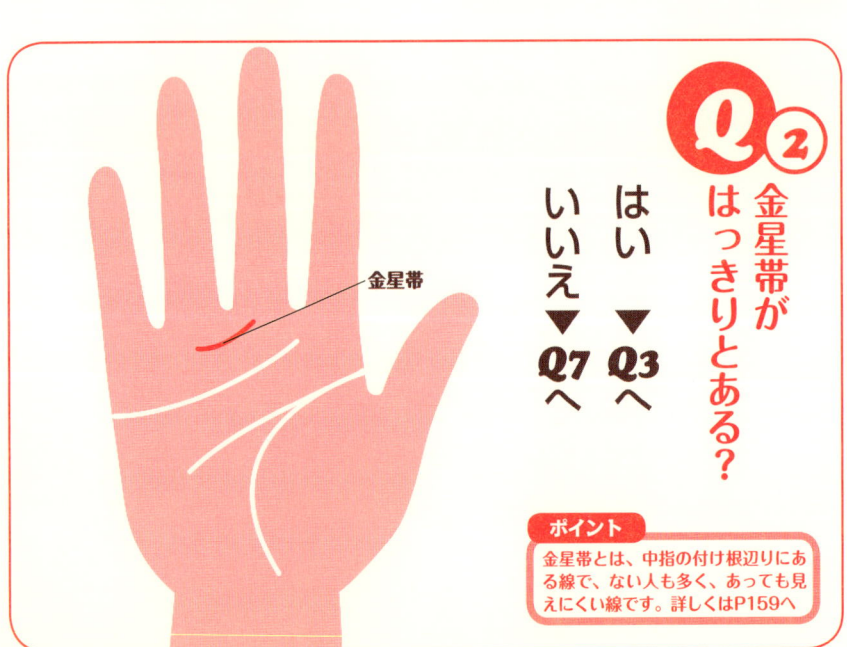

## Q3 手の形は、指がすらっとしている尖頭型か円すい型？

詳しい手形はP105でチェック！

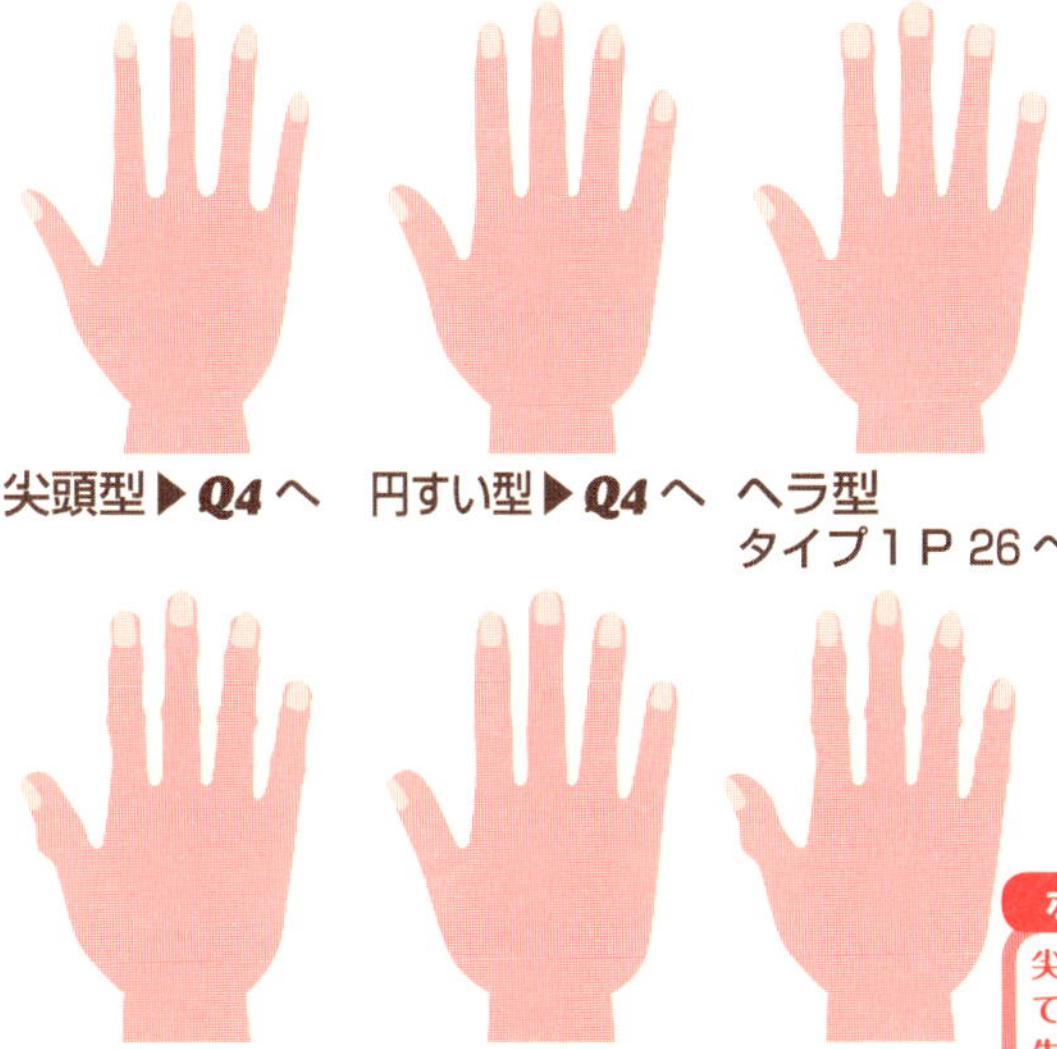

尖頭型▶**Q4**へ　円すい型▶**Q4**へ　ヘラ型 タイプ1 P 26へ

混合型 タイプ1 P 26へ　四角型・結節型 タイプ1 P 26へ

**ポイント**

尖頭型も円すい型も他の型に比べて、指の先が細いのが特徴です。指先がすらっと細いかどうかで判断してもOKです。

## Q4 運命線上に障害線がある？

はい ▼ タイプ3 P28へ

いいえ ▼ タイプ2 P27へ

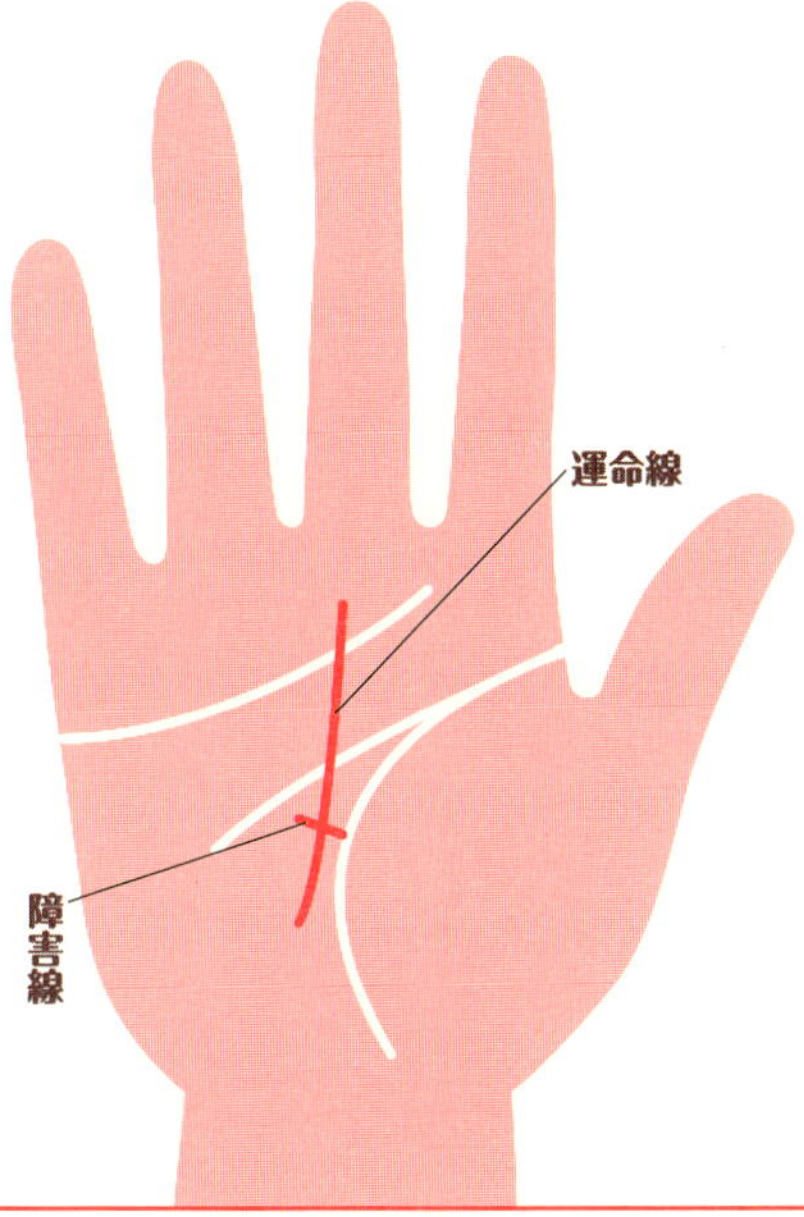


**ポイント**

運命線は、比較的はっきりしている線ですが、ない人もいます。運命線がない場合は、【いいえ】を選んでください。

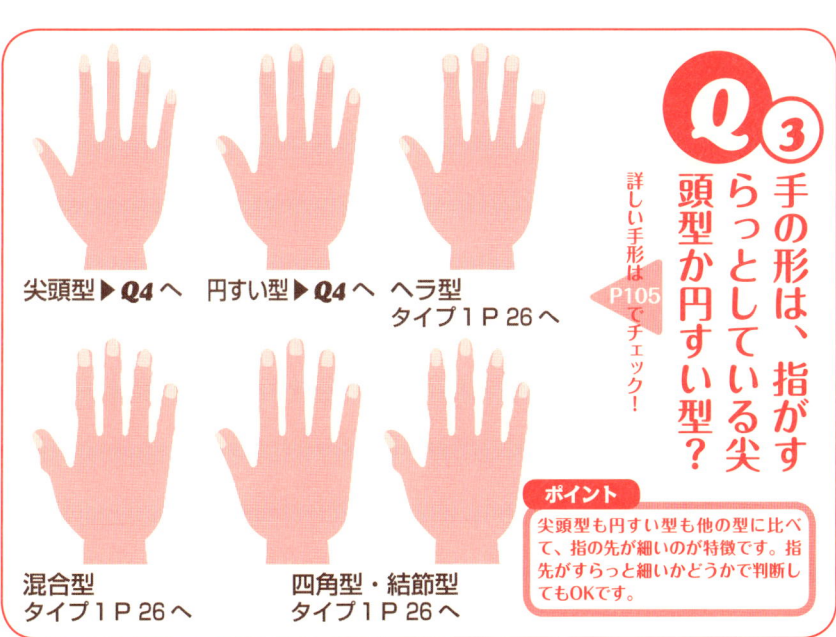

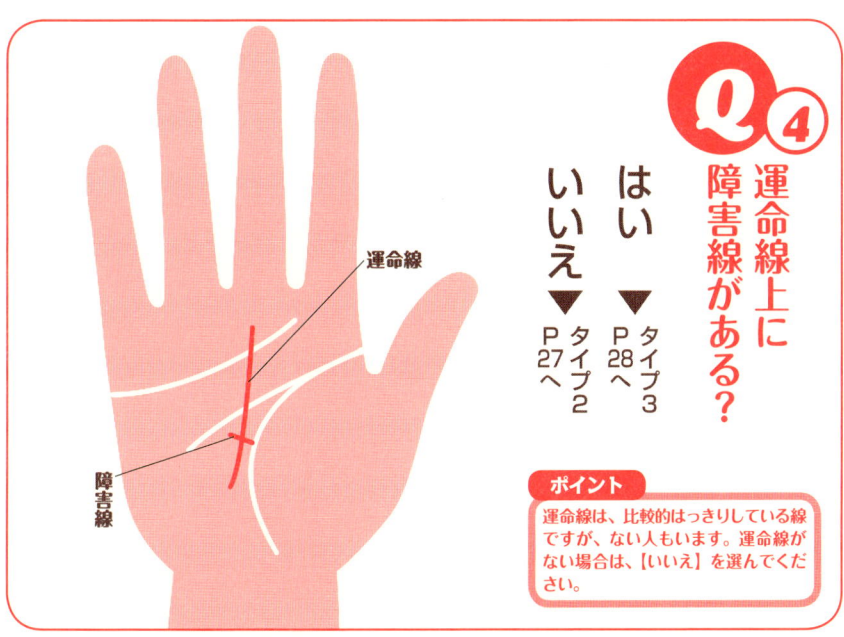

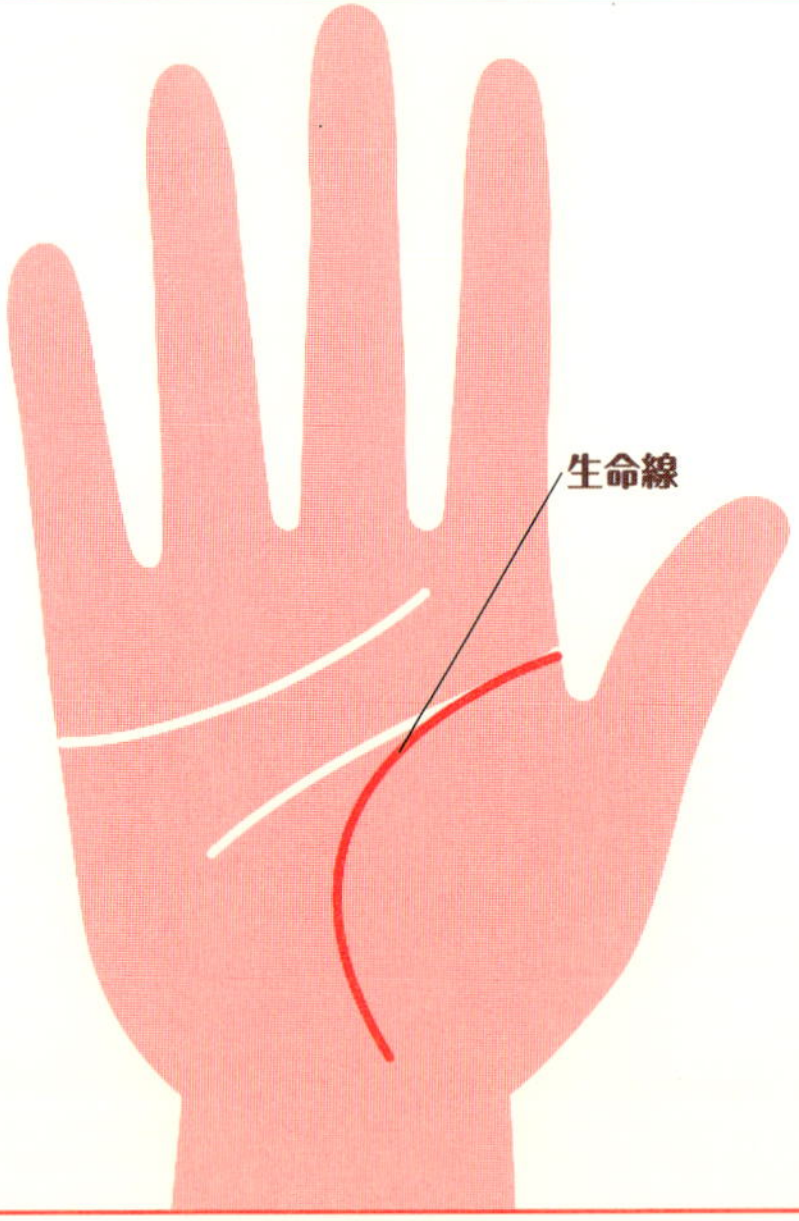


## Q5 生命線がはっきりしている

はい ▼ Q7へ

いいえ ▼ Q6へ

**ポイント**

生命線は、三大線の一つで分かりやすい線ですが、他の線と比べて、濃く太いかどうかで判断してください。

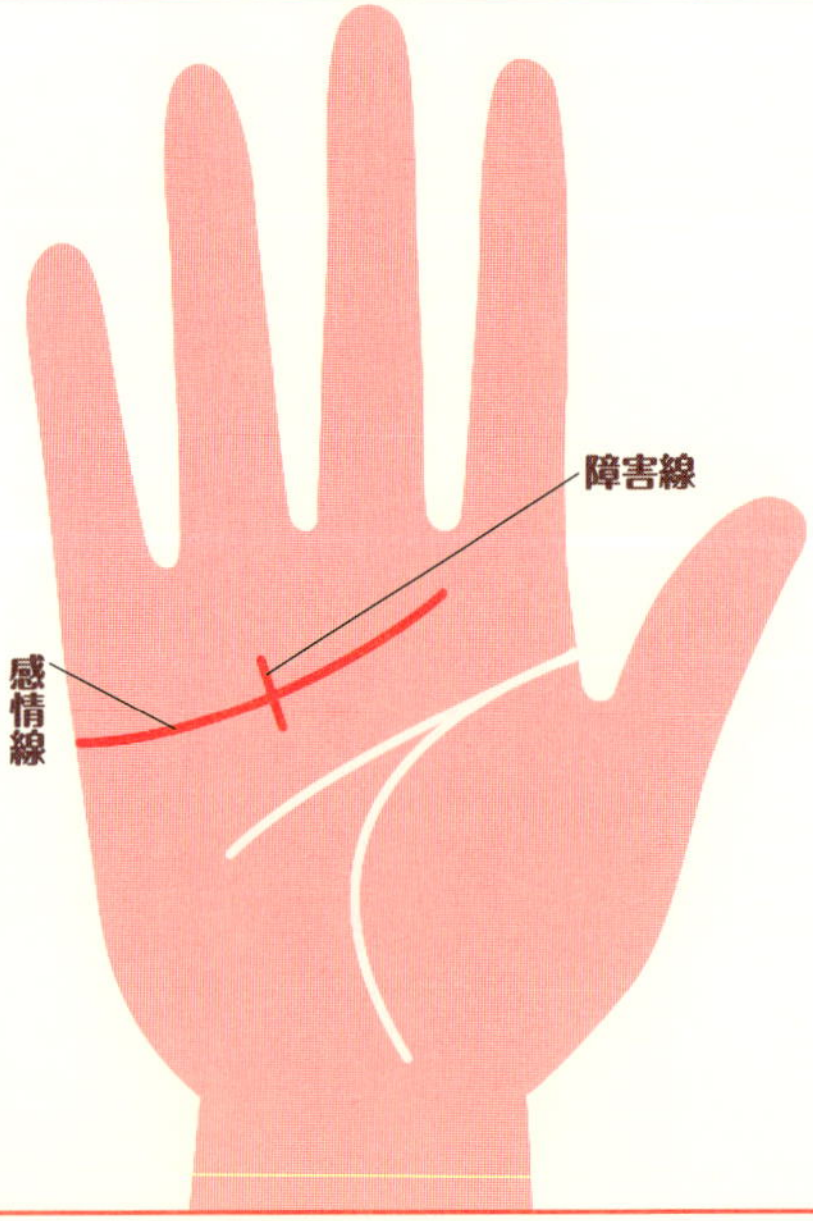


## Q6 感情線に障害線がある

はい ▼ タイプ5 P30へ

いいえ ▼ タイプ4 P29へ

**ポイント**

感情線は、三大線の一つで分かりやすい線です。その線を遮っている線が障害線となります。

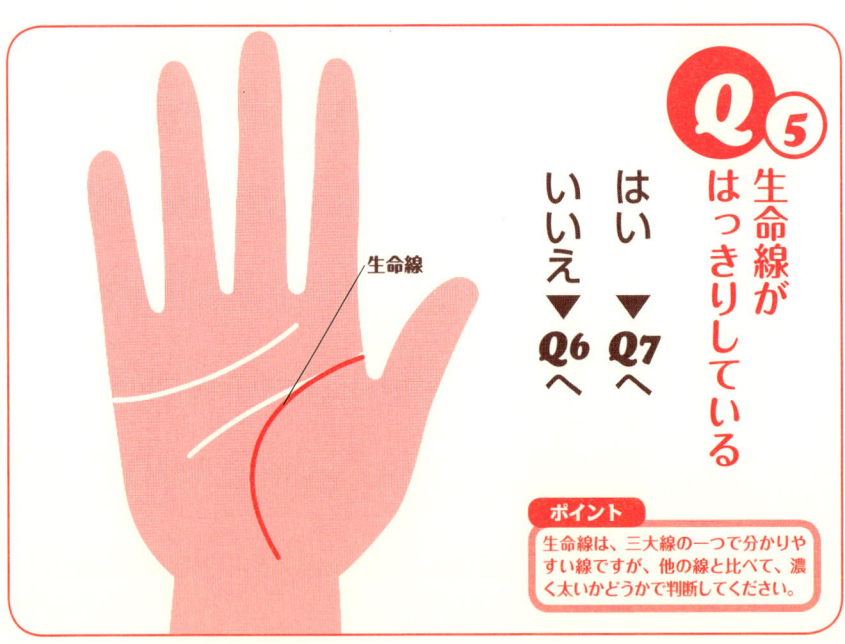

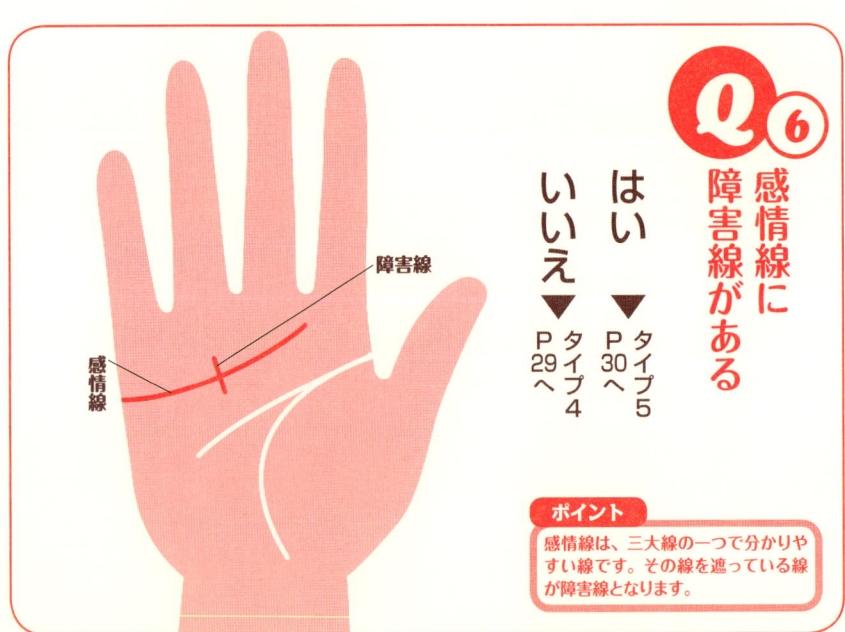

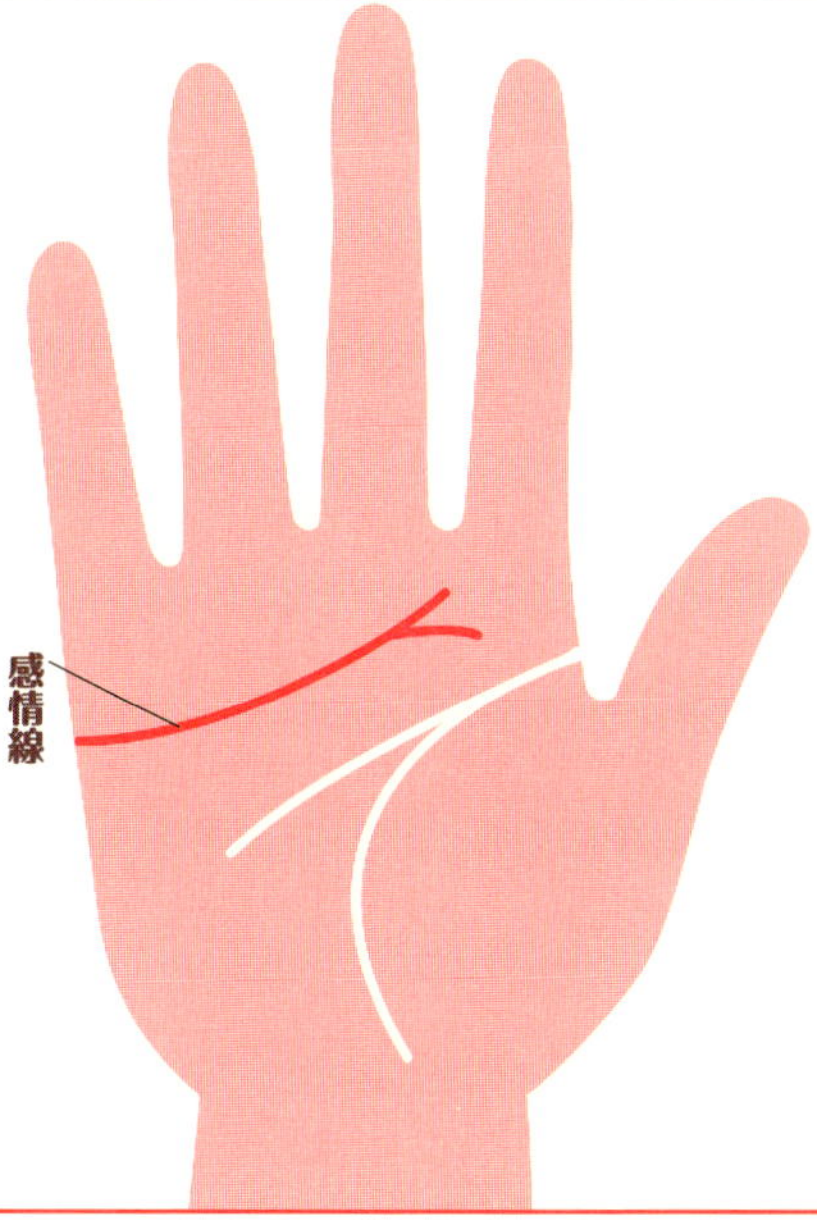


## Q7 感情線の末尾が枝分れしている

はい ▼ タイプ3 P28へ

いいえ ▼ タイプ4 P29へ

**ポイント**

感情線は、小指の下から人差し指側に伸びています。したがって、線の末尾とは人差し指側となります。

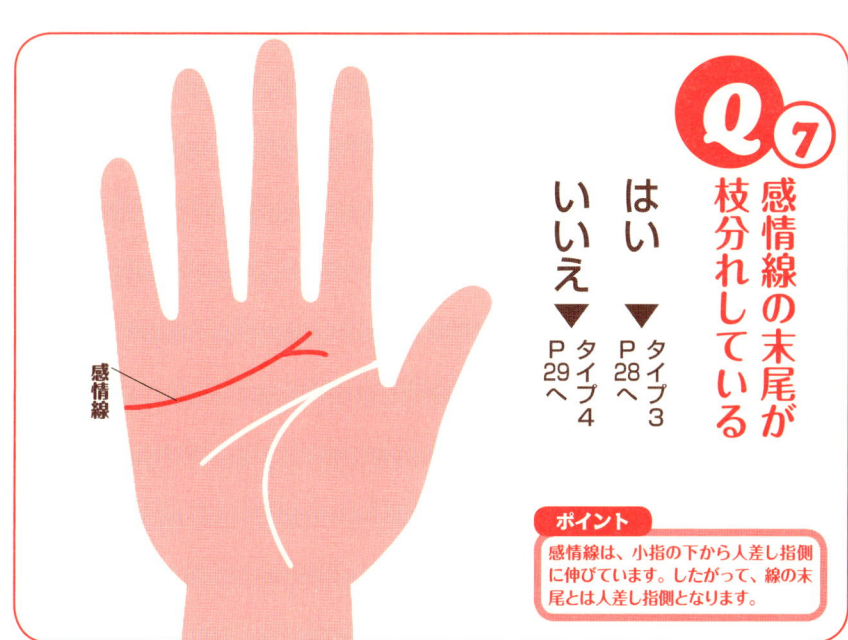

タイプ1

# 順調な恋愛運。心やさしく、真面目で相手を裏切らない

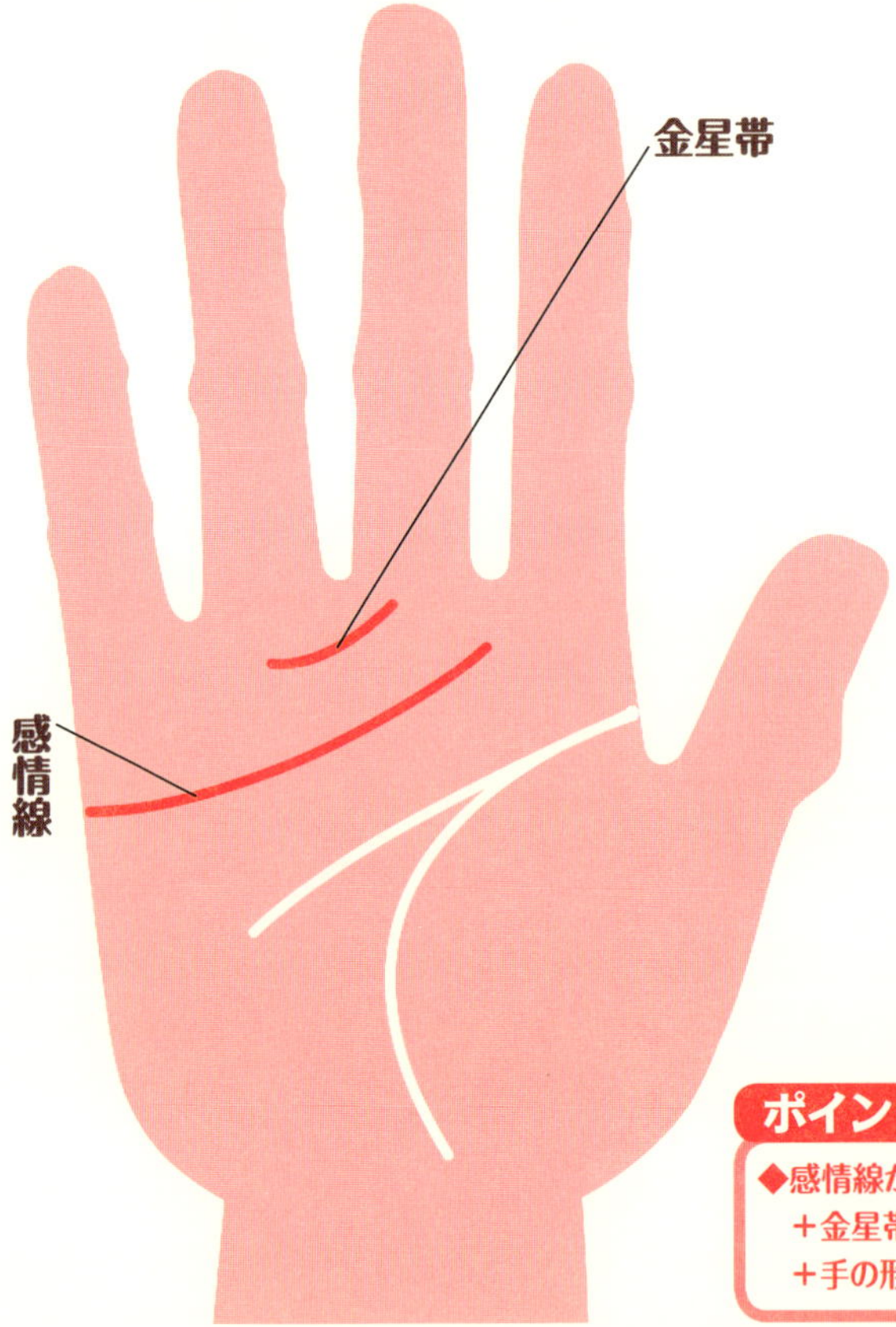


**ポイント**

◆感情線が上向き
＋金星帯がはっきり
＋手の形がヘラ・混合・四角・結節型

感情線は、人の性格や心の動き、愛情のあり方、そして恋愛の状況を知る紋線です。この感情線が、中指と人差し指の間に向かって伸びている人は、心がやさしく、つねに相手の心を察し、決して裏切ったりしません。

感情線が上向きで、金星帯がある人も、愛情に対してとても誠実で忠実、執着心も強いでしょう。

こうしたタイプは、手の型としては、几帳面な性格の四角型・結節型に多く、恋愛もごく真面目です。ムダな恋愛ごっこはせずに、これと思った相手には誠実さで全力投球します。もちろん、口車にも乗りません。

ただし、まじめな分、愛情表現は下手で駆け引きなど、きめ細やかな恋愛はできないタイプともいえます。

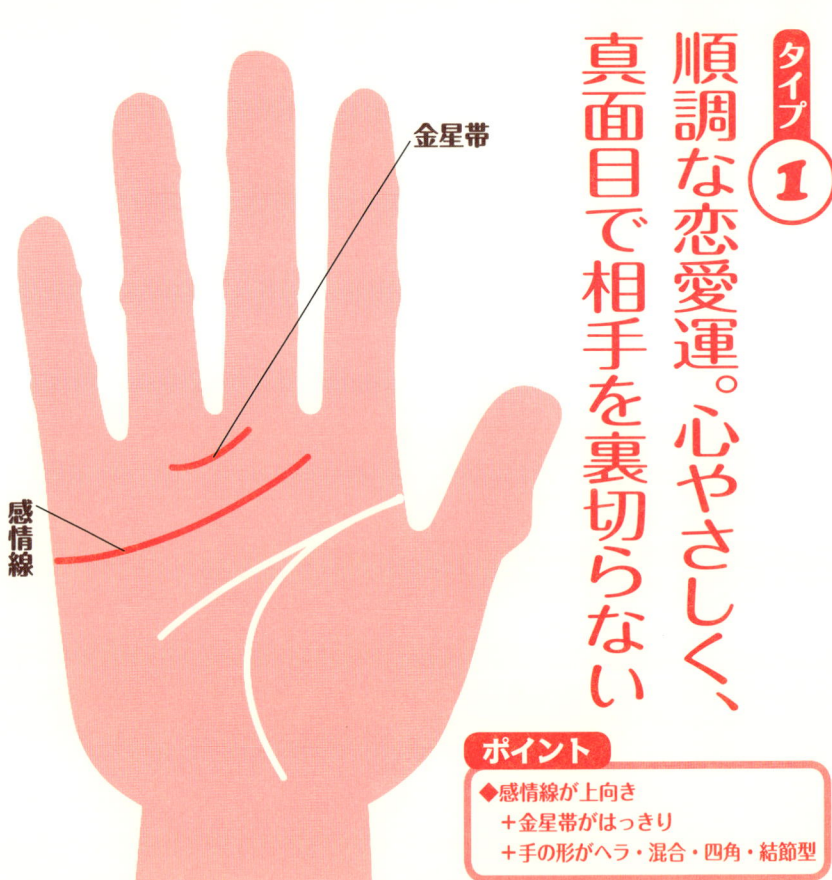

# タイプ2 友人の力で恋が進展する予感

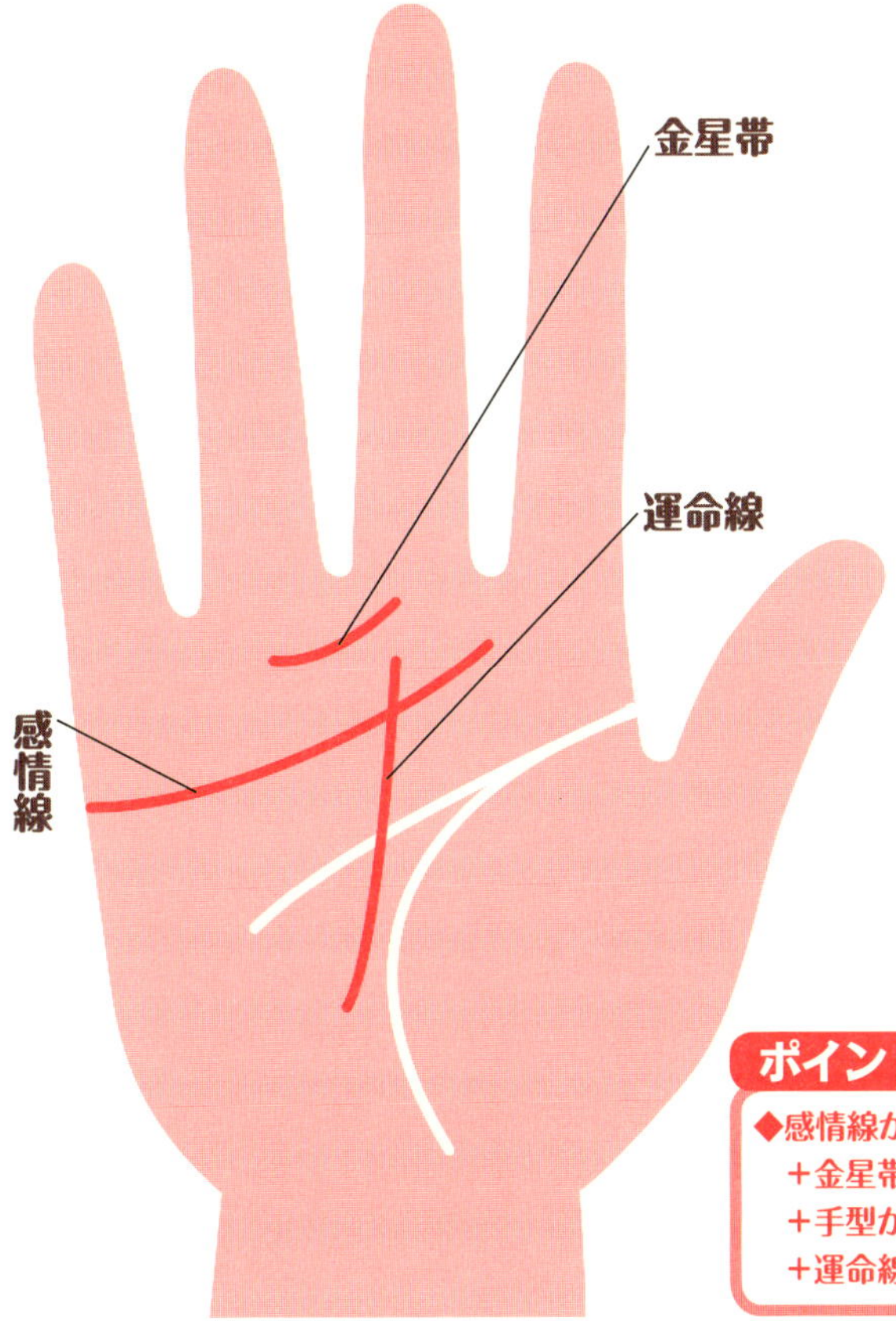


**ポイント**

◆感情線が上向き
＋金星帯がはっきり
＋手型が尖頭・円すい型
＋運命線上に障害線なし

感情線が上向きで、金星帯がある人は、恋愛に対して誠実なタイプといえます。金星帯は、感情線と同様に精神的エネルギーの強弱を判断することができ、この二点をみると、恋愛感情の状況がわかります。

また、運命線は、恋愛や結婚など、本人の運命や環境を大きく変える事柄を表します。この運命線に障害線がないので不倫などのトラブルの暗示はありませんが、手の形が尖頭型か円すい型であれば、理想を追いかけたり、嫉妬に身を焦がし、自分の力だけではスムーズに恋愛が運ばないでしょう。

異性には人気がありますが、自分の力では縁遠く、友人などの力で恋が実ります。自分からは恋を打ち明けたりしませんが、恋人には誠実です。

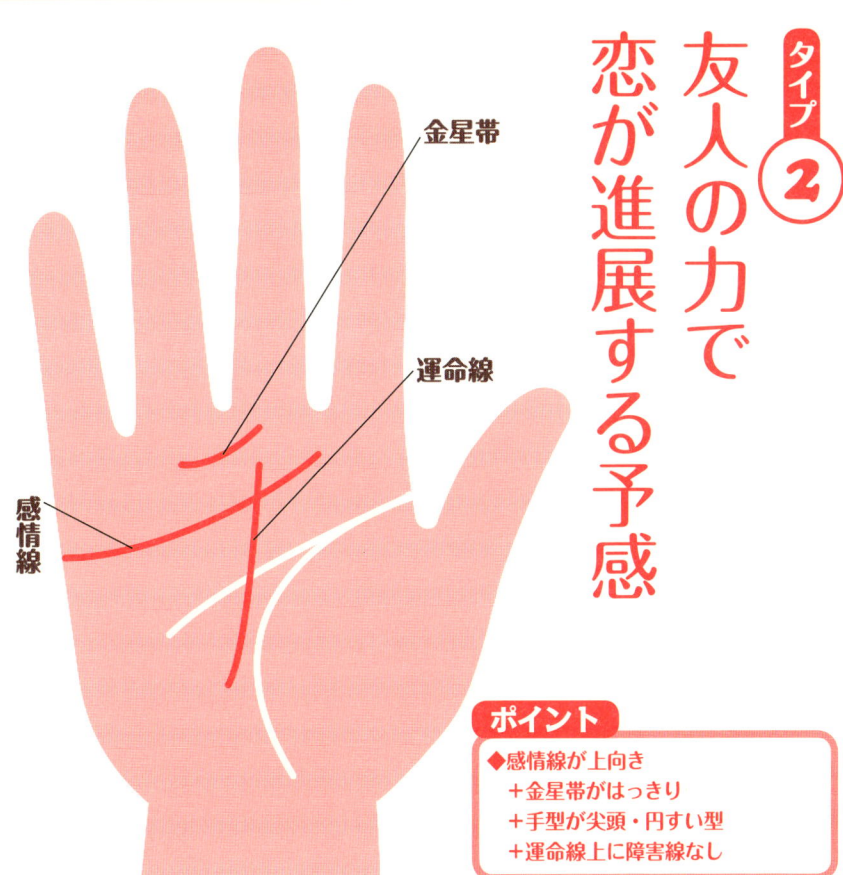

タイプ3

# 三角関係や、同時期に複数の異性を好きに…

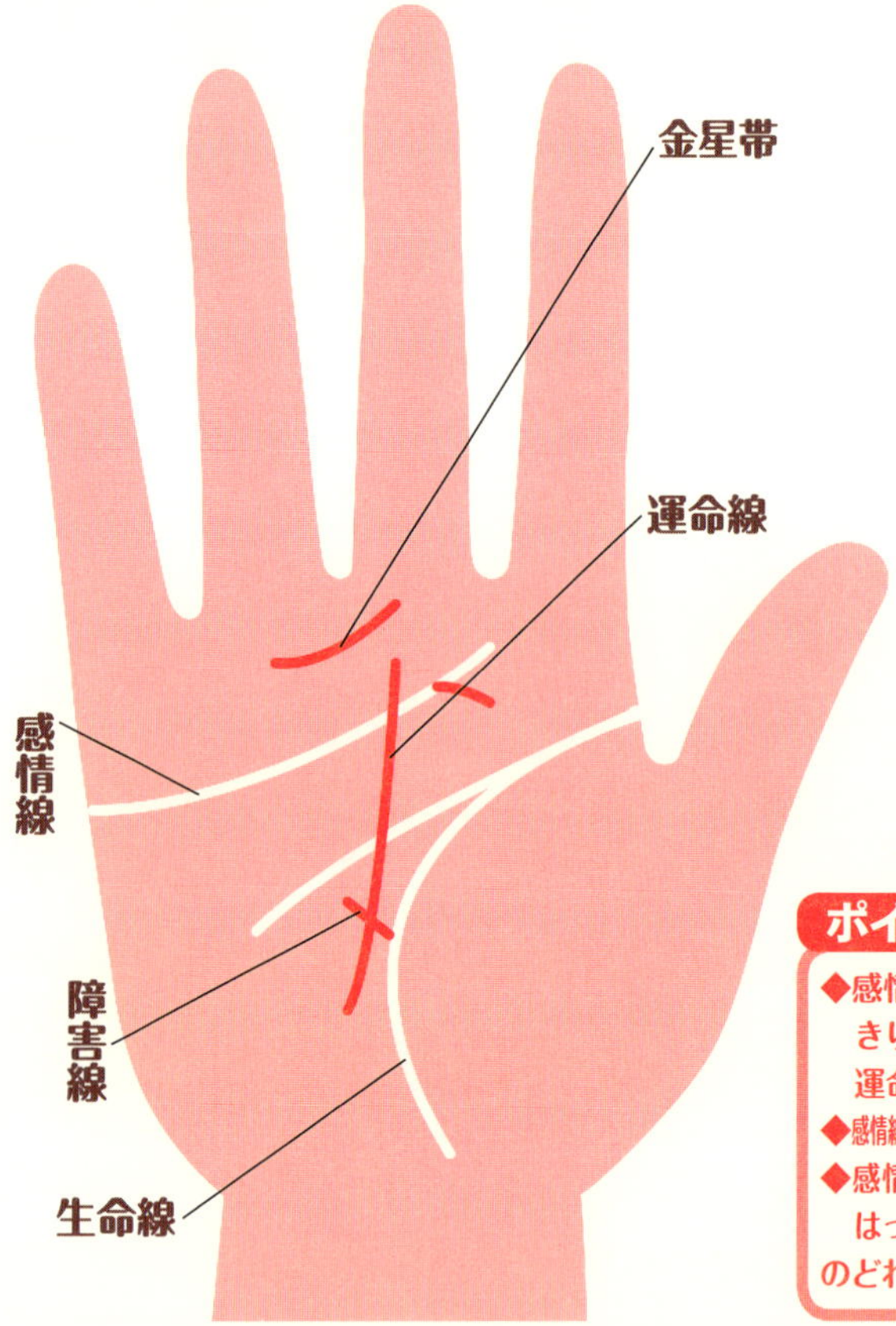


**ポイント**

- ◆感情線が上向き＋金星帯がはっきり＋手型が尖頭・円すい型＋運命線上に障害線あり
- ◆感情線が上向き＋金星帯なし＋感情線の末尾が枝分れ
- ◆感情線が上向きでない＋生命線がはっきり＋感情線の末尾が枝分れ

のどれかに当てはまる

金星帯も感情線も精神的エネルギーのバランスを判断することができ、恋愛感情の状況がわかります。

感情線が上向きに伸びていて金星帯があれば、恋愛に誠実なタイプですが、手の形が尖頭型か円すい型であれば、理想を追求し過ぎたり、嫉妬深いところがあります。さらに、環境を大きく変える事柄を表す運命線に障害があれば、浮気や不倫のトラブルの暗示で、感情線の末尾が枝分れしていれば、複数の人を同時に好きになるなど、恋愛面で悩みが多い人です。

生命線は恋愛面の肉体的なエネルギーの強さを表していますので、感情線の末尾が枝分れしている人は、さまざまなタイプの相手と、恋多き人生を歩むでしょう。

# タイプ4 恋に恋をしていたり、近い存在でも進展しない

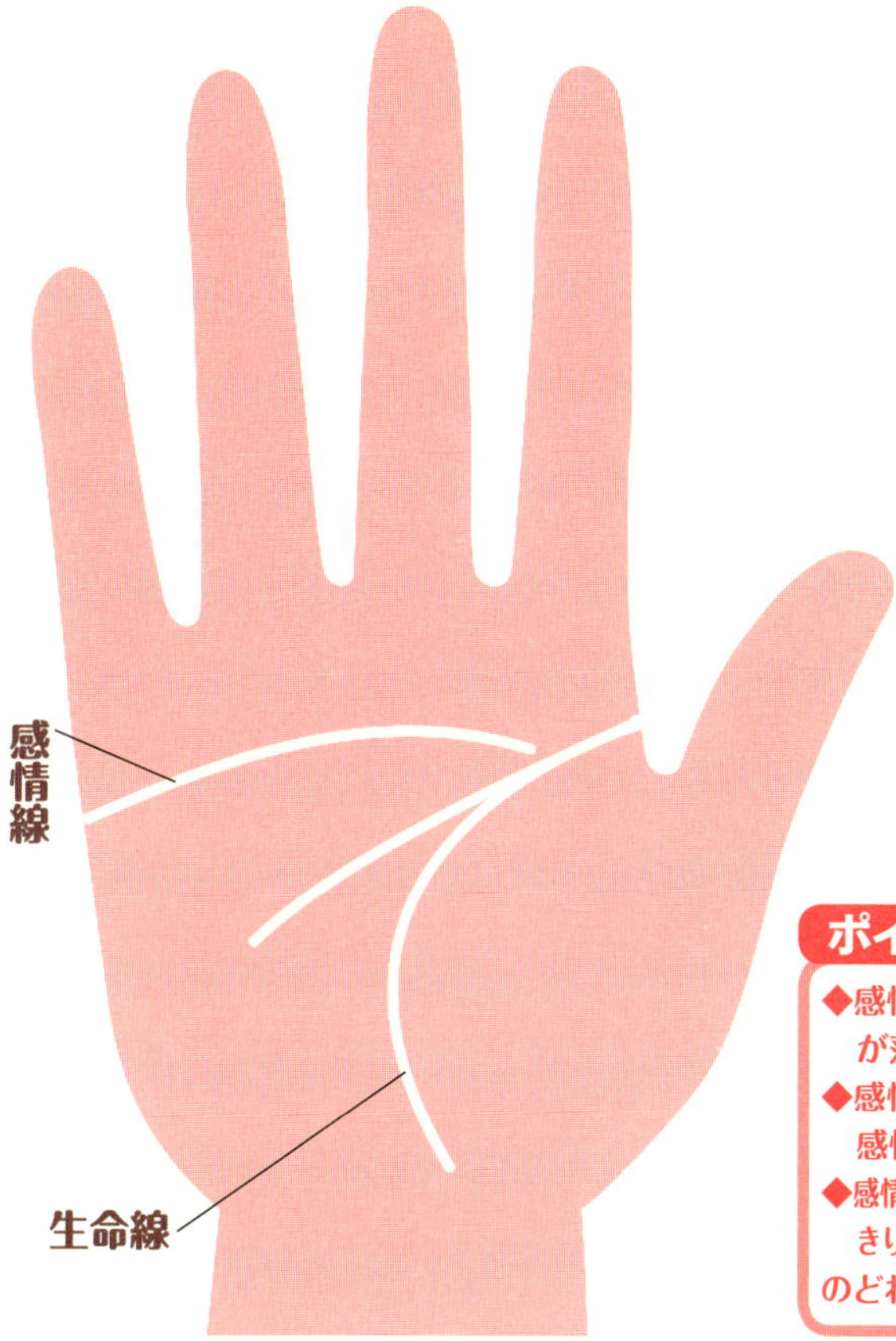


**ポイント**

◆感情線が上向きでない＋生命線が薄い＋感情線に障害線なし
◆感情線が上向き＋金星帯なし＋感情線の末尾が枝分れなし
◆感情線が上向きでない＋生命線がはっきり＋感情線の末尾が枝分れなし
のどれかに当てはまる

その人の性格や恋愛の状況を示す感情線が下降していたり、横に伸びている人は、恋に恋するタイプです。現実を直視できず、身近に異性がいても、実際の恋愛には進展しません。

また、生命線は恋愛面の肉体的なエネルギーの強さを表していますので、生命線が薄ければ、恋愛のパワーがないことを示します。さらに、感情線の途中に障害線がある場合は、恋愛を邪魔するような気配ですが、障害線がなければ、そもそも恋愛する元気や気力がないのかもしれません。

生命線がはっきりしていて、感情線の末尾が枝分れしていなければ、強い一途な恋を表していますが、まだ恋愛感情が相手に届いていないことを表しています。

タイプ5

# 別れの予感 悲しい結末の暗示

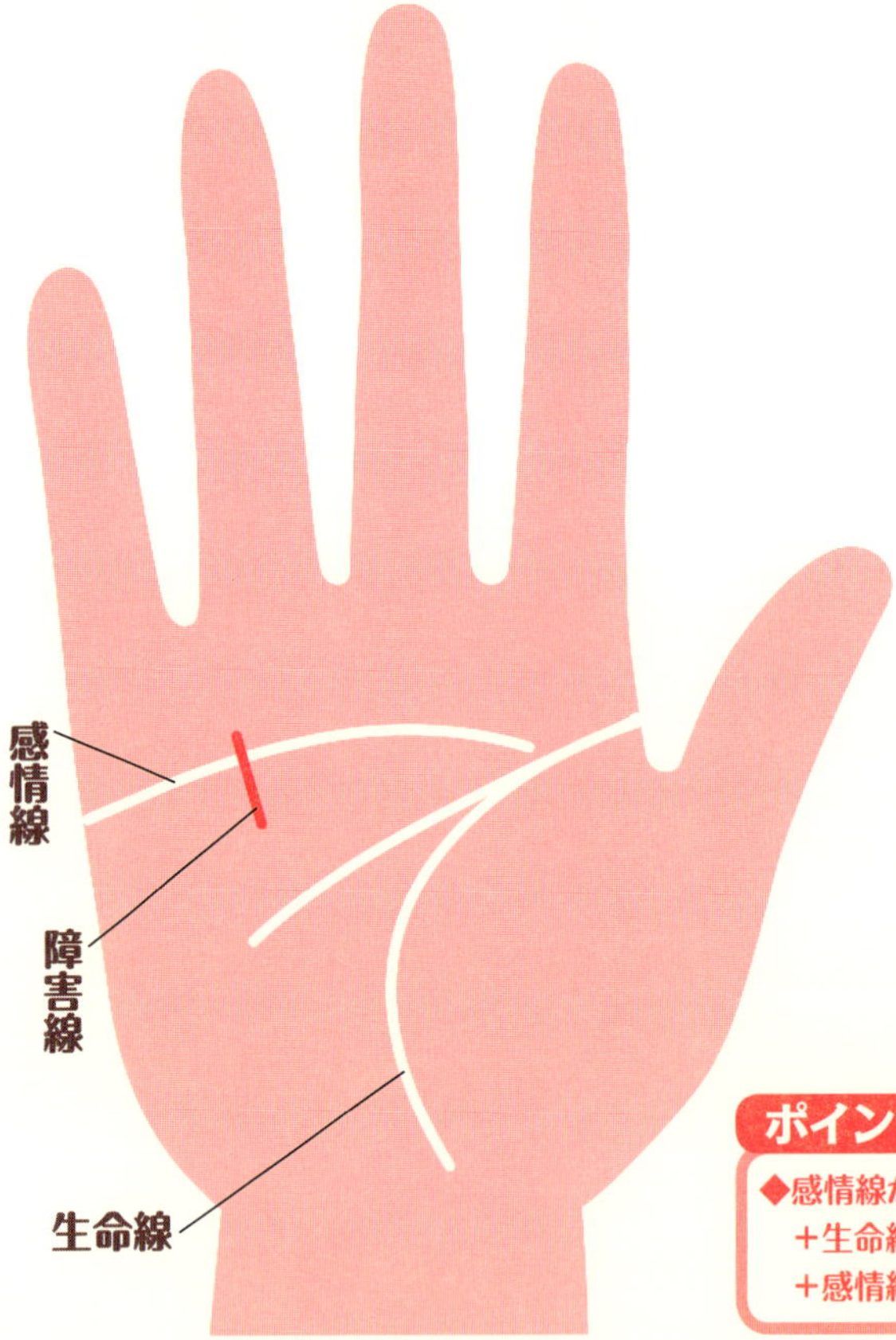


**ポイント**

◆感情線が上向きでない
　＋生命線薄い
　＋感情線に障害あり

感情線は精神的エネルギーのバランスを表し、生命線は恋愛面の肉体的なエネルギーの強さを表しています。

感情線が横向きか下向きであれば、現実が見えていない状況を表します。また、生命線が薄いと恋愛する力が低下して自分が思うように行動できず、イライラしているかもしれません。

恋愛の場合、障害線は異性との別れや短い恋を表し、現れたり消えたりします。感情線の途中の障害線は、恋心を打ち明けられずにいることも表します。生命線が薄く感情線に障害線があるなら、生涯忘れられない失恋、恋敵の存在を暗示しています。

行動や努力次第で紋線は変化しますので、手相の暗示を忠告として、常に前向きな行動を心がけましょう。

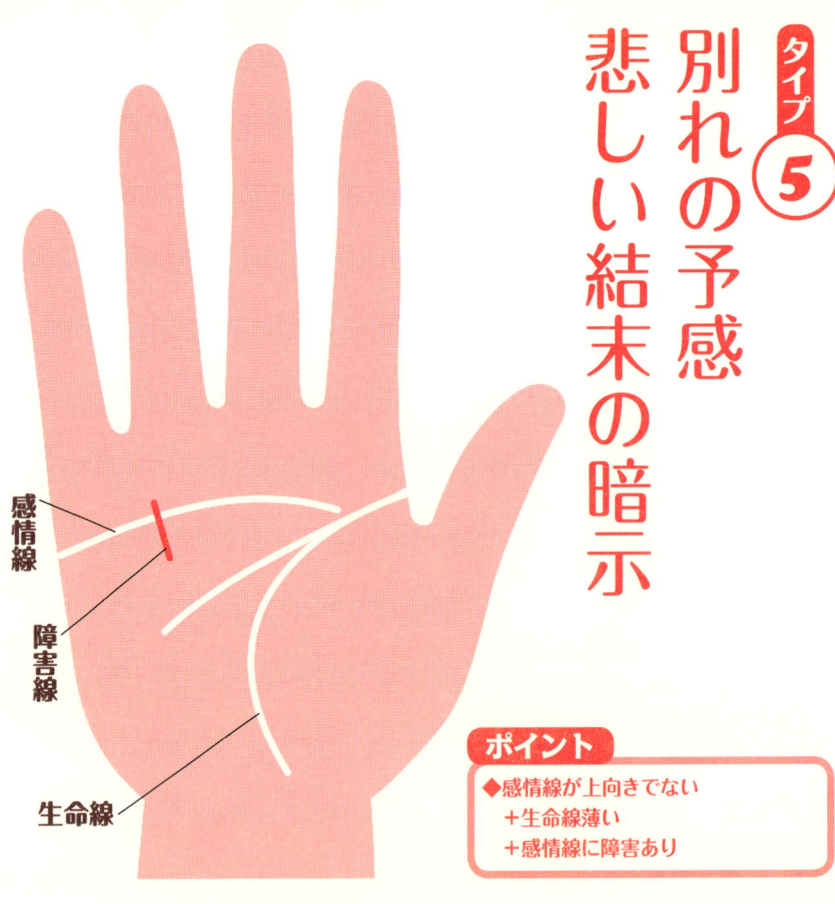

# 第3章

# 結婚運を見てみよう

# チャート式結婚運診断

巻頭の手相一覧を出して右手でチェック！

## Q1

生命線と頭脳線の起点が離れている

はい ▼ Q2へ

いいえ ▼ Q5へ

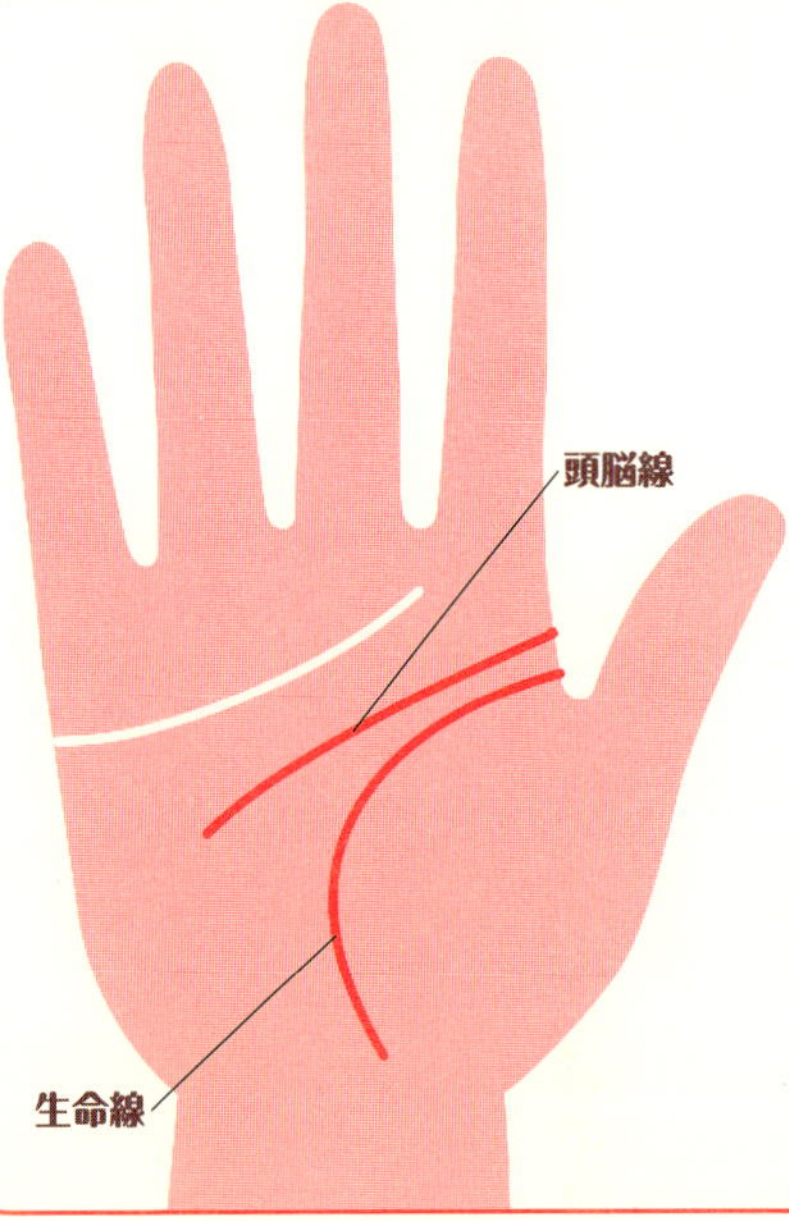


**ポイント**

生命線、頭脳線とも分かりやすい線です。起点は、両線とも人差し指側になるので、親指と人差し指の間の起点部分を見て判断してください。

## Q2

結婚線ははっきりしていて長い

はい ▼ Q3へ

いいえ ▼ Q7へ

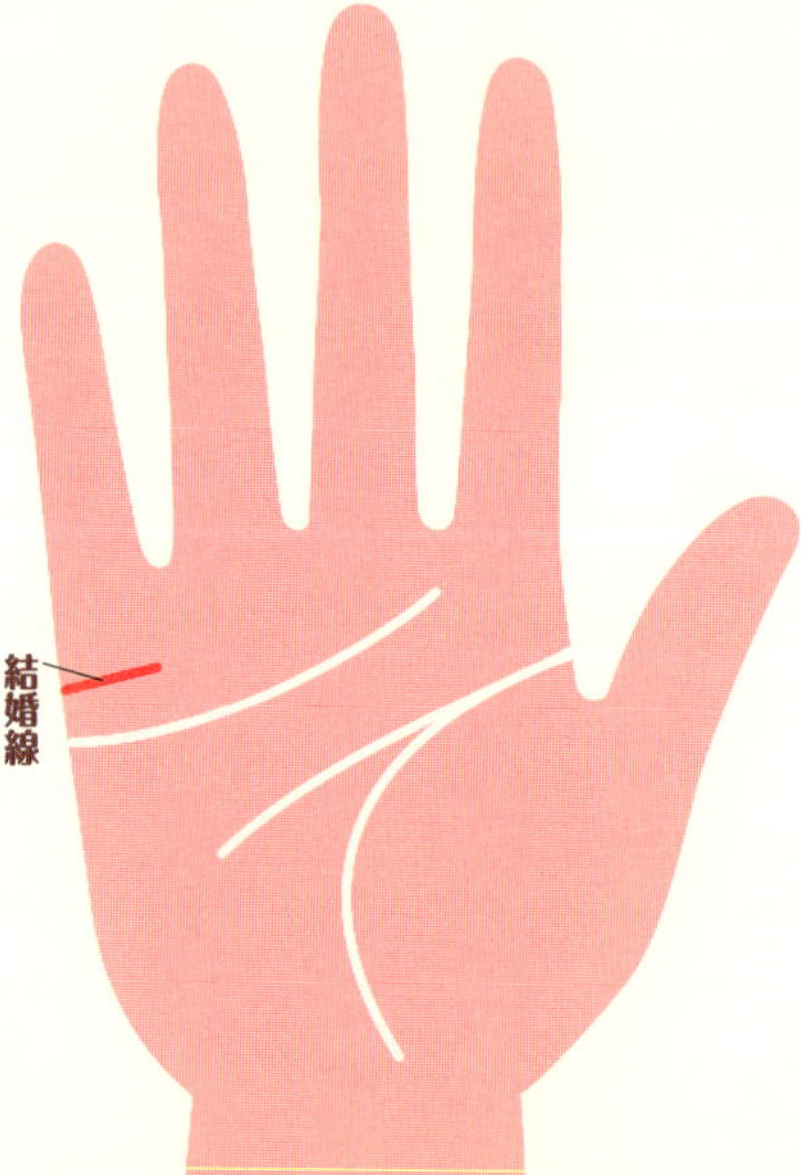


**ポイント**

結婚線は小指の下の線で分かりやすい線ですが、ない人もいます。生命線などと比べてはっきりしているかで判断してください。

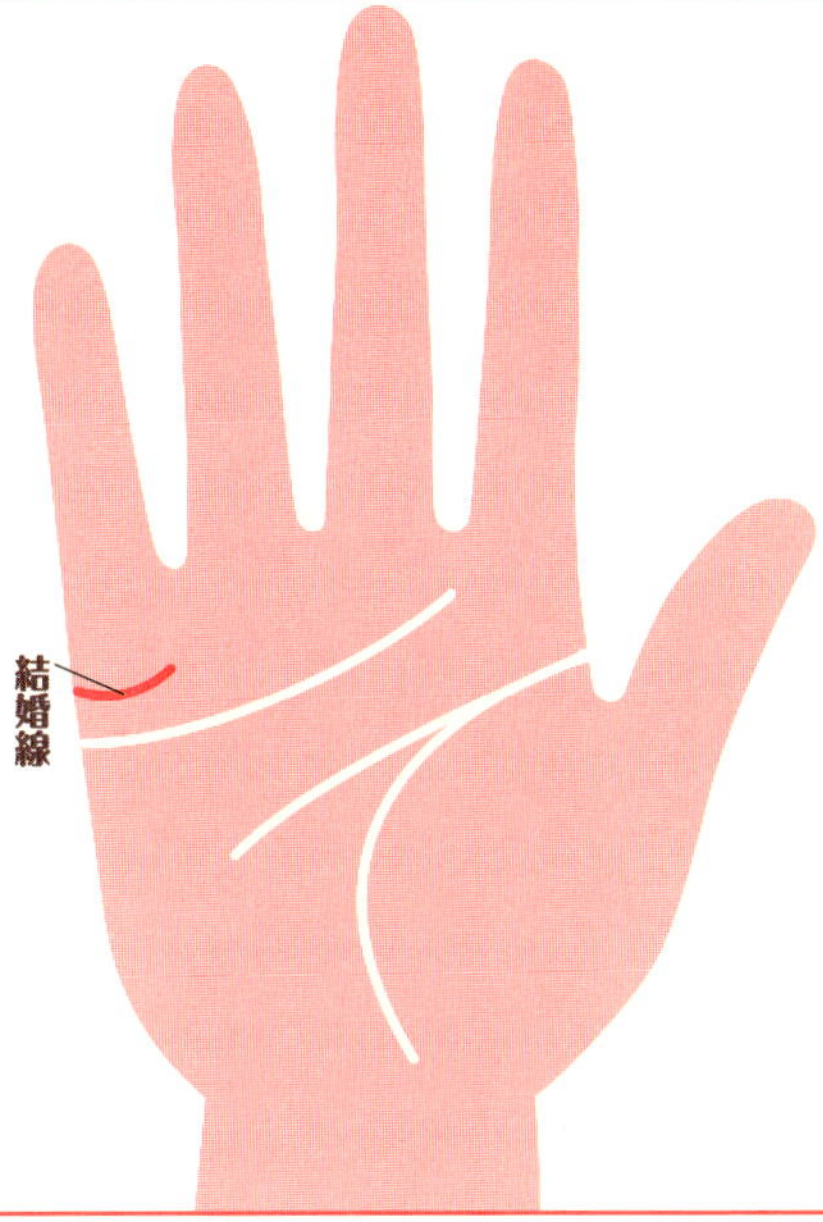


## Q3 結婚線の末尾が上昇している

はい ▼ タイプ1 P36へ

いいえ ▼ Q4へ

**ポイント**

結婚線は、末尾が少しても上がっていたら、「はい」を選んでください。上がり具合が暗示の強さを表しています。

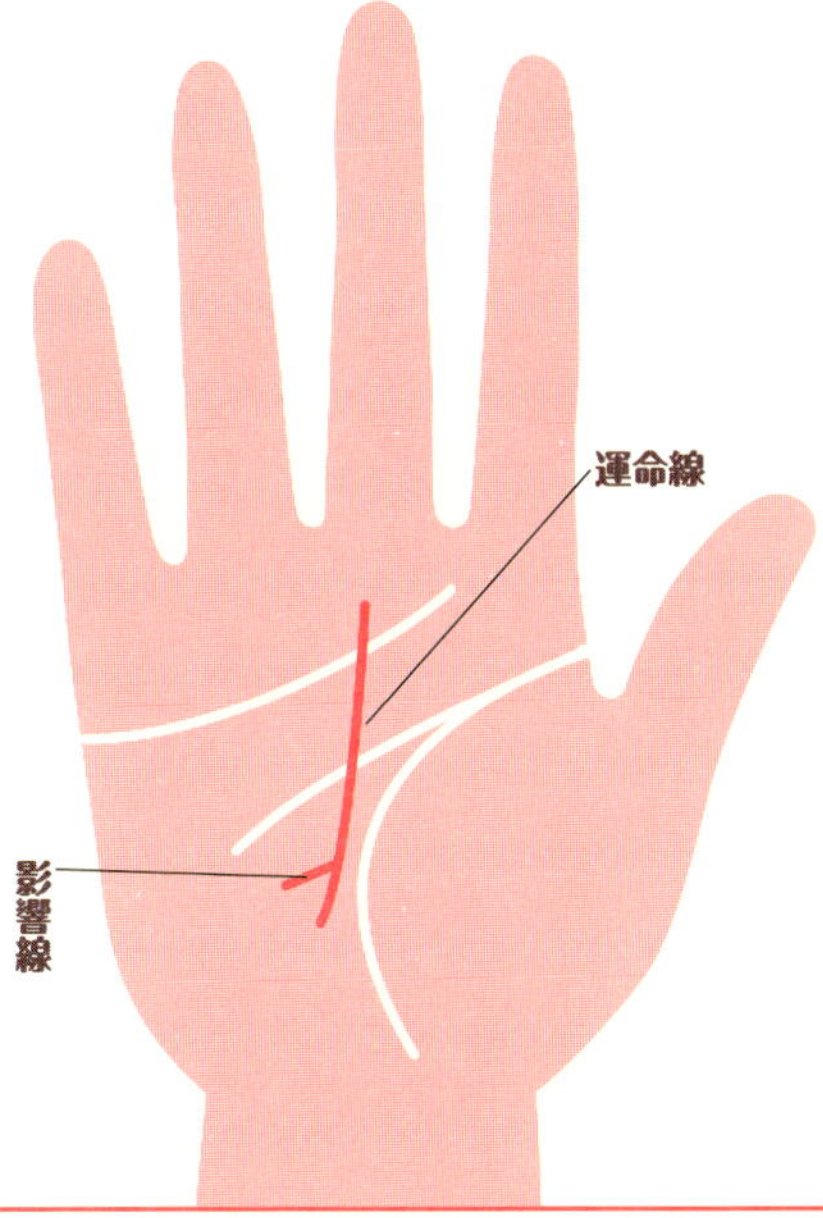


## Q4 運命線に影響線が出ている

はい ▼ タイプ2 P37へ

いいえ ▼ タイプ3 P38へ

**ポイント**

影響線とは、紋線に沿って出てくる細く短い線のことです。ない場合もあります。

## Q5 神秘丘の下のほうに細かい影響線が何本もある

はい ▼ Q6へ

いいえ ▼ Q7へ

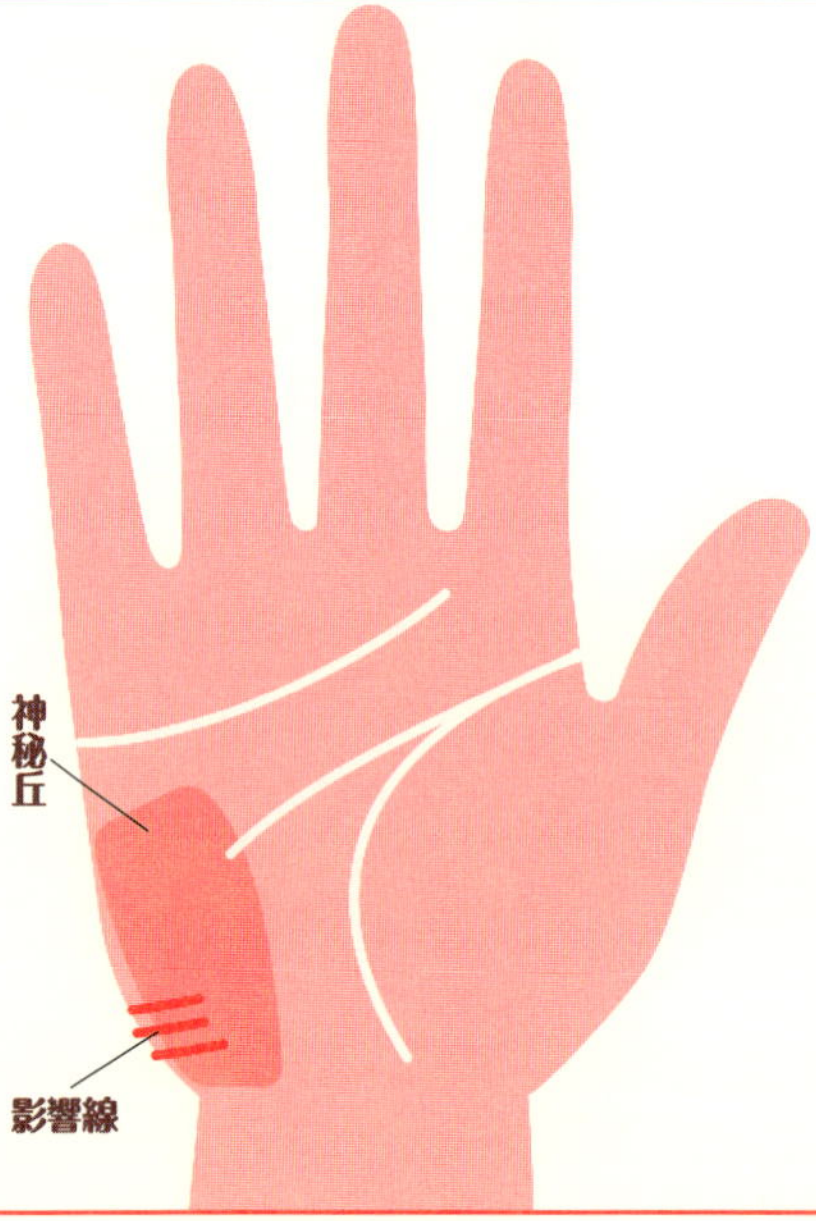


**ポイント**

神秘丘は、小指の下の手首に近い丘のことです。手を強めに広げると少し盛り上がる部分です。詳しくは神秘丘（P188）へ

## Q6 結婚線の位置は、感情線と小指の付け根の中間よりも上にある

はい ▼ タイプ4 P39へ

いいえ ▼ Q7へ

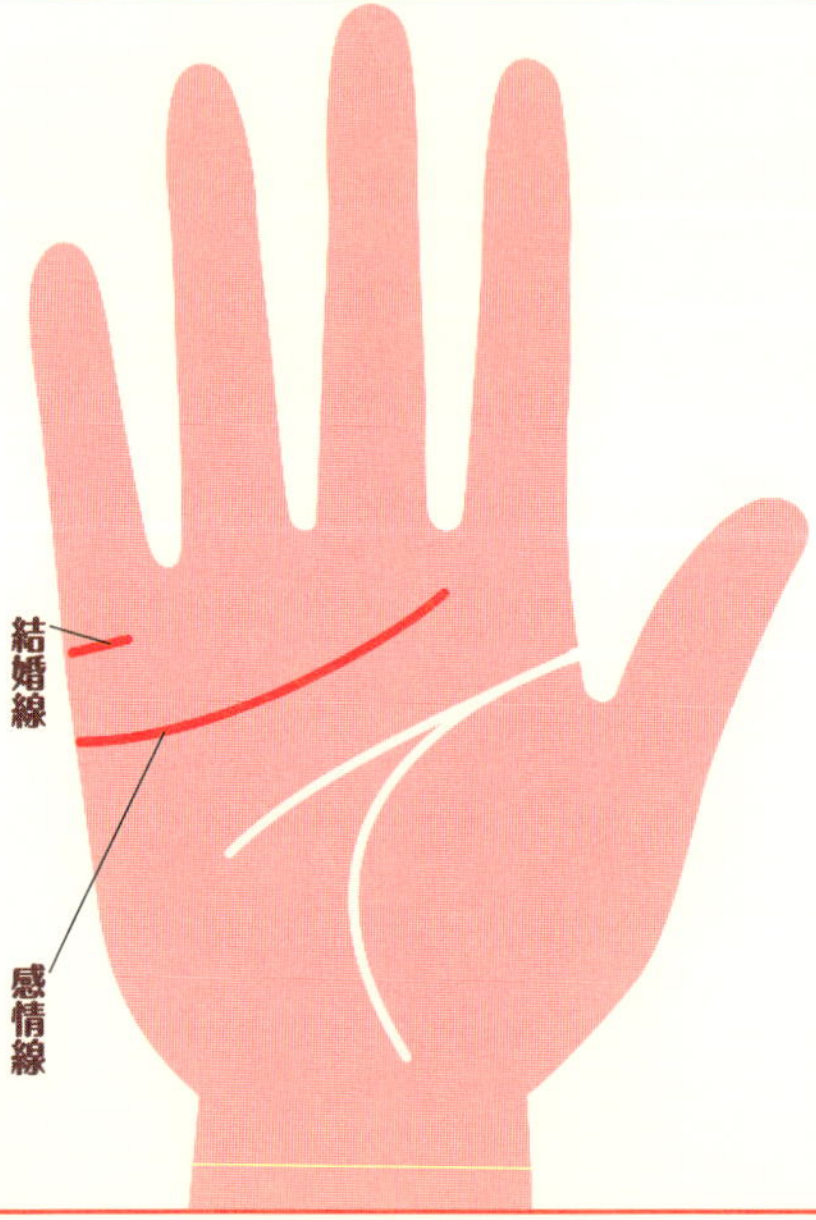


**ポイント**

感情線は、誰にでもある分かりやすい線です。感情線の始点と小指の付け根の間で、小指よりにあれば、「はい」を選んでください。

## Q7 結婚線の末尾が下降しているか、枝分れしている

はい ▼ タイプ5 P40へ

いいえ ▼ タイプ3 P38へ

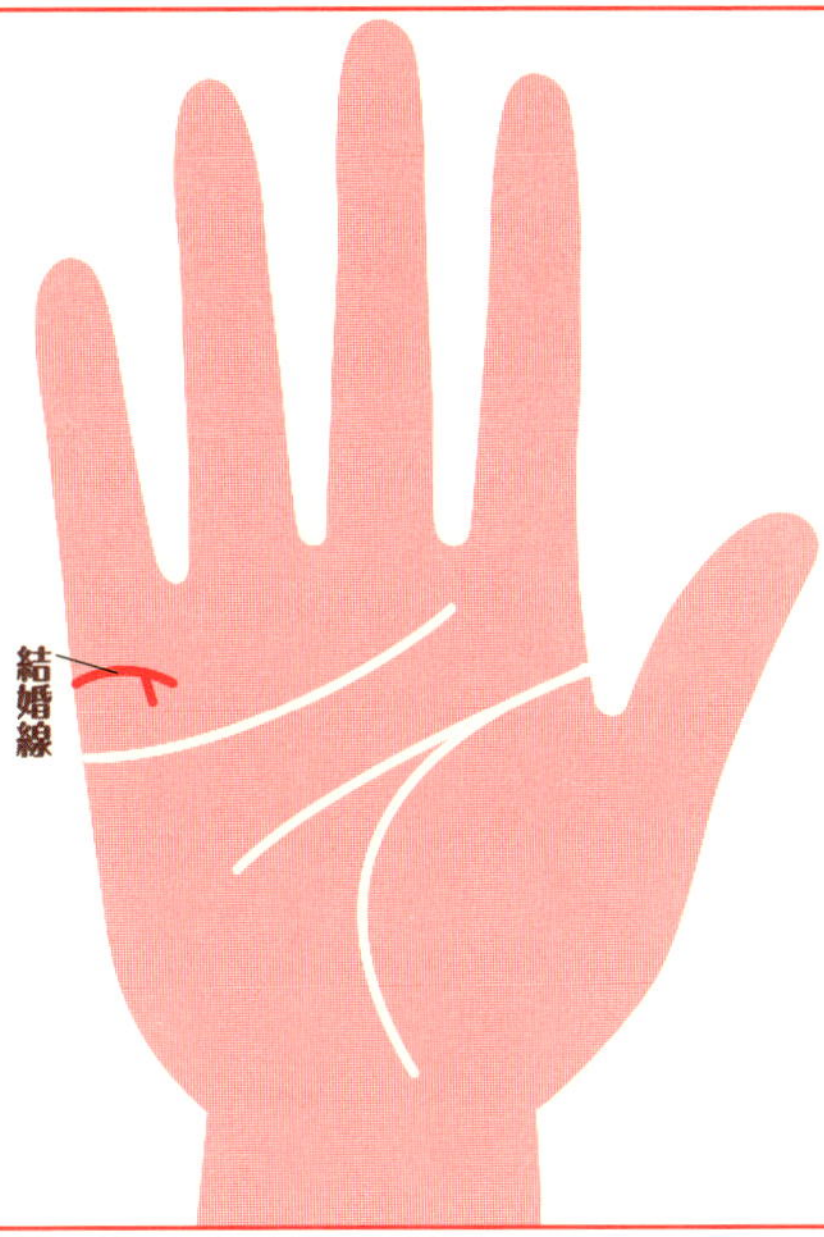


**ポイント**

結婚線の末尾が少しでも下がっていたら、「はい」を選んでください。下がり具合が暗示の強さを表しています。

# タイプ1 経済的に余裕のある結婚の暗示

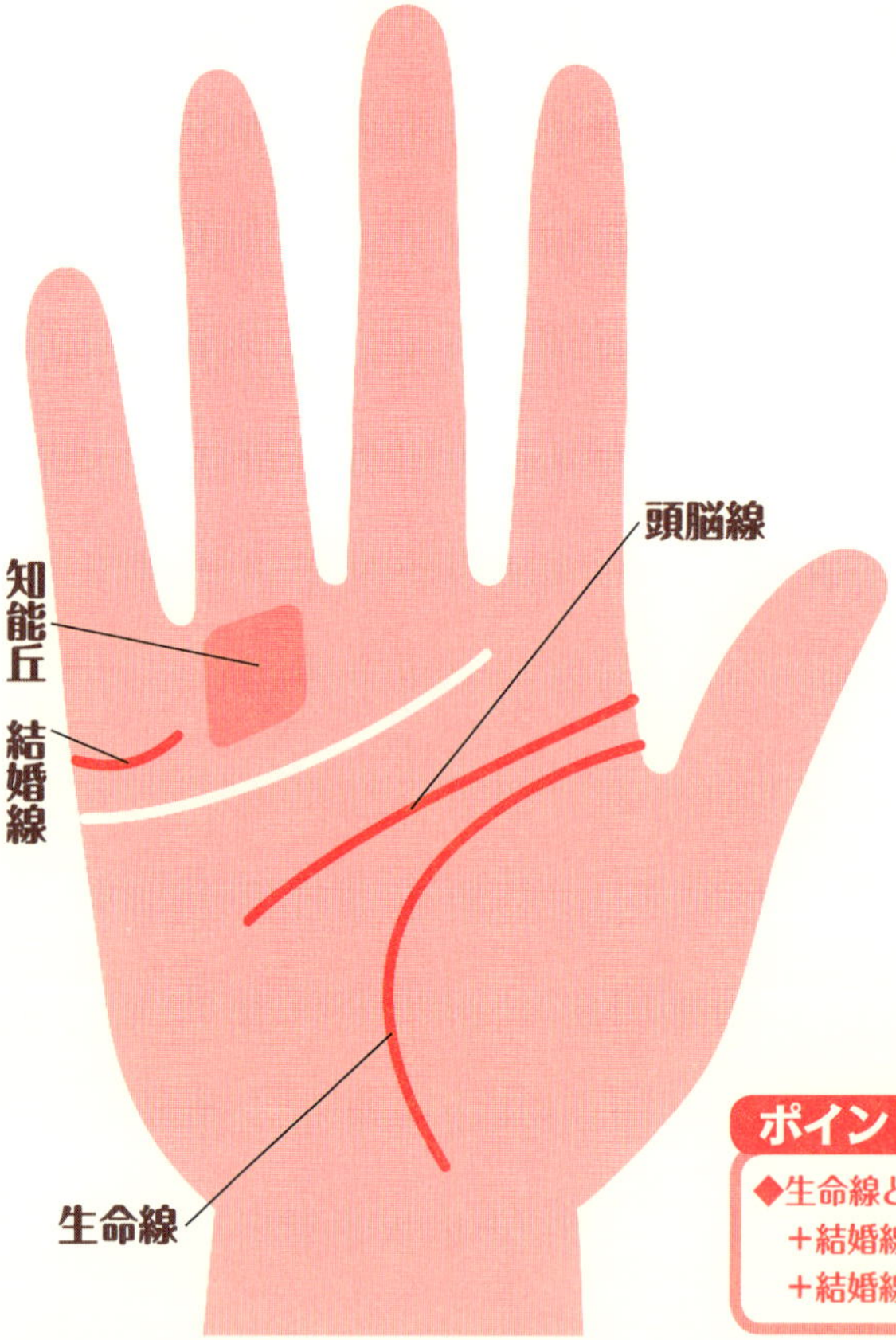


**ポイント**
◆生命線と頭脳線の起点が離れている
＋結婚線が長い
＋結婚線末尾が上昇

生命線と頭脳線の起点の位置によって結婚する時期が分かります。生命線と頭脳線の起点が離れている人は配偶者選びが早く、結婚が早めといえるでしょう。

そして、結婚線は結婚生活や家庭運を見ることができます。結婚線が長くはっきりしていれば、恋愛も結婚生活も幸せのしるしです。

さらに末尾が上昇している人は、結婚に対して願望や憧れが強いタイプなので、その恋愛や結婚が順調ということになれば、地位や名誉、財産などを持った身分のある配偶者に恵まれるはずです。

長く上昇する結婚線が、薬指のつけ根近くにある知能丘に達する場合も、〝玉の輿〟を表します。

# タイプ2 周囲の協力で結婚に近づける暗示

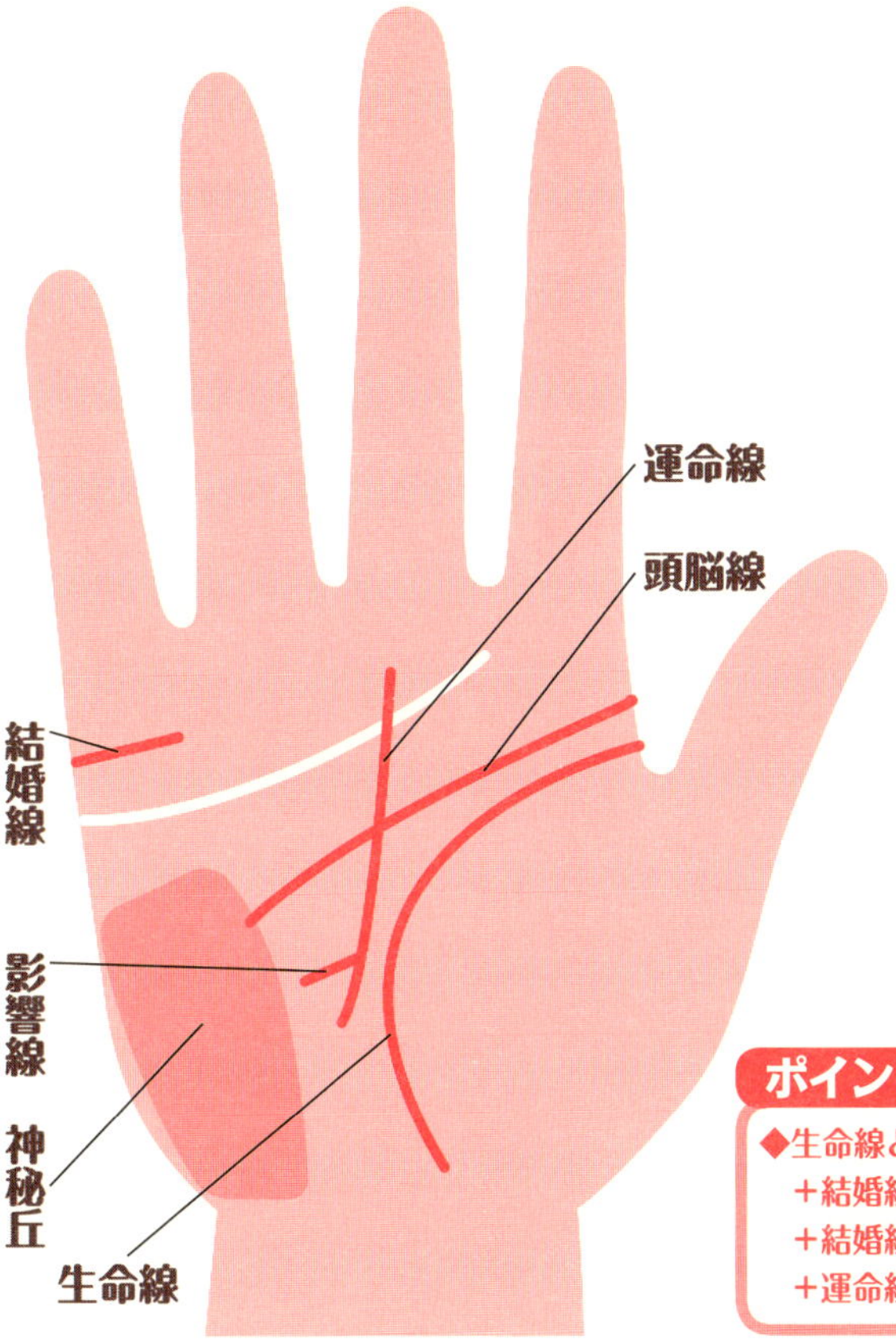


**ポイント**

◆生命線と頭脳線の起点が離れている
＋結婚線が長い
＋結婚線の末尾は上昇していない
＋運命線に影響線が出ている

結婚する時期は、生命線と頭脳線の起点の位置によって分かります。生命線と頭脳線の起点が離れている人は配偶者選びが早く、結婚に縁があるといえます。

しかし、もし、運命線に影響線が出ているようであれば、結婚には周囲の協力が必要で、一概に早婚とはいえません。

運命線は、運命を展開、変化させる出来事を表す紋線です。この運命線に影響線が流れ込む地点が婚期を表し、身内の協力や周りの人からの紹介で結婚に近づくことを示します。

また、運命線に、神秘丘側からの影響線がある場合は、最終的に他人の紹介で出会い、結婚に至ることが多く、婚期は遅い暗示です。

# タイプ3 まだまだ恋愛中で、きっかけがないと結婚はまだ先

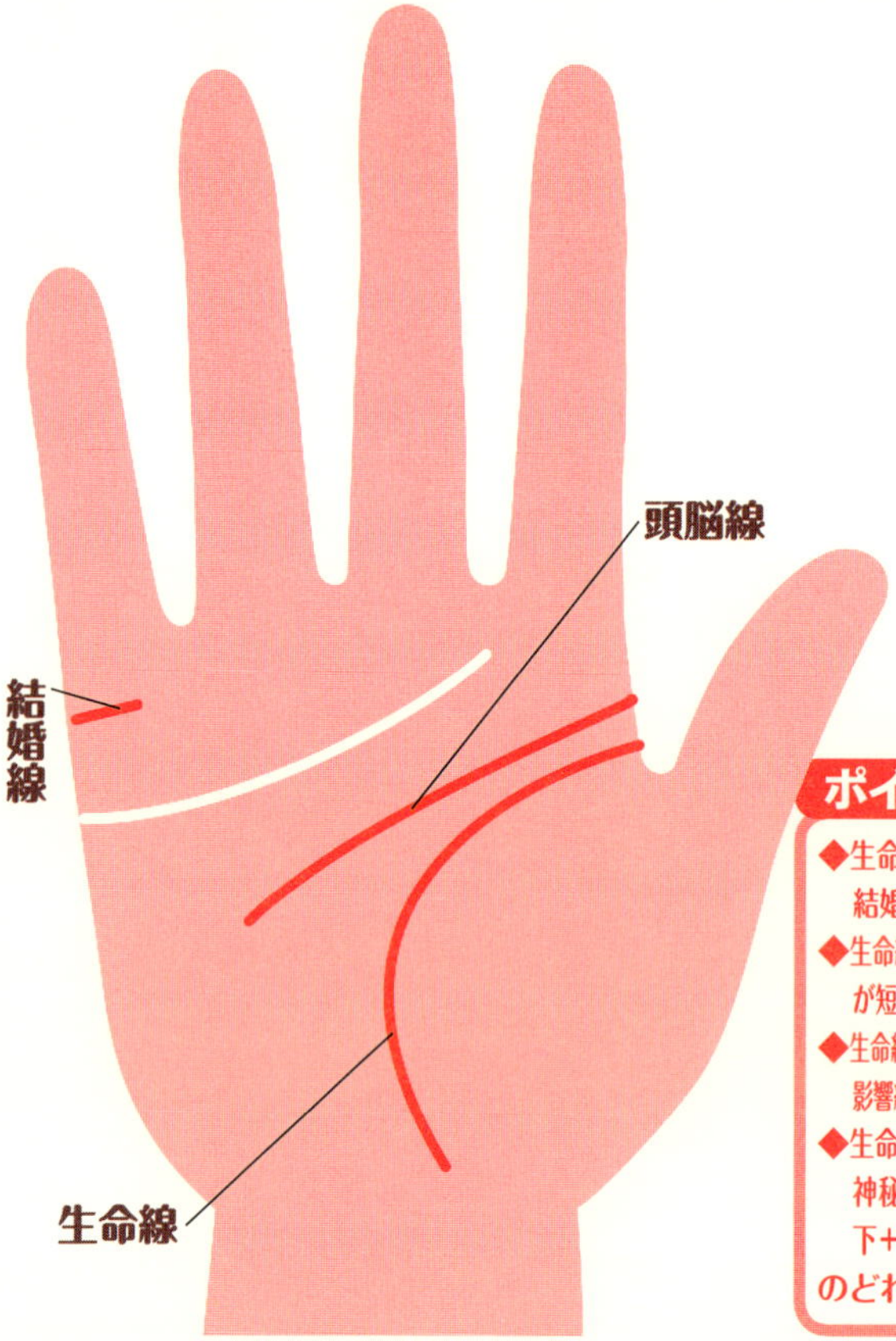


**ポイント**

◆生命線と頭脳線の起点が離れている＋結婚線が長い＋運命線に影響線なし
◆生命線と頭脳線の起点が離れている＋結婚線が短い＋結婚線の末尾は下降や枝分れなし
◆生命線と頭脳線の起点が離れていない＋神秘丘に影響線なし＋結婚線の末尾は下降や枝分れなし
◆生命線と頭脳線の起点が離れていない＋神秘丘に影響線あり＋結婚線の位置が下＋結婚線の末尾は下降や枝分れなし
のどれかに当てはまる

生命線と頭脳線の起点の位置によって婚期が分かります。生命線と頭脳線の起点が離れている人は結婚に縁があるといえます。

また、結婚線は結婚生活や家庭運の幸福度を表します。

長くはっきりしていれば、恋愛も結婚生活も幸せな証拠です。しかし、運命を変化させる事を表す運命線に影響線がない場合は、結婚という段階にきていないことを表しています。

結婚線が短い場合も、相手にめぐり合えてないか時期がきていないこと示しています。

また、結婚線の末尾の下降や枝分れは破局を意味します。それがなければ、別れはありませんが、結婚のきっかけがつかめないタイプといえます。

# タイプ4 ロマンチストで結婚には遠い

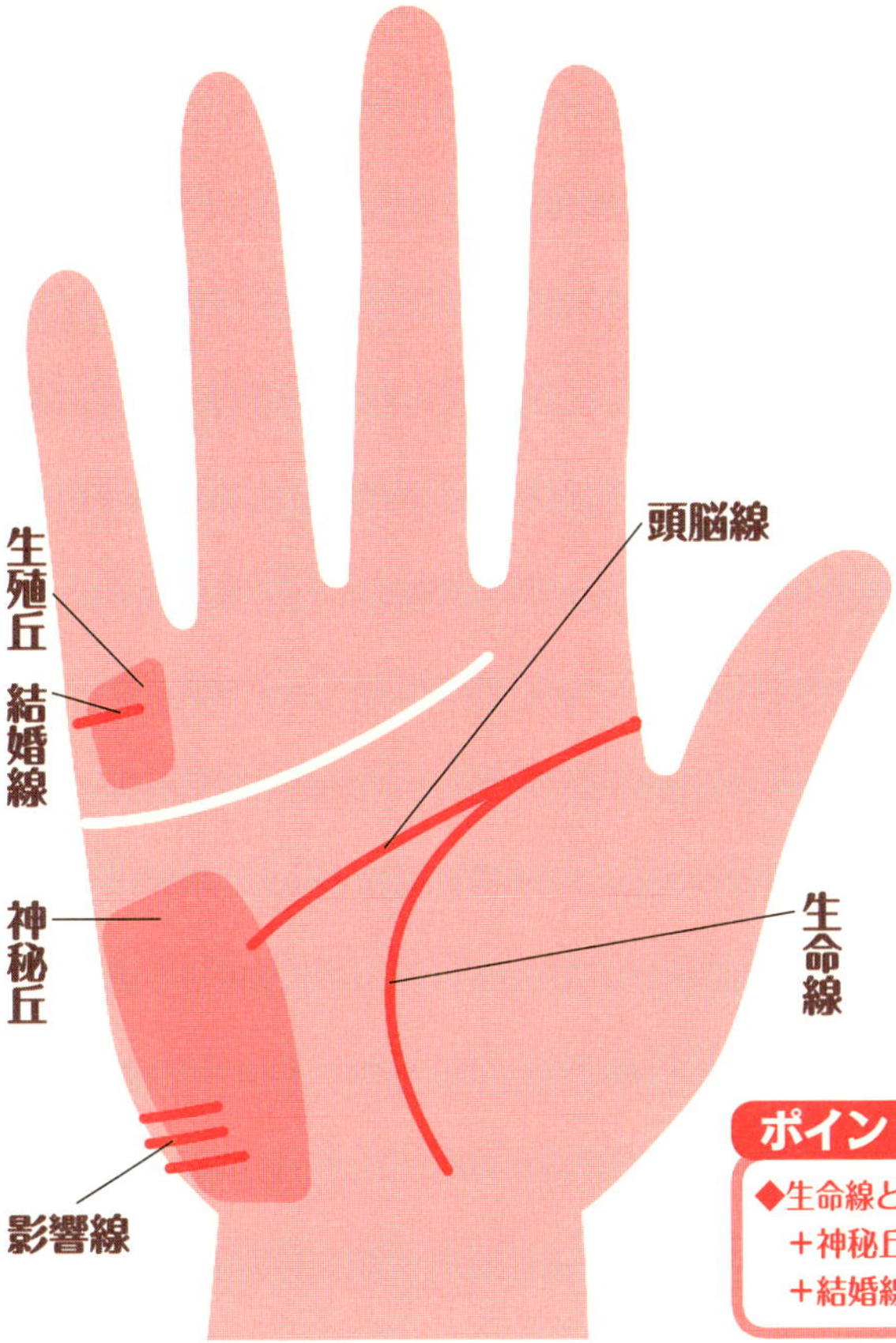


**ポイント**
◆生命線と頭脳線の起点が離れていない
＋神秘丘に影響線あり
＋結婚線の位置が上

小指の下にあり、生殖丘を水平に横切る短い線が結婚線です。

一般に、結婚線の位置が上にある場合は、晩婚型といわれます。また、生命線と頭脳線の起点が同じなら、配偶者選びは困難。理想の相手を決めるまで迷うため、結局晩婚でしょう。

手のひらの中では、愛情丘に次いで広い神秘丘は、「想像の丘」ともいわれます。この神秘丘が発達している人は、文学や芸術を愛し、神秘的なものを好み、想像をめぐらせることが大好きなロマンチストです。

そのため、神秘丘の下のほうに影響線がある人は、恋愛に夢や憧れを持っていて、好きな人が現れても〝恋に恋する〟タイプ。性的な関係が生じても、結婚には結びつきにくいでしょう。

# タイプ5 結婚しても破局か家庭不和の暗示

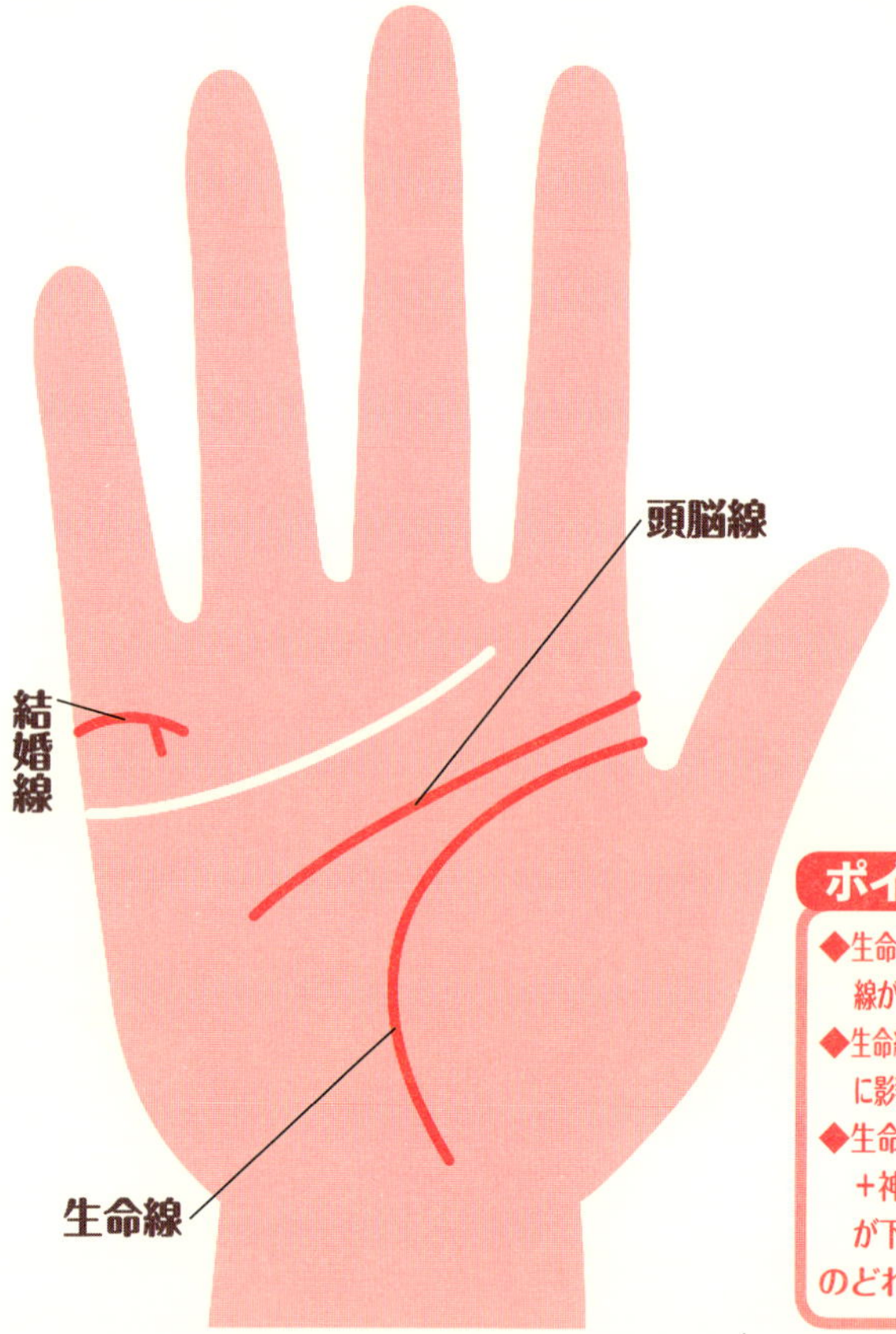


**ポイント**

◆生命線と頭脳線の起点が離れている＋結婚線が短い＋結婚線の末尾は下降か枝分かれ
◆生命線と頭脳線の起点が離れていない＋神秘丘に影響線なし＋結婚線の末尾は下降か枝分かれ
◆生命線と頭脳線の起点が離れていない＋神秘丘に影響線あり＋結婚線の位置が下＋結婚線の末尾は下降か枝分かれ
のどれかに当てはまる

生命線と頭脳線の起点が離れている人は結婚に縁がありますが、結婚線の末尾の状態によって、性的、性格的不一致や家庭不和を表すこともあります。

結婚線の末尾が下降している人は、異性に対する好き嫌いが激しいタイプです。恋愛には潔癖で、結婚には現実的、悲観的な考えを持っていて、あまり前向きではありません。性欲も、淡泊な人が多いでしょう。

また、結婚線の末尾が枝分かれしている人は、別居や離婚を暗示しています。原因は配偶者にあると考えられ、病気、暴力、親族などの問題で、結婚生活は長続きしないかもしれません。配偶者選びは慎重に行いましょう。

手相を忠告にして行動すれば、紋線は運気や環境に合わせて変化します。

# 第4章

# 仕事運を見てみよう

# チャート式仕事運診断

巻頭の手相一覧を出して右手でチェック！

## Q1 頭脳線が細い

はい ▼ Q2へ

いいえ ▼ Q5へ

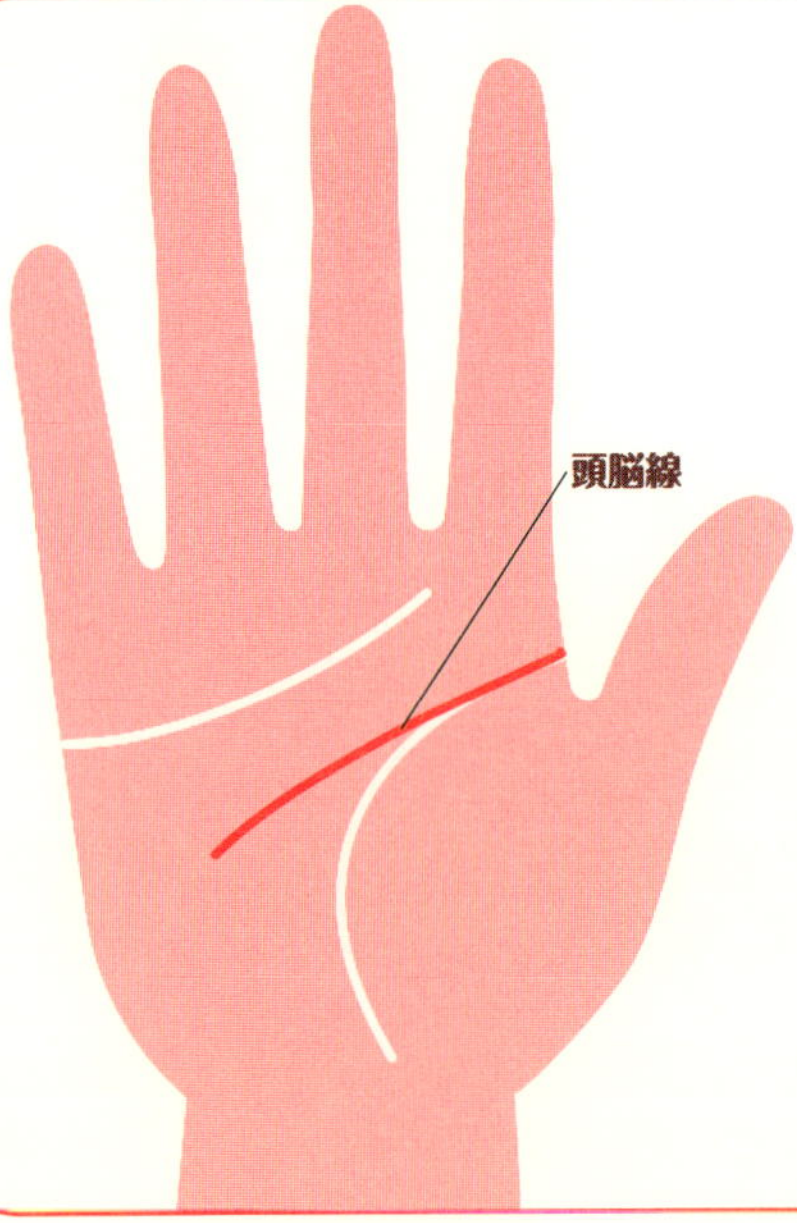


**ポイント**

頭脳線は三大線なので比較的はっきりしていますが、生命線などの他の2つの線に比べて細いかどうかで判断してください。

## Q2 太陽線がある

はい ▼ Q3へ

いいえ ▼ Q4へ

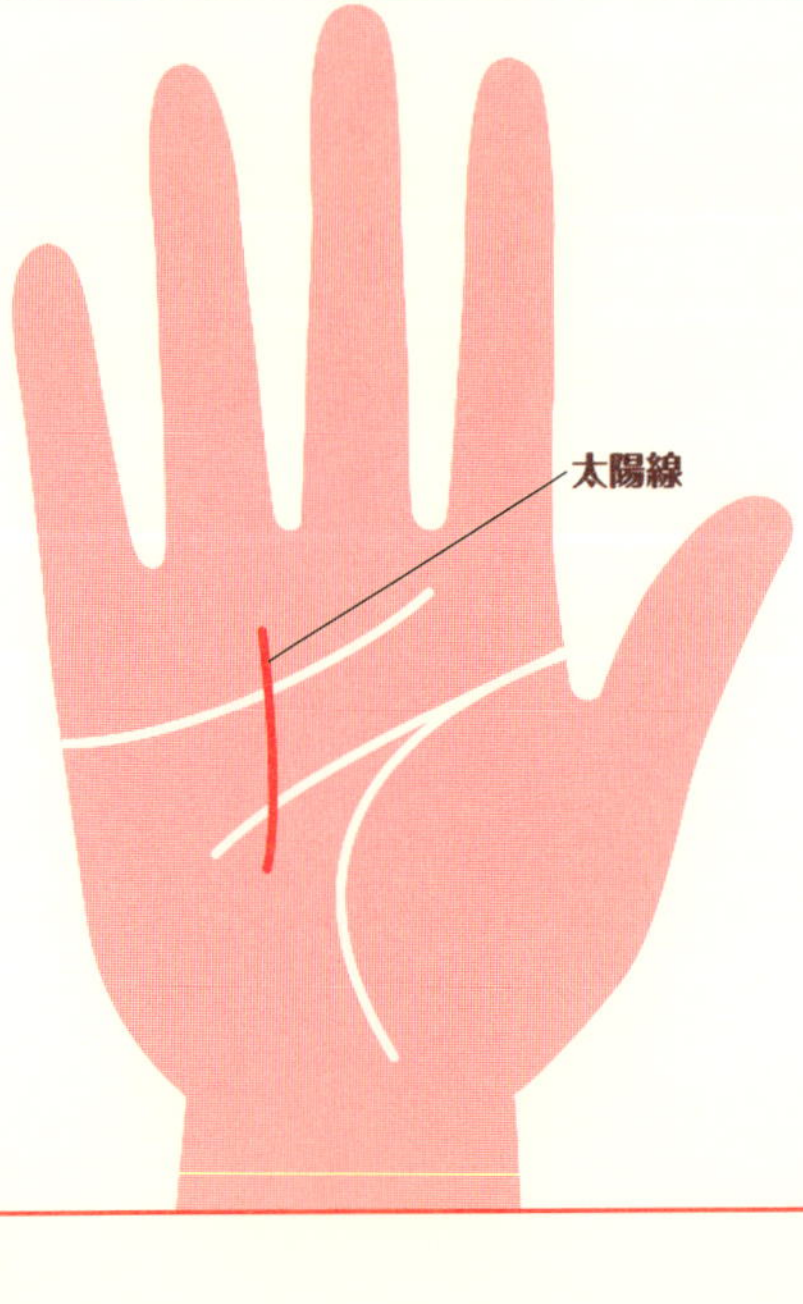


**ポイント**

太陽線は見えにくい場合もあり、線がない人もいます。詳しくは太陽線（P153）へ

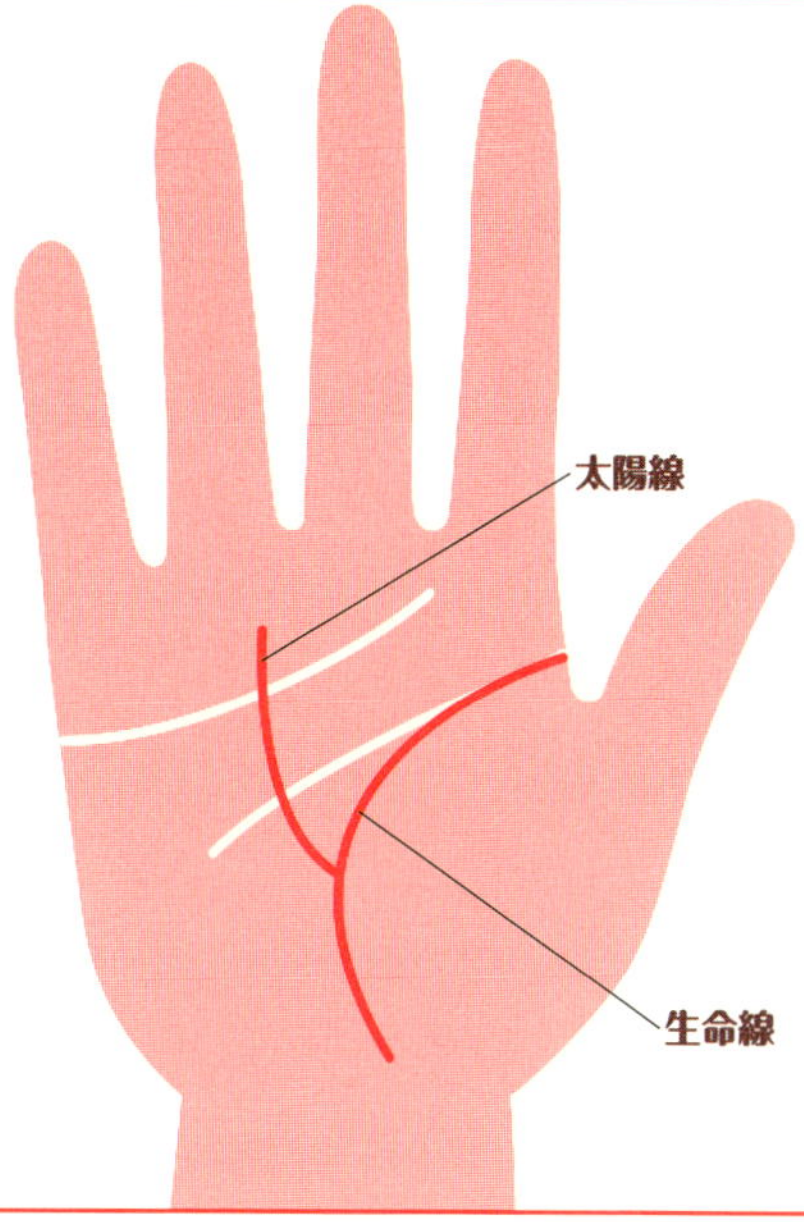


## Q3 太陽線の起点が生命線上にある

はい ▼ タイプ1 P46へ

いいえ ▼ タイプ2 P47へ

**ポイント**

太陽線は手首から指先に伸びる線なので、起点は手首側になります。起点は薄いことも多いので、生命線上にあるかよく見てみましょう。

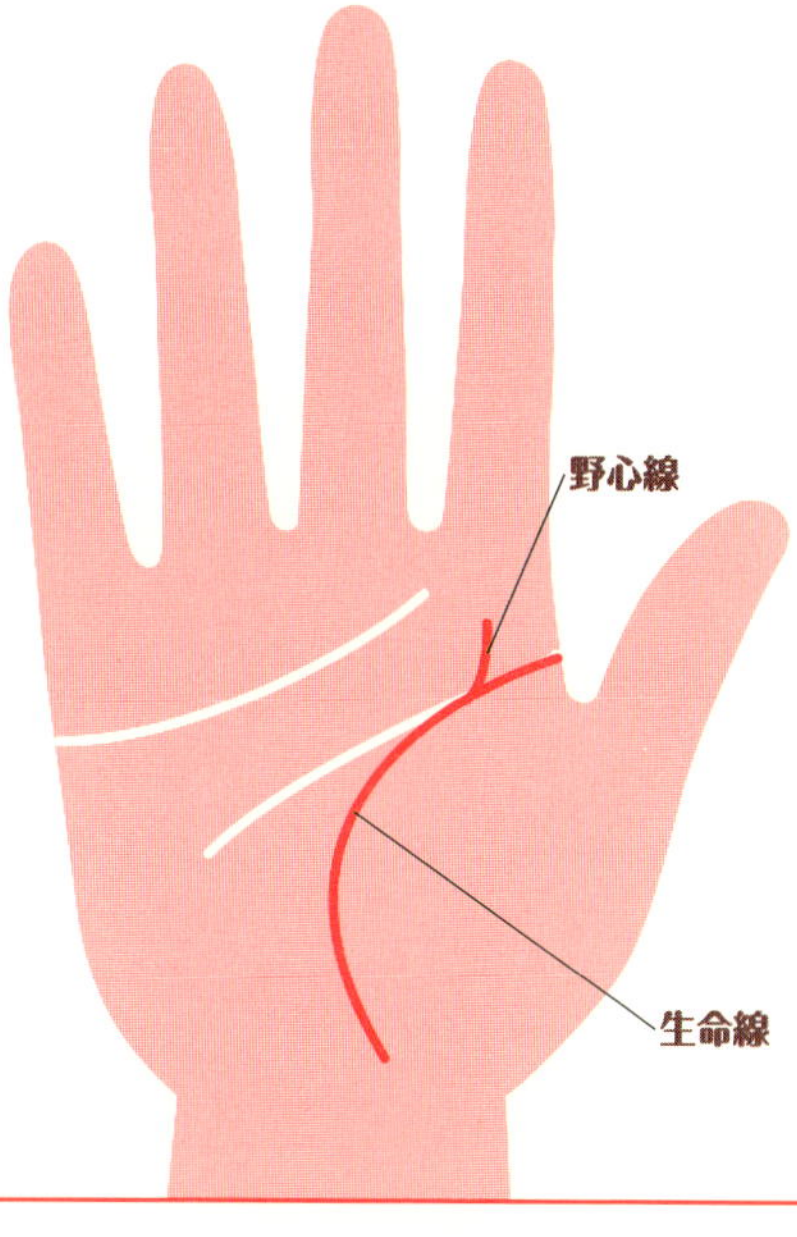


## Q4 野心線が生命線上にある

はい ▼ タイプ2 P47へ

いいえ ▼ タイプ3 P48へ

**ポイント**

野心線とは、人差し指の下辺りにある線で、ない人もいます。詳しくは野心線（P181）へ

## Q5 財運線がある

はい ▼ Q6へ
いいえ ▼ Q7へ

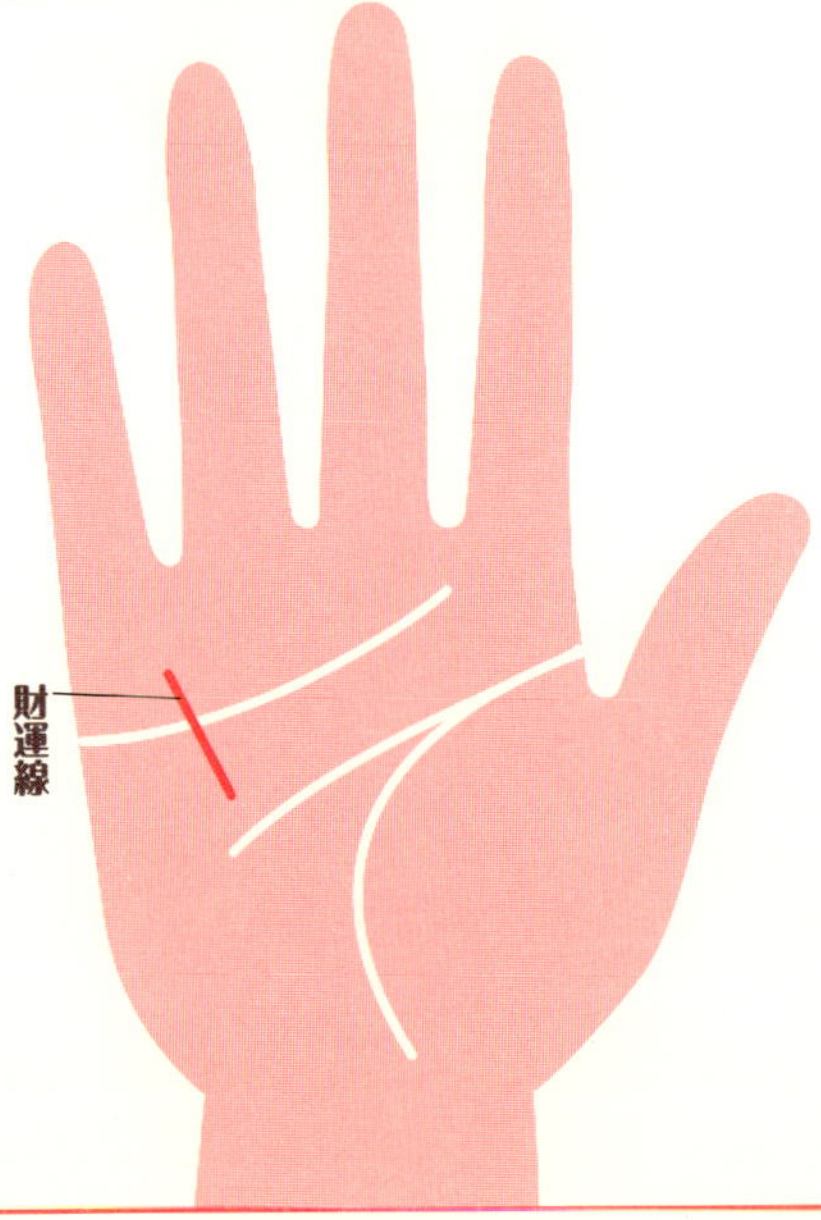


ポイント

財運線は見えにくい場合もあり、線がない人もいます。詳しくは財運線（P172）へ

## Q6 財運線が感情線の下から上昇している

はい ▼ タイプ2 P47へ
いいえ ▼ タイプ4 P49へ

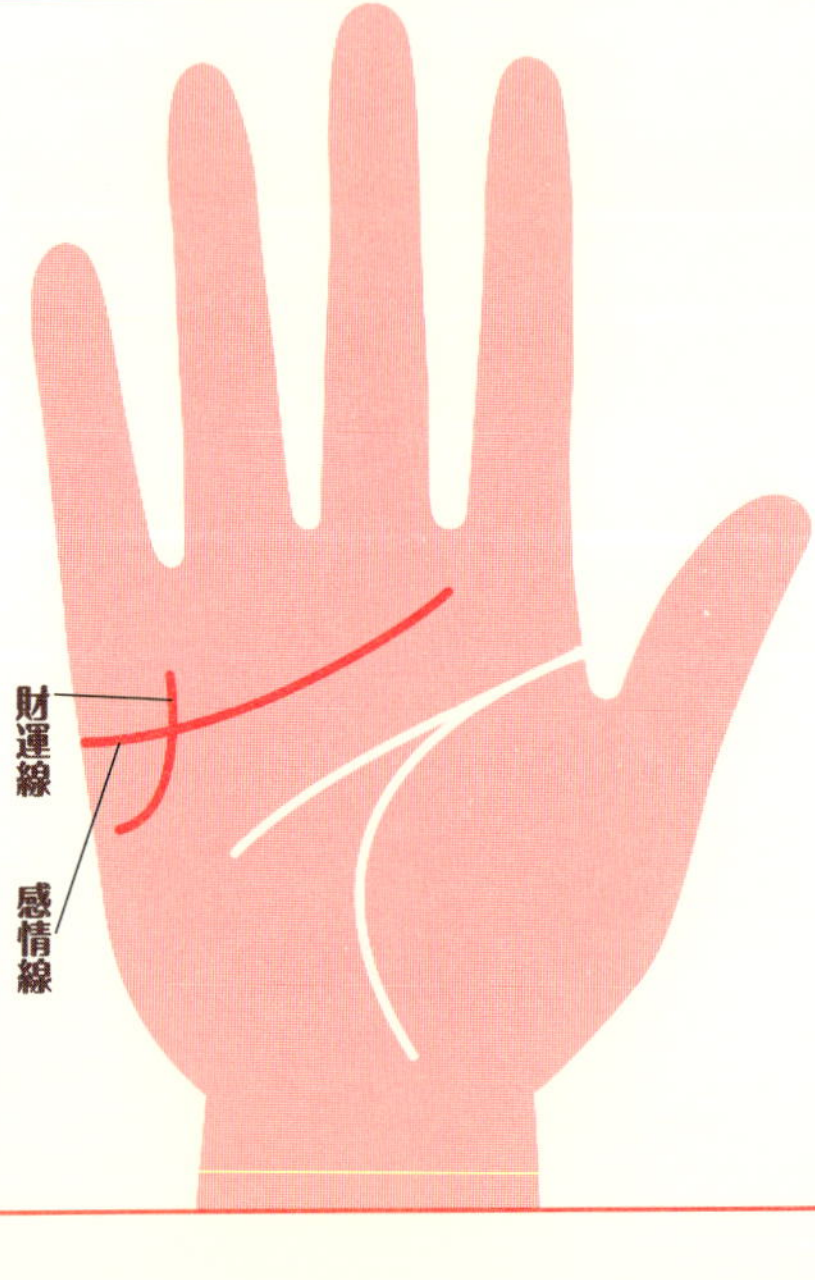


ポイント

財運線が感情線と交わっていたら「はい」を選んでください。

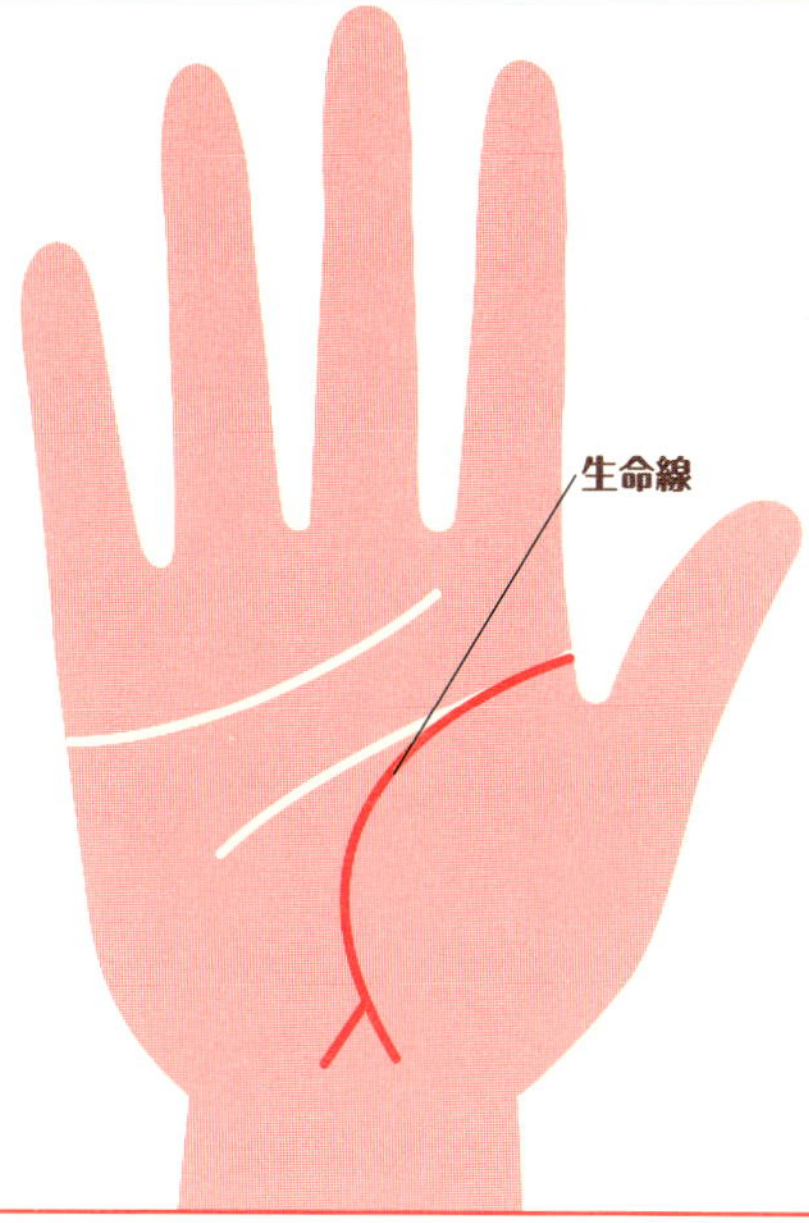


## Q7 生命線の末尾が分かれていたり生命線が薄い

はい ▼ タイプ5 P50へ

いいえ ▼ タイプ3 P48へ

**ポイント**

生命線は三大線なので比較的はっきりしていますが、感情線などの他2つの線に比べて薄いかどうかで判断してください。

タイプ1

# 文学や芸術などで成功の暗示

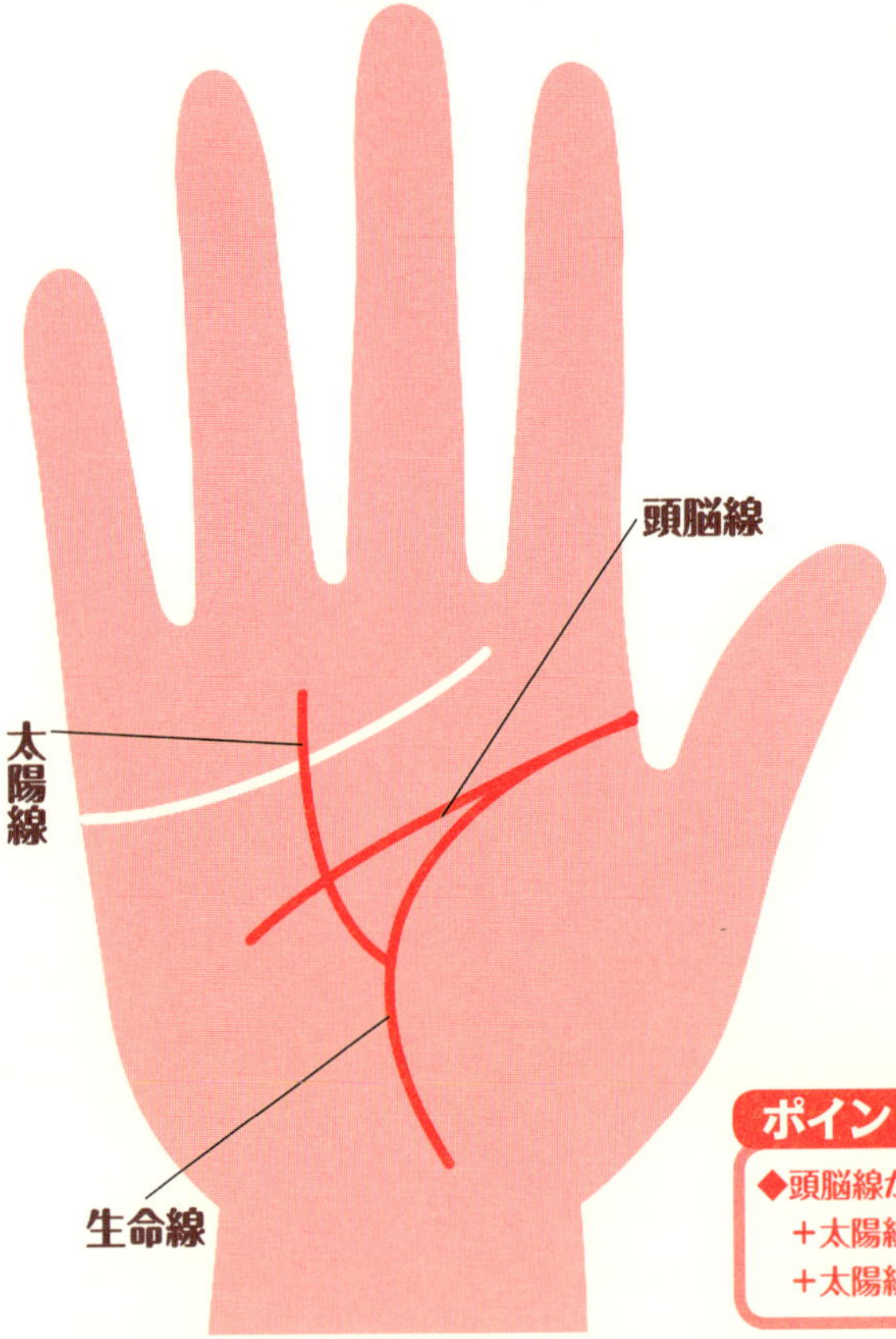


ポイント

◆頭脳線が細い
　＋太陽線がある
　＋太陽線の起点が生命線上にある

頭脳線は、その人の才能や知力を象徴しています。この頭脳線が細い人は、繊細で知的好奇心が旺盛。力仕事などは無理ですが、忍耐力はあり、芸術性を活かす仕事に向いています。

また、太陽線は、才能、知能、美的感覚、文学的資質に直接関係する紋線です。この太陽線がある人は、性格が明るく陽気で、人を惹きつける魅力にあふれているタイプ。その素質が、成功へのカギとなります。

さらに、太陽線の起点が生命線上にある人は、文学、芸能、絵画、音楽など、素質として持っている全エネルギーが満たされる職業で大成功する暗示。あらゆる障害を乗り越えて、自分の目標を追求できる幸運な人といえるでしょう。

タイプ2

# 惜しまない努力の末に成功

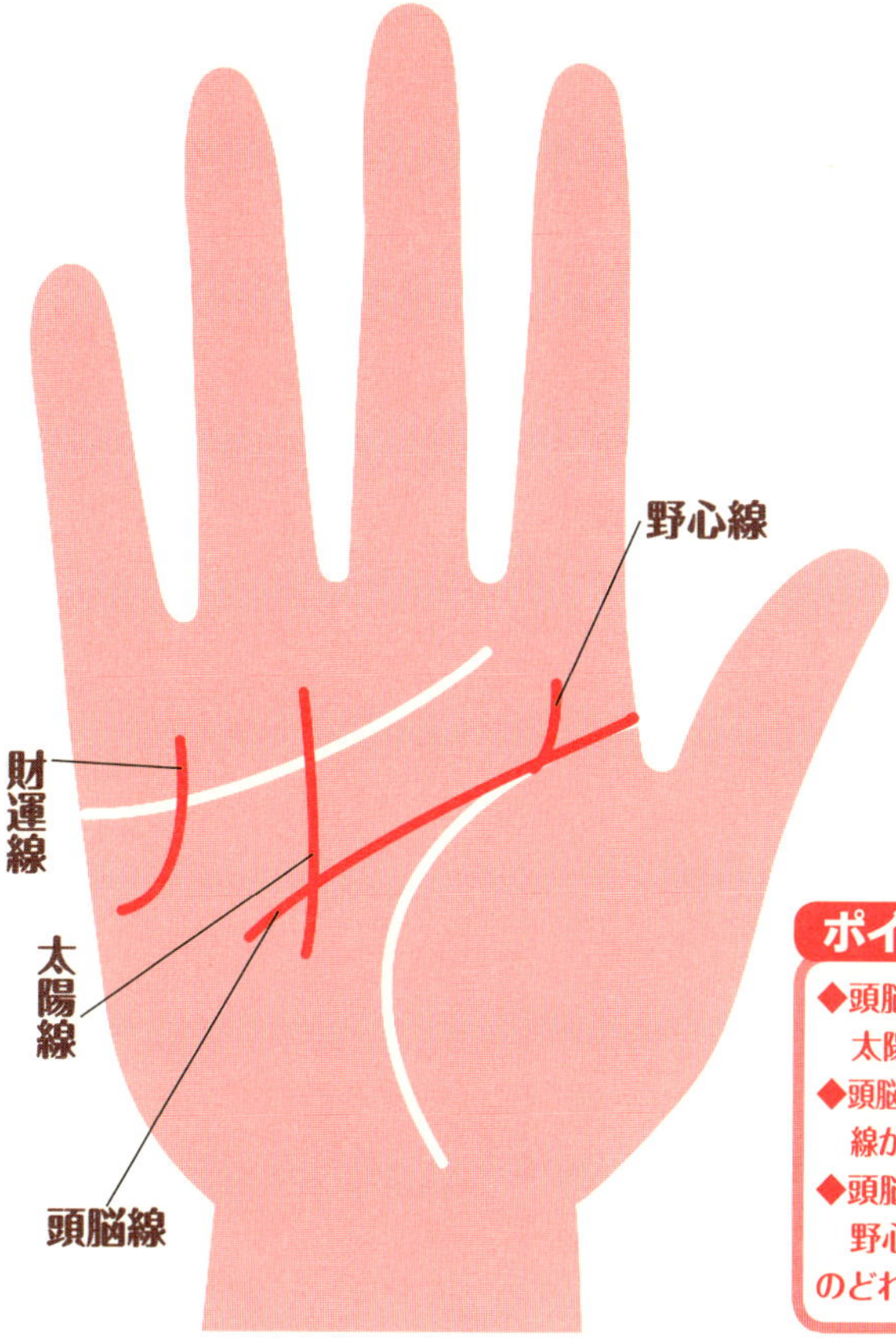




**ポイント**

- ◆頭脳線が細い＋太陽線がある＋太陽線の起点が生命線上にない
- ◆頭脳線が太い＋財運線がある＋財運線が感情線の下から上昇している
- ◆頭脳線が細い＋太陽線がない＋野心線が生命線上にある

のどれかに当てはまる

頭脳線が細い人は、繊細で知的好奇心が旺盛。忍耐力があり、芸術性を活かす仕事に向いています。また、太陽線があれば、才能、美的感覚、文学的資質を持ち、自らも努力し、人を惹きつけ成功するタイプです。

頭脳線が太く、繊細な知的才能がなくても、財運線が感情線の下から上昇していれば、地味で堅実、かなりの努力家です。いつの間にか財産が増えているタイプでしょう。

また、野心線は、別名「希望線」ともいわれ、商業的な才能や技術的才能、そして地位や名誉を得るための行動力があるかないかを示しています。この野心線の起点が生命線上にある人は、苦労を惜しまず努力するタイプで、成功するでしょう。

タイプ③

# 知的好奇心を活かして努力の時

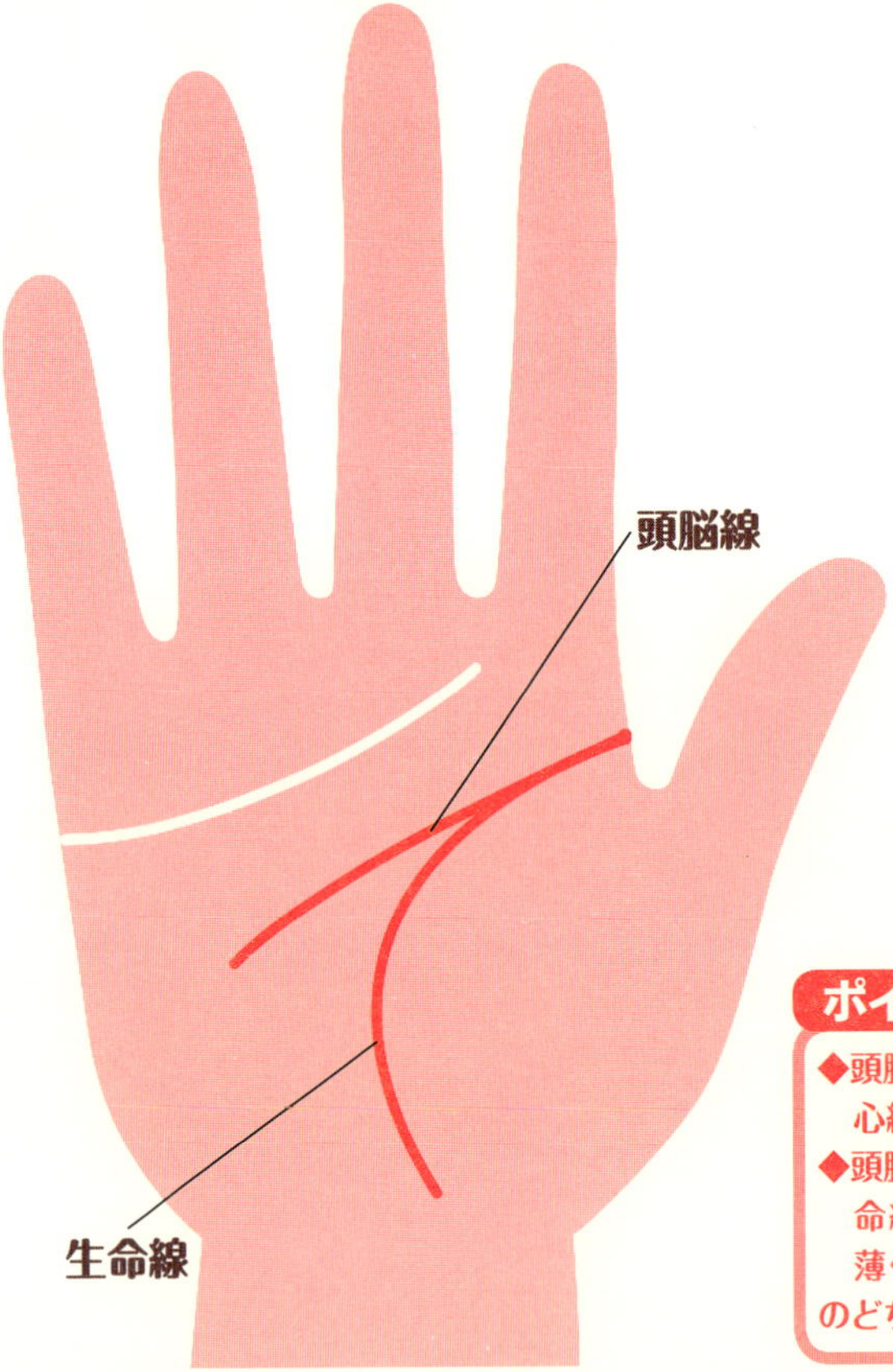


**ポイント**

◆頭脳線が細い＋太陽線がない＋野心線が生命線上にない
◆頭脳線が太い＋財運線がない＋生命線の末尾が分かれていない、薄くない
のどちらかに当てはまる

頭脳線が細い人は、知的好奇心が旺盛なタイプ。忍耐力もあります。才能を表す太陽線や行動力を表す野心線がなくても、努力によってその長所はいくらでも伸ばすことができます。

また、生命線は本来、寿命の長さを示すものですが、実際は、本人の生活力そのものと意志力を表しています。つまり、自分の意志と行動によって刻まれているものといえます。

この生命線が長く、末尾が分かれることなく伸びていれば、何ごとにも積極的で、健康にも恵まれている証拠です。生命線がはっきりしていれば、多少の困難も乗り越えられる体力と気力を持っていることになります。持ち前の知的好奇心を活かして、まだまだ努力する時期といえるでしょう。

# タイプ4 成功や出世は近いのでもう少しの辛抱

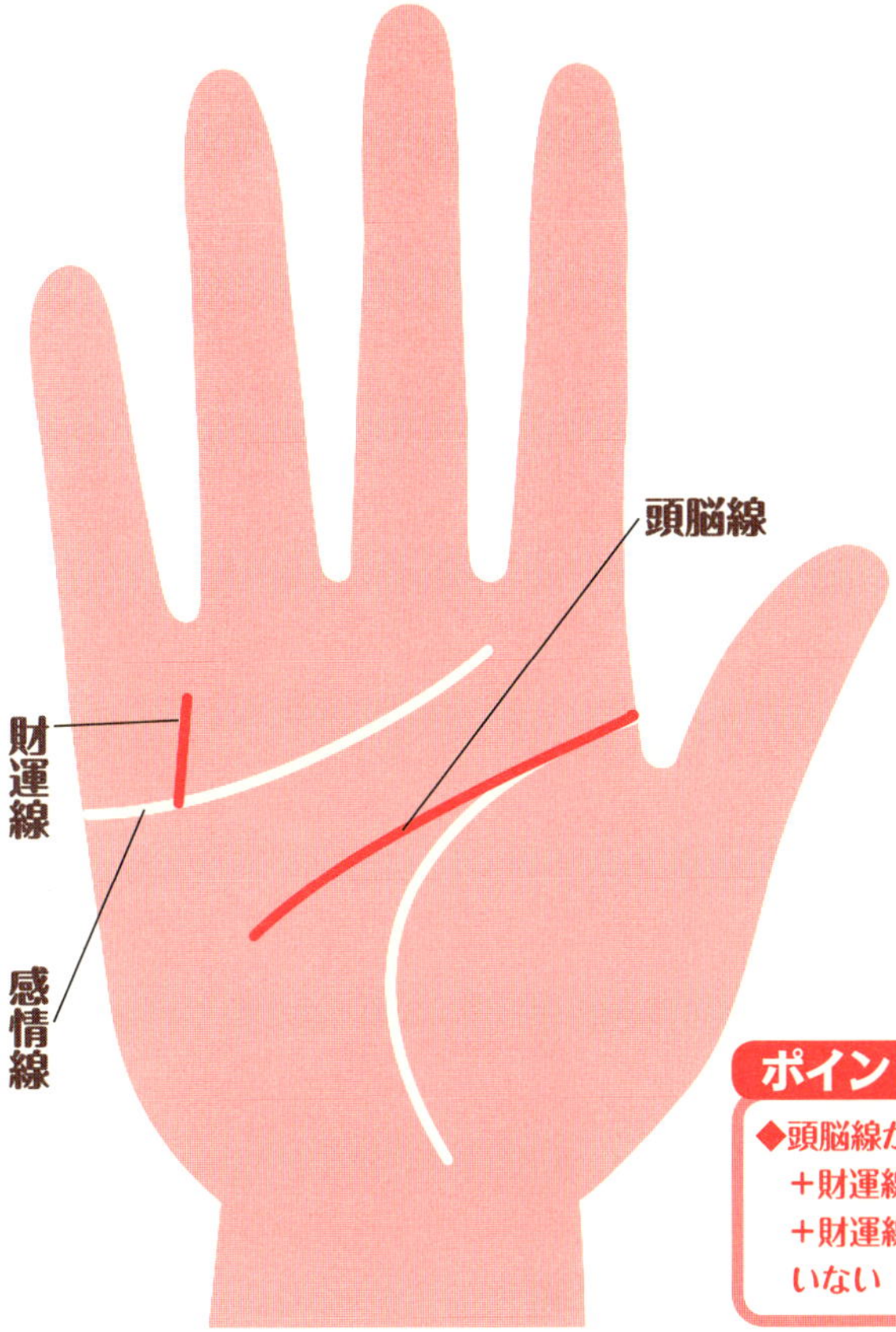


**ポイント**

◆頭脳線が太い
+財運線がある
+財運線が感情線の下から上昇していない

頭脳線は、その人の才能や知力を象徴しています。この頭脳線が太い人は、直感力が優れ、頭を活かす仕事に向いています。

また、財運線は、商業とお金に縁のある生殖丘にあります。小指のつけ根に向かって走るその縦線は、目的に向かって行動するエネルギーを象徴。財産を生み出す仕事や商売、技術的な才能や研究心などに深く関わっています。

この財運線が、感情線の下から上昇している人は努力を重ねて成功するタイプですが、感情線の上から上昇している人は、初めは〝縁の下の力持ち〟で苦労はしても、最後には他人のために尽くした誠意が認められ、金運、財運、名誉が得られます。成功や出世まであと一歩。もう少しの辛抱です。

# タイプ5 職業を変える時期か まずは安定した生活を！

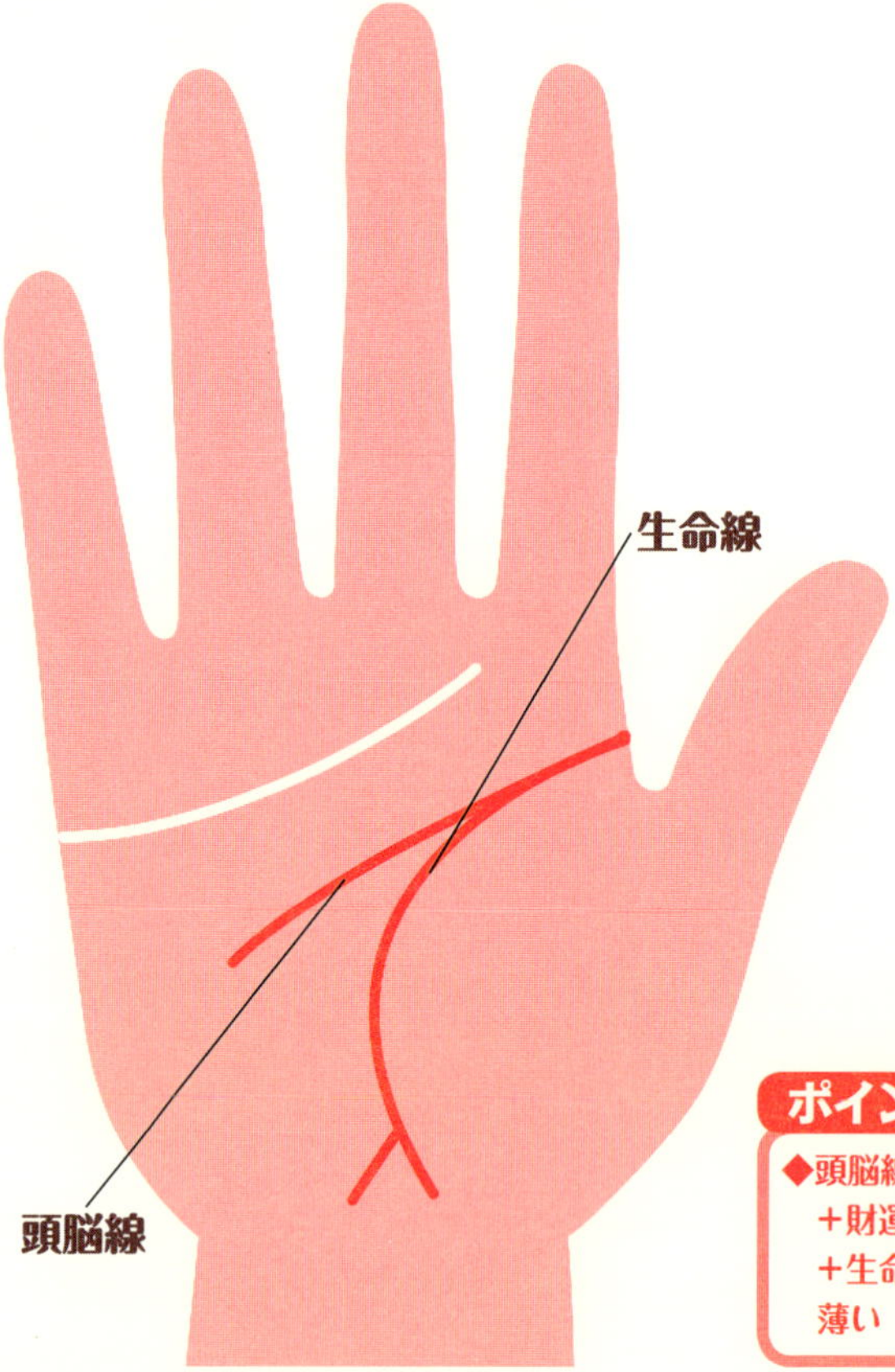


**ポイント**

◆頭脳線が太い
＋財運線がない
＋生命線の末尾が分かれているか、薄い

生命線は、家庭や外部からの影響、生活力や肉体的なエネルギーの大きさも示しています。この生命線の末尾が分かれていると、早くからひとり家族を離れて生活する傾向が強く、生命線が薄い場合は体力的にも不安定なことを表しています。

また、頭脳線は、その人の才能や知力を象徴しています。この頭脳線が太い人は、直感力が優れている分、同時にいろいろな仕事を持ち、自分から進んで苦労していくようです。

財産を生み出す仕事や商売など目的に向かって行動するエネルギーを表している財運線がなければ、職業を変える時期にあることを暗示しています。きちんと定職に就き、まずは安定した生活を送れるよう努力しましょう。

# 第5章

# 健康運を見てみよう

# チャート式健康運診断

巻頭の手相一覧を出して右手でチェック！

## Q1 生命線が強くはっきりしている

はい ▼ Q2へ

いいえ ▼ Q5へ

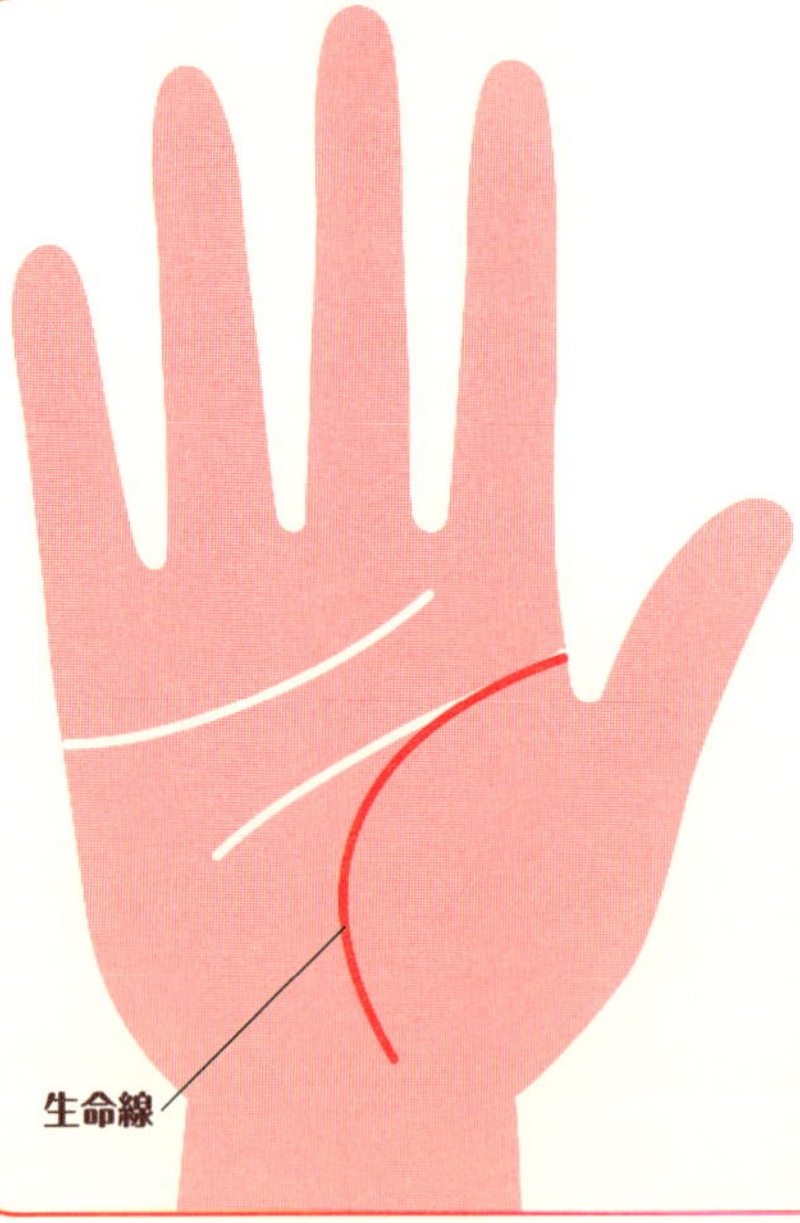


**ポイント**

生命線は三大線なので比較的はっきりしていますが、感情線などの他2つの線に比べてはっきりしているかどうかで判断してください。

## Q2 手の親指の下の愛情丘が厚い

はい ▼ Q3へ

いいえ ▼ Q7へ

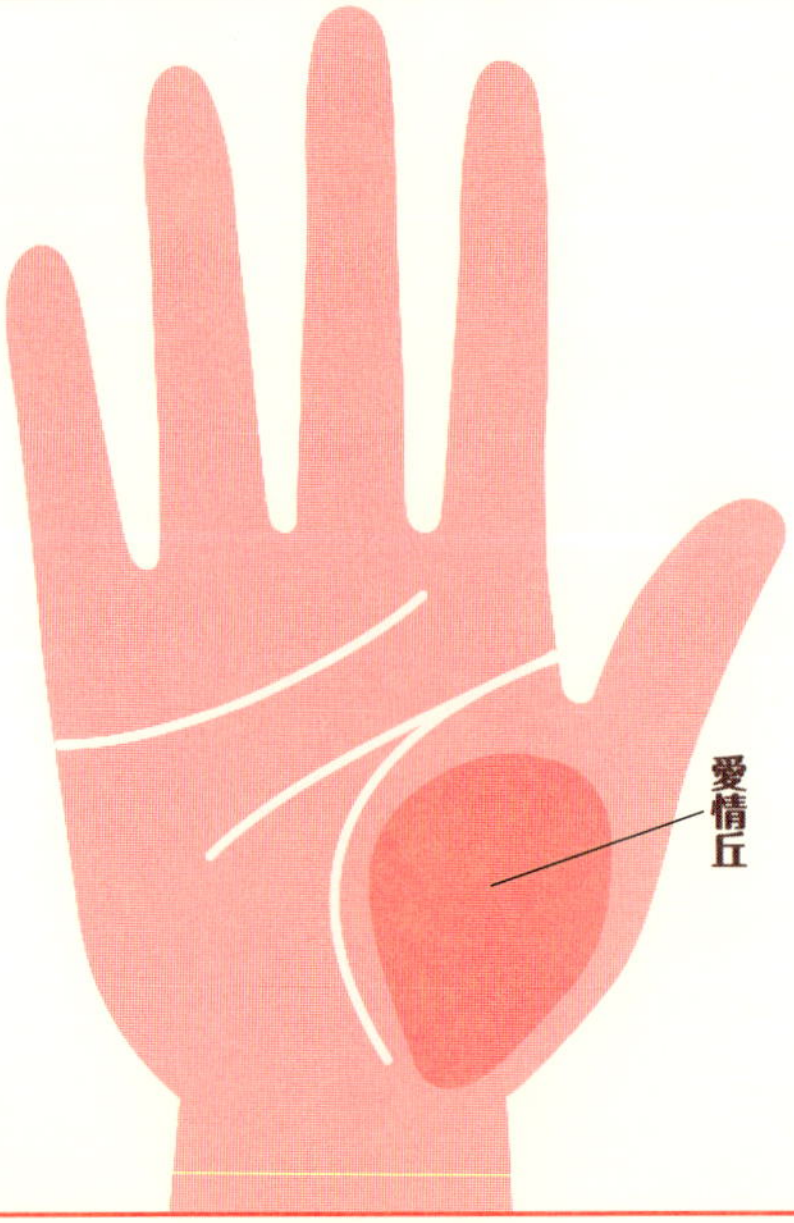


**ポイント**

愛情丘とは親指の付け根から手首にかけて広がる部分のことです。詳しくは愛情丘（P187）へ

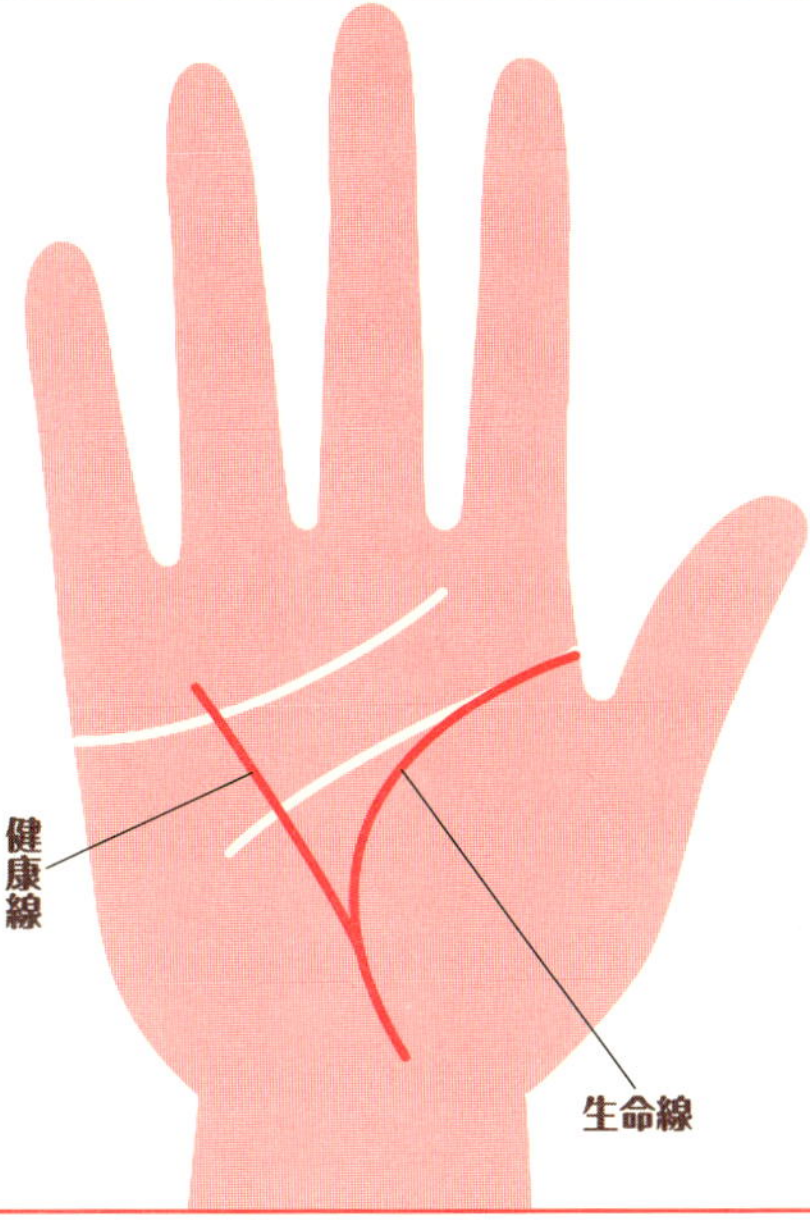


## Q3 健康線の起点が生命線上にある

はい ▼ タイプ1 P56へ
いいえ ▼ Q4へ

**ポイント**
健康線は見えにくい場合もあり、線がない人もいます。詳しくは健康線（P167）へ

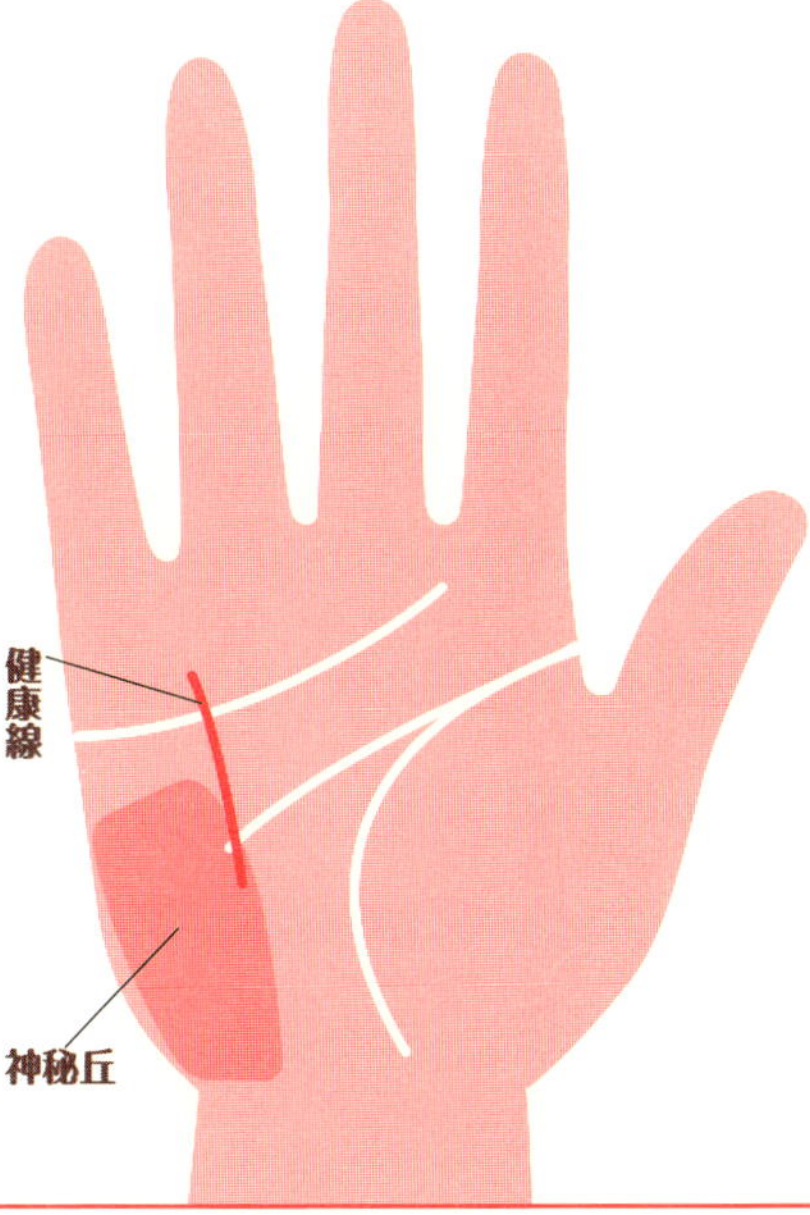


## Q4 健康線の起点が神秘丘にある

はい ▼ タイプ2 P57へ
いいえ ▼ タイプ3 P58へ

**ポイント**
神秘丘は、小指の下の手首に近い丘のことです。手を強めに広げると少し盛り上がる部分です。詳しくは神秘丘（P188）へ

## Q5 健康線が切れていたり、障害線がある

はい▼Q6へ

いいえ▼Q7へ

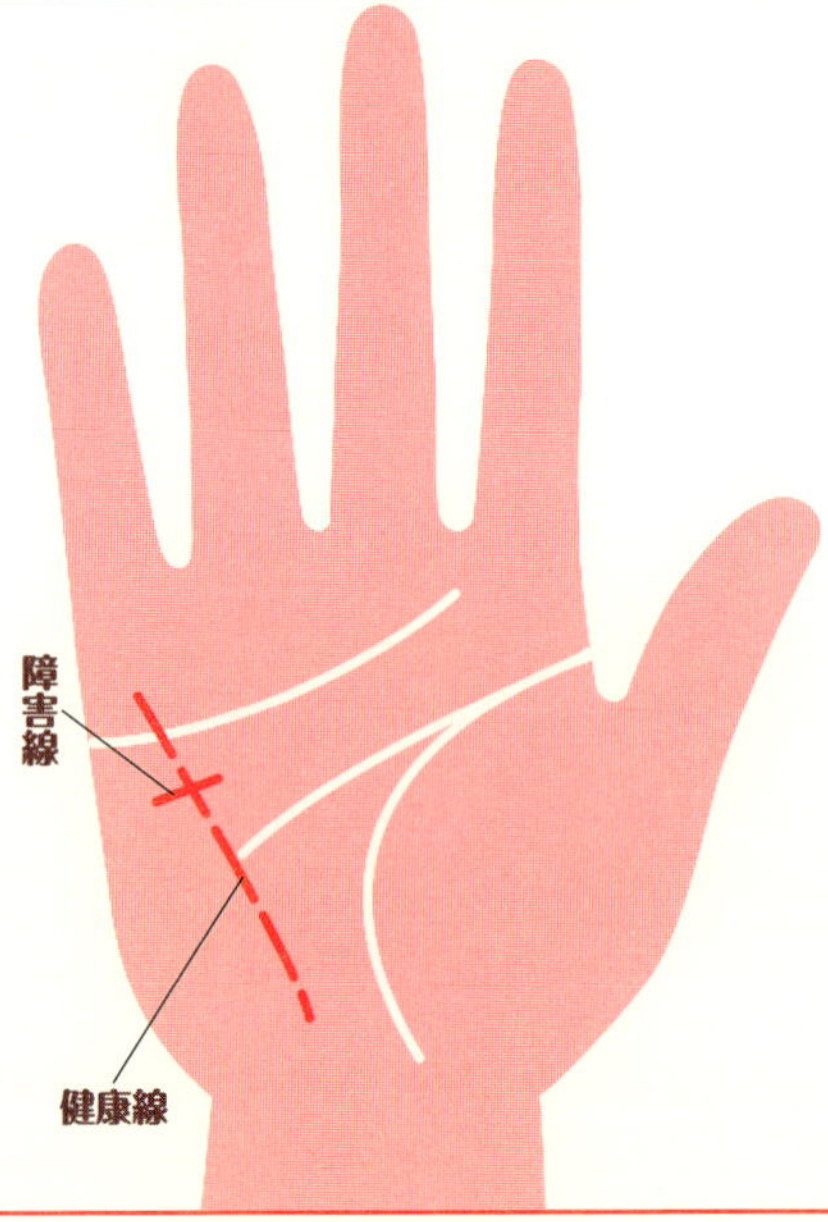


ポイント

途中で切れていたり、他の線が交わっているなどがあれば「はい」を選んでください。

## Q6 手の平の色が赤かったり、青白い

はい▼タイプ5 P60へ

いいえ▼タイプ4 P59へ

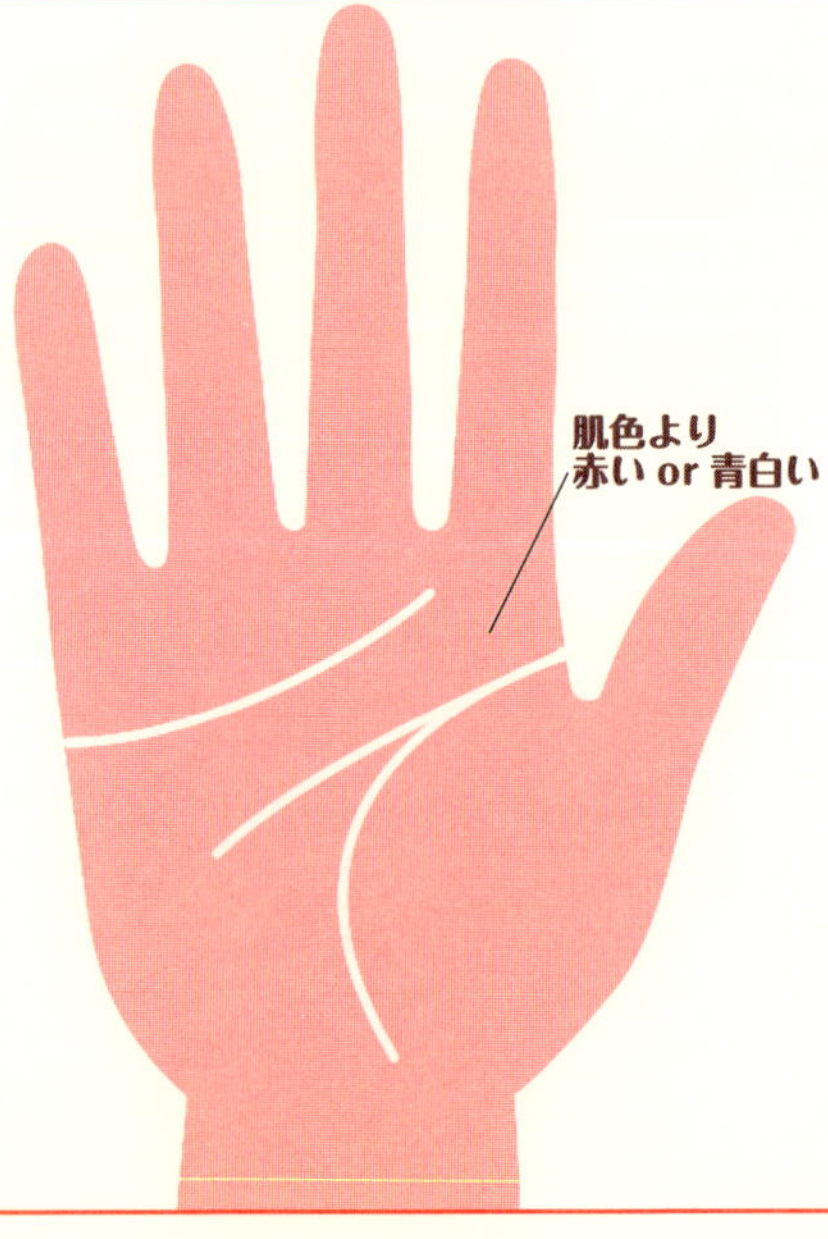


ポイント

健康的な色は、肌色に近い色です。普段の色から比べて赤かったり、逆に青白い場合は「はい」を選んでください。

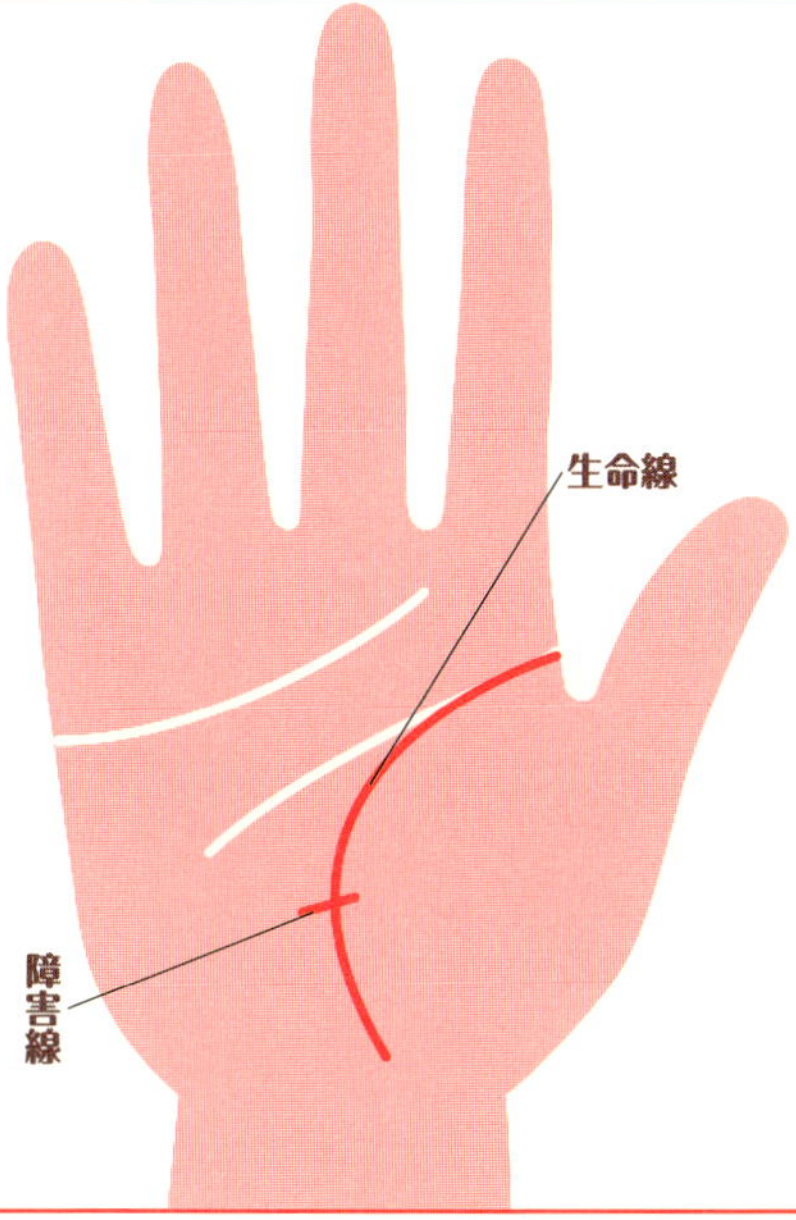


## Q7 生命線が切れていたり、障害線がある

はい ▼ タイプ4 P59へ

いいえ ▼ タイプ3 P58へ

**ポイント**

ところどころ薄くなっている場合やきれいにまっすぐ伸びていなくても、生命線と交わる大きな障害線がなければ、「いいえ」を選んでください。

## タイプ1 スタミナがあり長寿の暗示

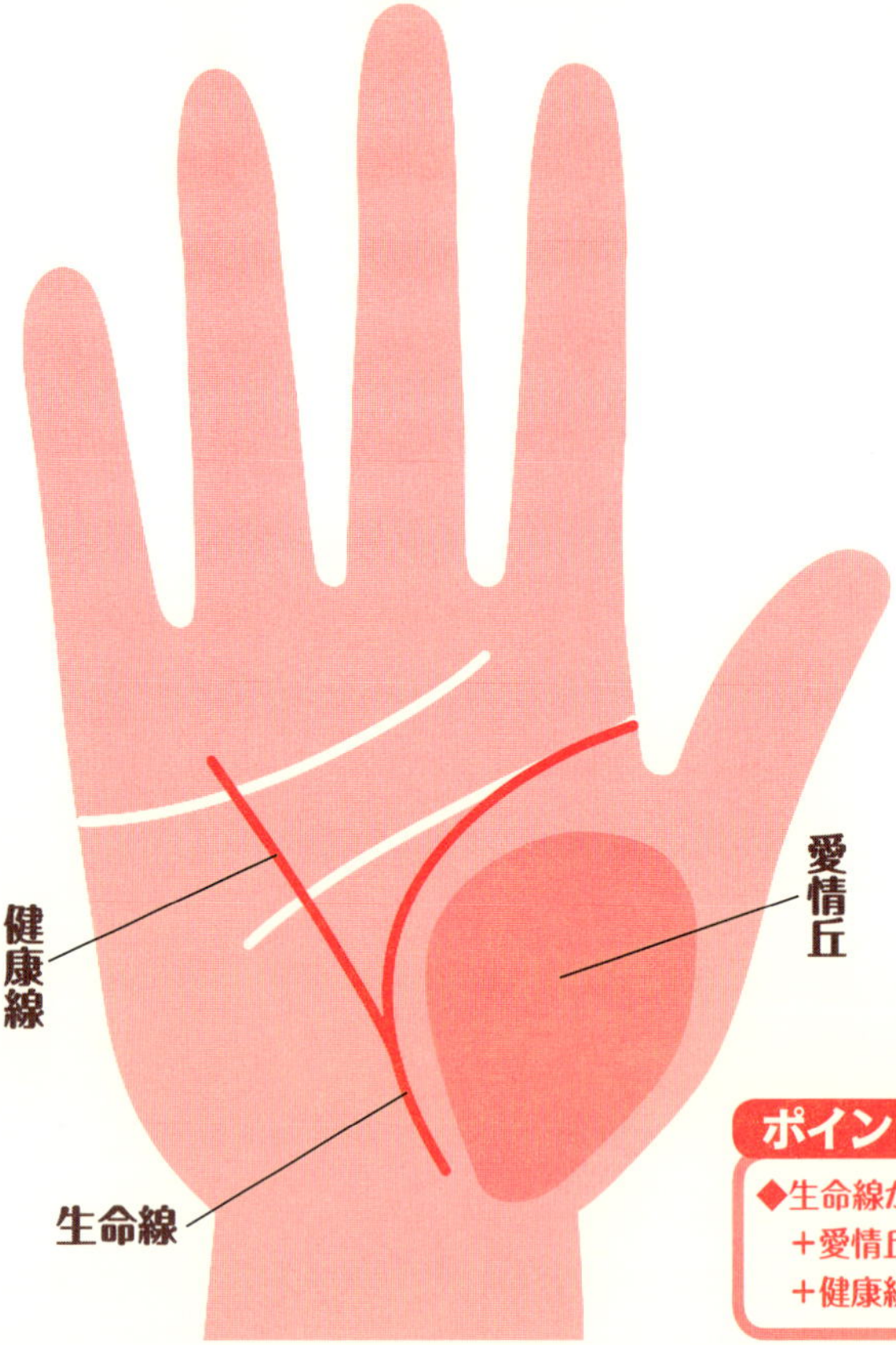


**ポイント**

◆生命線がはっきり
＋愛情丘が厚い
＋健康線の起点が生命線上にある

寿命の長さや健康状態、肉体的なエネルギーの大きさを示すのが生命線です。この生命線が強くはっきりしている人は、健康で長寿の相です。

また、手の親指の下にある愛情丘は、その肉づきの量によって、生命線の現れ方が決まる大切なところです。愛情丘が厚い人は、エネルギッシュで精力的、健康にも恵まれた積極派人間といえるでしょう。

健康線の起点が生命線上にある場合も、健康な肉体の持ち主で、スタミナがある人。生命線は、生活力そのものも表しますから、運命的にも成功が近いことを暗示しています。

しかし、体が丈夫で熱血漢であるために、働きすぎたり、何ごともやりすぎて人の恨みを買う場合もあります。

# タイプ② 基本的には良好！ストレスには注意

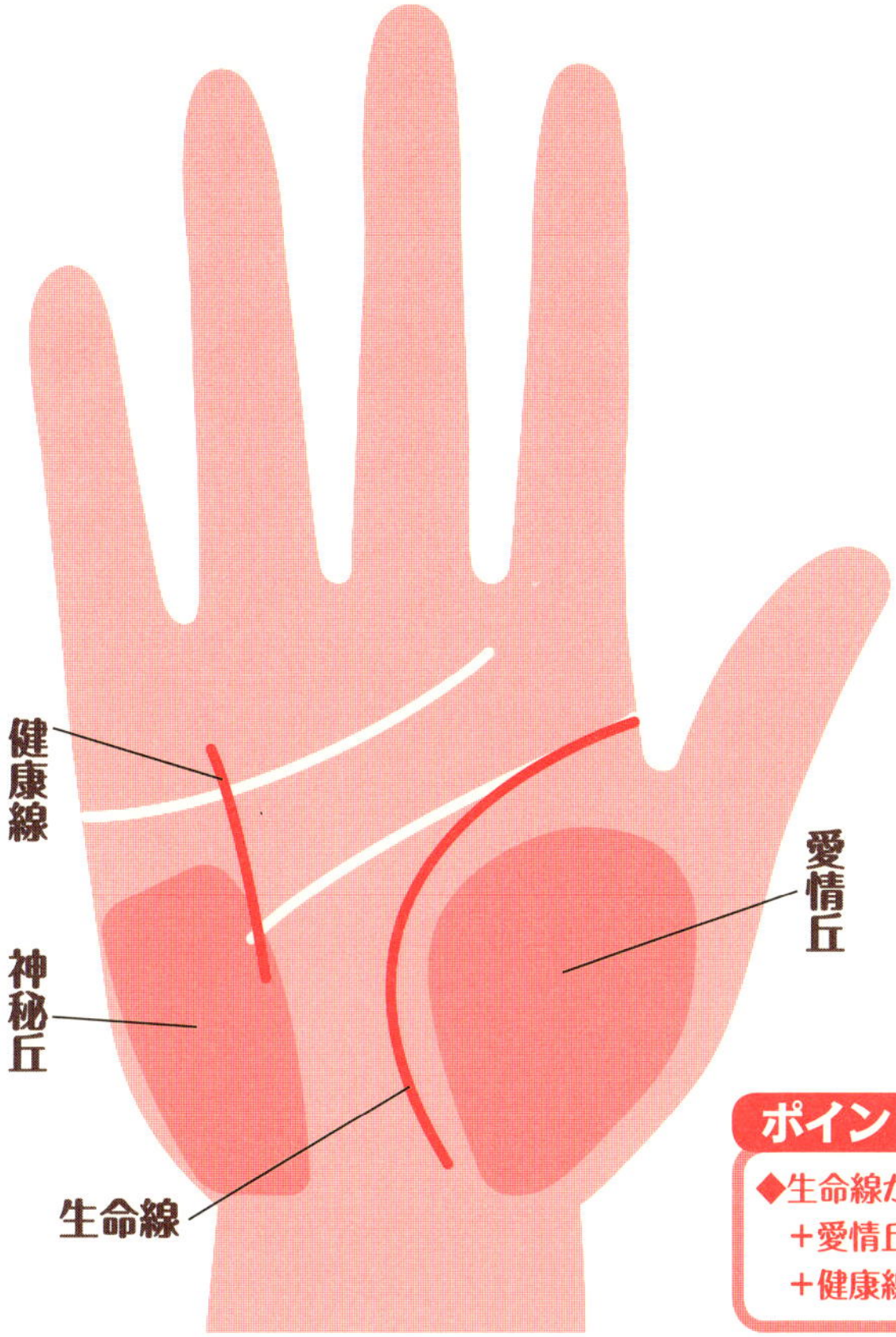


**ポイント**
◆生命線がはっきり
＋愛情丘が厚い
＋健康線の起点が神秘丘にある



生活力や意志力を表す生命線が、強くはっきりしていて、スタミナや活動力を表す愛情丘が厚い人は、基本的に健康状態は良好です。もし、多少の病気や災難にあったとしても、それを乗り越えられる体力と根性を持っているといえるでしょう。

健康線はないから健康、あるのが病気の前兆ということではありません。線の状態で、健康状態や体力的素質を判断することができます。

この健康線の起点が、愛情丘の反対側に位置する神秘丘にある人は、直感力がすぐれているため、考えすぎやストレスによる病気に注意が必要です。また、疲労が重なると、眼の異常、頭痛、吐き気、胃炎などの病気にもかかりやすいでしょう。

## タイプ3 健康状態は悪くないが注意が必要かも…

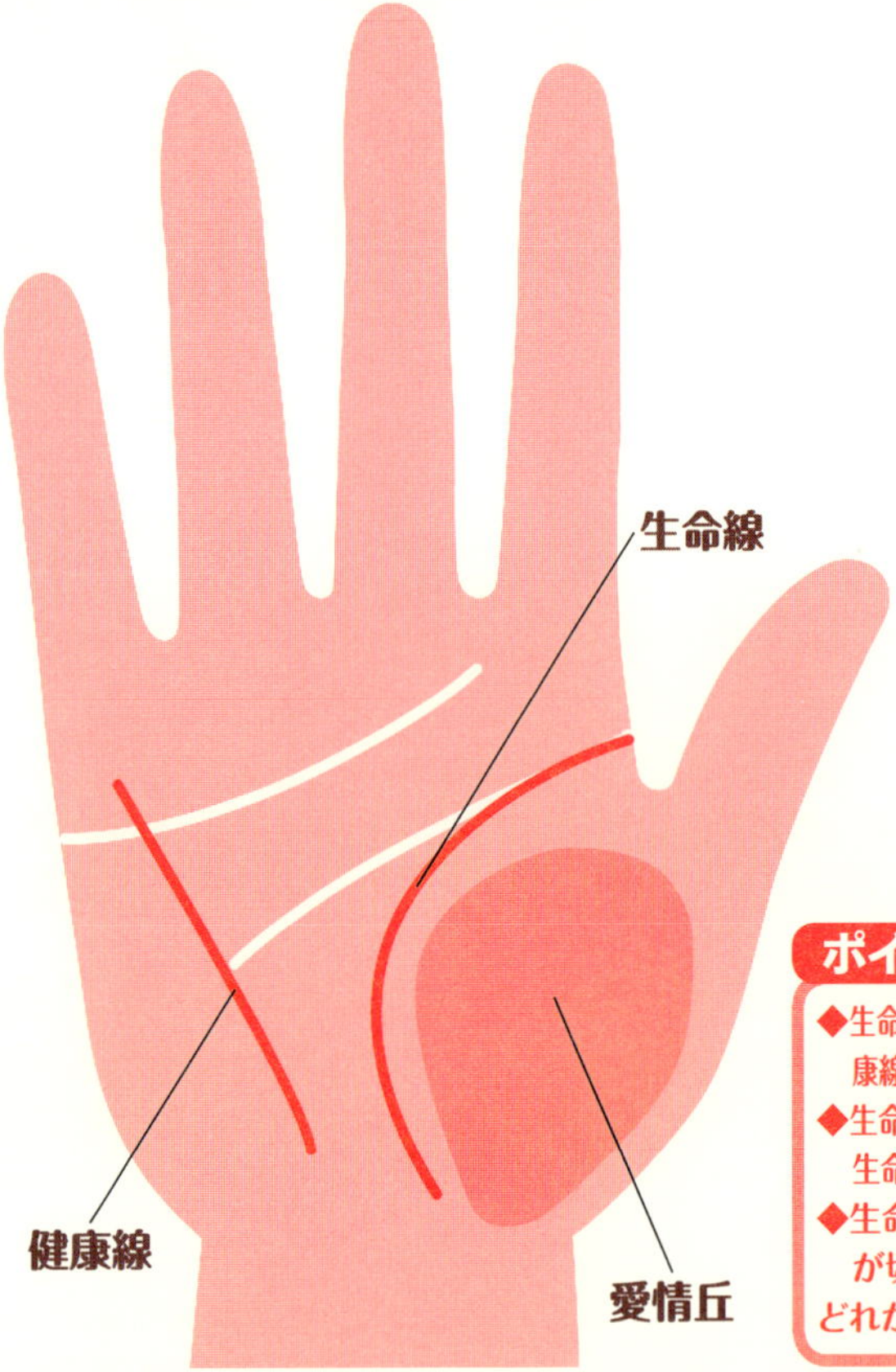


**ポイント**

◆生命線がはっきり＋愛情丘が厚い＋健康線の起点が生命線上や神秘丘にない
◆生命線がはっきり＋愛情丘が薄い＋生命線が切れてない、障害線がない
◆生命線が薄い＋健康線と生命線が切れてない、障害線がない
どれかに当てはまる

強くはっきりした生命線は、長寿の相で、活力があることを示しています。また、手の血脈を覆っている愛情丘が、厚くて弾力のあるのは、血液の循環がよいことも表しています。健康線の起点が生命線上にある人は、健康な肉体の持ち主を表します。

このことから、生命線が薄かったり、愛情丘が薄い場合、本来は健康な体でも少し調子が悪かったり、体に疲れがたまっているかもしれません。

また、生命線が切れていたり、障害がある場合は、病気やトラブルを暗示しています。したがって、生命線も切れておらず、障害線もなければ、健康状態は特に危険な状態ではありませんが、自分の体を過信して無茶はしないようにしましょう。

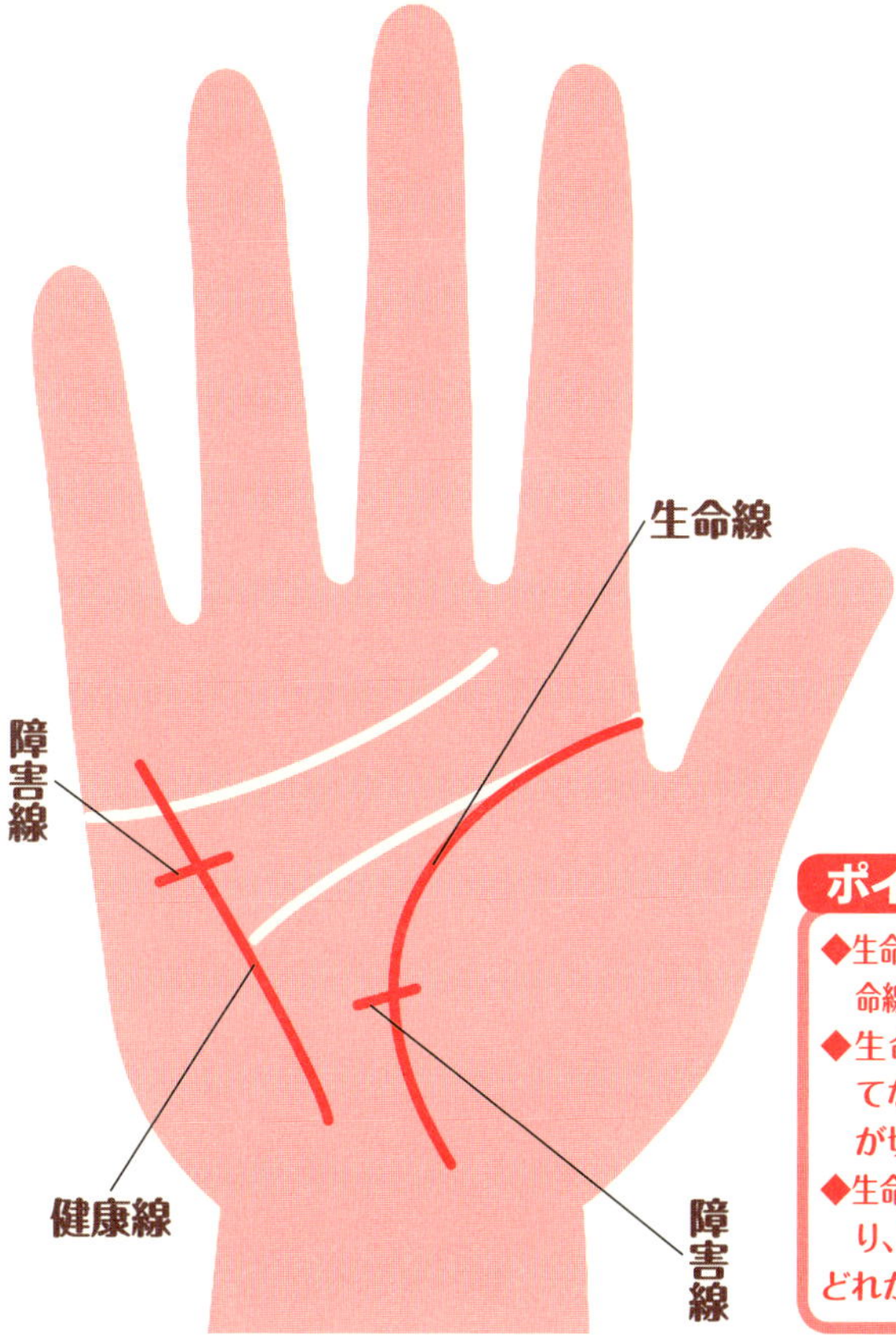


# タイプ4 黄色信号！胃腸は大丈夫!?

**ポイント**

- 生命線がはっきり＋愛情丘が薄い＋生命線が切れていたり、障害線がある
- 生命線が薄い＋健康線が切れてない、障害線がない＋生命線が切れていたり、障害線がある
- 生命線が薄い＋健康線が切れていたり、障害線がある＋手の色は正常

どれかに当てはまる

生命線が全体的に薄く、はっきりしていない場合は、体が弱い、または体調が悪いことを表しています。

また、生命線がはっきりしていても途中で切れているのは、病気やトラブルの暗示で、障害線も、健康を害することを示しています。

健康線は、体内の弱点や体質を示しています。薄く弱々しい健康線の場合は、消化器や呼吸器系が弱い体質の人です。健康線が切れているなら、胃腸が弱っている暗示。多くは心因性で、ストレスからきています。

また、手の平の色も健康運を示しています。全体に赤色や青白いと体が弱っている証拠ですが、手の色が正常でも、この相は体からの黄色信号です。健康管理に注意しましょう。

## タイプ5 もともと虚弱体質 健康診断を受けましょう

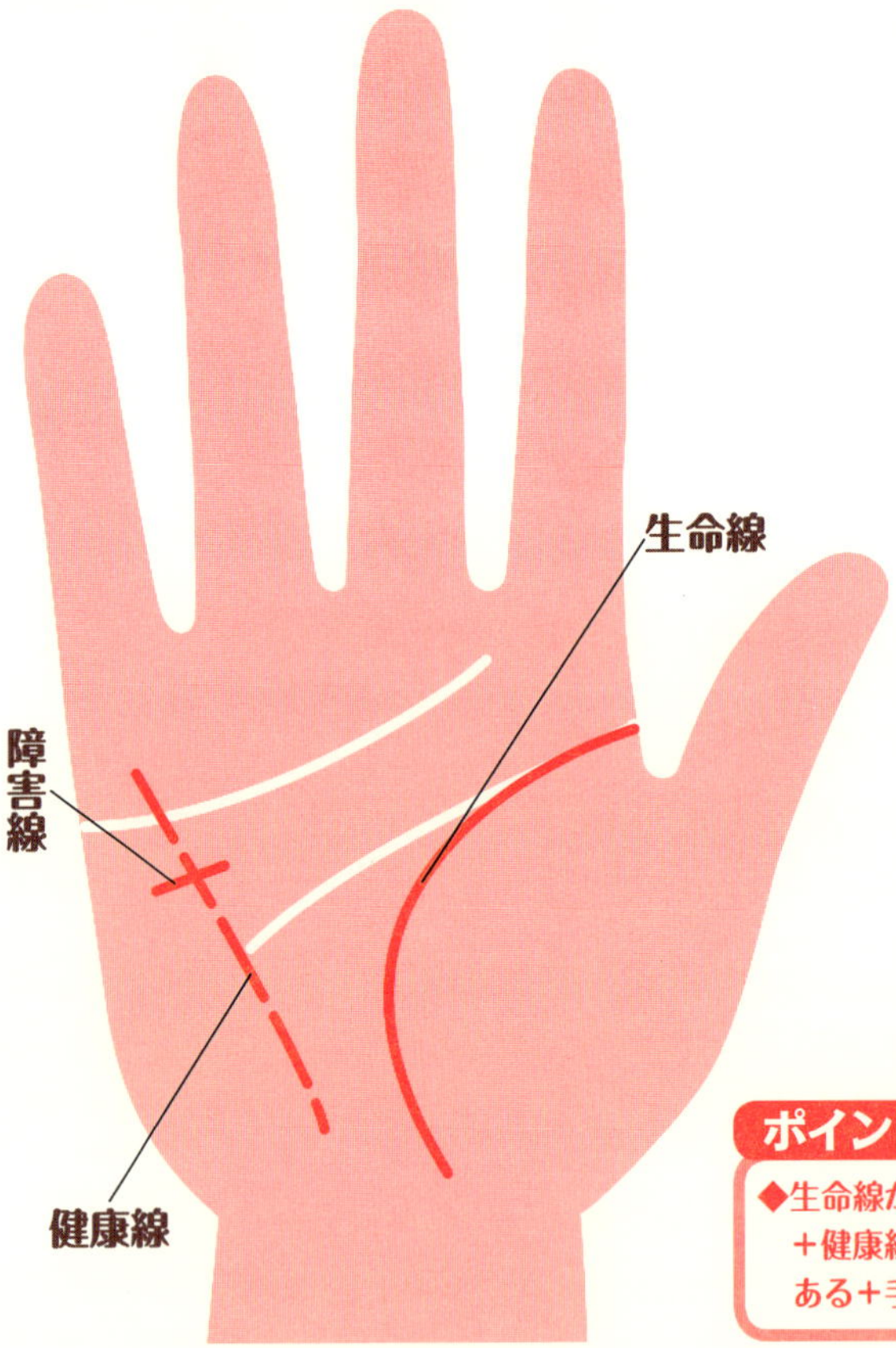


ポイント

◆生命線が薄い
＋健康線が切れていたり、障害線がある＋手の色が赤かったり青白い

生命線は、寿命の長短を示すだけでなく、体の強弱や健康状態も表します。全体的に線が薄く、はっきりしない生命線の人ほど、虚弱体質のタイプ。抵抗力が弱く、外部からの刺激を受けやすいといえるのです。

健康線も病気や体の状態、体力的素質を表す紋線です。この健康線が切れていたり、障害がある場合は、内臓の機能低下や異状の暗示ですから、注意しなければなりません。

また、手の平の色も健康運を示しています。全体的に手の色が赤いのは、狭心症、不整脈、心不全など、心臓に関わる病気の暗示。青白い手は、貧血症の証拠で、胃腸系統が弱っています。

手に、こうした相がある場合は、早目に健康診断を受け、用心しましょう。

# 第6章

# 性格判断をしてみよう

# チャート式性格診断

巻末の手相一覧を出して左手でチェック！

## Q1 手の型は何型？

尖頭型▶Q2へ

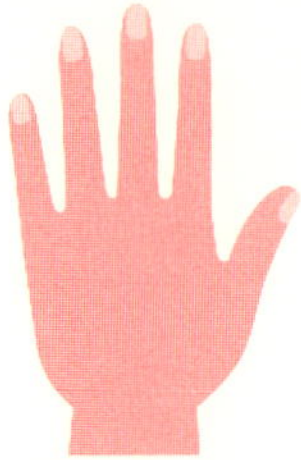

円すい型▶Q7へ

ヘラ型▶Q17へ

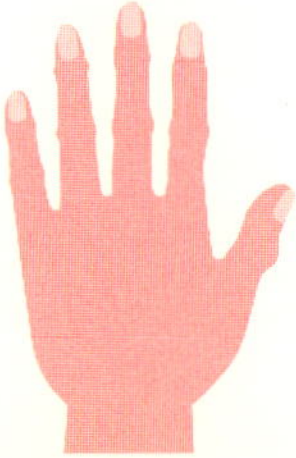

四角型・結節型▶Q12へ

**ポイント**
混合型の場合は、どれか似ている形を選んでください。

## Q2 頭脳線が長く下降している

はい▼Q3へ

いいえ▼Q6へ

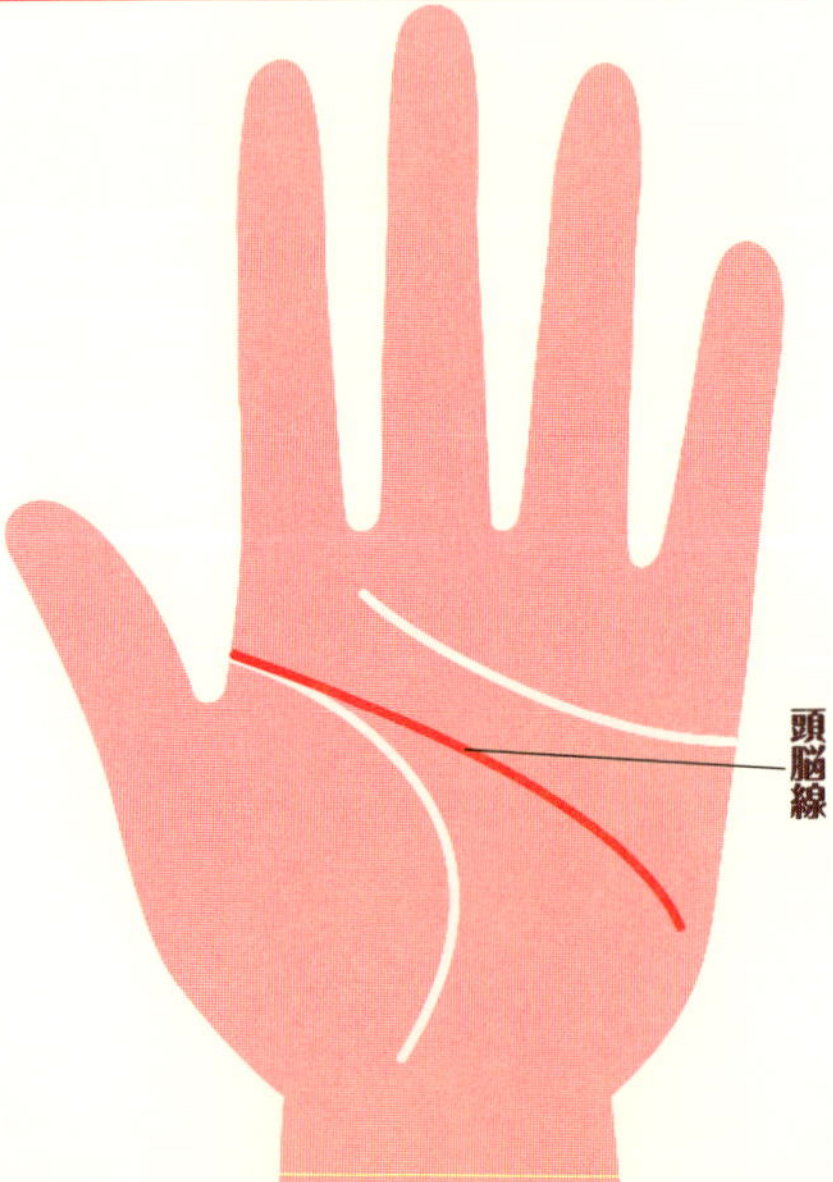


**ポイント**
頭脳線は少し下に向かって降下している線ですが、生命線と同じぐらい長いかどうかで判断してください。

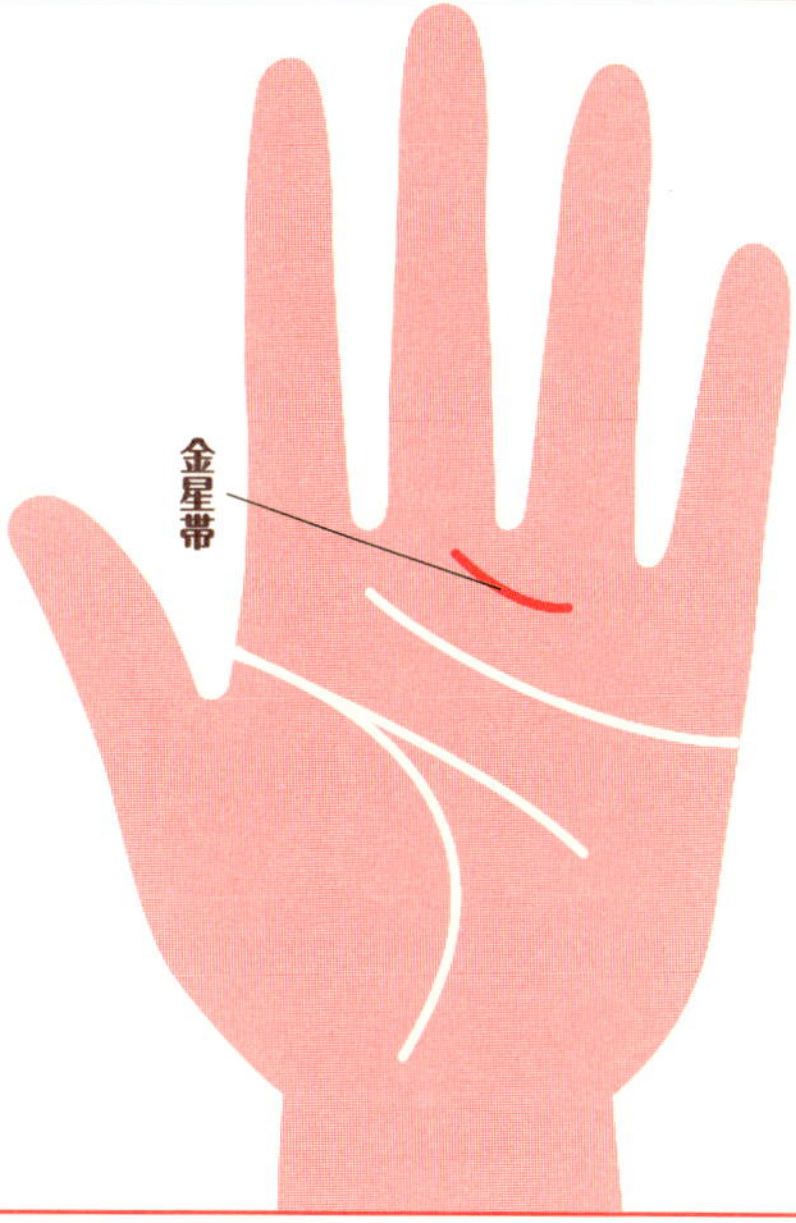


## Q3 金星帯がはっきりしている

はい ▼ Q4へ

いいえ ▼ Q5へ

**ポイント**

金星帯とは、中指の付け根辺りにある線で、ない人も多く、あっても見えにくい線です。詳しくは金星帯(P159)へ



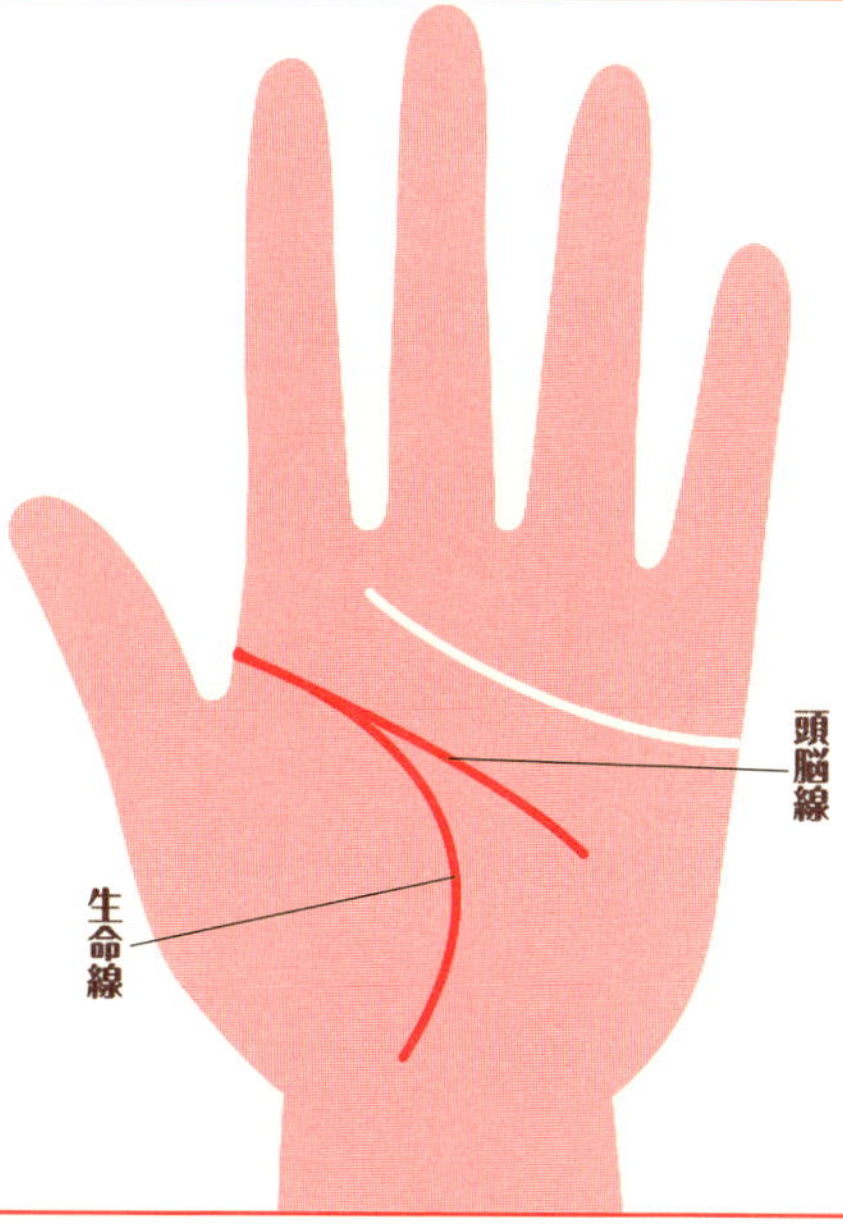


## Q4 頭脳線の起点が生命線と絡んでいる

はい ▼ タイプ1 P74へ

いいえ ▼ タイプ2 P75へ

**ポイント**

生命線と頭脳線が同じぐらいの起点から始まっていたり、重なっている場合も「はい」を選んでください。

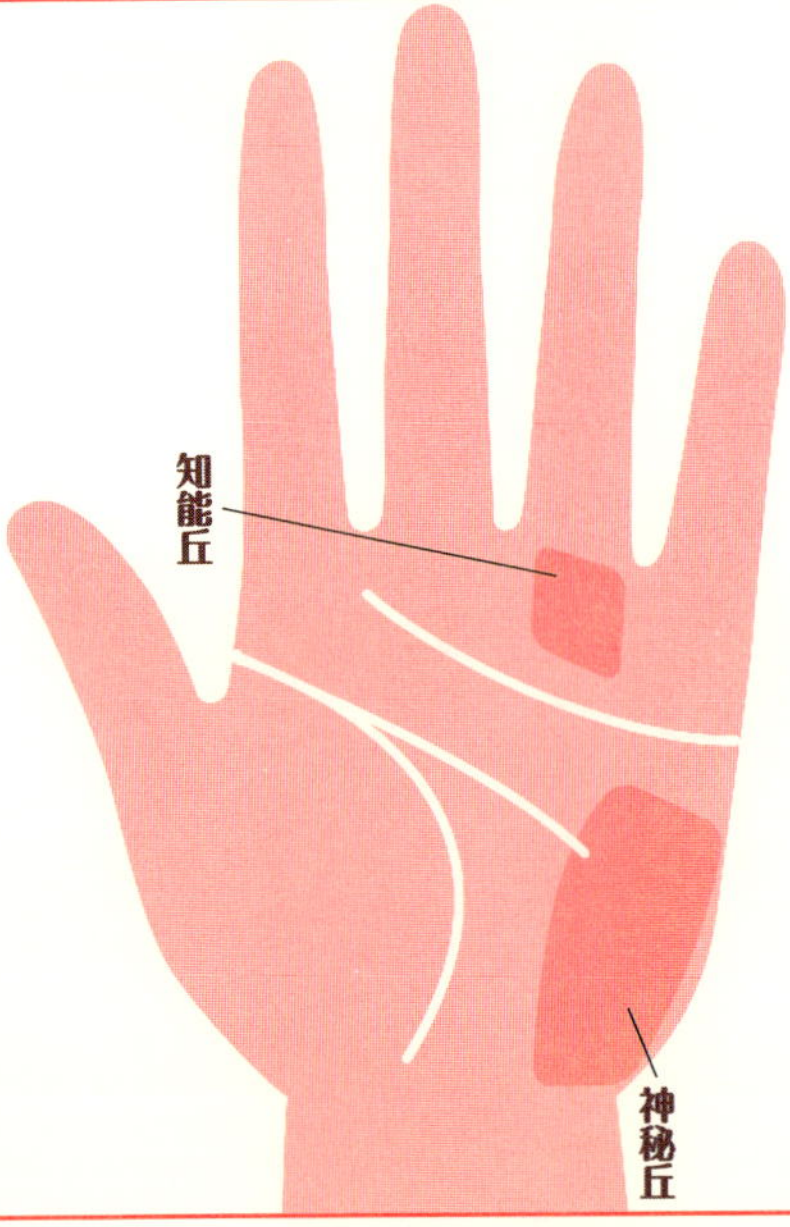


## Q5 神秘丘が発達し知能丘が大きい

はい ▼ タイプ3 P76へ

いいえ ▼ Q6へ

**ポイント**

神秘丘は、小指の下の手首に近い丘のことです。手を強めに広げると少し盛り上がる部分です。詳しくは神秘丘（P188）へ

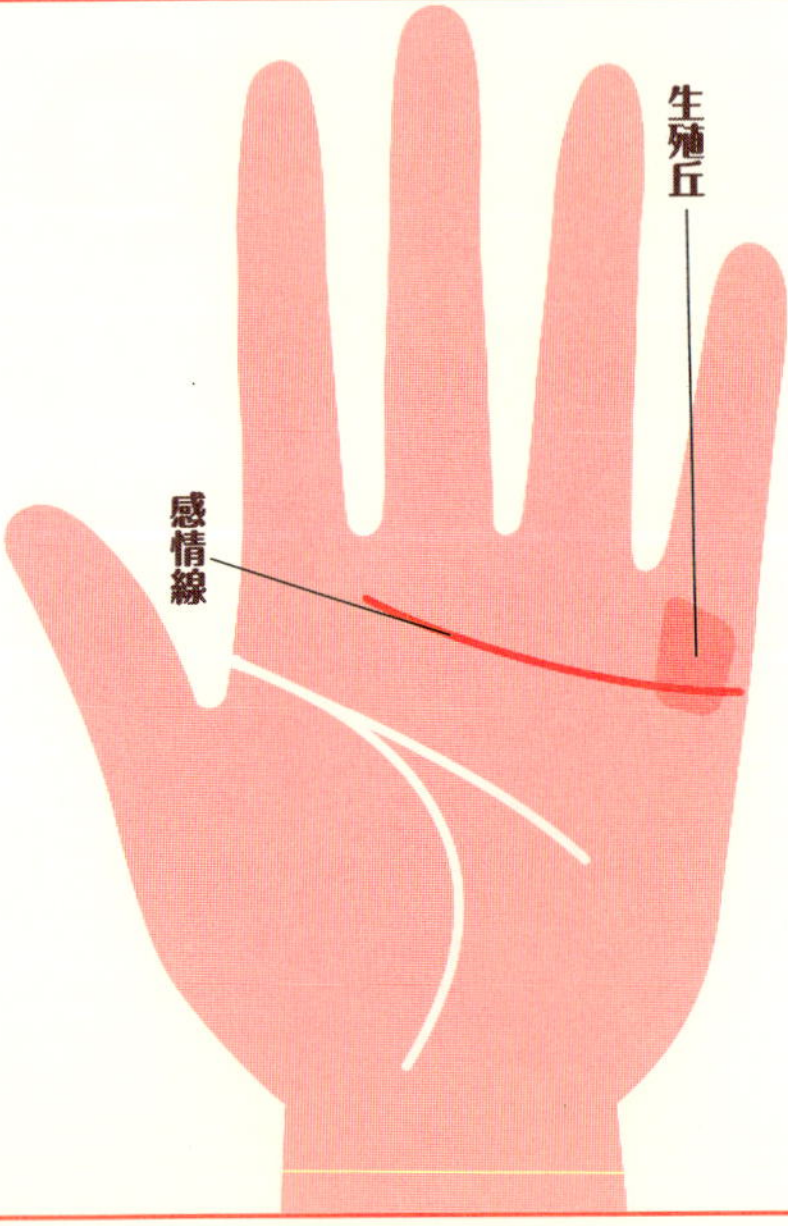


## Q6 感情線の起点が小指に近い生殖丘からスタートしている

はい ▼ タイプ4 P77へ

いいえ ▼ タイプ5 P78へ

**ポイント**

生殖丘は、小指の付け根のすぐ下の丘のことです。詳しく生殖丘（P192）へ

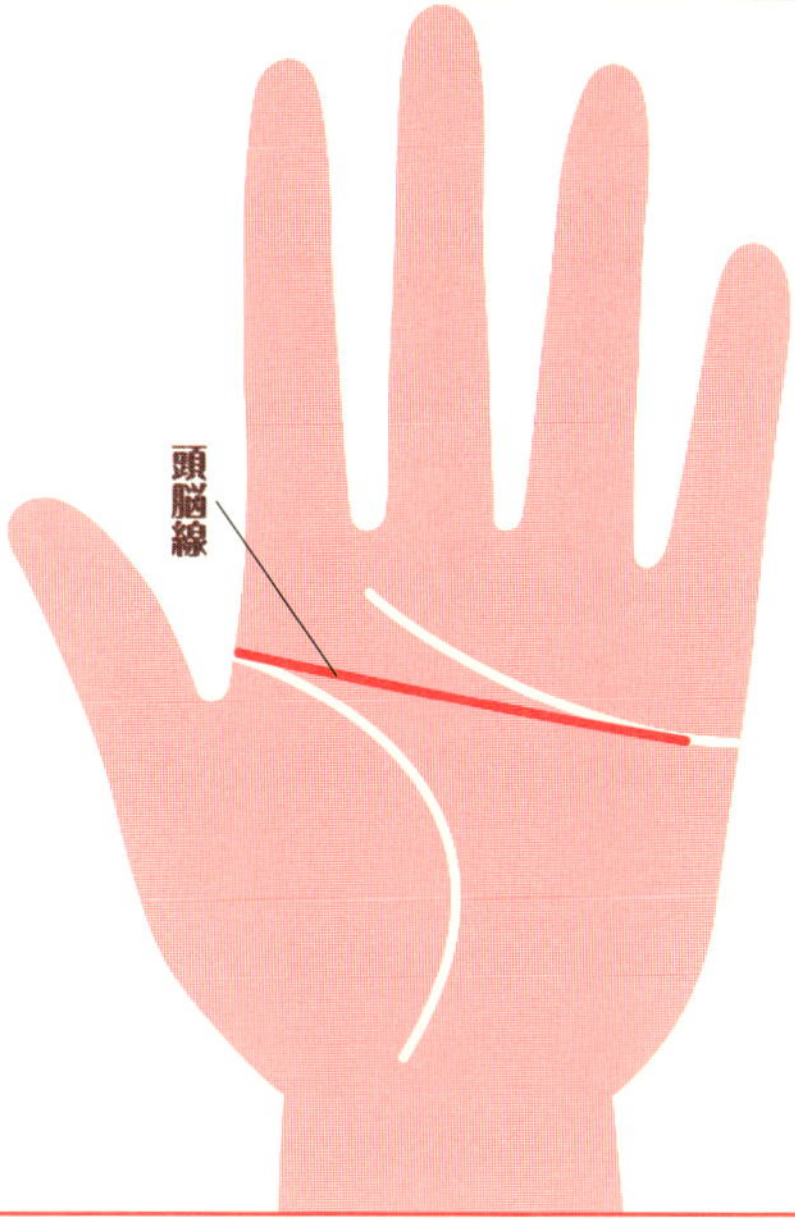


## Q7

頭脳線が真横に長い

はい ▼ Q9へ

いいえ ▼ Q8へ

**ポイント**

頭脳線が下がることなく横に伸びている場合に「はい」を選んでください。



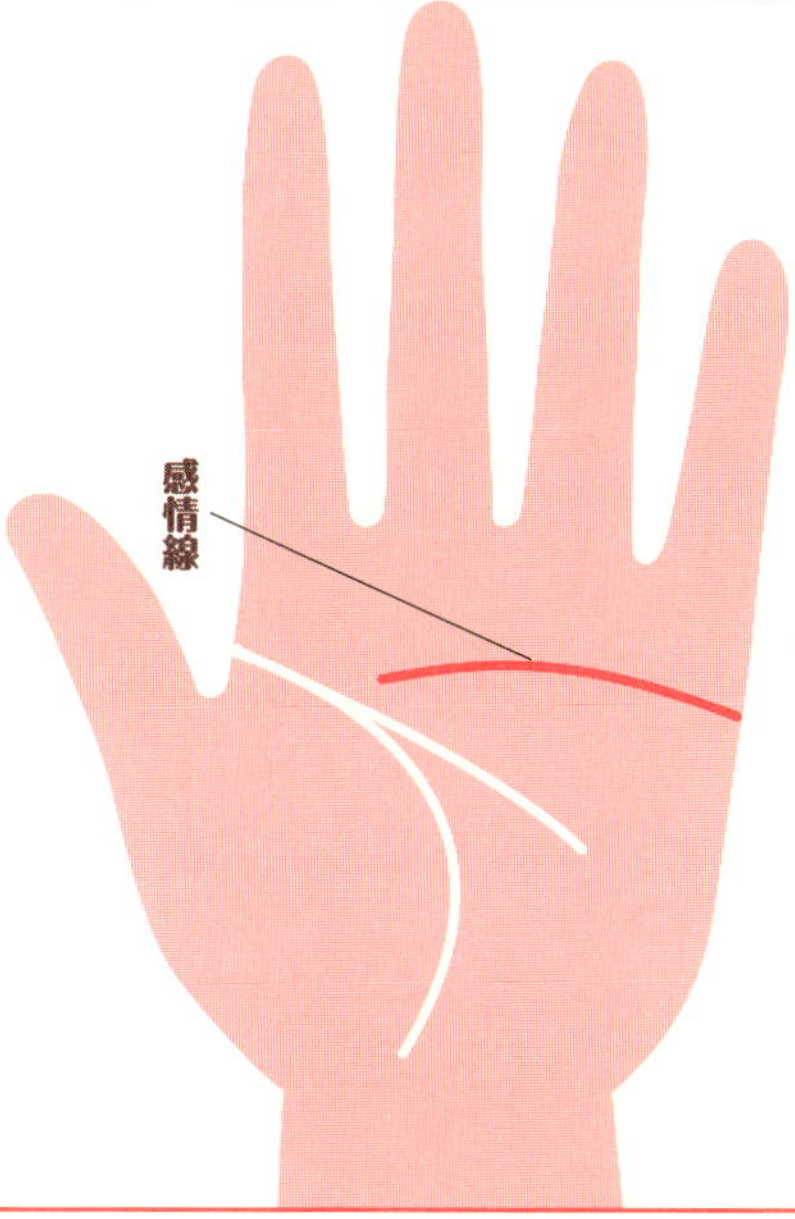


## Q8

感情線が切れ切れだったり末尾が下がっている

はい ▼ Q10へ

いいえ ▼ Q11へ

**ポイント**

感情線は人差し指に向かって上がっているのが一般的です。真横気味でも「はい」を選んでください。

## Q9 攻撃丘が発達している

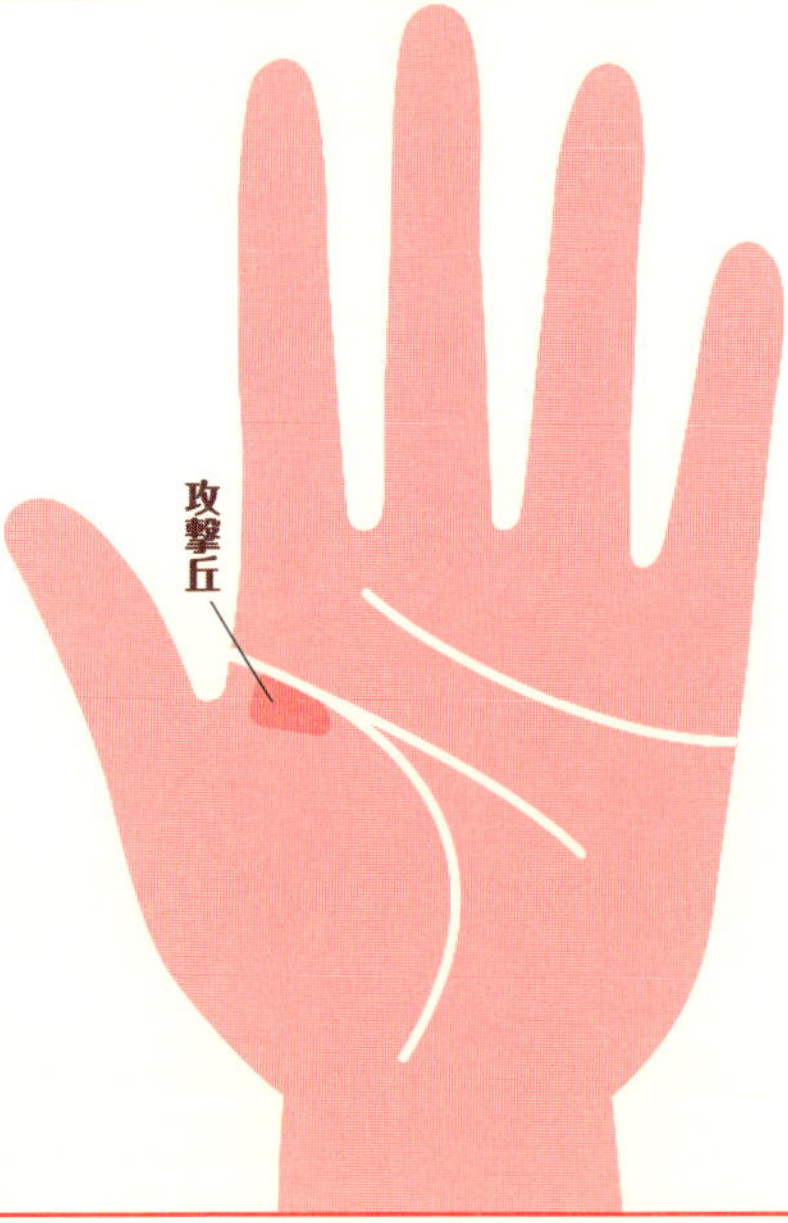


はい ▼ タイプ6 P79へ

いいえ ▼ タイプ7 P80へ

**ポイント**

攻撃丘とは人差し指のずっと下、親指の付け根と人差し指の中間にある丘です。詳しくは攻撃丘（P193）へ

## Q10 太陽線か金星帯がある

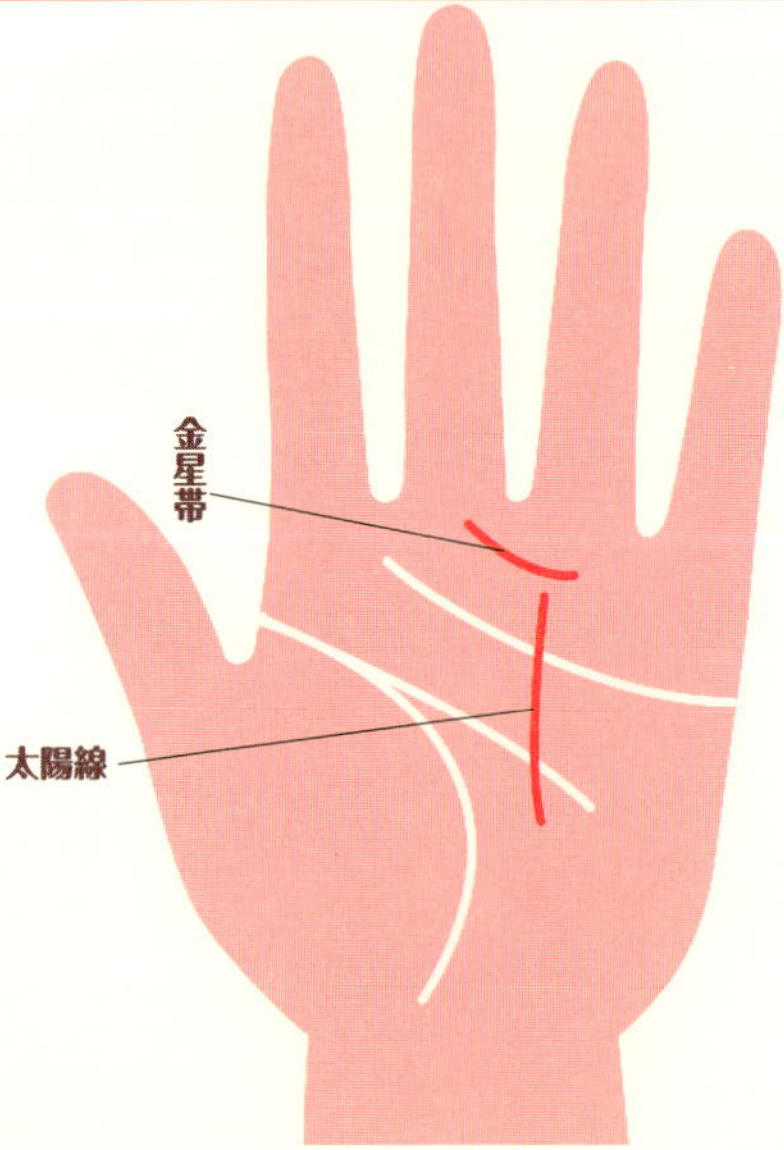


はい ▼ タイプ8 P81へ

いいえ ▼ Q11へ

**ポイント**

太陽線や金星帯は見えにくい場合もあり、線がない人もいます。詳しくは太陽線（P153）、金星帯（P159）へ

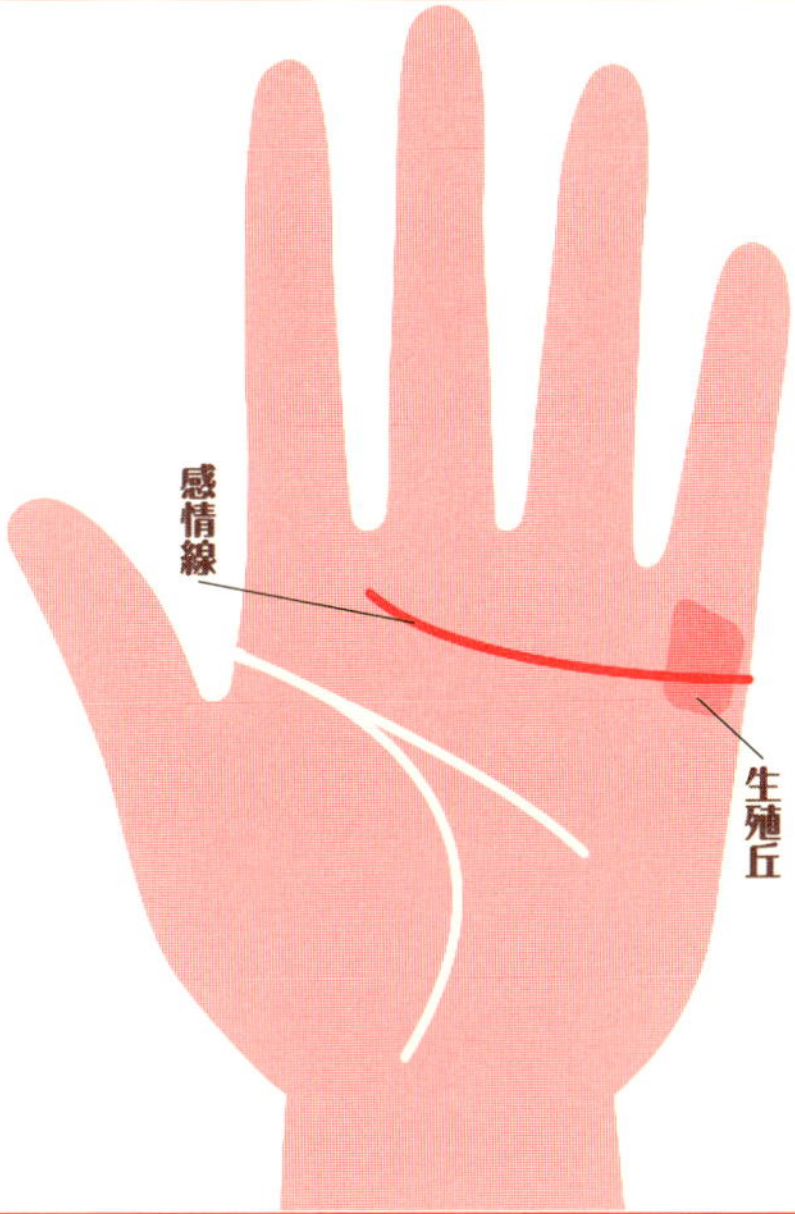


## Q11 感情線の起点が小指に近い生殖丘からスタートしている

はい ▼ タイプ9 P82へ

いいえ ▼ タイプ10 P83へ

**ポイント**

感情線が比較的小指に近いところからスタートしている場合は、「はい」を選んでください。



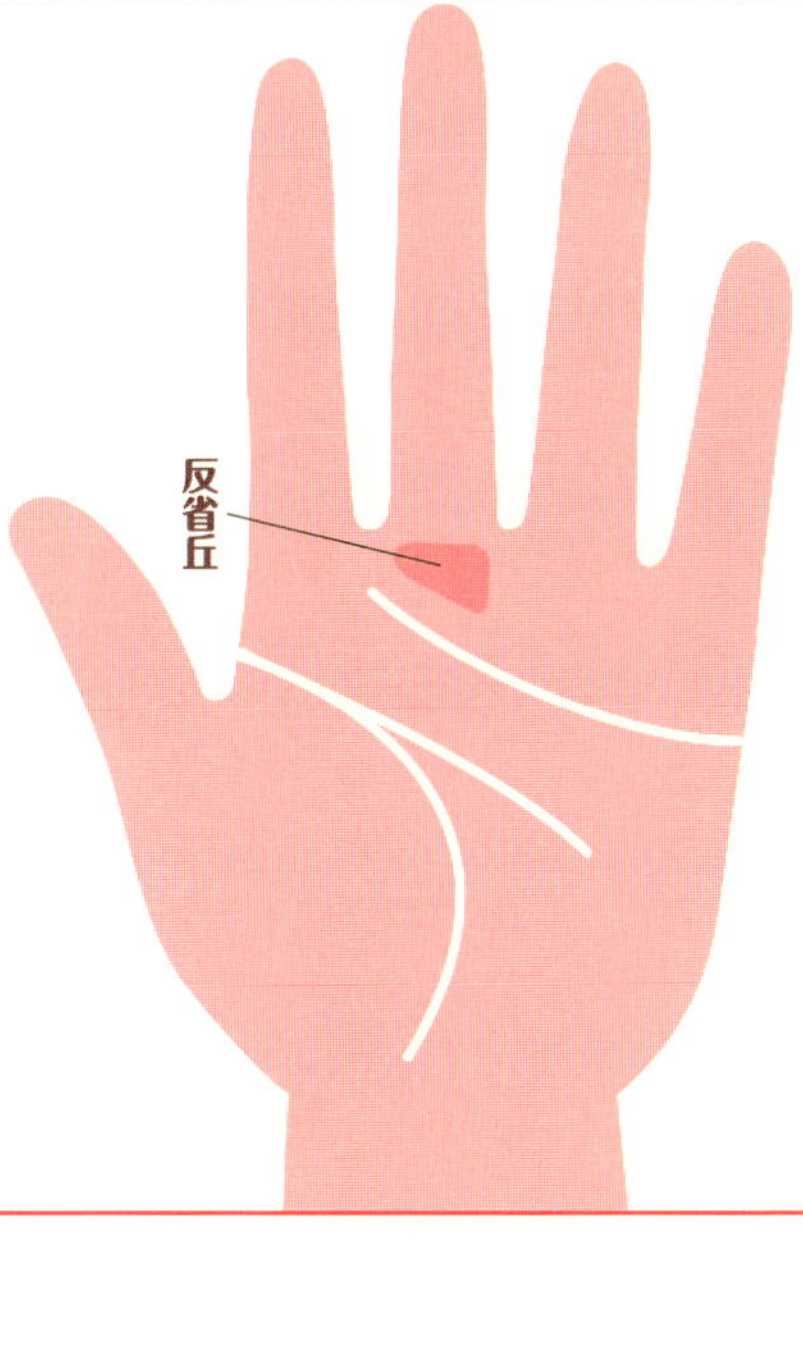


## Q12 反省丘が発達している

はい ▼ Q13へ

いいえ ▼ Q15へ

**ポイント**

反省丘とは中指の付け根にある丘のことです。詳しくは反省丘（P190）へ

## Q13 頭脳線が真横に長い

はい ▼ Q14へ

いいえ ▼ Q16へ

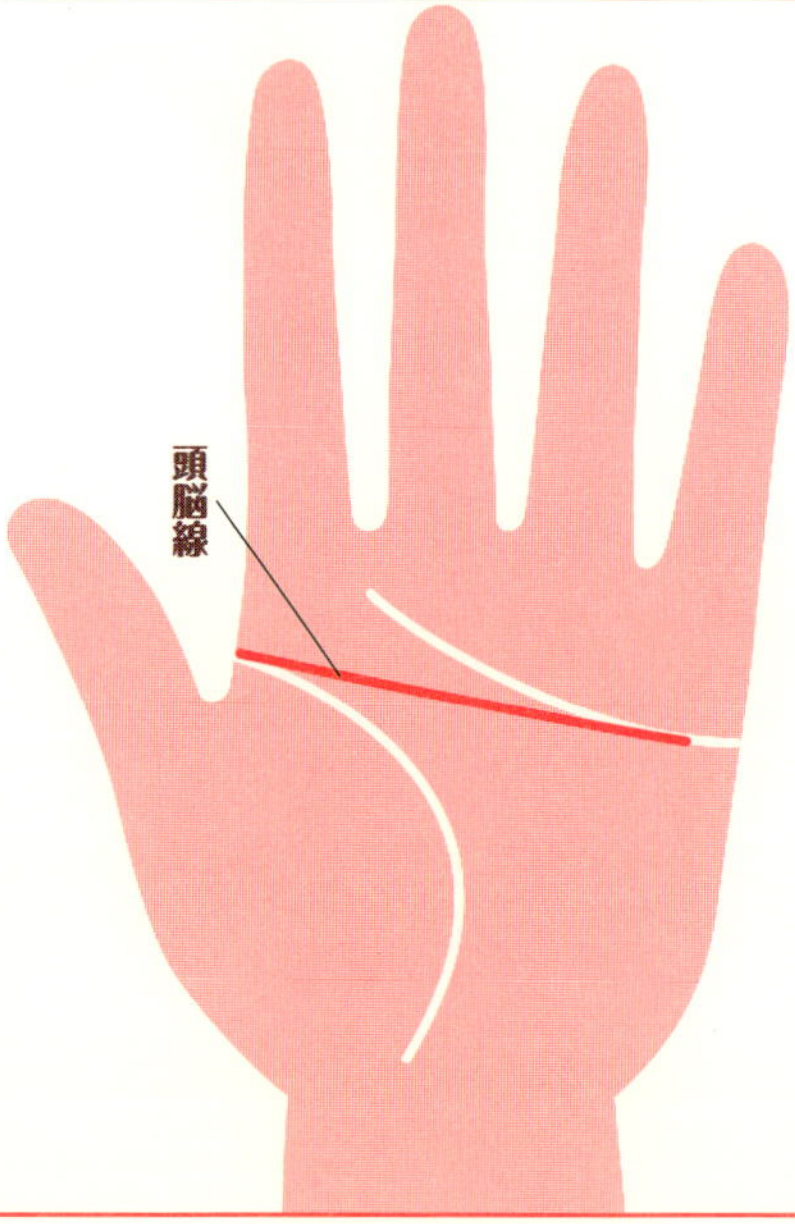


ポイント

頭脳線が下がることなく横に伸びている場合に「はい」を選んでください。

## Q14 知能丘に太陽線がある

はい ▼ タイプ11 P84へ

いいえ ▼ タイプ12 P85へ

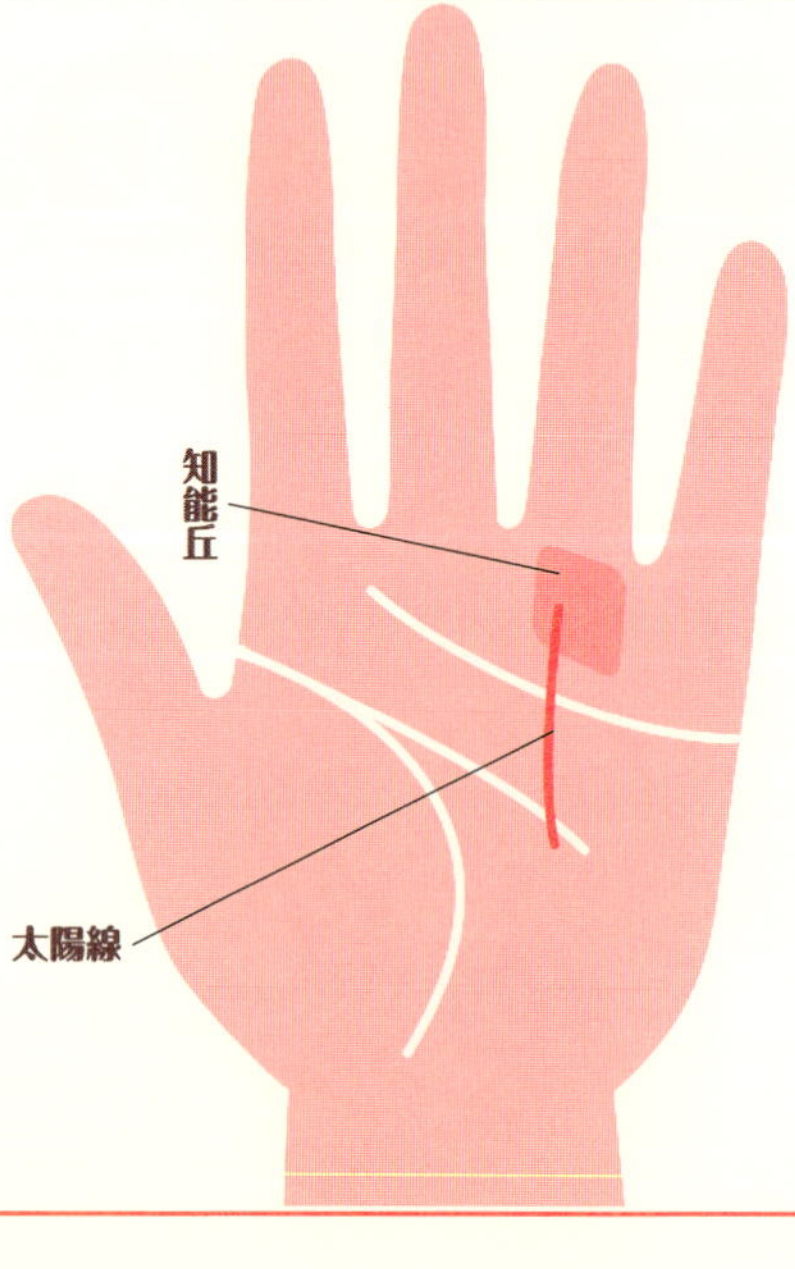


ポイント

知能丘は、薬指の付け根近くにあり、太陽線は見えにくい場合もあり、線がない人もいます。詳しくは知能丘（P191）、太陽線（P153）へ

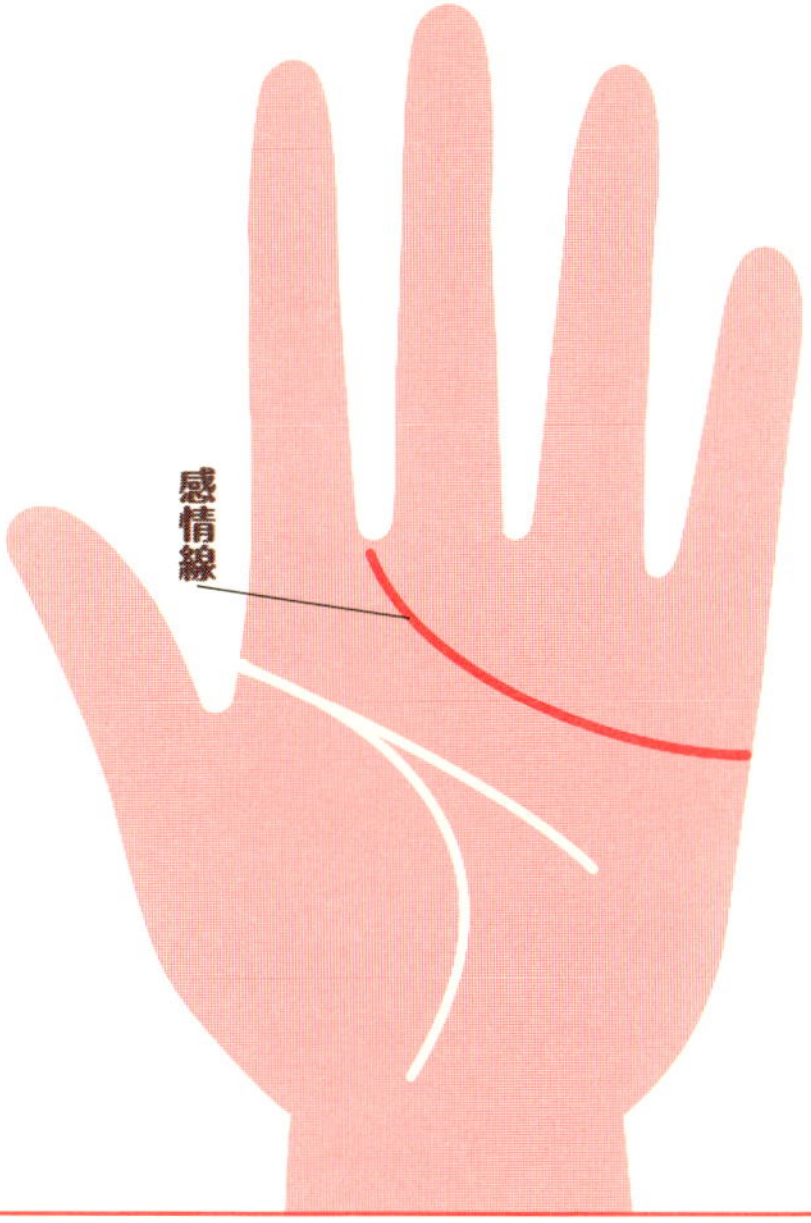


## Q15 感情線が人差し指と中指の間に強く向かっている

はい ▼ タイプ13 P86へ

いいえ ▼ Q16へ

**ポイント**

感情線の末尾は上に向かっているのが一般的ですが、人差し指と中指の間近くまで、強く流れていれば「はい」を選んでください。



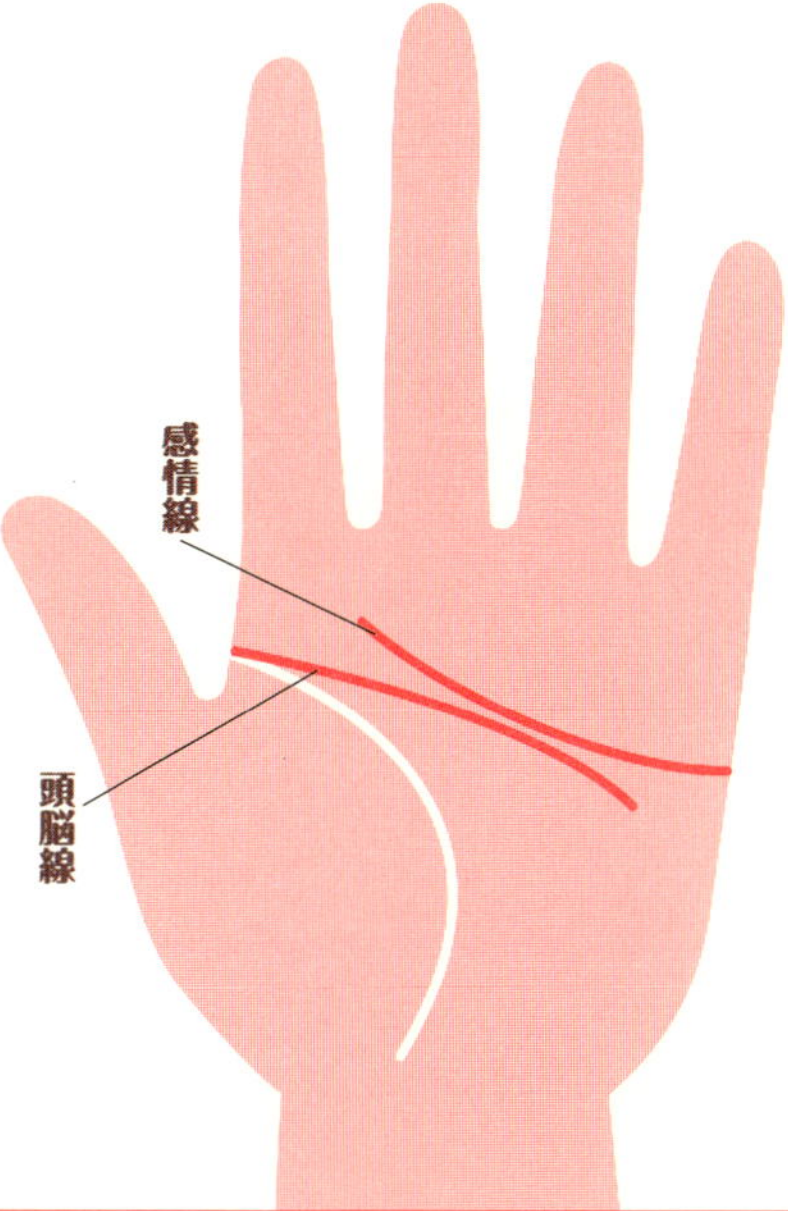


## Q16 感情線と頭脳線の間が狭い

はい ▼ タイプ14 P87へ

いいえ ▼ タイプ15 P88へ

**ポイント**

2つの線が接触するぐらい狭い場合は「はい」、それ以外は「いいえ」を選んでください。

## Q17 手を二分するほどの立派な運命線がある

はい ▼ Q18へ

いいえ ▼ Q20へ

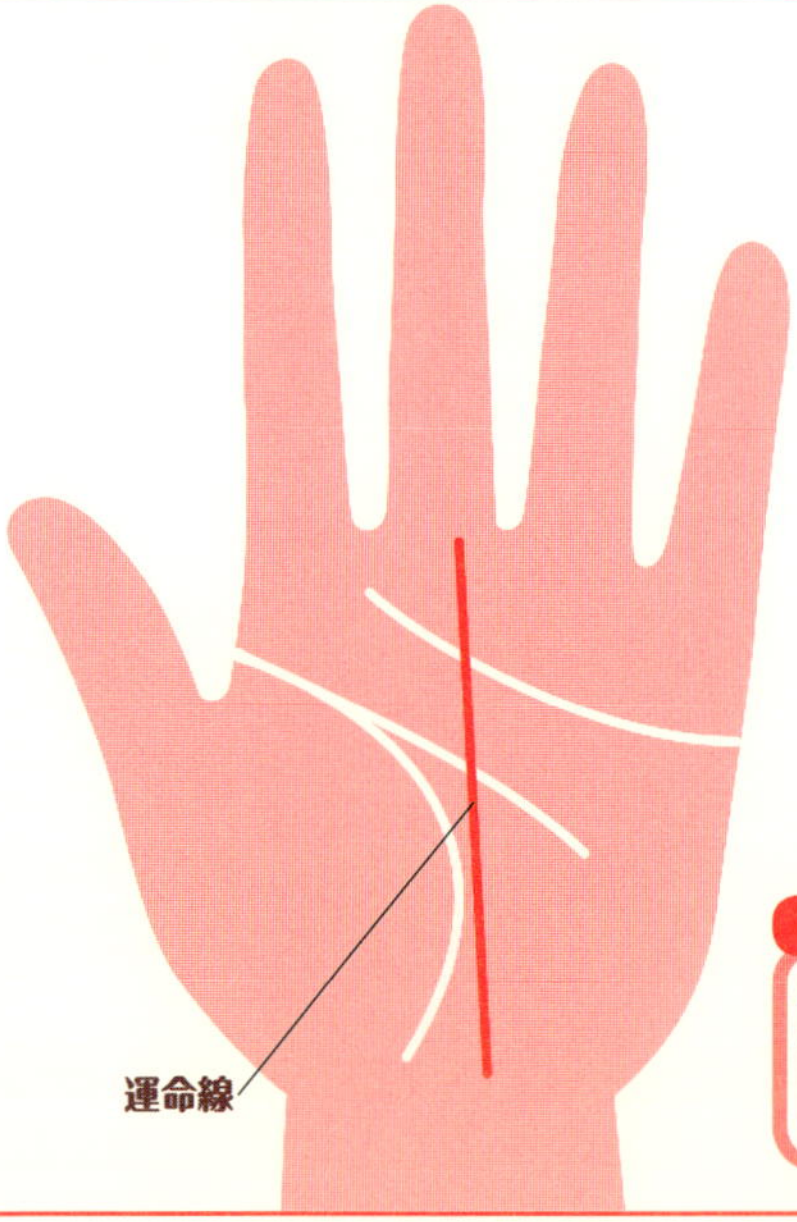


**ポイント**

運命線は、比較的分かりやすい線ですが、通常は生命線などの三大線よりも細い線で、ない人もいます。三大線と比べて、同じくらいはっきりしているかで判断しましょう。詳しくはP144へ

## Q18 愛情丘や支配丘がよく発達している

はい ▼ Q19へ

いいえ ▼ タイプ20 P93へ

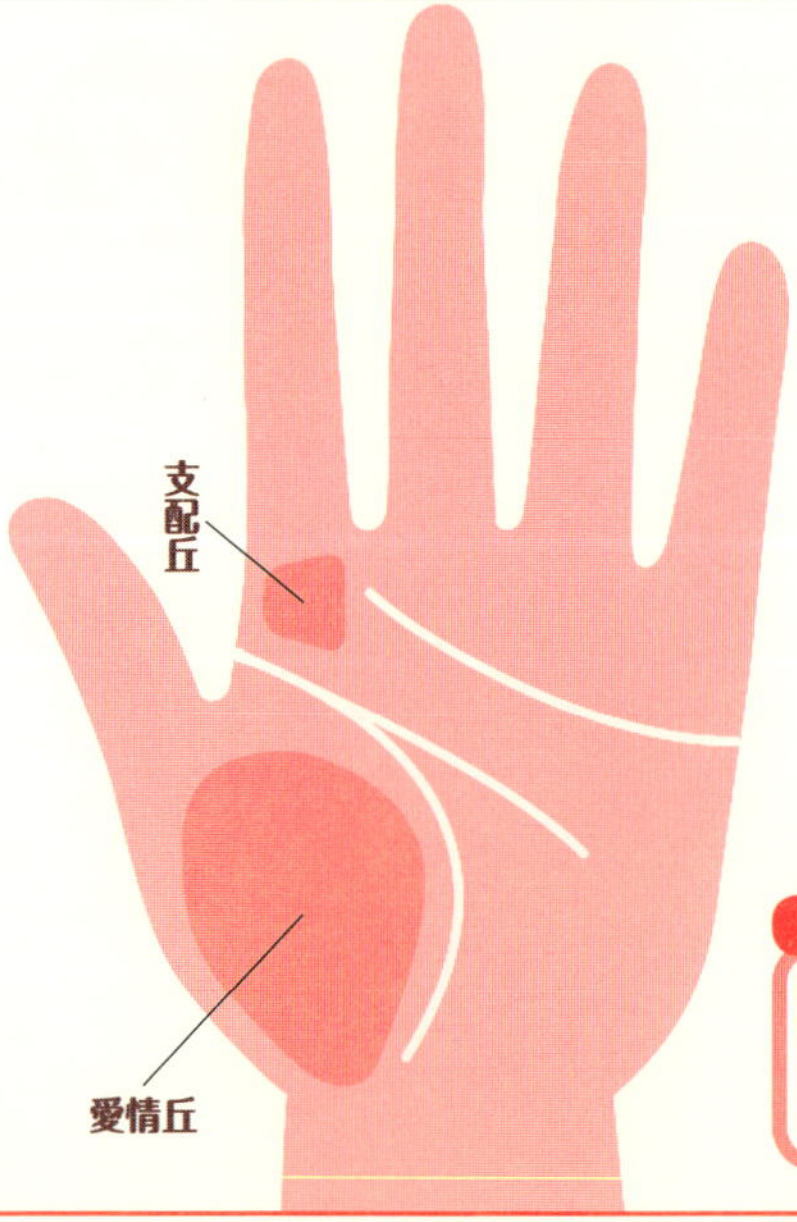


**ポイント**

愛情丘とは親指の付け根から手首にかけて広がる部分のことで、支配丘とは人差し指のすぐ下にあり、感情線の末尾あたりにある丘のことです。詳しくは愛情丘（P187）、支配丘（P189）へ

## Q19

### 攻撃丘や抵抗丘も発達している

はい ▼ タイプ16 P89へ

いいえ ▼ タイプ17 P90へ

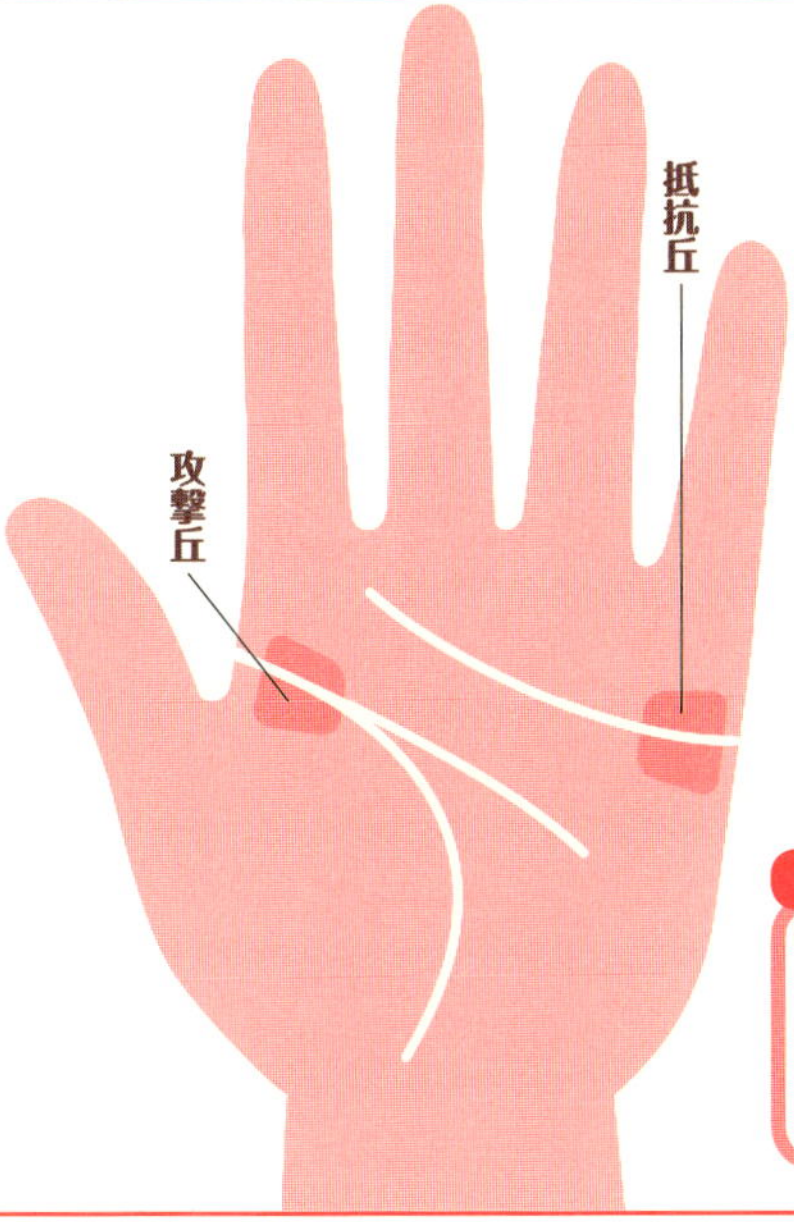


**ポイント**

攻撃丘とは人差し指のずっと下、親指の付け根と人差し指の中間にある丘で、抵抗丘とは小指の付け根と手首の中間ほどに位置していて、生殖丘と神秘丘の間にあります。詳しくは攻撃丘（P193）、抵抗丘（P194）へ

## Q20

### 感情線が人差し指と中指の間に強く流れている

はい ▼ Q21へ

いいえ ▼ タイプ20 P93へ

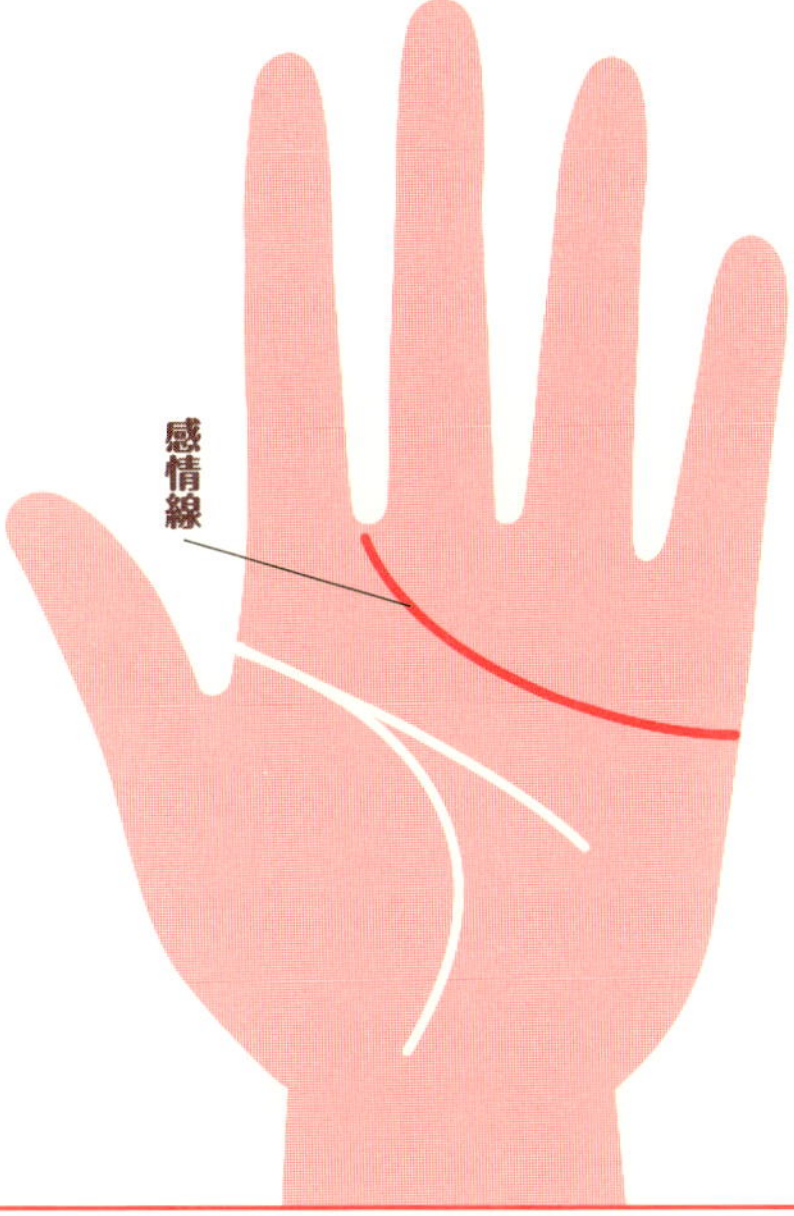


**ポイント**

感情線の末尾は上に向かっているのが一般的ですが、人差し指と中指の間近くまで、強く流れていれば「はい」を選んでください。

## Q21

# 愛情丘と反省丘が発達している

はい ▼ タイプ18 P91へ

いいえ ▼ タイプ19 P92へ

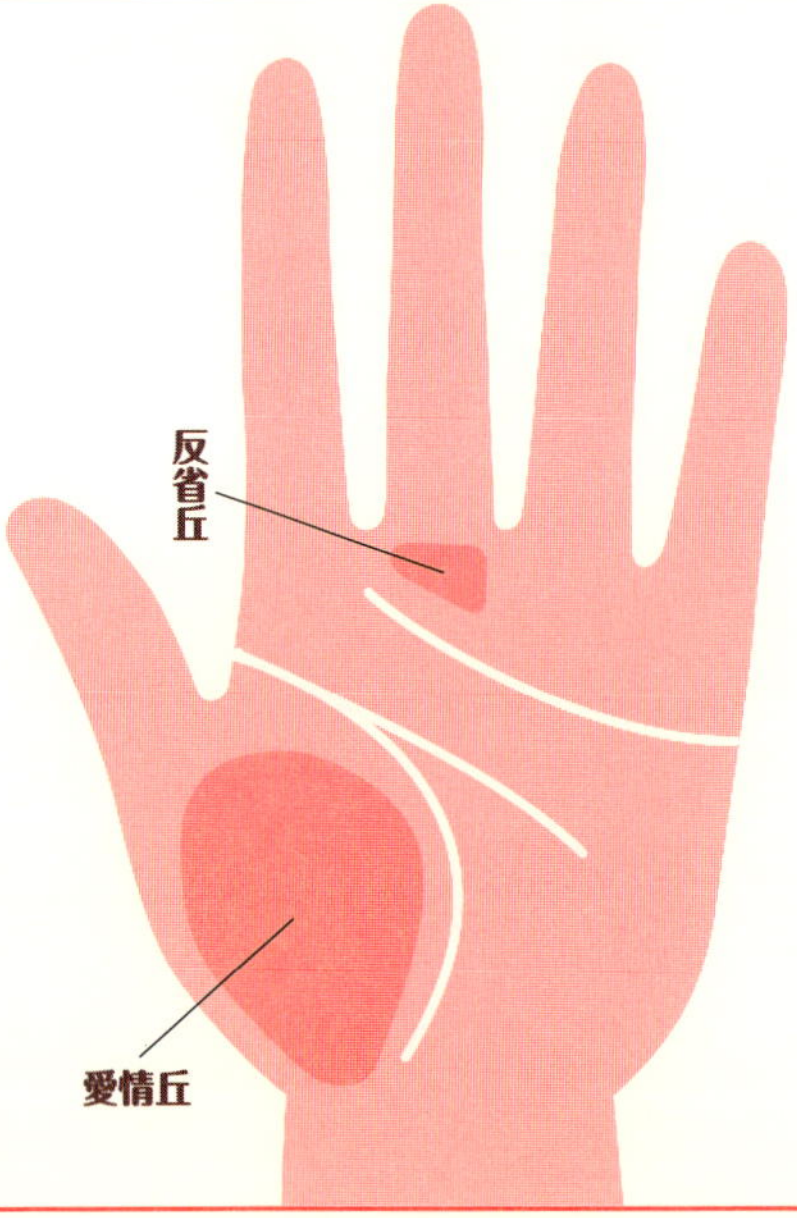


**ポイント**

愛情丘とは親指の付け根から手首にかけて広がる部分のことで、反省丘とは中指の付け根にある丘のことです。詳しくは愛情丘（P187）、反省丘（P190）へ

# 性格のタイプ診断

## ✦回答編✦

あなたの左手が
持っているパワーとは…

# タイプ1 几帳面でかなり神経質

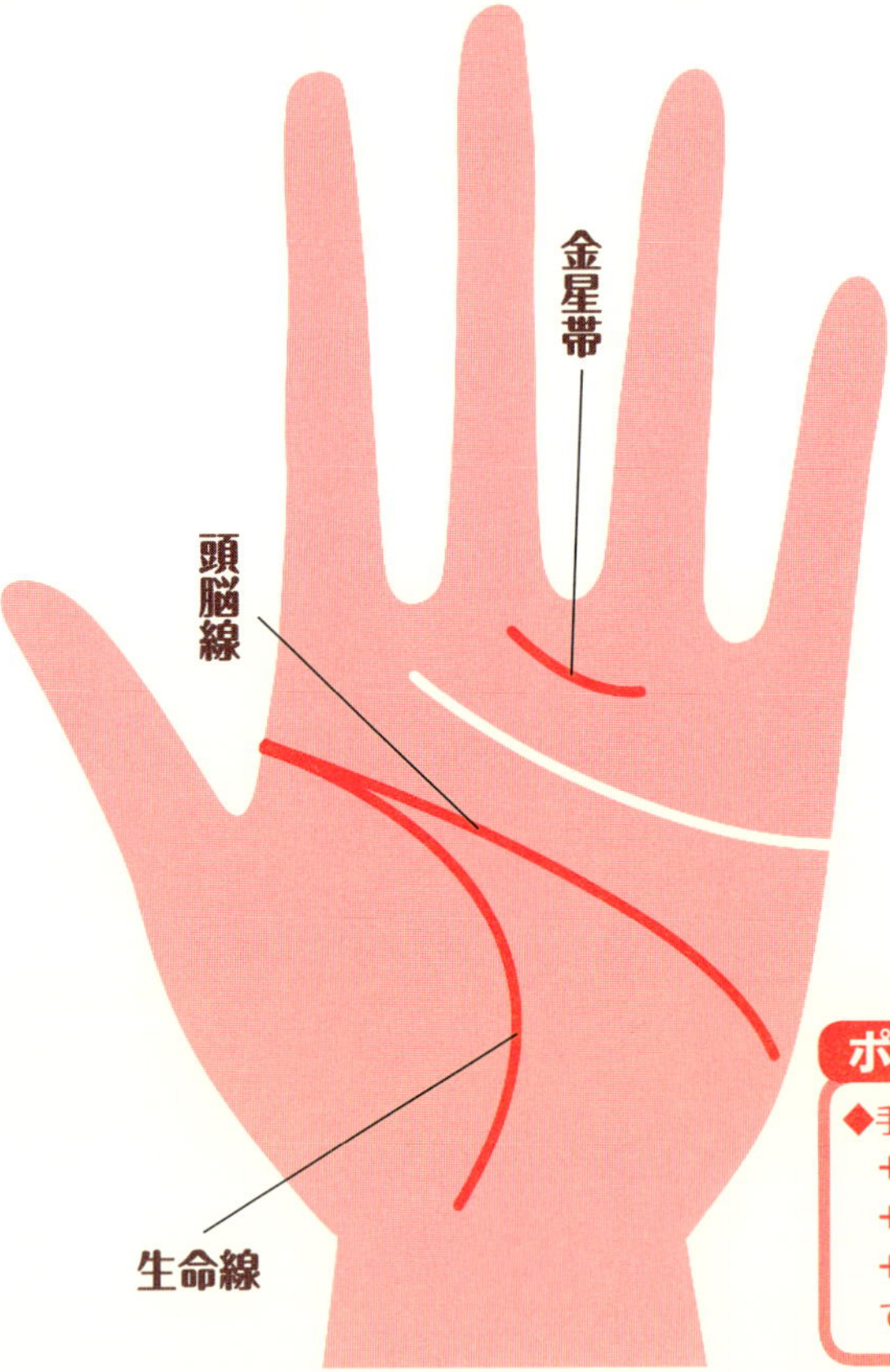


**ポイント**

◆手の型が尖頭型
＋頭脳線が長く下降している
＋金星帯がはっきり
＋頭脳線の起点が生命線と絡んでいる

手の型が尖頭型の人は、指がすらりと細く長く伸びていて美しく、女性にとっては〝憧れの手〟でしょう。

しかし、この尖頭型で、手のひらが大きく黄色っぽい人は、性格としては几帳面で、とても神経質なところがあります。指先がとがっていれば、神経過敏で、些細なことでも気にしてしまう性格です。

特に、「心情紋」といわれ、感情の敏感度を表す金星帯がはっきりしていて、頭脳線の起点が生命線と絡み合っている場合は、細かいことまできちんとしていなければ気がすまない性格で、気難しい人といえるでしょう。

さらに、中指のつけ根にある反省丘が発達して、頭脳線が長く下降していると、潔癖さや慎重さが増します。

# タイプ2 感情の起伏が激しく神経質

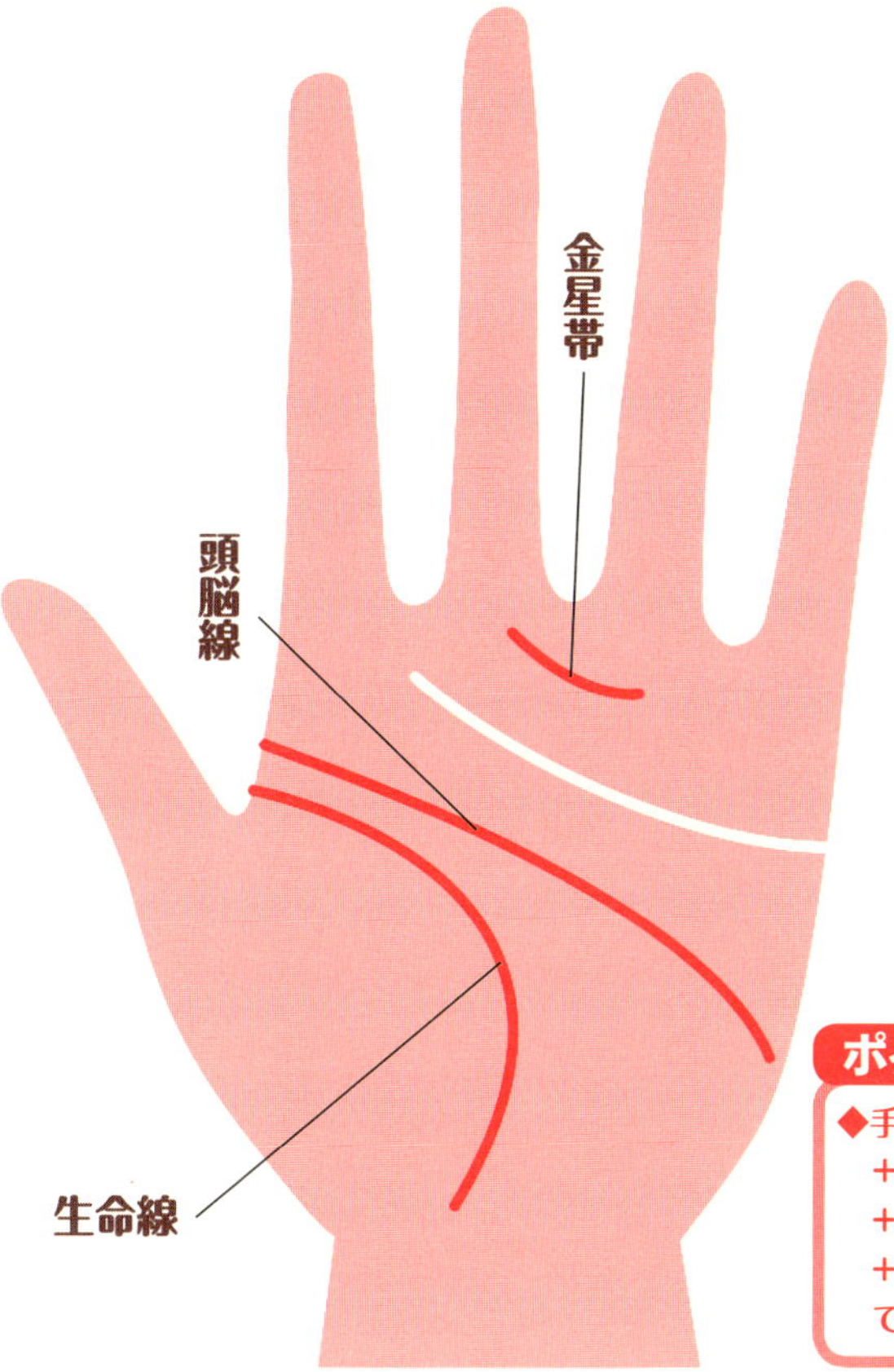


**ポイント**

◆手の型が尖頭型
＋頭脳線が長く下降している
＋金星帯がはっきり
＋頭脳線の起点が生命線と絡んでいない

人差し指と中指の間からスタートして、薬指と小指との間に向かって流れている紋線が金星帯です。この金星帯がはっきりしている人ほど、何に対しても神経質で、感情の起伏が激しい傾向にあります。

また、言動がコロコロと変わるのは、手の型が尖頭型の人の特徴です。この手の型の人は気位が高く、自分の理想通りに物事を進めようとします。

この尖頭型の人で、頭脳線が長く下降している人は、頭の回転が速く、考え方が組織的、系統的です。さらに頭脳線と生命線の起点が離れていれば、物事の判断が的確で自信にあふれています。行動は独創的で自分の理想を追い求め、この頭脳を自分のロマンのために使うタイプです。

性格のタイプ診断

# タイプ③ お人好しで騙されやすい

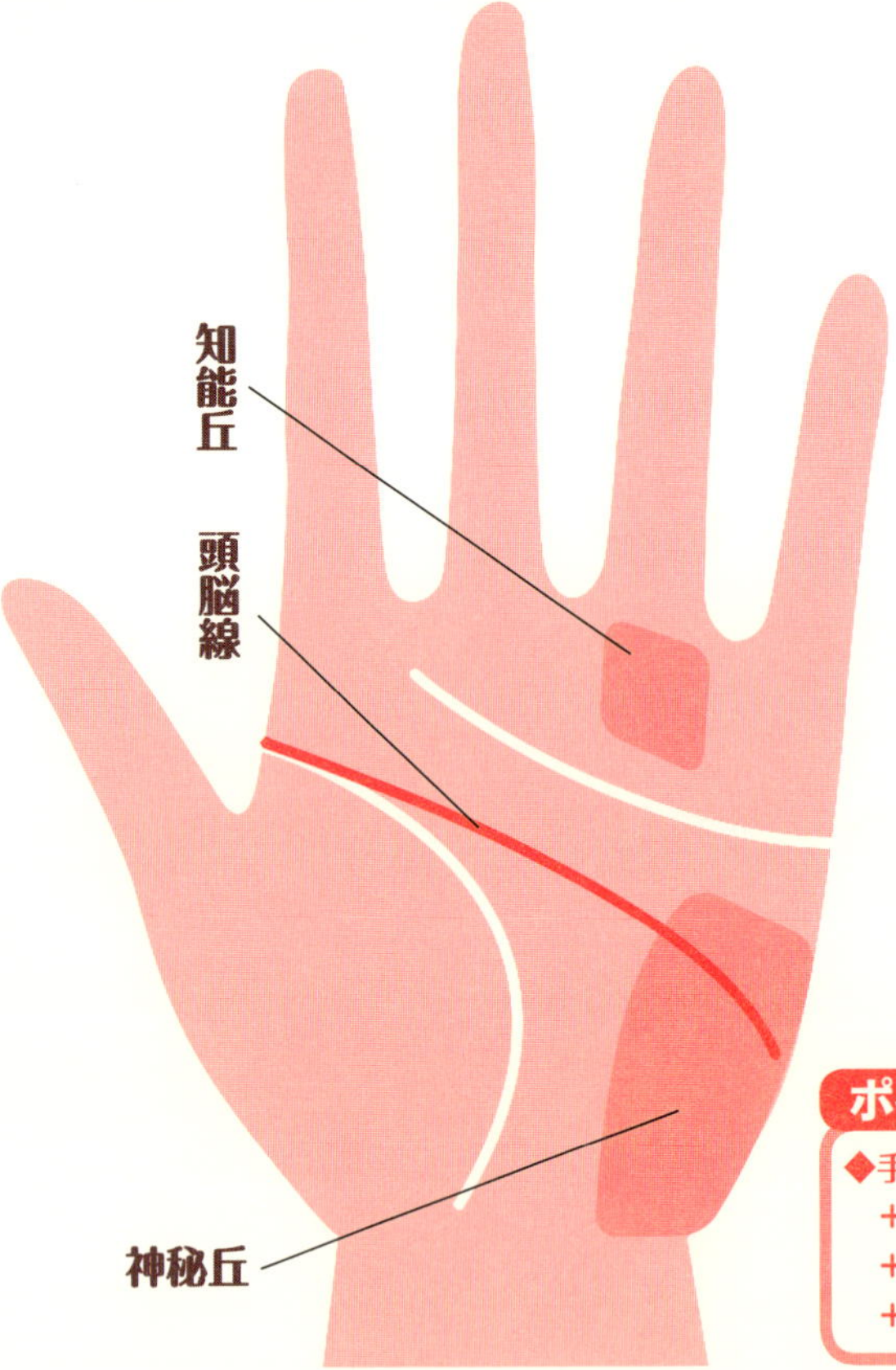


**ポイント**

◆手の型が尖頭型
　＋頭脳線が長く下降している
　＋金星帯がはっきりしていない
　＋神秘丘が発達、知能丘が大きい

空想的なところがあり、人情的で、物事をあまり打算的に考えないのは、手の型が尖頭型の人の特徴です。一度相手を信じたら、とことん信じるところがあり、人に騙されることも少なくありません。

頭脳線が神秘丘に届くほど長いのは、お人好しで献身的な性格を示しています。本来、その人の才能や知力を知る頭脳線が長ければ、頭の回転が速く、周囲の状況を把握し、すばやく対応できるタイプの人ですが、この相は、周囲への親切の度がすぎて、逆に誤解を招きかねません。金星帯もないので感情の起伏がなく、穏やかなタイプといえるでしょう。

また、神秘丘が発達し知能丘が大きい人は、お金より友情を大切にします。

# タイプ④ 何をするにも口が先

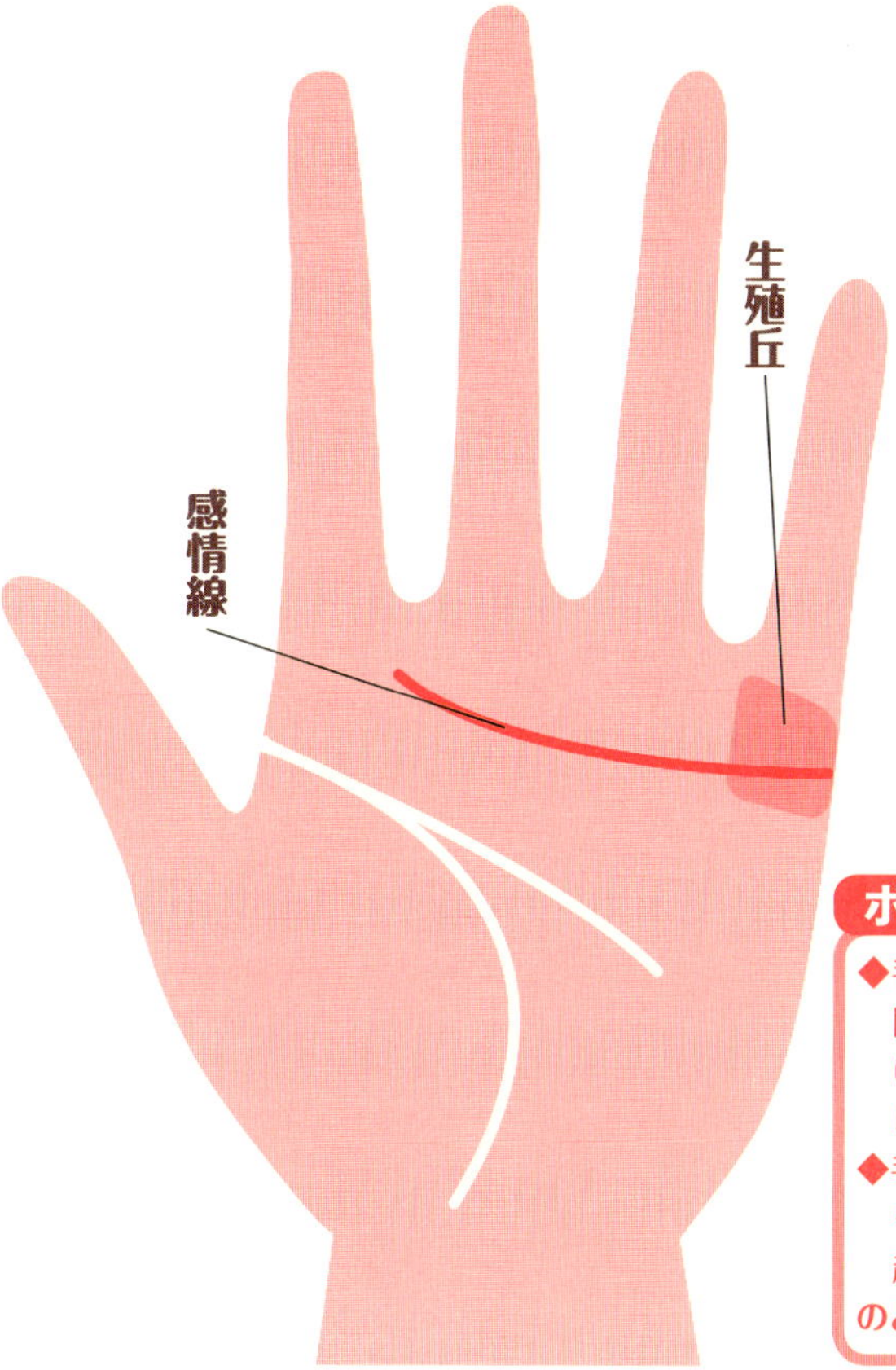


**ポイント**

◆手の型が尖頭型＋頭脳線が長く下降している＋金星帯がはっきりしていない＋神秘丘、知能丘は発達なし＋感情線の起点が生殖丘にある
◆手の型が尖頭型＋頭脳線が長く下降していない＋感情線の起点が生殖丘にある
のどちらかに当てはまる



喜怒哀楽などの感情面の性格や精神的なエネルギーの大きさを示し、知的、感覚的な働きを知るのが感情線です。はっきりと、ゆるやかな上昇カーブを描いているのが一番いい相ですが、どこからスタートしているか、起点も大切なポイントになります。

この感情線の起点が、小指に近い生殖丘からスタートしている人は、つねに理性より感情が優先する人です。すべてが感情に流され、何をするにもまず口が先に出る傾向にあります。また、手の型が尖頭型は、空想的で自分の理想を追い求めるタイプです。

つまり、何ごとも自分の気がすまなければ承知できない性格の人といえるでしょう。人に対しても、とても嫉妬深く、打算的でもあります。

タイプ5

# 物事に対して消極的

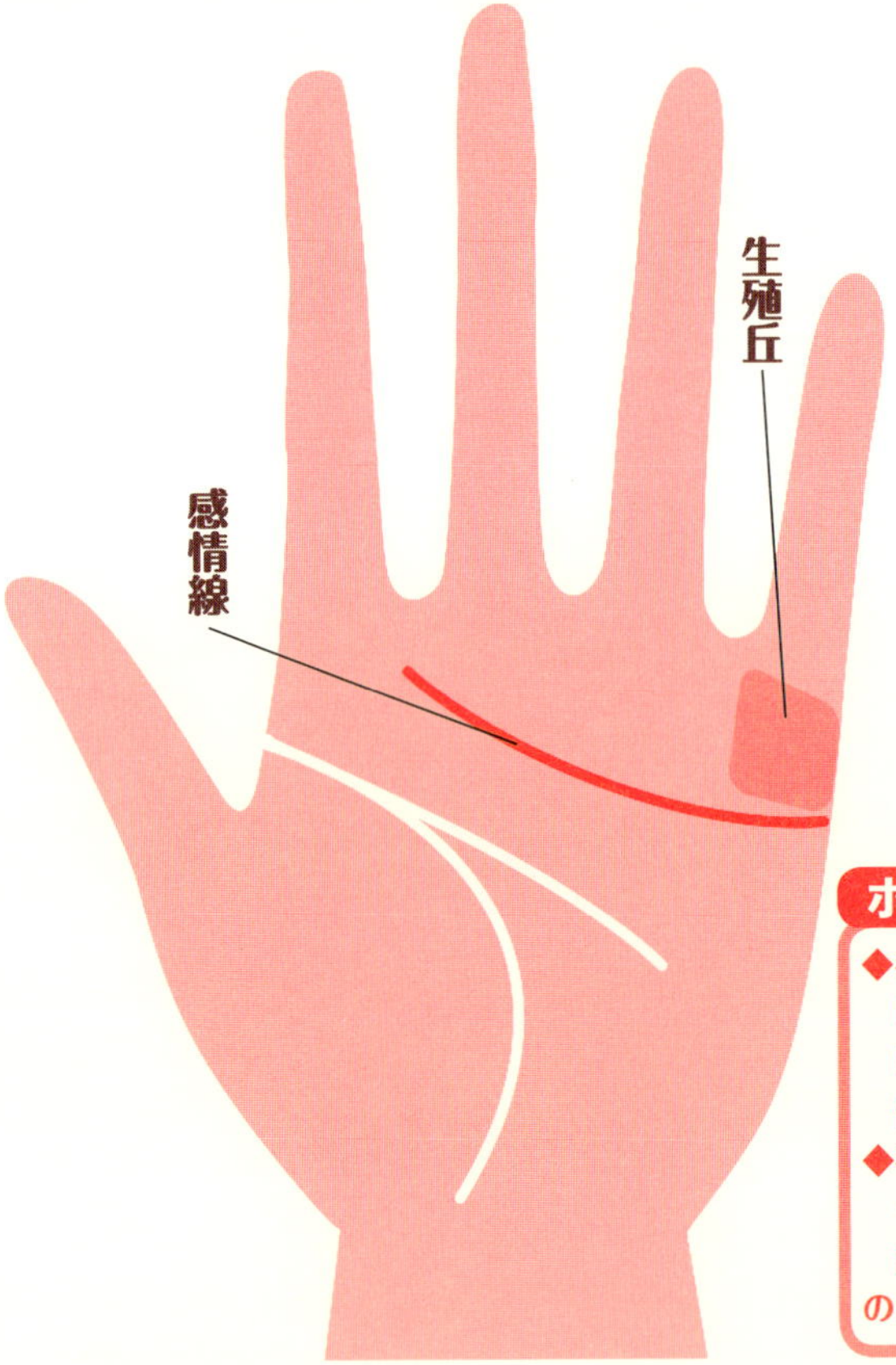


ポイント

◆手の型が尖頭型＋頭脳線が長く下降している＋金星帯がはっきりしていない＋神秘丘、知能丘は発達なし＋感情線の起点が小指に近い生殖丘の下

◆手の型が尖頭型＋頭脳線が長く下降していない＋感情線の起点が小指に近い生殖丘の下

のどちらかに当てはまる

生殖丘は、小指のつけ根にあり、社交性や適応能力を表す丘です。感情線の起点が、この生殖丘の下からスタートしている人は、物事に対しての積極性がみられません。責任あることを嫌い、忍耐力も乏しいでしょう。

反面、つねに冷静で、一時の感情に流されて自己を忘れるようなことは少ない人といえます。

しかし、手の型が尖頭型の人の特徴で、理屈めいたことや社会の道徳的なルールなどに対しても、あまり関心がありません。現実的なことより幻想や空想の世界に憧れる面もあります。

また、美的感覚や芸術センスも現実社会とかけ離れたものを持っていて、物質面より精神面の豊かさを追い求めるのも、このタイプです。

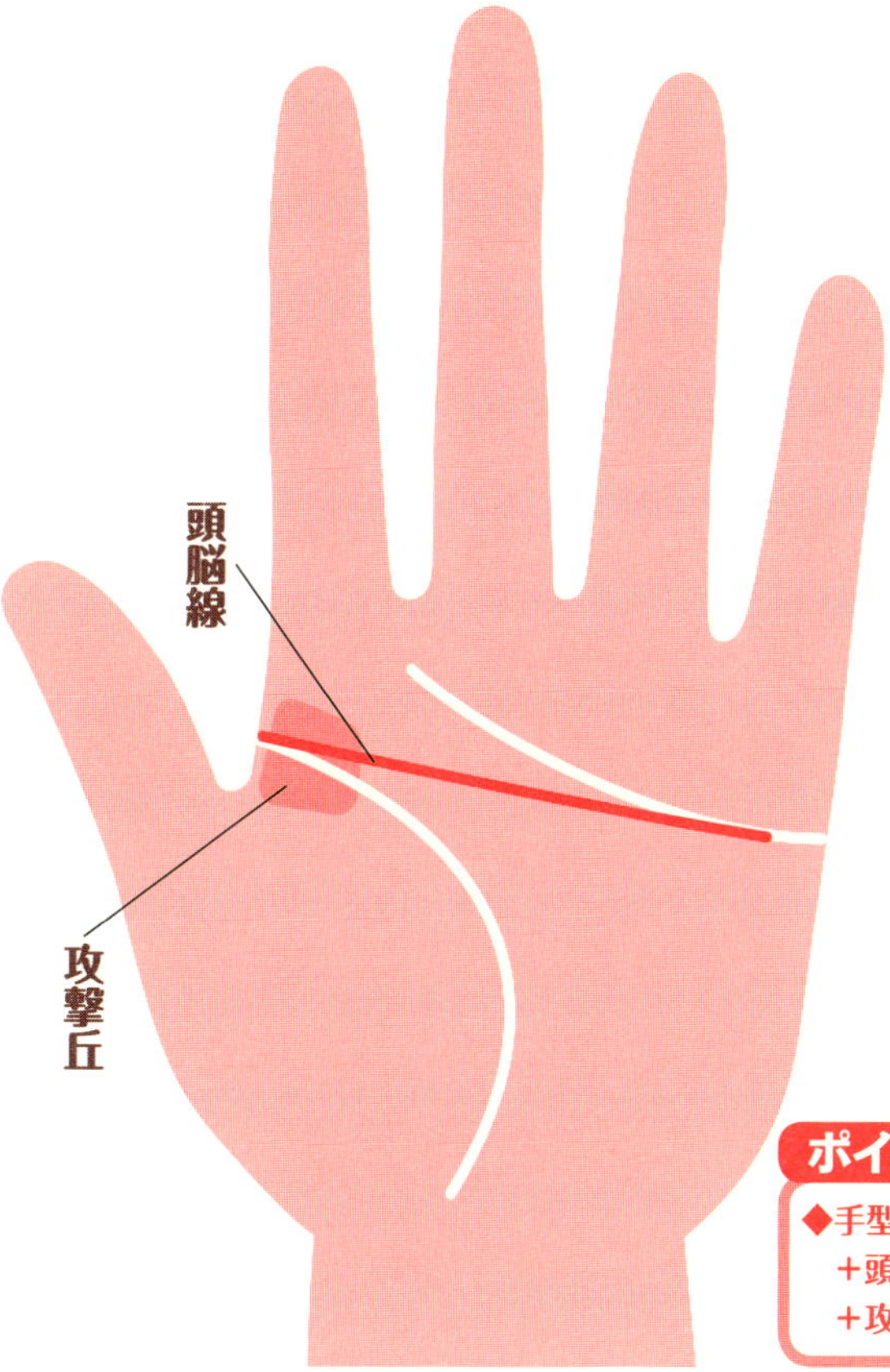


# タイプ6 自分の幸せが一番

**ポイント**

◆手型が円すい型
＋頭脳線が真横に長い
＋攻撃丘が発達

自分勝手と思われる人は、よく失敗を人のせいにして、自分は正しいふりをしますが、実は気が小さくて臆病。他人の目を気にする人です。

手の型としては、指が、つけ根から指先へ向かうほど細くなっている円すい型が多いでしょう。指のつけ根が太くぶよぶよしていたり、長く節くれ立った指のときもあります。

また、気分屋な性格や情緒の乱れがそのまま紋線に現れ、感情線が乱れていて、末尾が下がっていたり、頭脳線が長く真横に走っています。

闘争心などを表す攻撃丘や、権力、名誉欲などを意味する支配丘がよく発達していて、反省丘が貧弱な場合は、プライドが高くワンマンで、自分の幸せを第一に考えるエゴイストです。

# タイプ7 わがまま依頼心が強い

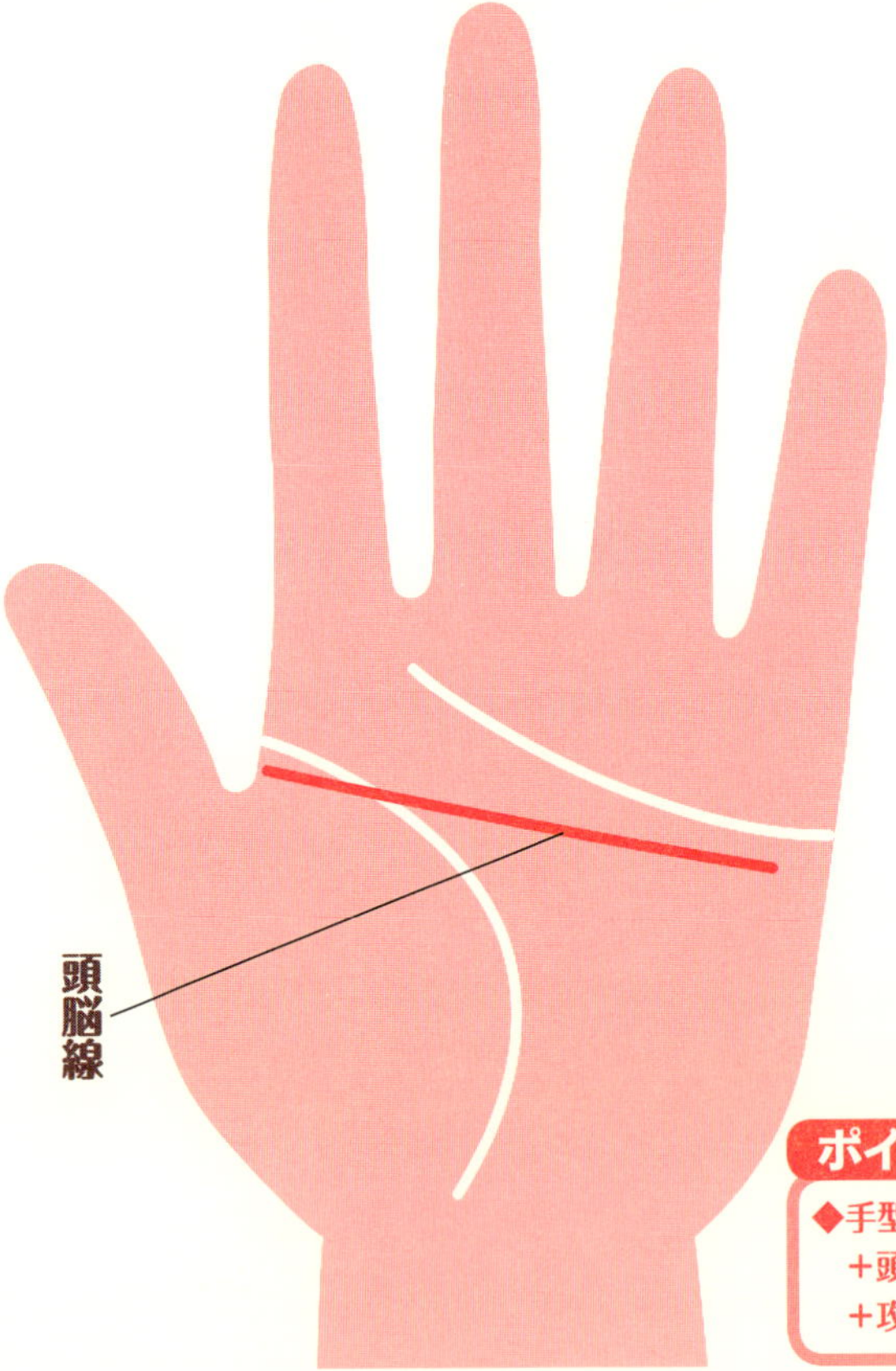


**ポイント**

◆手型が円すい型
＋頭脳線が真横に長い
＋攻撃丘が発達していない

手の型が円すい型の場合は、忍耐力がなく、努力や持続力を必要とすることが苦手な人が少なくありません。

話上手な社交家に多くみられる手形で、情熱的でかなりの人情家であるため、交友関係も広く人気者です。

しかし、常に他人の目を気にし、嫉妬深く我の強いところが問題です。調子のいいときはエネルギッシュで、何ごとにも好意的ですが、自分の思い通りにいかなくなったりすると、すぐに投げ出してしまったりすることもあります。つまり、わがままで依頼心が強いタイプです。

特に、精神的、知的活動のすべてを表している頭脳線が、真っ直ぐ横に伸びている人は、情緒の乱れがそのまま紋線に現れているといえます。

# タイプ8 芸術方面で成功の素質あり

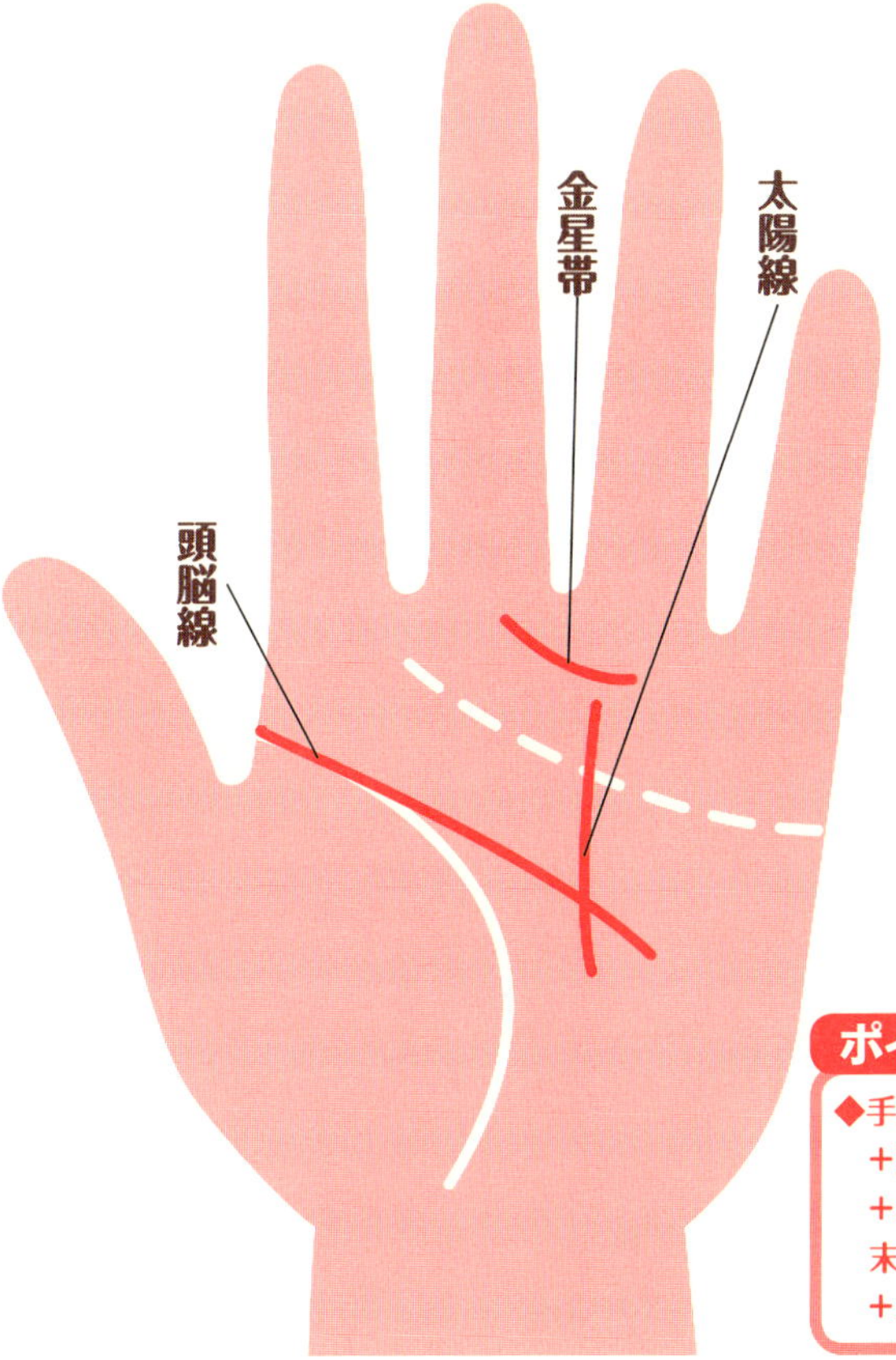


**ポイント**

◆手型が円すい型
＋頭脳線が真横に長くない
＋感情線が切れ切れだったり、末尾が下がっている
＋太陽線か金星帯がある



手の型が指のつけ根から指先に向かうほど細い円すい型で、手に弾力があり、指が柔軟で、丘も発達している人は、芸術家タイプ。ピアニストなどの演奏家、作曲家など、想像的な才能に恵まれていることを示しています。

もし、文学や音楽、絵画、舞踊、執筆などの優れた才能や技術を表す太陽線、または感情の敏感度を表す金星帯が現れているようなら、人がたくさん集まる場所でスポットライトを浴び、注目される暗示です。

ただし、感情線が切れ切れになっているのは「お天気屋」の証拠です。感情の起伏が激しく、周囲を疲れさせてしまうでしょう。感情線の末尾が下がっている場合は、何に対しても批判的なタイプといえます。

# タイプ9 情熱的で異性に慕われる

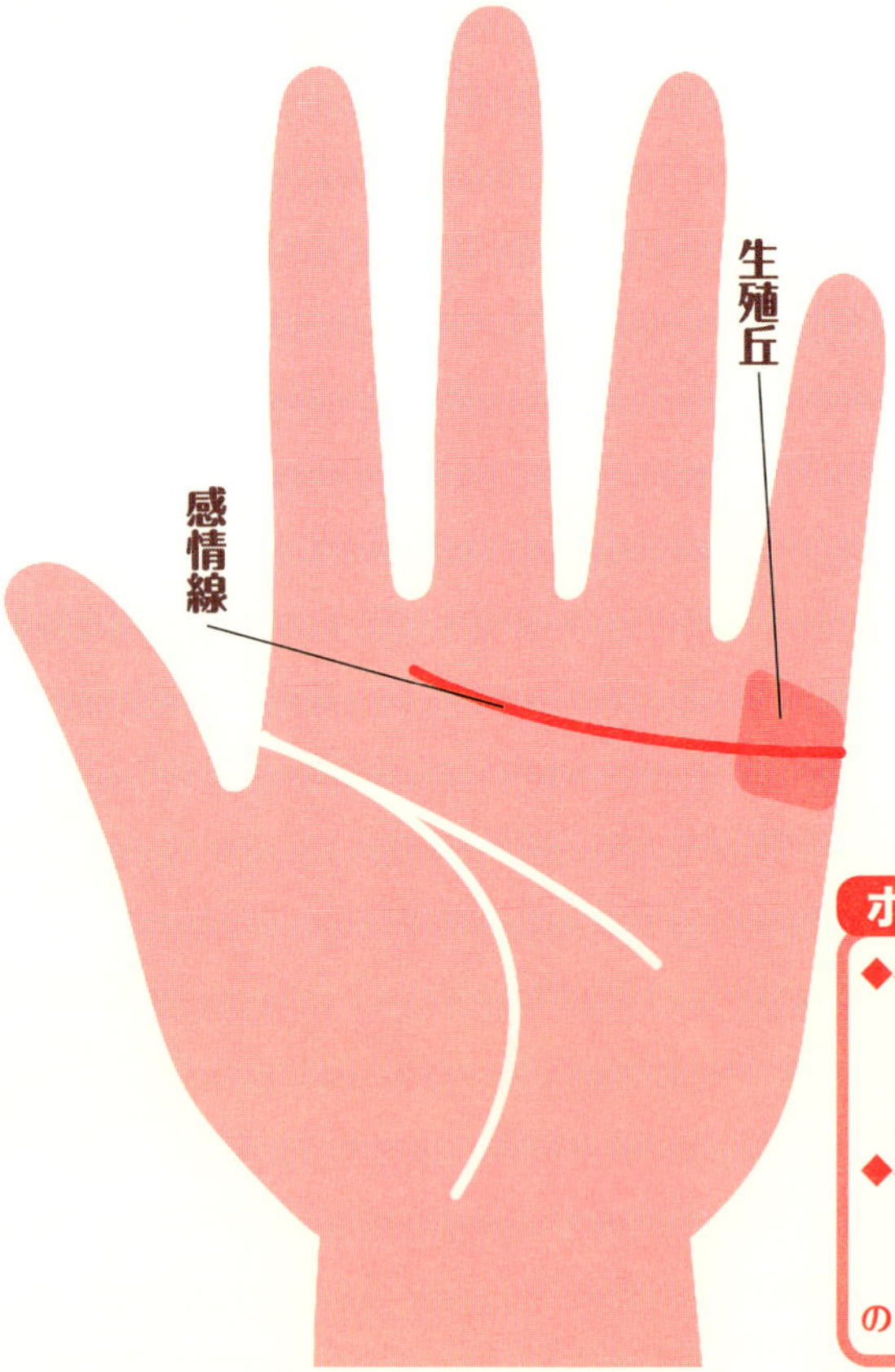


**ポイント**

◆手型が円すい型+頭脳線が真横に長くない+感情線が切れ切れだったり、末尾が下がっている+太陽線か金星帯がない+感情線の起点が生殖丘にある
◆手型が円すい型+頭脳線が真横に長くない+感情線が切れ切れでない、下がっていない+感情線の起点が生殖丘にある
のどちらかに当てはまる

手の型が、尖頭型より肉づきがよく、指先にも丸味がある円すい型は、話し上手な社交家に多くみられる形です。愛想がよく、人の気をそらしません。

このタイプは、もともと情熱的で、喜怒哀楽の表現に富み、かなりの人情家でもあります。そのため、交友関係も広く、異性はもちろん、同性にも慕われる人気者といえます。

ただし、円すい型の特徴で、周りの目を気にして八方美人になったり、華美で贅沢な生活を好み、いかに注目されるかにこだわる傾向も。嫉妬深く、我の強いところもあります。

また、感情線の起点が小指に近い生殖丘からスタートしている人は、恋愛をすると情熱的になりすぎ、盲目的に相手を求めようとするでしょう。

# タイプ10 人並みはずれた感覚の持ち主

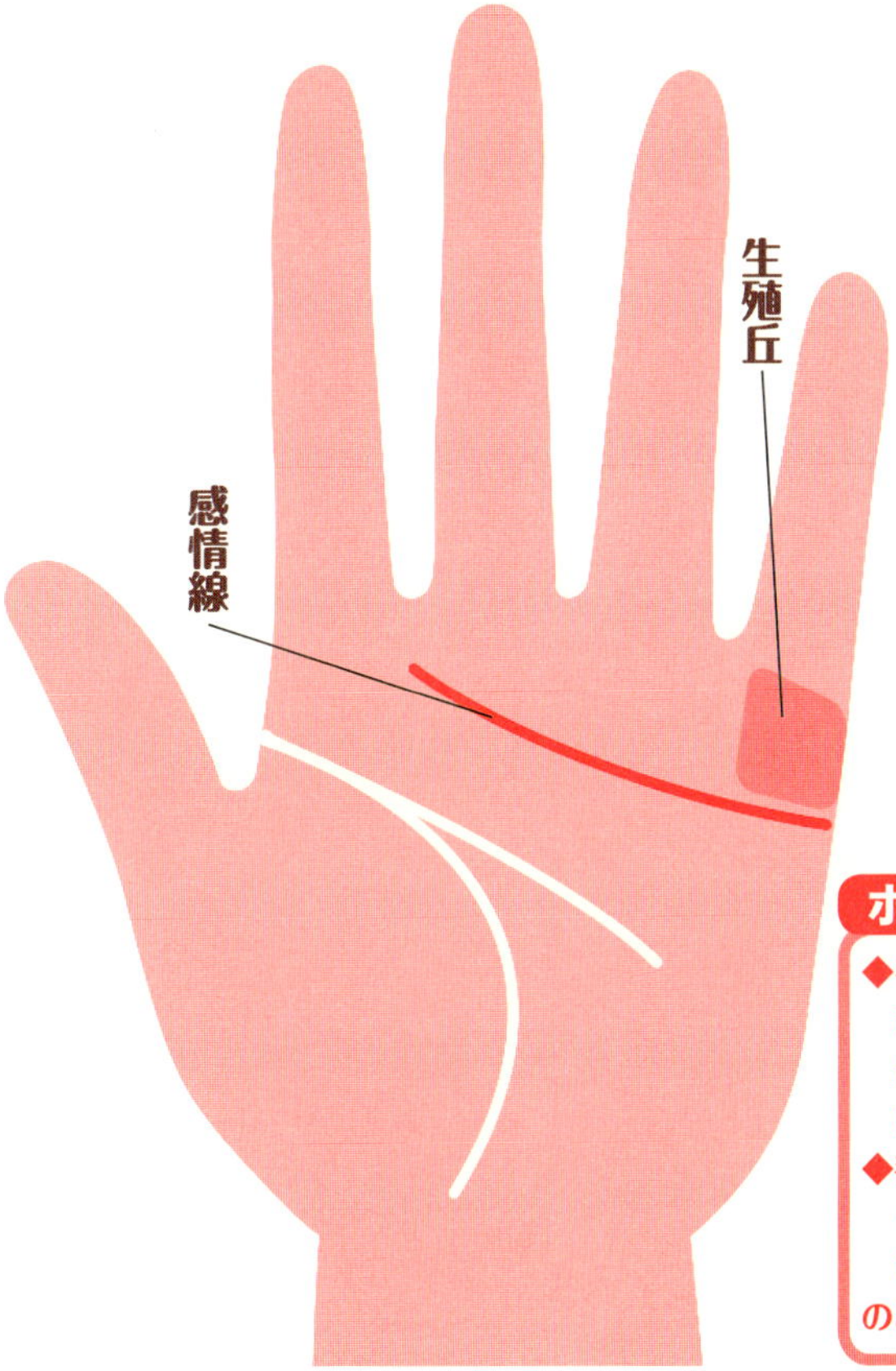


**ポイント**

◆手型が円すい型+頭脳線が真横に長くない+感情線が切れ切れだったり、末尾が下がっている+太陽線か金星帯がない+感情線の起点が生殖丘の下にある
◆手型が円すい型+頭脳線が真横に長くない+感情線が切れ切れでない、下がっていない+感情線の起点が生殖丘の下にある
のどちらかに当てはまる



音楽、美術、文学など芸術的なセンスがあり、美に対する感受性や想像的な才能に恵まれている人が多いのは、手の型としては円すい型です。好奇心、知識欲も旺盛なため、趣味も多様で人の知らない情報を仕入れることが好きなタイプです。

また、生殖丘は、小指のつけ根にあり、社交性や適応能力を表す丘です。感情線の起点が、この生殖丘の下からスタートしている人場合は、社会への適応能力が弱く、ときとして宗教や迷信に凝る傾向があり、人並みはずれた行動に出ることもあります。

こうした人は、世間の常識の枠におさまりきらない感覚の持ち主といえますが、それだけ理想の世界に生きようとしているといえるのです。

タイプ11

# 冷静で魅力的

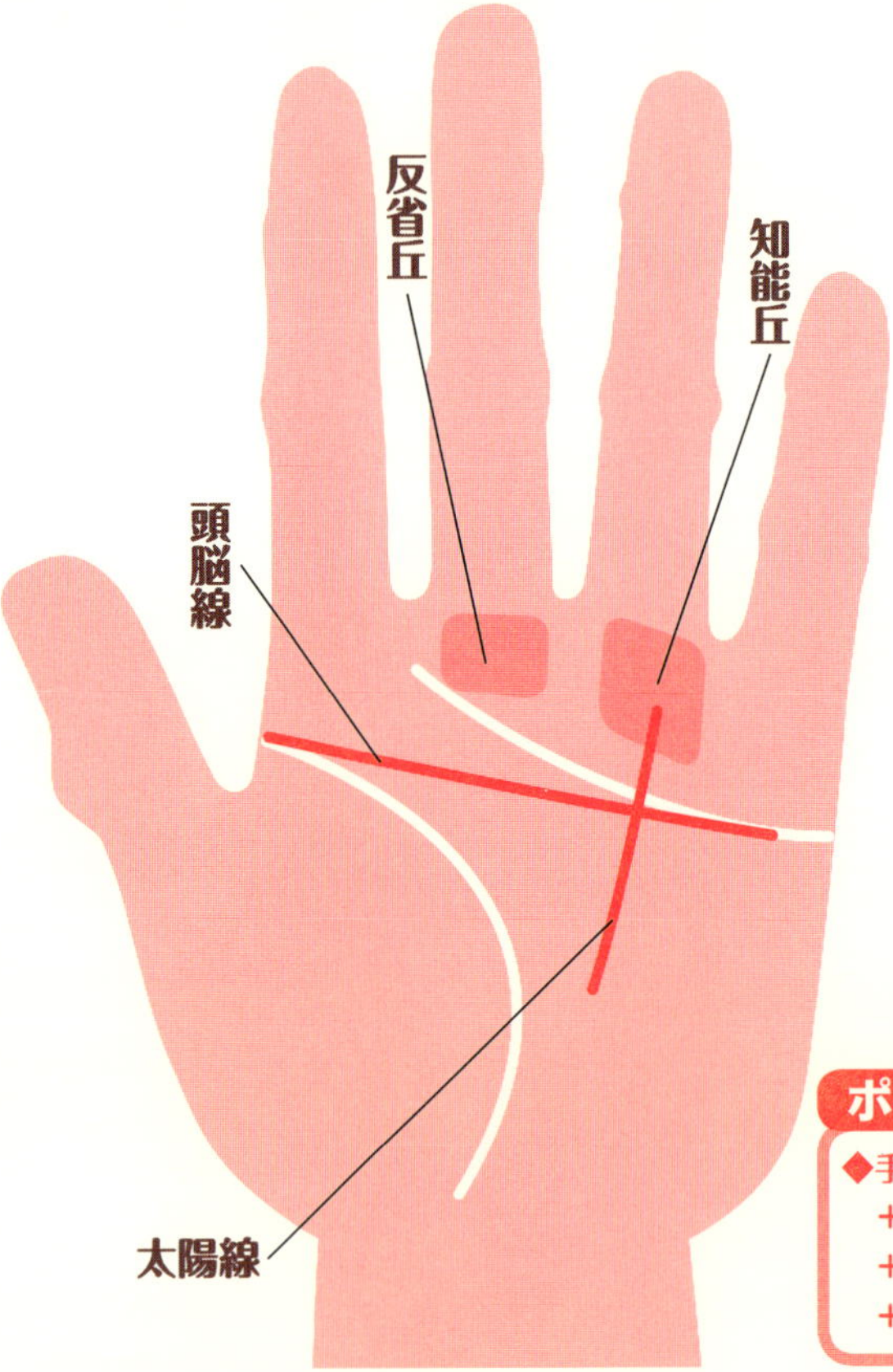


**ポイント**

◆手の型が四角・結節型
＋反省丘が発達
＋頭脳線が真横に長い
＋知能丘に太陽線がある

手の全体や指の先が四角ばっている四角型。指の節々がよく発達していて、全体的にゴツゴツしている結節型。どちらの手の型も実務向きの形です。

この四角型・結節型の人は、何ごとにも感情的にならず、いつも落ち着いている沈着冷静なタイプ。

冷静さや慎重さは、中指のつけ根にある反省丘が、よく発達していることからもわかります。さらに、精神的、知的活動のすべてを表している頭脳線が、真っ直ぐ横に長く伸びていることは、自分に自信があり、冷静さを保っている証拠です。

また、薬指のつけ根近くにある知能丘に太陽線があるときは、明るくほがらかな人柄でもあり、人を惹きつける魅力も持っている人といえます。

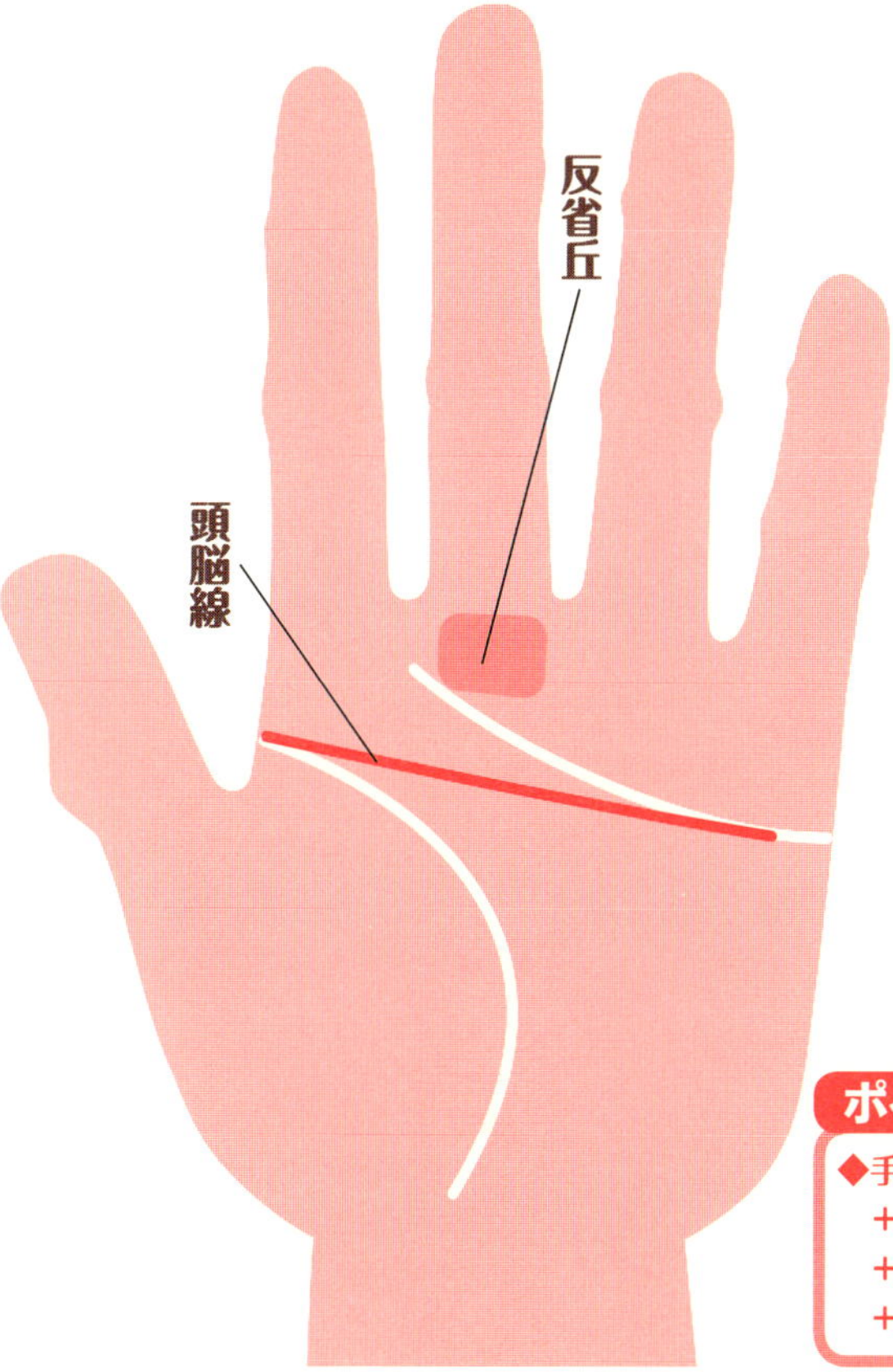


# タイプ12 思慮深く慎重

**ポイント**

◆手の型が四角・結節型
＋反省丘が発達
＋頭脳線が真横に長い
＋知能丘に太陽線がない



反省丘は、中指のつけ根にあるふくらみで、極端に発達している人はそれほどいません。平坦に近い状態が、正常な発達といえます。

また、反省丘は、思慮分別、冷静さ、判断力、正義感などを表します。

手の型としては四角型・結節型で、この反省丘がよく発達していれば、思慮深く、物事の判断や行動がつねに慎重な人といえるでしょう。

こうしたタイプは、精神的、知的活動のすべて、善悪の価値判断を表す頭脳線からもわかります。

頭脳線は、基本的には、標準的な生命線と感情線の中間に、ゆるやかなカーブを描いているのが吉相ですが、横に走っている場合は、思慮深さからの慎重さを表しているのです。

タイプ13
# 向上心があり努力家

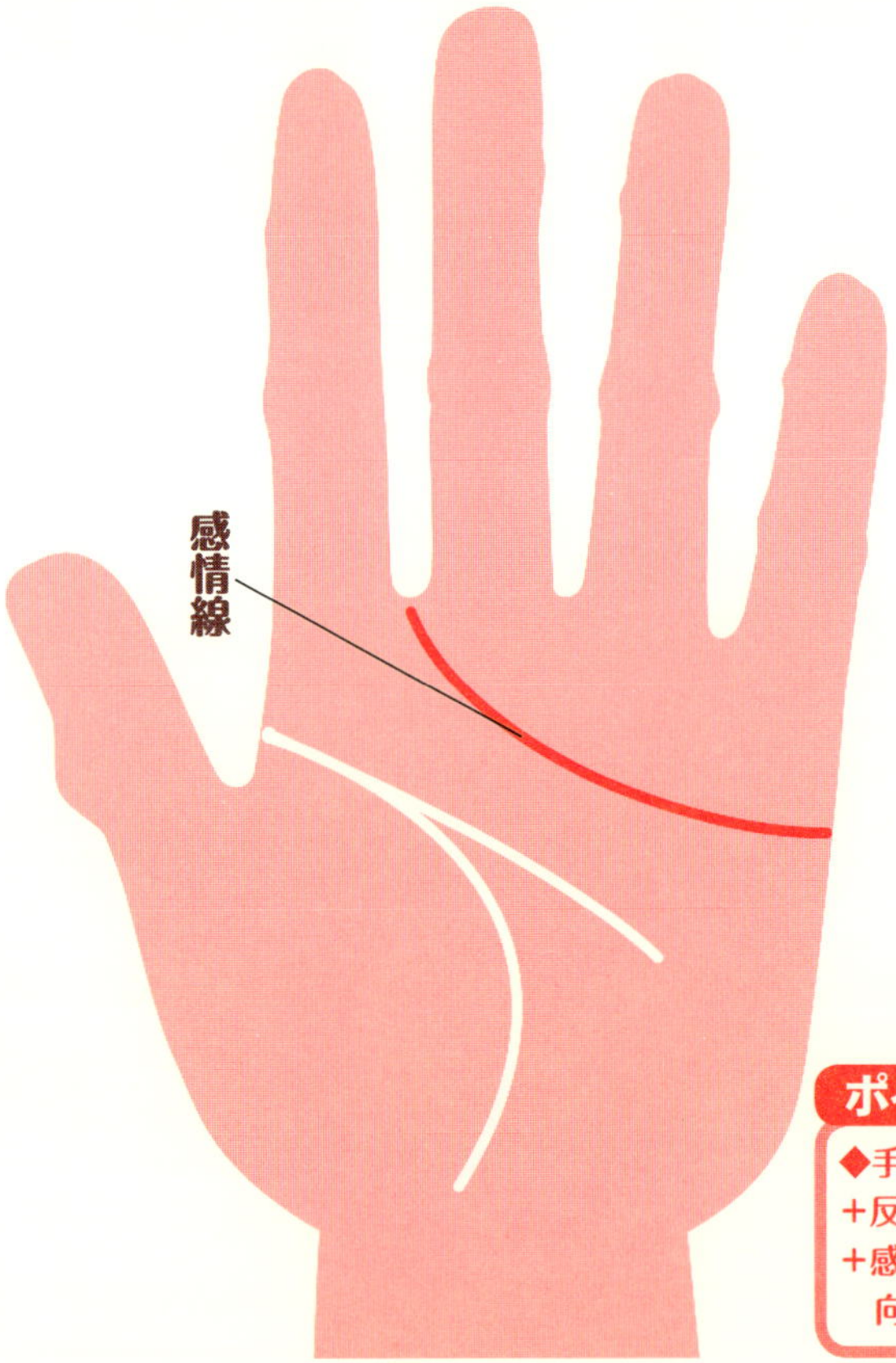


**ポイント**
- ◆手の型が四角・結節型
- ＋反省丘が発達していない
- ＋感情線が人差し指と中指の間に向かっている

真面目で努力家。どんな苦労にも耐え、七転八起を繰り返しながらもしっかりと根を張って大成するのが、このタイプの人です。

手の型としては、実務的な四角型・結節型、または混合型で、各指とも肉づきがよく、どの丘も線も調和を保ち、いきいきと輝いています。

四角型の手の人で、商売人なら、誠実な商売をし、着実に信用を伸ばしていくでしょう。結節型の手の人も、勤勉で蓄財力もあり、実社会での活動範囲も広いといえます。仕事をこなすだけでなく、「こうするともっとよくなる」など、前向きに取り組む人です。

また、感情線が人差し指と中指との間に向かって力強く流れていれば、向上心があることがわかります。

# タイプ14 保守的で内向的

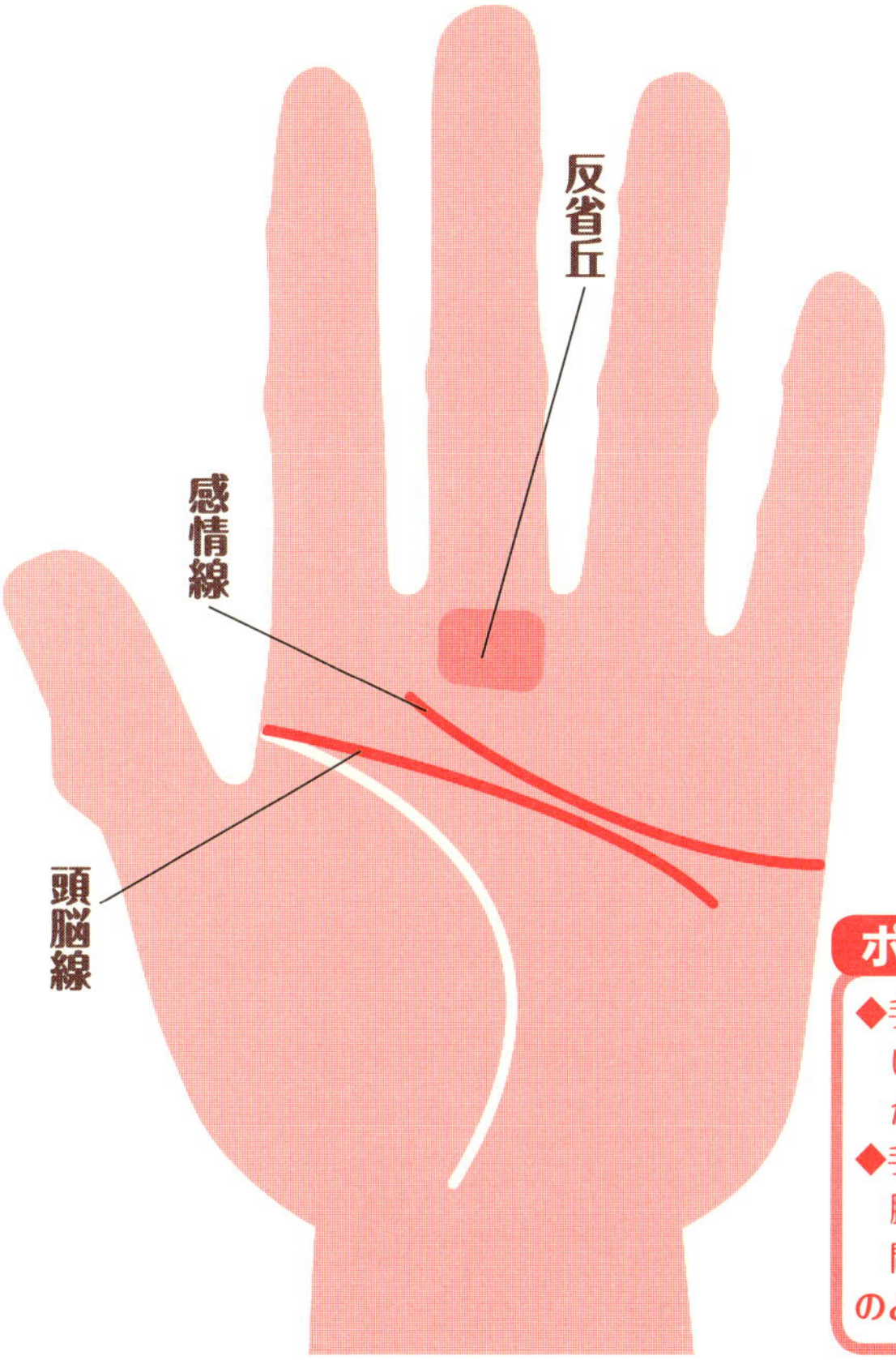


**ポイント**

◆手の型が四角・結節型+反省丘が発達していない+感情線が人差し指と中指の間に向かっていない+感情線と頭脳線の間が狭い
◆手の型が四角・結節型+反省丘が発達+頭脳線が真横に長くない+感情線と頭脳線の間が狭い
のどちらかに当てはまる



保守的で内気なタイプに多いのが、手の型としては、四角型・結節型の人です。全体的に指の関節が硬く、親指も反りません。この硬さは、頑固さであり、協調性の足りなさを表しているといえるでしょう。

現実主義で、人のうわさや情報なども、自分の目と耳で確かめ、体験しなければ、信じないという融通のきかないところもあります。もちろん、人づき合いも上手ではありません。

そうした内向的な性格や度量の狭さは、感情線と頭脳線との間が狭いことがはっきりと示しています。

また、感情線が人差し指と中指との間に向かっていなければ、向上心があまりなく、現状を守るタイプといえるでしょう。

タイプ15
# 社交的ではないが実務能力はある

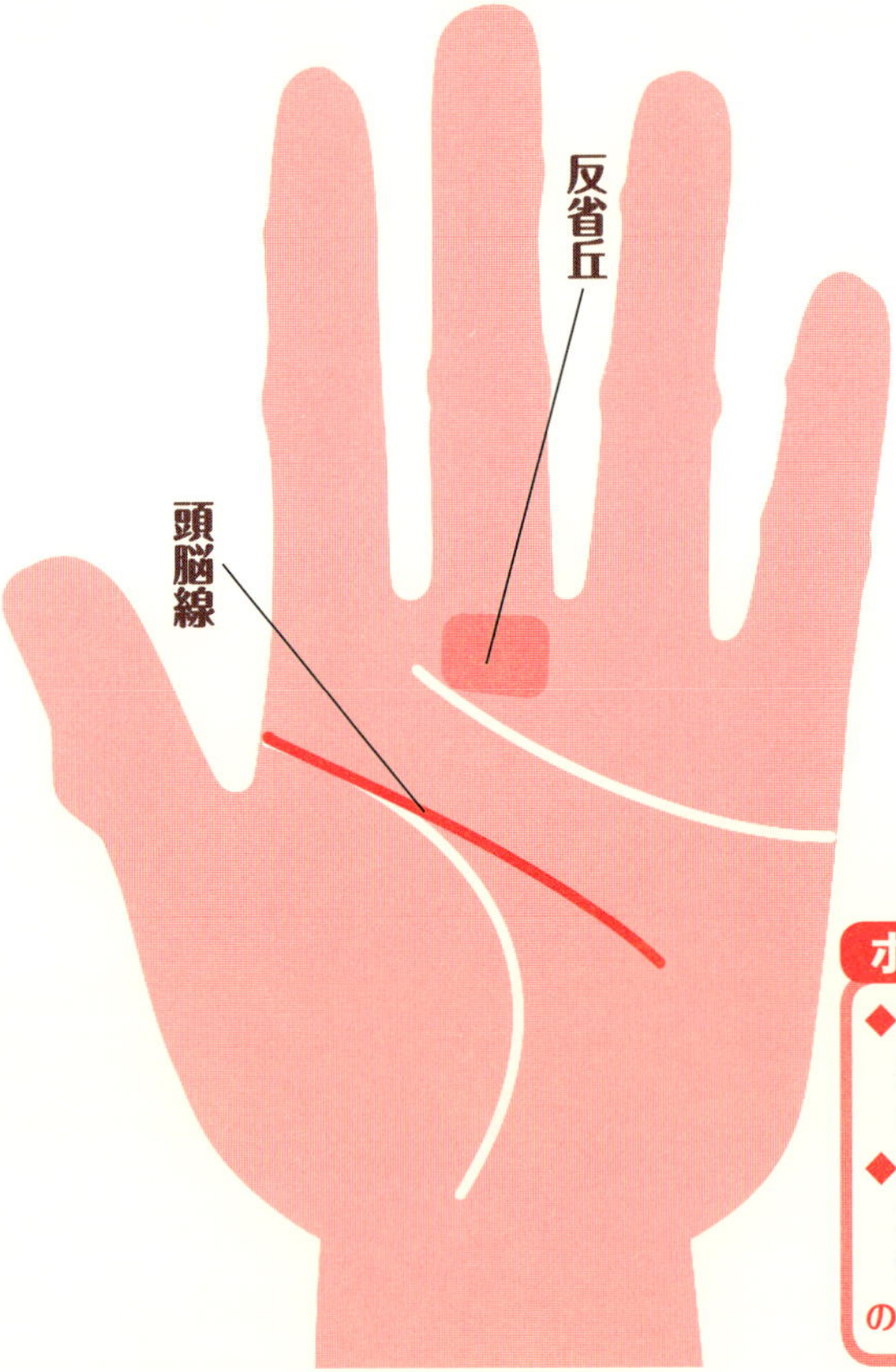


**ポイント**

◆手の型が四角・結節型＋反省丘が発達していない＋感情線が人差し指と中指の間に向かっていない＋感情線と頭脳線の間が狭くない
◆手の型が四角・結節型＋反省丘が発達＋頭脳線が真横に長くない＋感情線と頭脳線の間が狭くない
のどちらかに当てはまる

基本的に性格は内向的で、雰囲気は暗く、さらに、反省丘の上部、特に中指のつけ根に接近して発達している人は、孤独になりがちな表れです。人間嫌いだったり、地味で真面目な人が多いでしょう。

しかし、感情線と頭脳線の間が狭くないので、いつも暗くて、全く協調性がないわけではありません。四角型・結節型の人は、何ごとにも感情的にならず、いつも落ち着いている沈着冷静なタイプです。

四角型の手の人で、商売人なら、誠実な商売をし、着実に信用を伸ばしていくことができます。

結節型の手の人も、勤勉で蓄財力もあり、実社会での活動範囲も広いといえるでしょう。

# タイプ16 悪と戦う正義感の強さを持つ

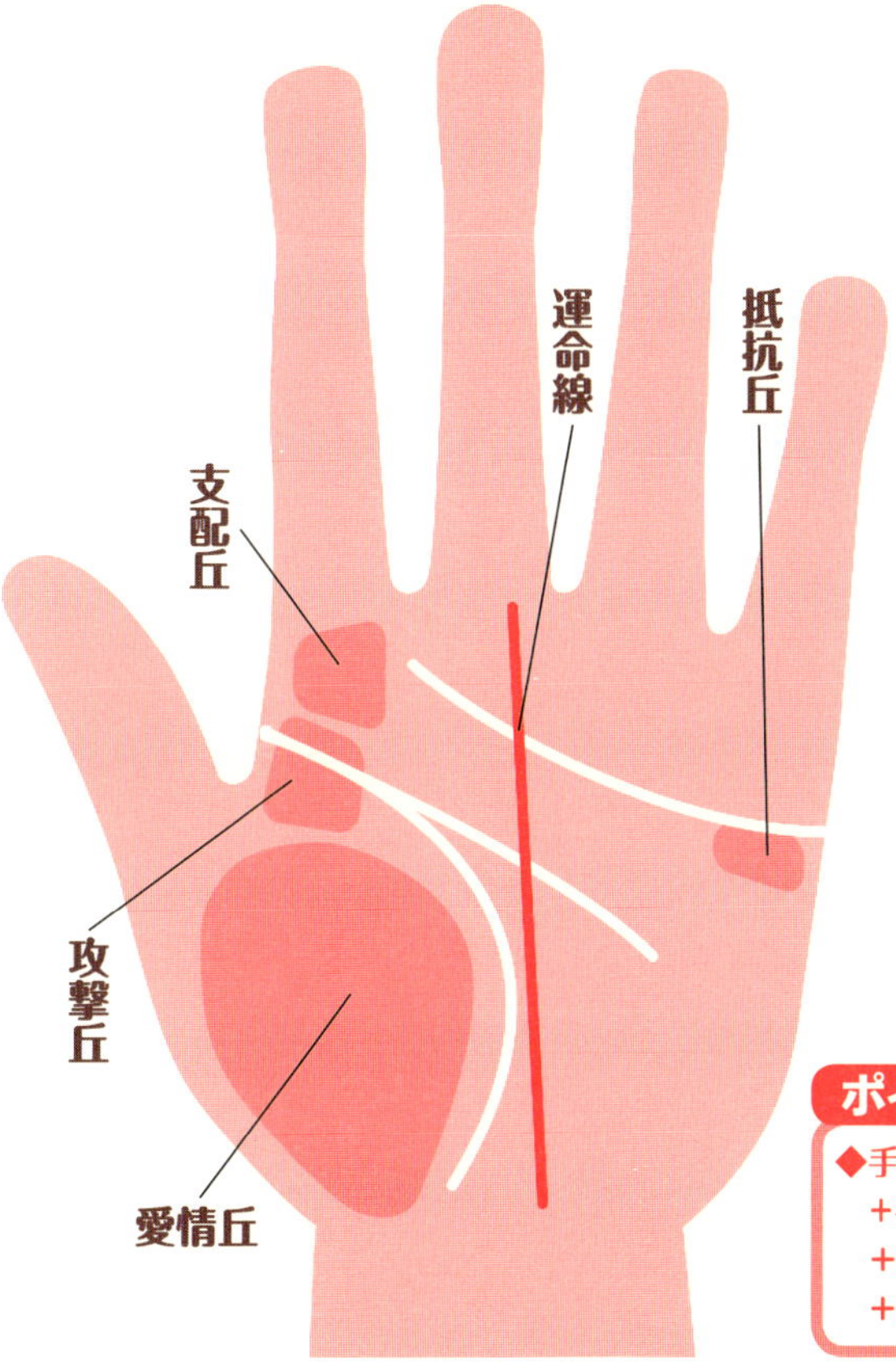


**ポイント**

- ◆手の型がヘラ型
  - ＋手を二分するほどの立派な運命線
  - ＋愛情丘や支配丘が発達している
  - ＋攻撃丘や知能丘も発達している



手の型としては、個性が強く、つねに精力的に行動するタイプのヘラ型で、手を二分するほどの立派な運命線があれば、それだけでも十分に正義感が強いことがわかります。

また、愛情丘や支配丘が発達していれば、友情に厚く社交性もあり周囲からの信頼も厚い人です。

人差し指のずっと下で、支配丘と愛情丘との間にある攻撃丘は、活動するための勇気と精神力、そして防衛のための攻撃性と積極性を表しているところ。また、生殖丘の下、神秘丘との間にある抵抗丘は「防衛丘」ともいい、悪に対する抵抗力を表しています。この2つの丘が、ともに発達している人は、強い相手に立ち向かい、悪と戦う勇気のある人といえるでしょう。

# タイプ17 友情に厚く、知識階級の人とも交流が深い

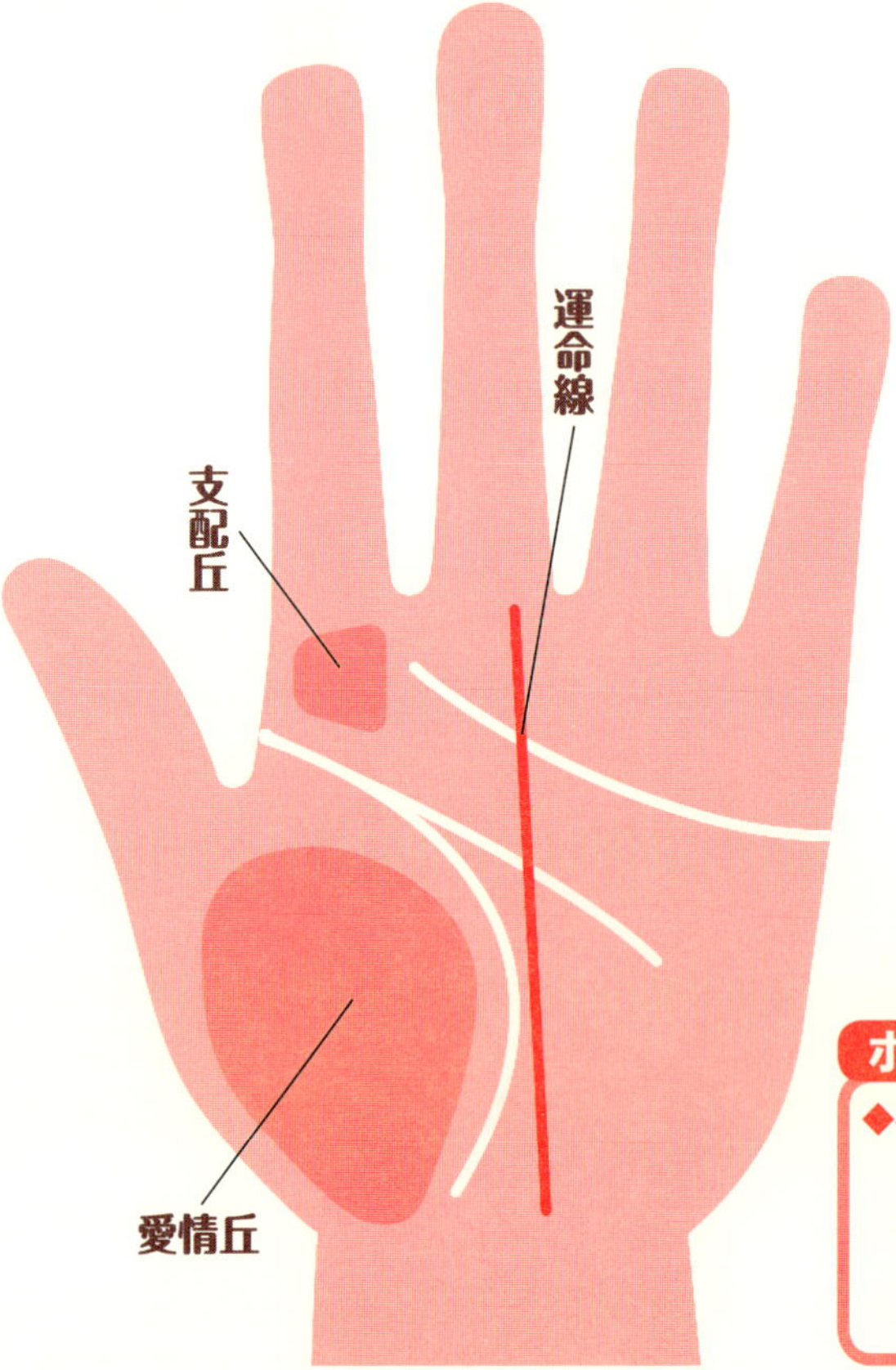


**ポイント**

◆手の型がヘラ型＋手を二分するほどの立派な運命線＋愛情丘や支配丘が発達している＋攻撃丘や知能丘は発達していない

手の型のヘラ型は、指先に特徴があります。特に、親指や中指、薬指の指先の肉づきが、薬剤師が薬を調合するときに使うヘラの形によく似ているので、すぐにわかります。

このヘラ型で、親指のつけ根の部分全体にある愛情丘や、人差し指のすぐ下にある支配丘が発達している人は、友情に厚く、知識階級の人とも交流が深いでしょう。愛情丘が広くて肉づきのいい人は、やさしく、同情心があり、社交性もあって、誰とでも親しく接することができるタイプです。

また、手を二分するほど立派な運命線の人なら、人から信頼され、交友関係も広がるでしょう。人脈づくりの上手な人は、指先の関節が柔軟で、太く長く力強い人差し指をしています。

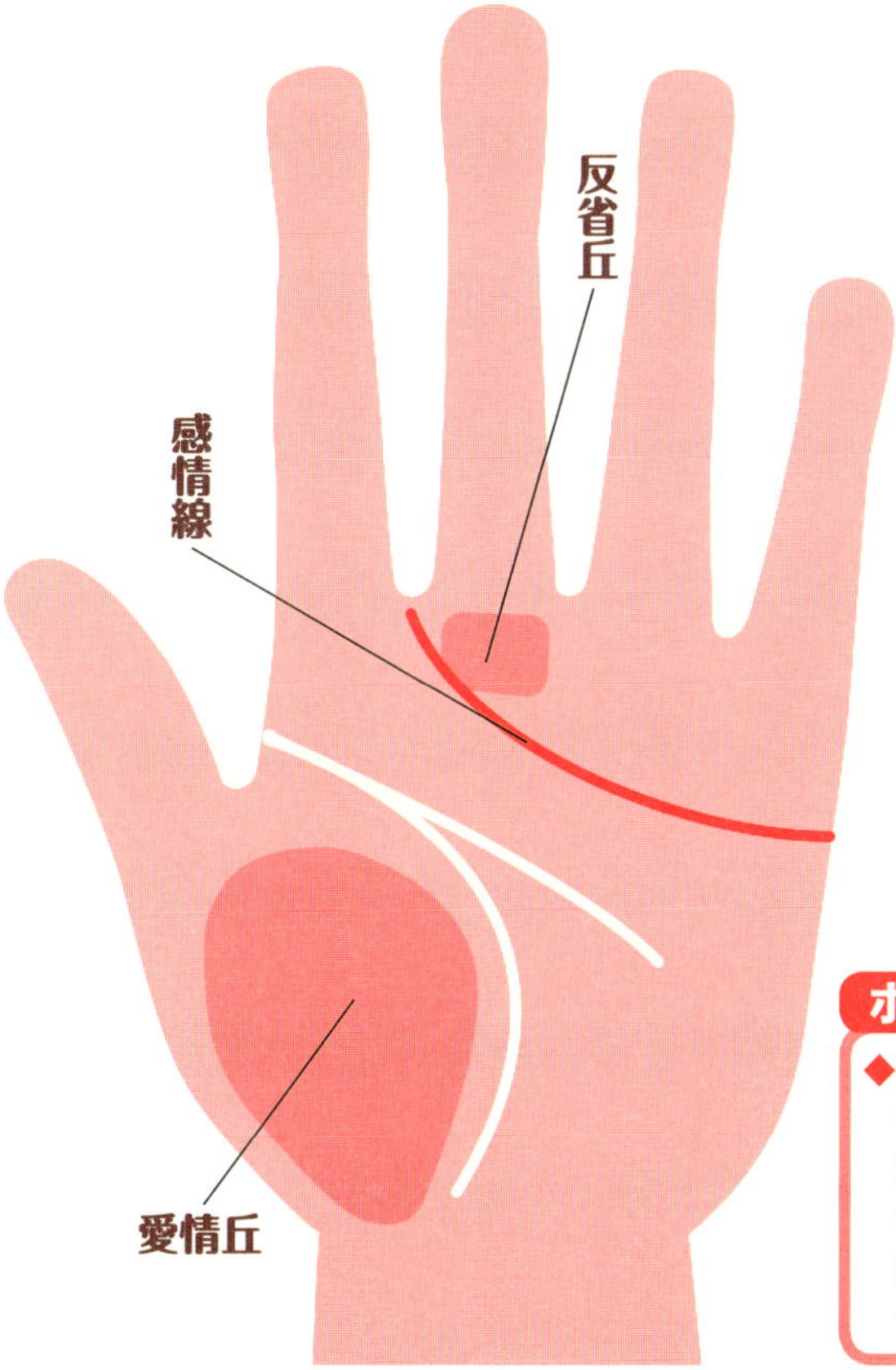


# タイプ18 とても献身的で目上から愛される

**ポイント**

◆手の型がヘラ型
＋手を二分するほどの立派な運命線なし
＋感情線が人差し指と中指の間に強く流れている
＋愛情丘や反省丘が発達している



目上や先輩にかわいがられる人は、基本的に素直で、人の話をよく聞き、向上心を持っています。それは、年長者に対してつねに尊敬の念を抱き、礼儀をわきまえているための結果といえるでしょう。

こうしたタイプが多いのは、手の型がヘラ型で、とても献身的な人です。感情線が、人差し指と中指との間に入っていることが、その忠実さや献身ぶりを表しています。

また、親指のつけ根部分全体にあり、手の血脈を覆っている愛情丘は、人に対しての情熱や愛情を表し、中指のつけ根にある反省丘は社交性や人との付き合い方を表すので、この両方が発達していることは、目上に対する愛情の豊かさを示しています。

タイプ19

# 情熱的で知識欲も旺盛

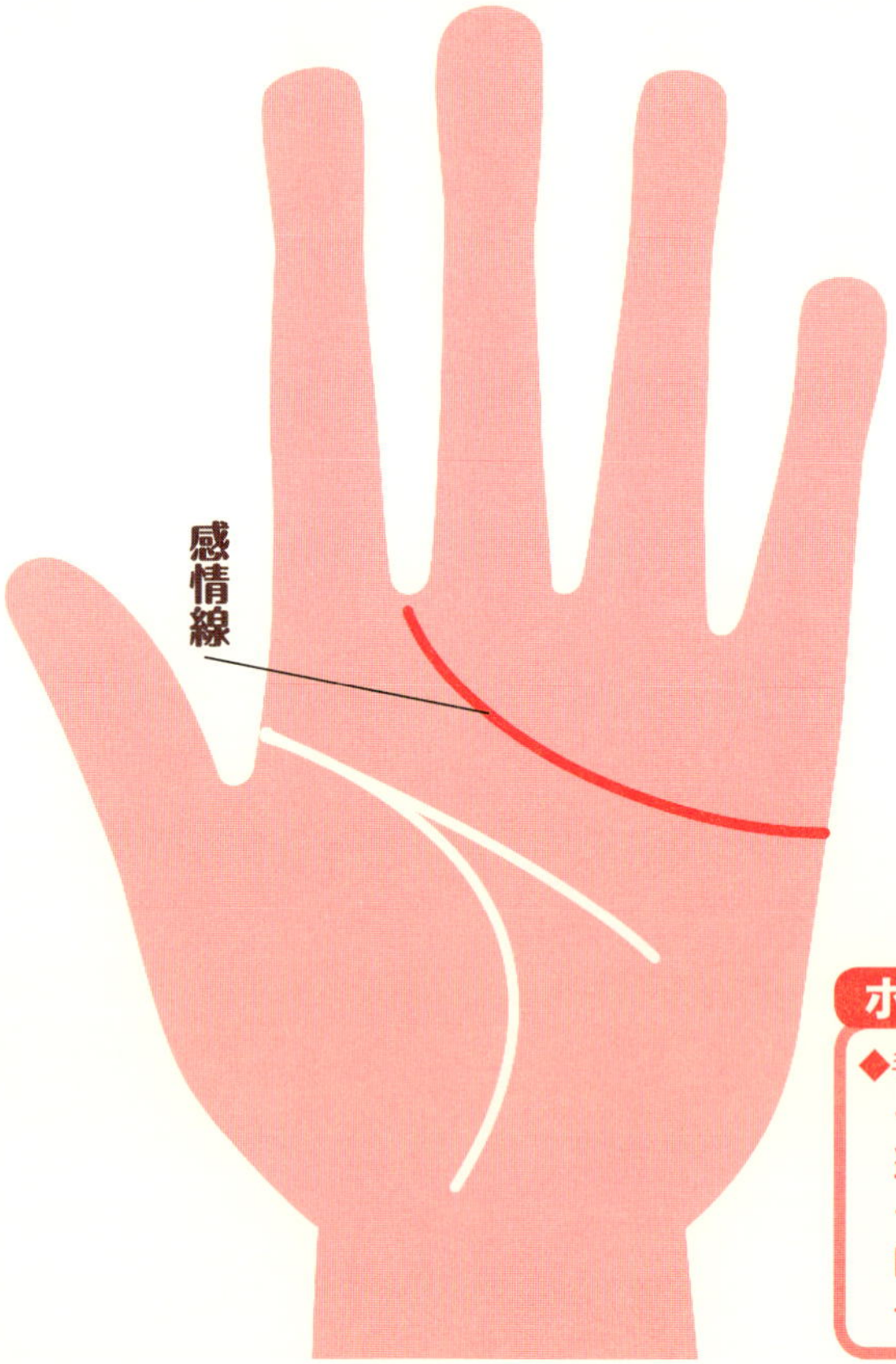


ポイント

◆手の型がヘラ型
＋手を二分するほどの立派な運命線なし
＋感情線が人差し指と中指の間に流れている
＋愛情丘や反省丘は発達していない

手の型がヘラ型の人に多いのが、情熱的、進歩的で、知識欲も旺盛なタイプ。指は長くて人差し指が太く、関節も柔軟です。また、とても活動的、精力的で、つねに気ぜわしく動いていないと落ち着かないため、「働き者」といわれることが多いでしょう。

こうしたタイプは、いつも、現在の自分に満足することなく、新しいことや未知の分野に興味を持ち、お金と時間をかけて自分の知識にします。

そして、発想力が豊かで、吸収した知識をもとに、自分の個性を活かしたオリジナルをつくり出す人です。

さらに、感情線が人差し指と中指の間に向かってゆっくり上昇カーブを描いているときは、外交的な性格を表しているといえます。

# タイプ20 活動的で冒険心がある

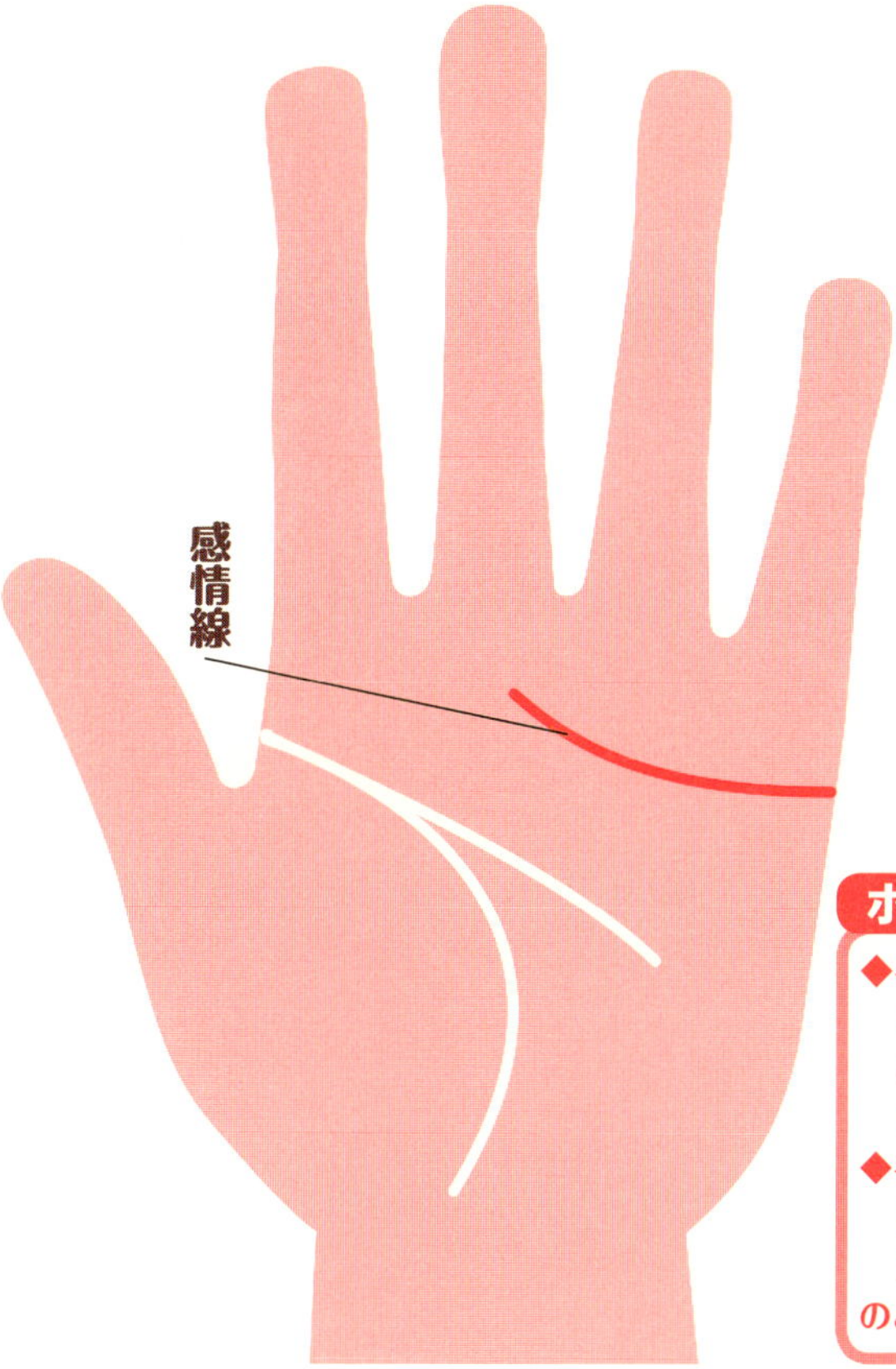


**ポイント**

◆手の型がヘラ型＋手を二分するほどの立派な運命線なし＋感情線が人差し指と中指の間に流れていない
◆手の型がヘラ型＋手を二分するほどの立派な運命線＋愛情丘や支配丘は発達していない
のどちらかに当てはまる



手の型がヘラ型の人の特徴は、活動的なことです。何をするにも積極的。好奇心や冒険心もあり、エネルギッシュに活動します。

精神面でも経済面でも、つねに独立心旺盛で、その社会の中で満足することはありません。手を二分するほどの立派な運命線があれば、さらに正義感を活かして、指導者的な立場になる素質を持っています。

また、感情線が人差し指と中指の間に流れていなければ、冒険心はあっても外交的ではありません。人が見向きもしないことや、考えつかないことに興味を持って、情熱を注ぐのも、このタイプといえます。負けず嫌いで、冒険心に富み、最適な環境で自分を活かせれば、いい結果を生むでしょう。

# 手の剛柔

一般に紋線は、ひと筋にはっきりと刻まれていて、深く長いほど、その線が表す意味が強くなります。また、手の剛柔によって、紋線の意味を強めたり弱めたりすることもあります。

手相をみる上での線の長さは、手の大きさに対しての長さで、定規で測った長さではありません。たとえば、線の長さとしては同じ感情線でも、人差し指のつけ根に届くほど手の小さな人は、大きな手で中指までしかない人より思慮深く、温和で慈悲深いといえます。

しかも、柔らかい手に現れるより、硬い手に現れるほうが、それぞれの紋線も深く刻まれることになり、紋線の持つ意味を強調することになるのです。

また、硬い手のほうが、紋線の本数も少ないのが特徴です。正義感が強く、執着心も強いため、仕事や事業欲も旺盛で、自分のポリシーを持っています。

反対に、柔らかい手の人ほど、紋線が浅くなります。本数も多いのですが、現れたり消えたりも激しくなります。このような手の人は、思考が複雑で、あれこれ気をまわし過ぎ、気苦労が多いタイプ。世俗的なことや労働をあまり好まないので、変化のある仕事を選びがちです。

COLUMN

第7章

# 手相の基本

# 3本の基本線

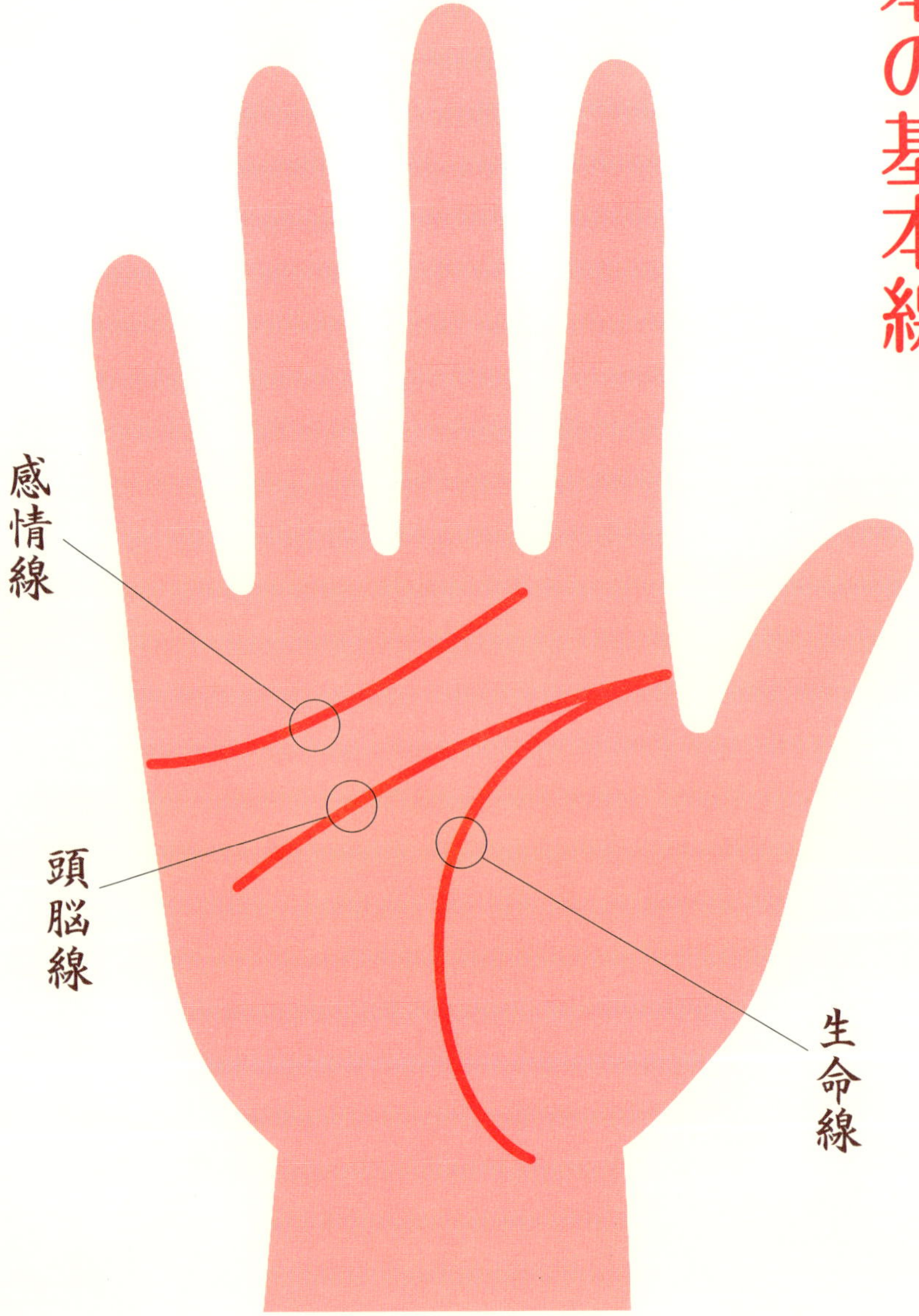

## 生命線

詳しくはP112でチェック!

生命線は、人差し指と親指の中間あたりから、親指のつけ根に盛り上がる愛情丘を囲むようにして伸びている紋線です。

手相を見る上で最も重要な線で、本人の生活力そのものと意志力を表しています。たとえば、同じ程度の長さでも、彫りが深くはっきりしている人のほうが生命力は強く、多少の病気や困難も乗り越えられる体力と根性を持っていることになります。

また、生命線は、健康状態、家庭や外部からの影響も表し、肉体的エネルギーの大きさも示します。

## 頭脳線

詳しくはP123でチェック!

人差し指と親指の中間あたりから、手のひらの中央に伸びている紋線が頭脳線です。基本的には、標準的な生命線と感情線の中間に、ゆるやかなカーブを描いているのが吉相です。

頭脳線は、本人の知性や才能を象徴しますが、その人の精神的・知的活動のすべてを表し、ほかの線に大きな影響を与える重要なポイントとなります。

また、頭脳線は、善悪の価値判断、直感力など頭脳に関わる働きを表し、一生の運勢力も示します。

## 感情線

詳しくはP133でチェック!

手のひらの小指側の側面から、人差し指に向かって横に伸びる紋線が感情線です。抵抗丘と生殖丘の中間から始まるものを標準型として、はっきりと、ゆるやかな上昇カーブを描いているのが一番いい相といえます。ただし、起点の位置、末尾の種類・形も判断する上で重要なポイントです。

知的・感情的な働きを知る感情線は、喜怒哀楽などの感情上の性格や愛情、恋愛、家庭運を表し、特に精神的エネルギーの大きさを示します。

# 紋線の名前

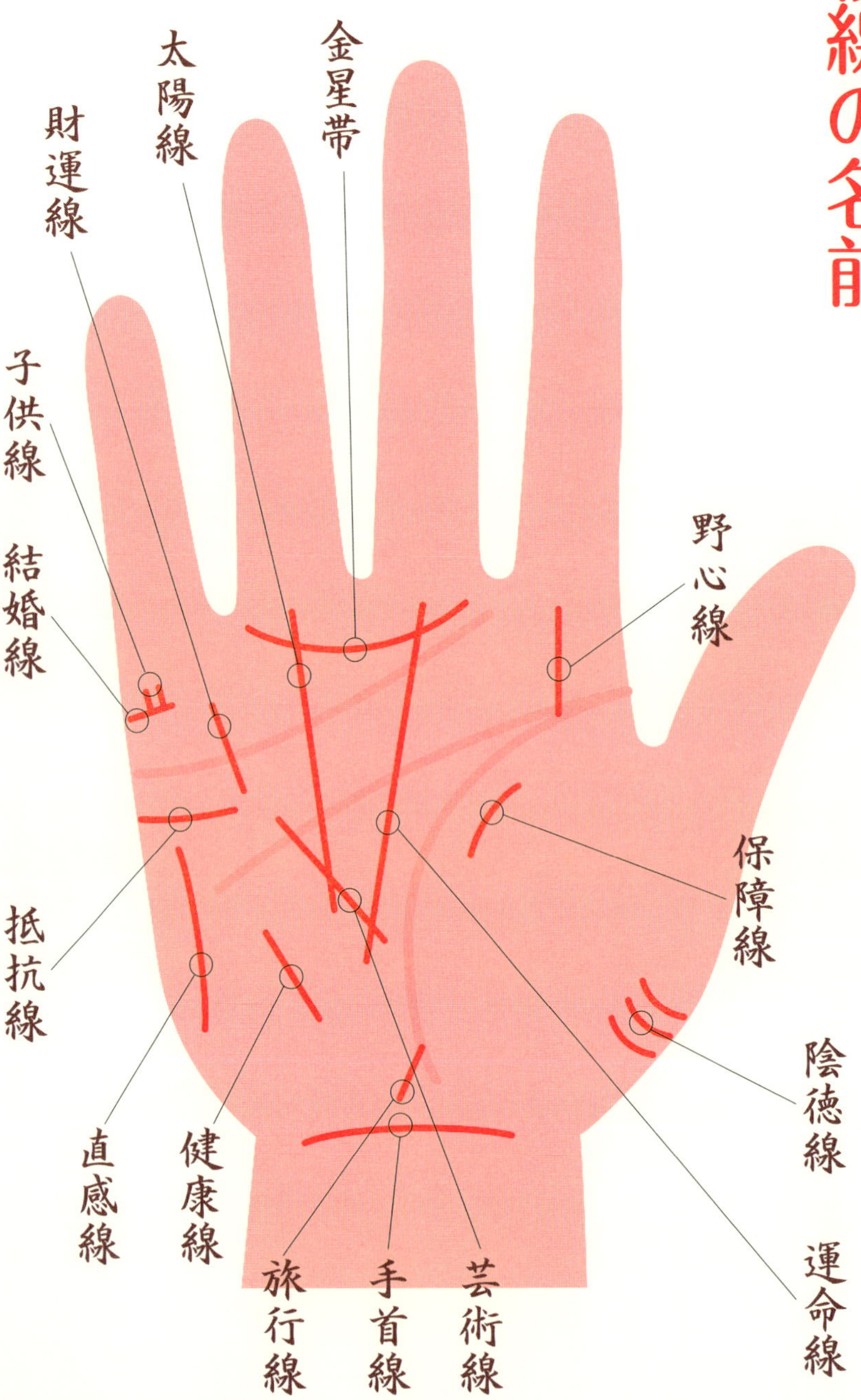
金星帯
太陽線
財運線
子供線
結婚線
野心線
保障線
抵抗線
陰徳線
直感線
健康線
運命線
旅行線
手首線
芸術線

## 運命線

詳しくはP144でチェック!

手首の中央あたりから、中指のつけ根に向かって伸びている紋線が運命線です。自信と意志力、仕事や事業の成功・失敗、社会環境など、運命を展開・変化させる事象のすべてを表します。

## 太陽線

詳しくはP153でチェック!

太陽線は、神秘丘や運命線から上昇し、薬指のつけ根に向かうすべての線の総称です。金運や名声、成功などの経済性、芸術性、物質運を示し、忍耐と努力、社会進出への可能性も表します。

## 金星帯

詳しくはP159でチェック!

人差し指と中指の間から、薬指と小指の間に向かって流れる金星帯は、「心情紋」ともいわれます。

感情線とは親戚関係にあり、几帳面さ、感情の起伏や敏感度を見ます。

## 結婚線

詳しくはP164でチェック!

小指の下、生殖丘を水平に横切る短い線が結婚線です。恋愛や結婚に関することを示す紋線で、肉親以外の異性から受ける印象について表し、愛情や男女関係を示しています。

## 健康線

詳しくはP167でチェック!

手首線の近くから生殖丘に向かう健康線は、病気や健康状態、体力、体内の弱点や体質の頑健さを表します。交感神経、特に泌尿器系、消化器系、呼吸器系と密接な関係にあり、それらとの生理的関係を観察するところです。

## 財運線

詳しくはP172でチェック!

生殖丘にあり、小指のつけ根に向かって走る縦線が財運線です。会社、商売、不動産運などを表し、技術的才能や研究心などに深く関わっています。

## 抵抗線

詳しくはP177でチェック!

小指の下の生殖丘と手首の上の神秘丘との間にある抵抗丘に、横に走る短い線が抵抗線で、「反抗線」や「防御線」「兄弟線」ともいわれます。正義感と反抗心を表す紋線で、長さと形態から本人の勇気の度合いを見ることもできます。

## 子供線

詳しくはP179でチェック!

子供線は、生殖丘にある結婚線から出ている、縦に細い枝線です。「ホルモン線」ともいわれ、生殖器系の働きや発達、ホルモンバランスなどの状態、精力やスタミナを見ることができます。

## 野心線

詳しくはP181でチェック!

野心線は、支配丘の上に人差し指に向かって上昇している紋線です。権力を得ようとする〝野心〟や〝支配力の有無〟を表します。また、向上心や困難を乗り越える力、集中力などを表し、目標を達成することができるかどうかを示しています。

## 旅行線

詳しくはP182でチェック!

手首の内側の線から流れる旅行線は、「航海紋」ともいい、海外に出るか、大きな旅行、郷里を離れる兆しを表します。旅行先での事故やトラブルの発生を暗示することもあります。

## 手首線

詳しくはP183でチェック!

手首線は、一般に3本現れていて、そのうち1本は手首を一周しています。線の間隔がほぼ同じであれば、寿命と健康、成功と富、すべての幸福を表し、長寿のしるしでもあります。

## 直感線

詳しくはP184でチェック!

誰にでも見られるわけではありませんが、神秘丘から生殖丘に向かって弧を描く直感線は、鋭い感覚性を表します。この線がある人は、直感力と人を見る目があり、第六感がよく働きます。

## 芸術線

芸術線は、文学、音楽、絵画、舞踊、執筆など、芸術・芸能面の優れた才能、技術などを表しています。成人する頃から、家庭や仕事などの環境によって現れてくる紋線です。

## 陰徳線

陰徳線は、生命線の内側にある愛情丘の下部から垂直に刻まれた紋線です。線が薄く見えづらかったり、ない場合もありますが、この線がある人は、慈悲心、人望、人徳があることを表しています。

## 保障線

保障線は、各紋線に対して並行に流れる細く短い線です。紋線にはそれぞれ意味があり、運勢や性格、才能、傾向などを表しますが、より詳しく判断したい場合は、紋線の判断に加えて、保障線でその意味の強化度を見ることができます。

# 時期の見方

## 流年法による年齢分割

流年は「人生の流れ」を意味し、手のひらの紋線に年齢の目盛を割り当て、そこから開運の時期や不運の時期など、運勢の盛衰を読み取る方法を「流年法」といいます。

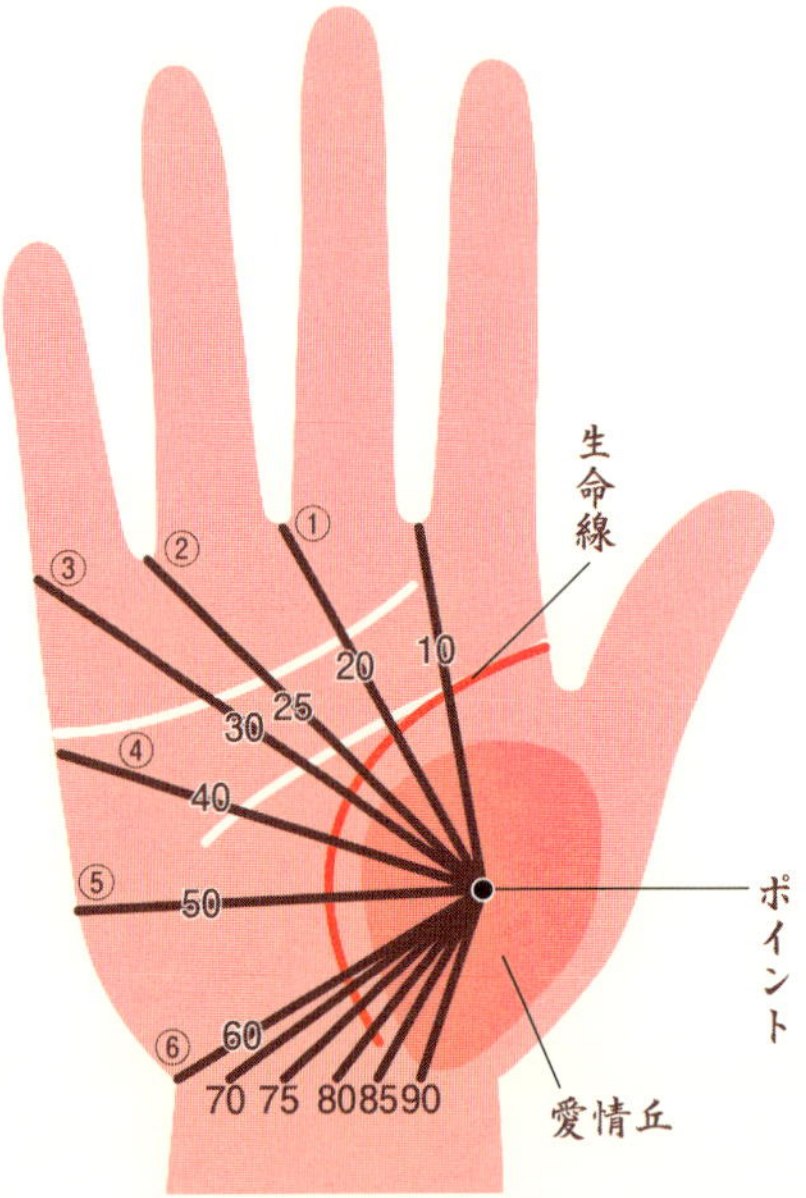


ここでは、生命線の年齢分割をご紹介します。流年を推測するには両手を見るのが原則ですが、主として自分の意志と行動で形成していく右手で見てください。

図のように、愛情丘の真ん中をポイントとして、この点から人差し指と中指の間に向かう線を基準線とすると、①中指と薬指の間、②薬指と小指の間、③小指のつけ根、そして、小指のつけ根から手首までを3等分した④⑤⑥のブロックにだいたい分かれます。⑥以降は、親指側のつけ根に向かうブロックを細分割します。

生命線と、これらの分割線が交わるところが各年代を表します。例えば、線が途切れていれば、その年代での病を表し、上昇する枝線があれば、活躍することを暗示しています。

つまり、この分割線と交わる部分の生命線の状態を見れば、人生の中でどの時期にどのような変化があるかが分かるのです。

# 線の種類①

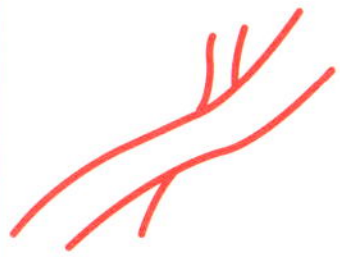

### 枝線

1つの線の途中から、上や下に枝分かれしている線。運命の展開や変化を表します。

### 房状線

末尾近くが短く房状に分かれている線。その紋線の意味を弱め、心身の疲労や衰えを表します。

### 波状線

波のように、くねくねと曲がっている線。運勢が定まらず、変化の多いことを表します。

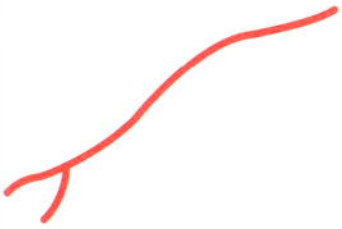

### ふたまた線

末尾の先が2つに分かれ、Y字形になっている線。運勢や状況が好転する兆しを表します。

### みつまた線

末尾の先が3つに分かれている線。ふたまた線よりも、さらに運勢が好いことを表します。

### 鎖状線

線が絡み合い、鎖のような形になっている線。その紋線が表す意味を弱めます。

### 中断線

各線の妨害となる線。生活や職業、それに伴う人間関係、運命を悪化させる障害を表します。

### 切れ切れの線

短く不規則に、切れ切れになって続いている線。その紋線が表す意味を弱めます。

# 線の種類②

### 島

線の一部が目のような形に膨らんでいるもの。現れる場所によっては、重大な変化を表します。

### 三角

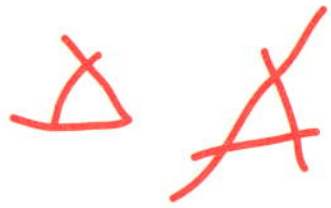

短い線で三角形をつくっているもの。紋線上に現れると、運勢が停滞する兆しです。

### 星

数本の線が1点で交わって、星の形をつくっているもの。突発的で予想外の変化を表します。

### 格子

線が縦線に交わったもの。運気が衰退する暗示です。ただし、親指のつけ根にある場合は富を表します。

### 四角

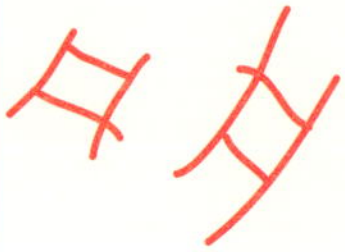

短い線が集まって、四角形をつくっているもの。大きな災難などから免れる幸運を表します。

### 十字

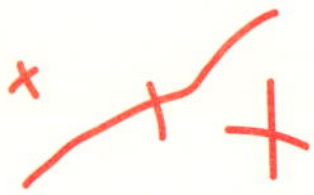

線が交差し十字になっているもの。人差し指のつけ根以外は、突発的なトラブルを表す凶相です。

### やり

末尾の先に短い線が集まって、やり状になっているもの。幸運や運勢の好転を表します。

### 斑点

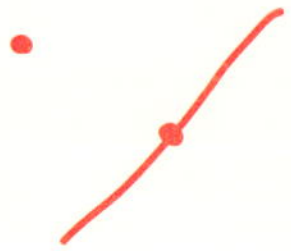

薄く色のついた斑点状のもの。大きさはさまざまで、色によって表す意味が異なります。

# 6つの手型

## 尖頭型

尖頭型は、指がすらりと細く長く伸びているのが特徴です。依頼心が強く、自分中心に物事を考える傾向があり、空想的なことに憧れるタイプ。運気としては、あまり恵まれるほうではありません。

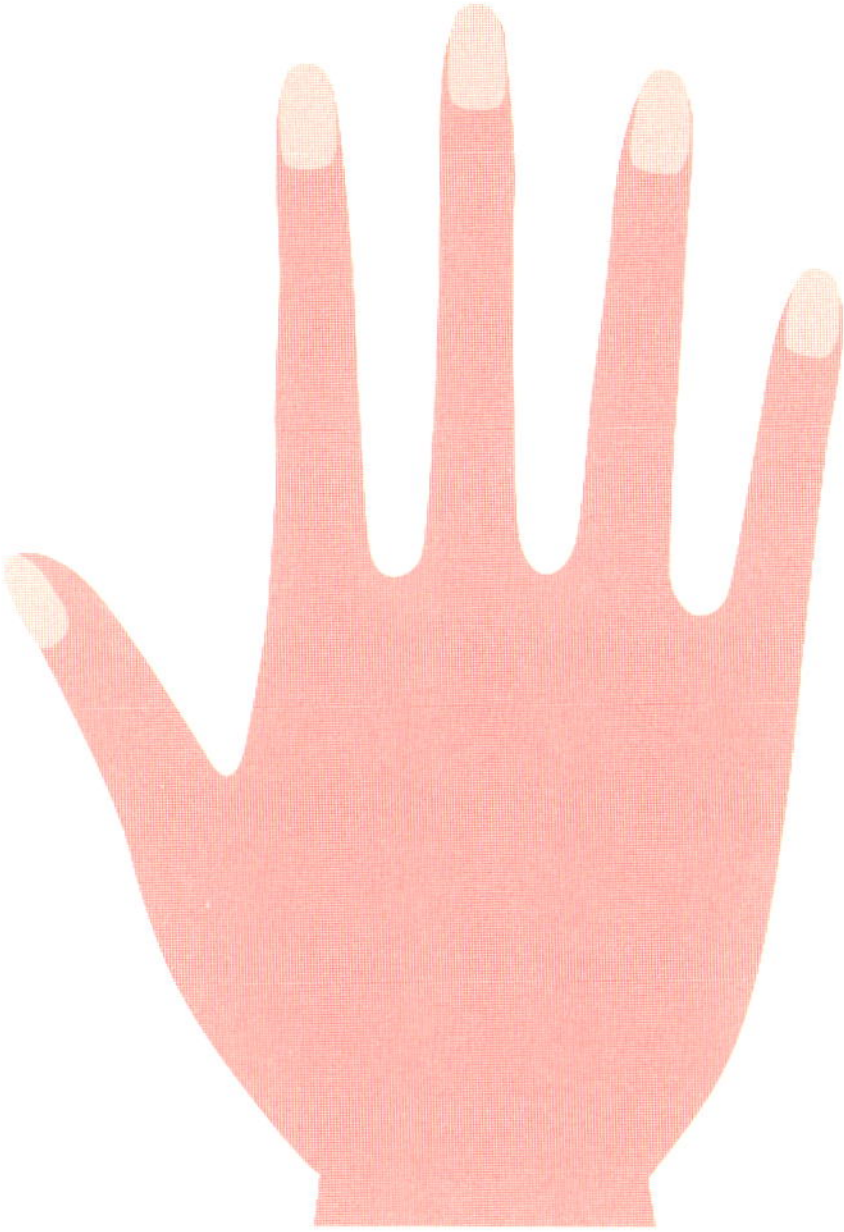

## 円すい型

指のつけ根から指先へ向かうほど細く、円すい型になり、爪のところが少しとがり気味になっています。社交的で、想像的なことへの才能にも恵まれた人気者。八方美人で、嫉妬深いところもあります。

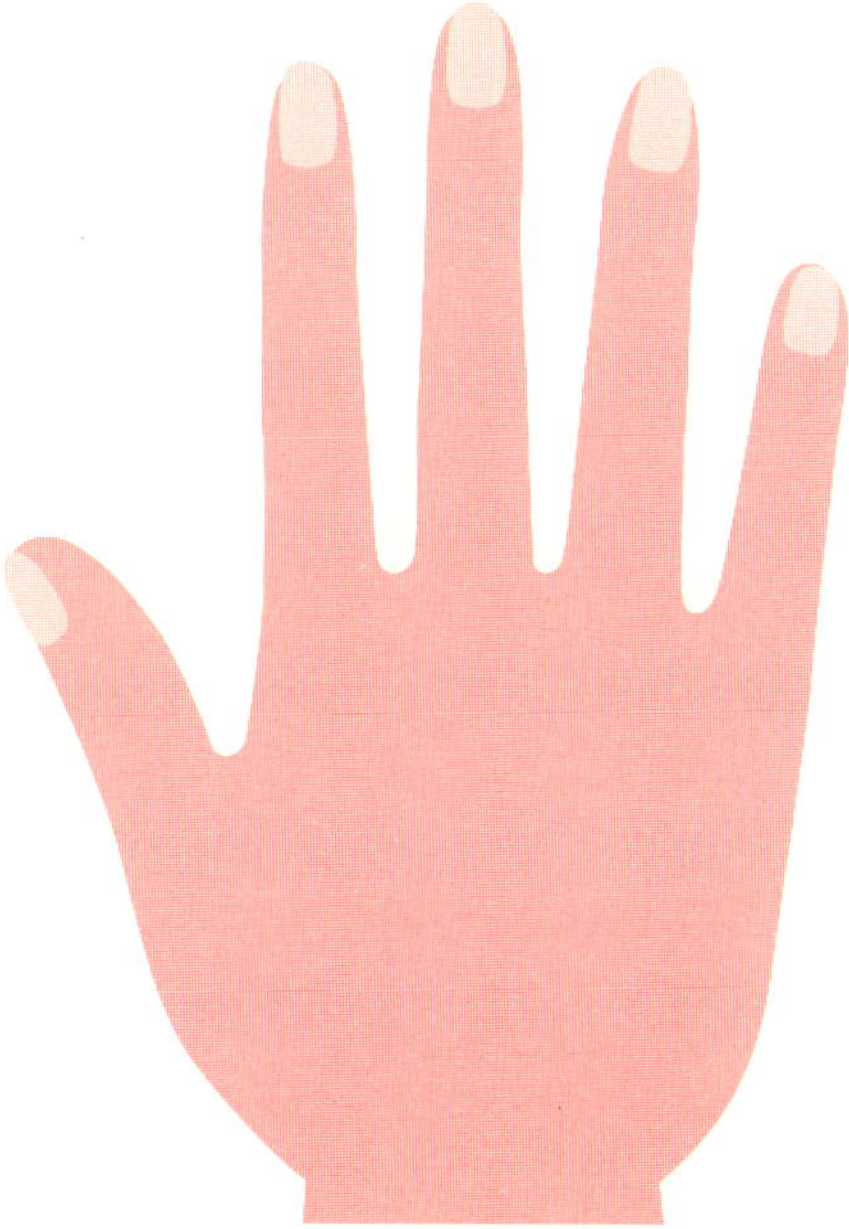

## 四角型

四角型は、手の全体や指の先が四角ばっていて、指が短く手が広めです。几帳面で、実務的な才能に優れていますが、保守的で頑固な面も。愛情表現が苦手で、淡泊な人と誤解されることもあります。

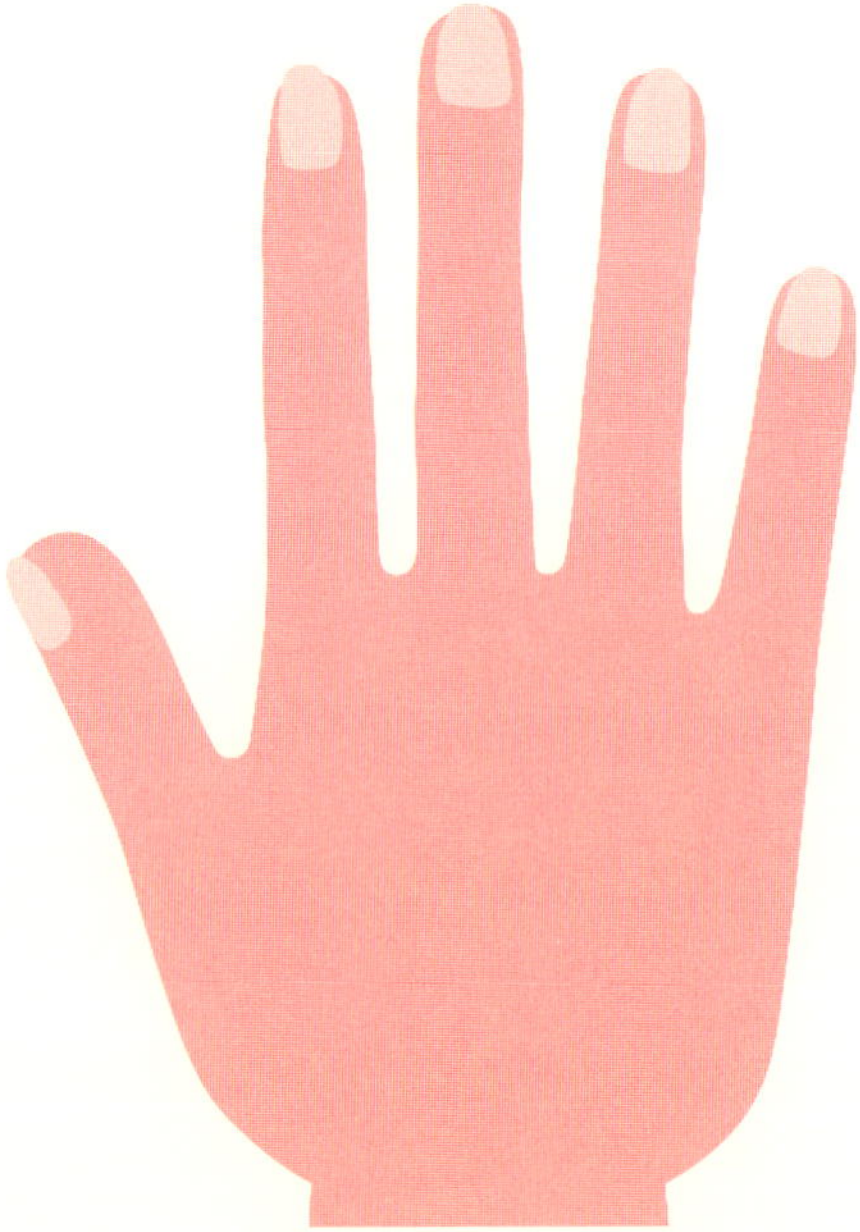

## 結節型

指の節々がよく発達し、全体的にゴツゴツしている結節型は、節くれ立った長い指と手が特徴です。実務向きで勤勉、蓄財力もあり実社会での活動範囲も広いタイプ。義理堅く職人気質でもあります。

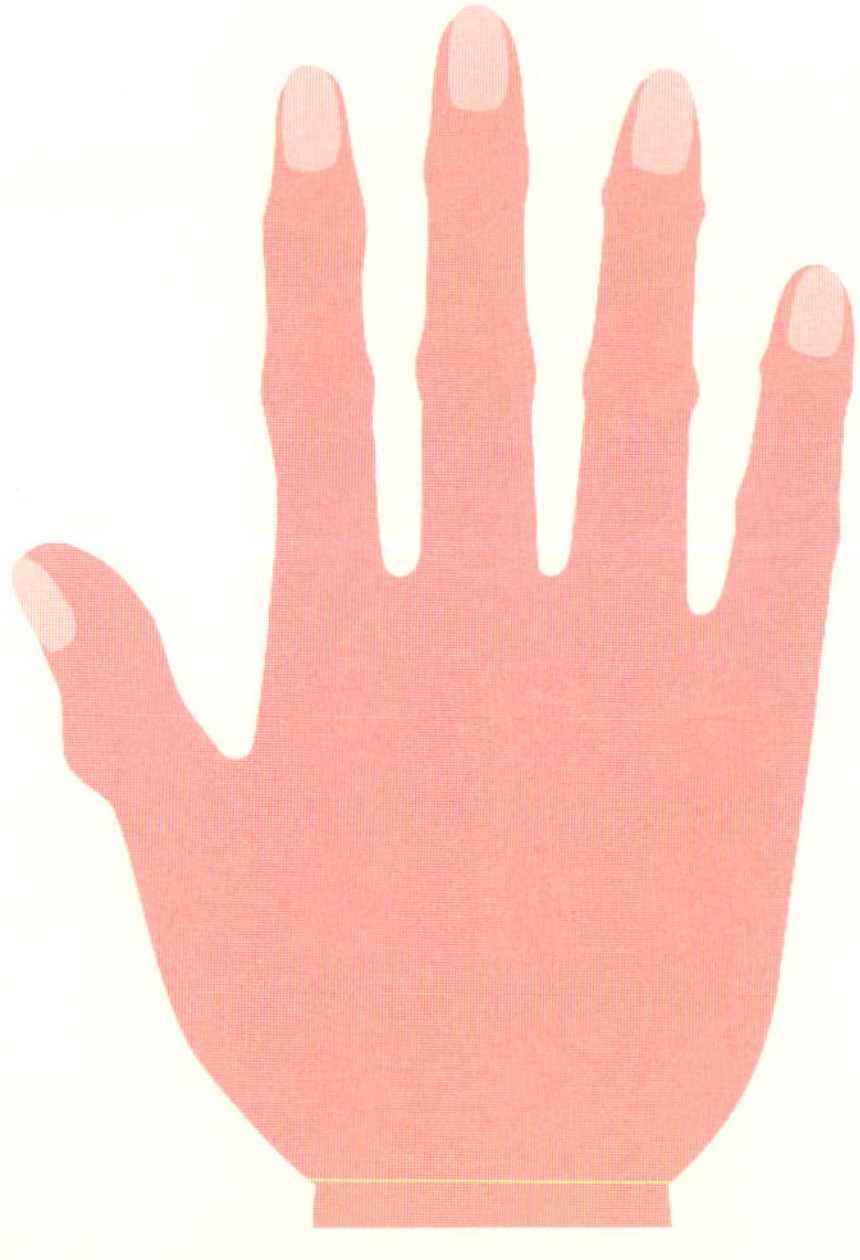

## ヘラ型

ヘラ型は、指先の肉づきがヘラの形に似た手型です。個性が強く、働き者で活動的。精神面でも経済面でも独立心旺盛で、指導者の素質を持っている反面、気分屋のところもあります。

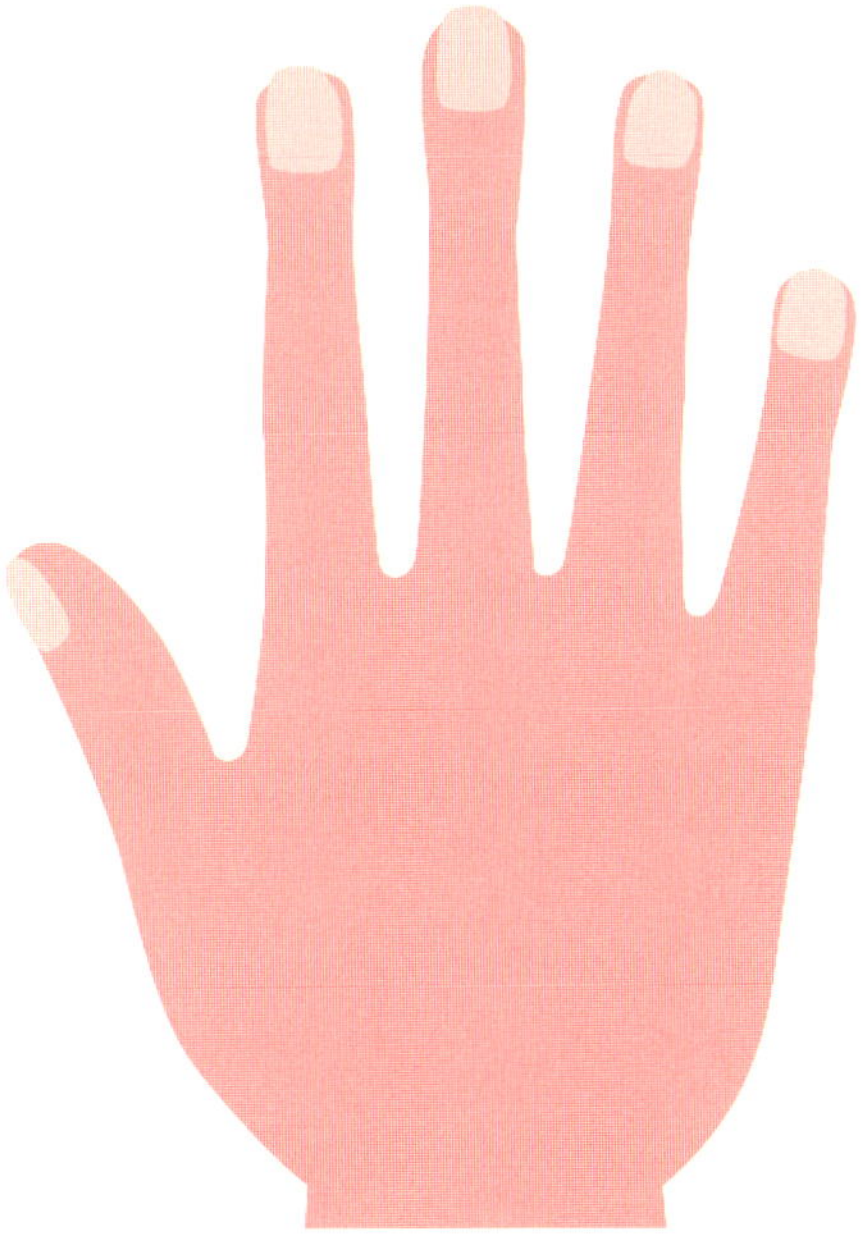

## 混合型

指先や手の型が混合している手型で、かなり多くみられます。融通のきく考え方をし、機知に富み、どんな環境にも順応できるタイプ。器用で社交的ですが、調子のよい人と思われる危険もあります。

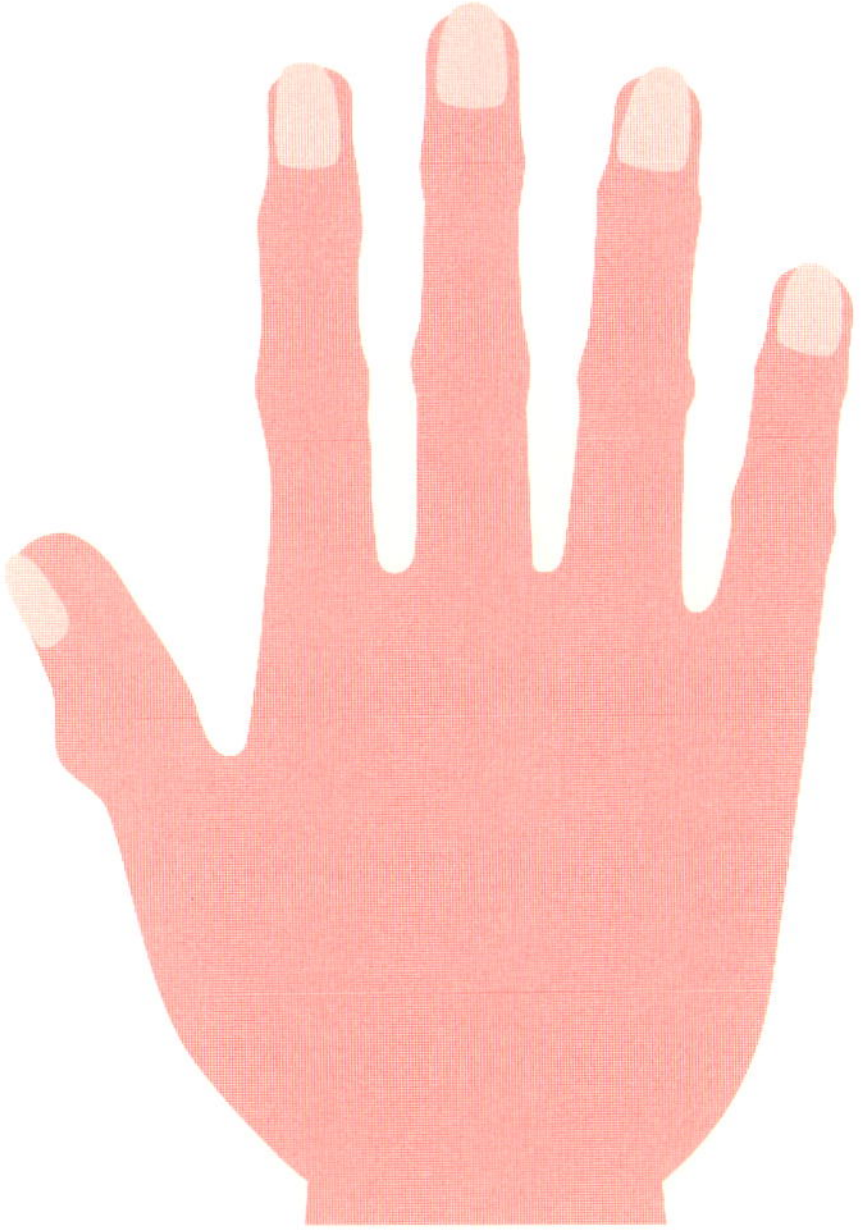

# 丘の名前

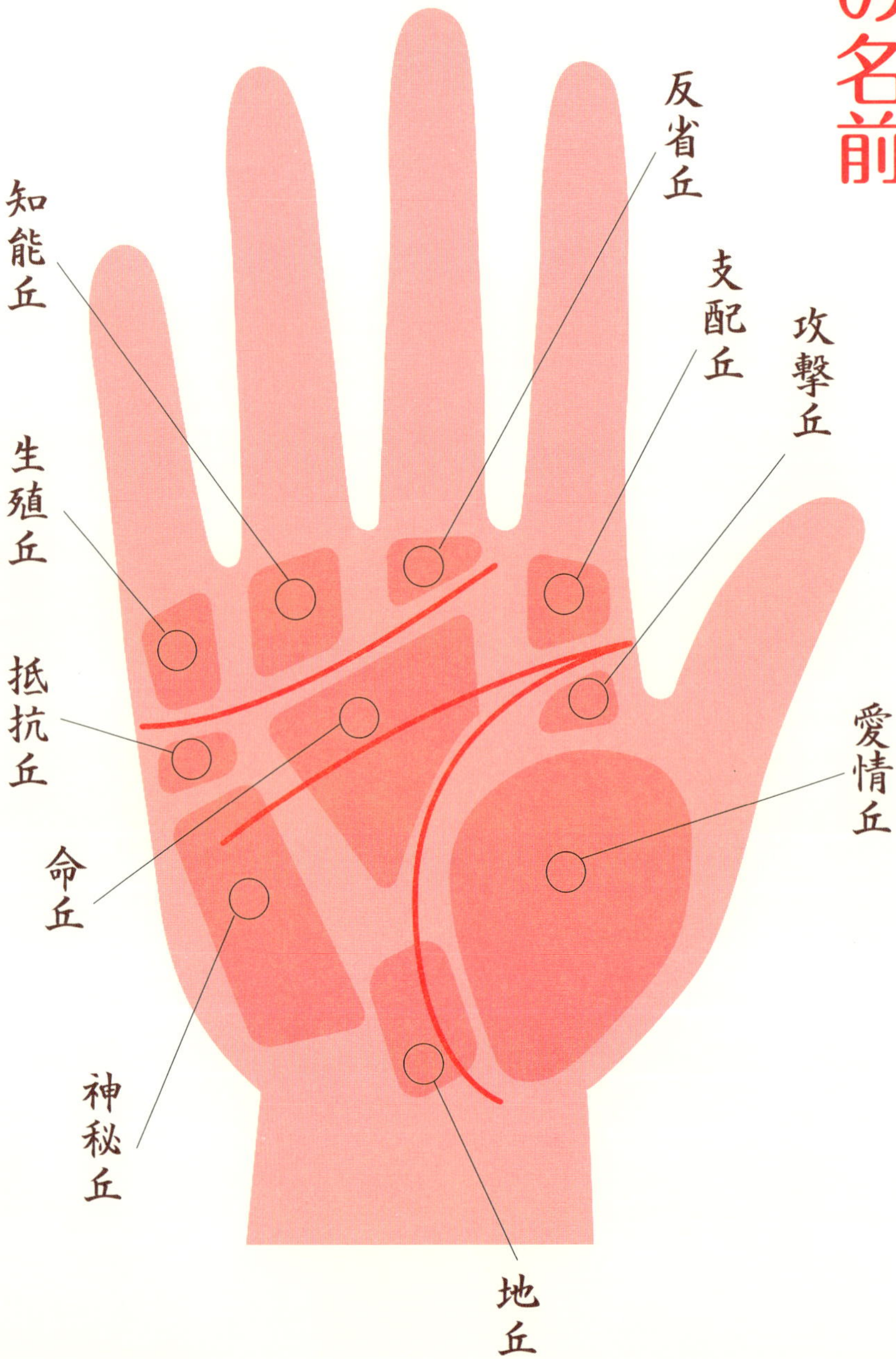
反省丘
知能丘
支配丘
攻撃丘
生殖丘
抵抗丘
愛情丘
命丘
神秘丘
地丘

## 愛情丘

詳しくはP187でチェック！

手の親指の下にある愛情丘は、手の血脈を覆っている重要な部分で、丘の中でもまず第一に観察したいところです。身体的なスタミナや活動力、精神面の慈愛や愛情、財力などを表します。

愛情丘がよく発達している人、つまり肉づきのいい人は、エネルギッシュで精力的。人気もあり、健康にも恵まれて、何ごとにも積極的なタイプです。

## 神秘丘

詳しくはP188でチェック！

神秘丘は抵抗丘の下にあり、「想像の丘」ともいわれます。その名の通り、空想や精神性の世界、感受性、美に対する意識などを表します。

神秘丘がよく発達している人は、文学や芸術を愛し、感性豊かで神秘的なことを好み、想像をめぐらせることが大好きなロマンチストです。

## 支配丘

詳しくはP189でチェック！

人差し指のすぐ下にあり、感情線の末尾あたりに位置している支配丘は、権力や支配力、野心、名誉欲、指導力などを意味します。

支配丘がよく発達している人は、向上心があり、プライドが高く、権力や財産を得ようとする野心家タイプ。親分肌で、ワンマンな傾向もあります。

## 反省丘

詳しくはP190でチェック！

反省丘は、中指のつけ根にあるふくらみで、思慮分別、冷静さ、判断力、正義感などを表します。

極端に発達している人は少なく、平坦に近い状態が、正常な発達です。よく発達している人は、不正や悪に対する嫌悪感が強く、真面目な性格の人。肉づきの薄いほうが、明るく社交的で、誰とでも気軽に話せる親しみやすい人といえます。

## 知能丘

詳しくはP191でチェック!

薬指のつけ根近くにある知能丘は、「医療神丘」ともいわれ、きれいな血が流れているところ。その人が持っている人間としての魅力、想像力や独創性、快活さ、芸術性、品格などを表します。

知能丘がよく発達している人は、美的センスに優れた芸術家タイプ。知識欲や社交性もあり、知的魅力を持っている人です。

## 生殖丘

詳しくはP192でチェック!

小指のつけ根にあるふくらみが、生殖丘です。事業やお金に縁のあるところで、社交性や適応能力、独立心や意志力、機敏さ、研究心、雄弁さ、商才などを表しています。

生殖丘がよく発達している人は、おしゃべり上手で物知り、ユーモア精神があり好奇心旺盛です。

## 攻撃丘

詳しくはP193でチェック!

支配丘と愛情丘の間にあり、勇気と精神力、防衛のための攻撃性などを表します。発達している人は、プライドが高く、強い自己防衛力を持っています。

## 抵抗丘

詳しくはP194でチェック!

抵抗丘は、生殖丘の下にあり、正義感や冷静さ、忍耐力、度胸、意志力などを表します。発達している人は、勇気があり頼りにされるタイプです。

## 命丘

詳しくはP195でチェック!

手のひらの中央、少しくぼんだところ全体を命丘といいます。手の丘全体をつかさどる中心軸で、運命のゆくえや運気の流れを見るところです。

# 第8章

# 各紋線の見方

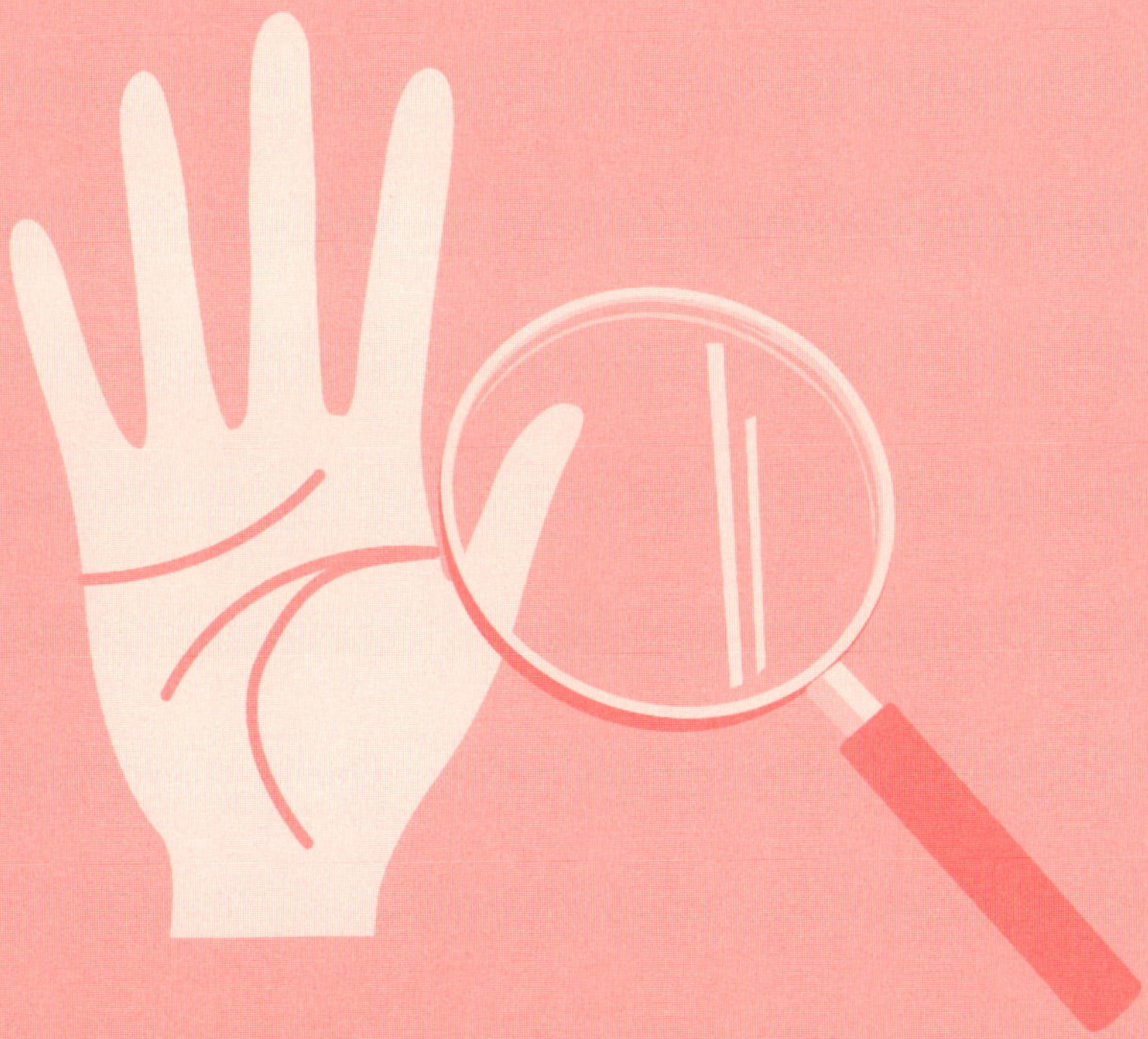

# 生命線をチェック！

## 生命線で分かること

その人が持つ生命力を示す生命線。長い人ほど寿命が長いと思われがちですが、実際には、生活力と意志力を表し、スタミナの有無や病気やトラブルに関することを示します。

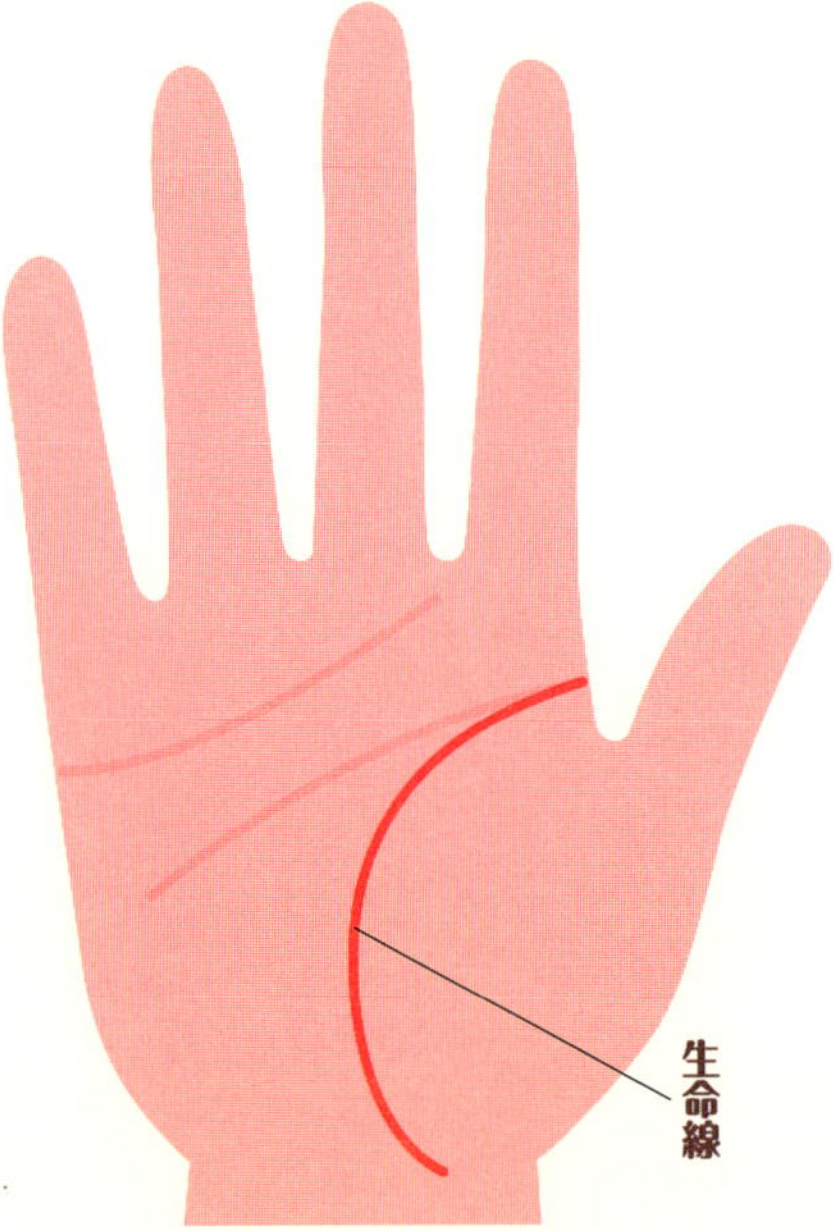


生命線が長いほど長生きできると思われがちですが、線の濃さやカーブのしかた、キズの有無などで意味合いが違ってきます。たとえば、同じくらいの長さの生命線でも、彫りが深くはっきりとしている人の方が生命力は強く、多少の病気や災難なら乗り越えられる体力と根性を持っているといえます。

逆に、線が細くはっきりしない生命線ほど、虚弱体質であったり、外的な刺激に弱く、影響を受けやすくなります。

また、たとえ生命線が短いからといって、寿命が短いわけではありません。頭脳線や感情線の状態がよければ、その精神力と知能で、賢く、細く、長く生き抜くことができるのです。

生命線は起点や末尾、キズの有無などで、その人の肉体的に弱い部分も見ることができます。

さらに生命線は、人間関係や性格、感情面での働きなど、自分の意志や行動をどのように決定づけるかという点でも、関わりのある重要な線です。

# 起点はどうなってる？

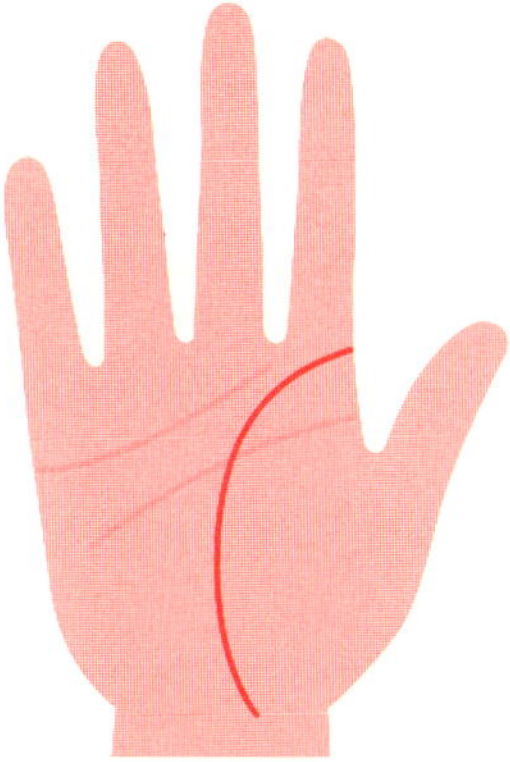

## 起点が人差し指寄り

親指と人差し指の中間よりも、人差し指寄りから生命線が出ている人は、愛情丘がより大きくなります。そのため、子供っぽく無邪気で愛情が非常に豊かです。また、エネルギッシュで、何事にも興味を示し、意欲を持って積極的に取り組みます。健康面でも恵まれており、吉相の持ち主といえます。

### 運気UP！

愛情深く、バイタリティにあふれ、人をひきつける魅力にあふれている半面、子供っぽく無邪気な言動が、わがままと受け取られたり、振り回されて疲れるという人も。また、愛情深いあまりに、相手の気持ちを考えずに突っ走ってしまうこともあるので、相手の身になって考える習慣をつけましょう。健康面でも過信は禁物。摂生を心がけて生活しましょう。

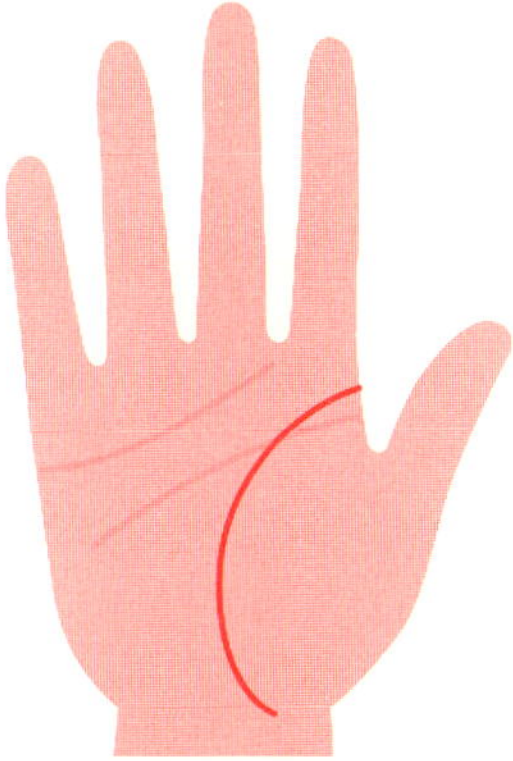

## 起点が親指と人差し指の中間

生命線が、長く枝分かれすることなくきれいな人は、母親と深い縁があります。そのため親孝行です。また、気力があって物に動じず、人からも好かれます。目上や先輩、会社ではよき上司に恵まれ、早くに出世する人も多いでしょう。さらに、親指に向かって肉の盛り上がりが厚ければ、長寿の大吉相といえます。

### 運気UP！

生まれ持って長寿の体質で、病気や体調不良に悩まされることは少ないですが、自分の健康を過信して、不摂生な生活を続ければ、せっかくの運も活かされません。また、上司や先輩、目上の人に対する忠義心を忘れると、出世に響くことも。いつも謙虚に、周囲の人に対する感謝の気持ちを忘れないよう心がけましょう。そうすることで、持っている運を最大限に活かせます。

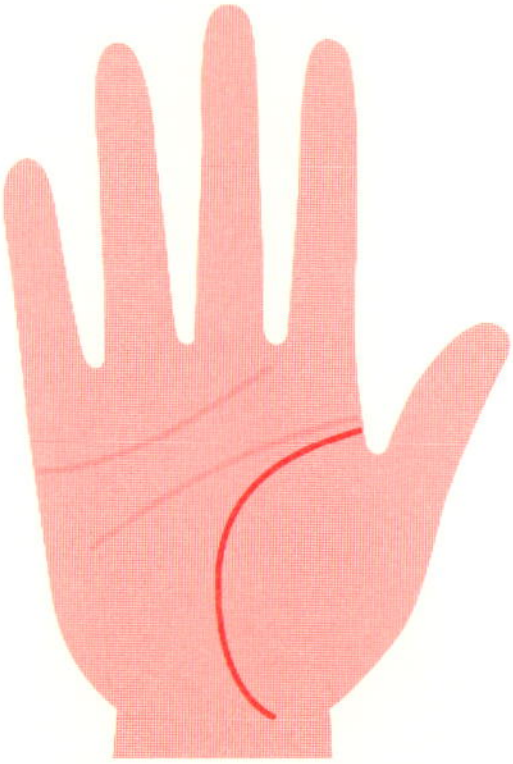

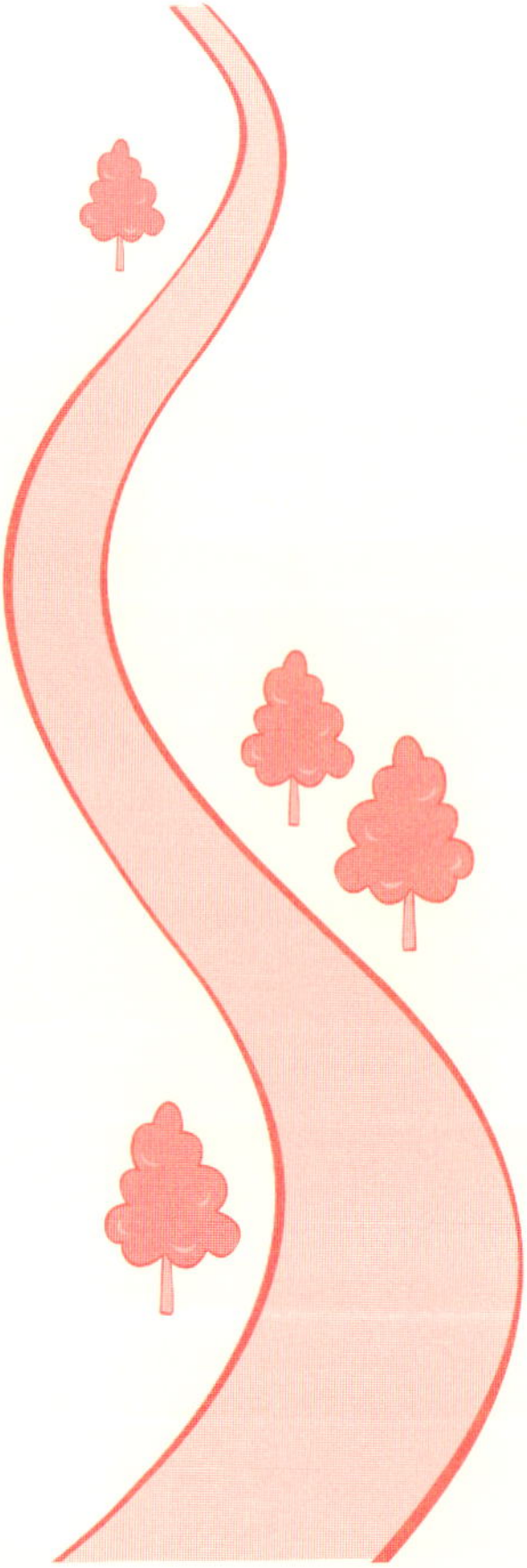

## 起点が親指寄り

生命線が親指に近いところから始まっている人は、生命線のカーブが急で、愛情丘が狭くなります。そのため消極的でおとなしく、受け身の姿勢になりがちです。健康面でも虚弱体質の傾向があり、気力も弱いほうです。反面、意外に頑固な性格で、自分の意見を曲げないところがあります。

### 運気UP！

体力、気力とも弱いほうなので、適度な運動で心身ともに健康を維持することが大切です。また、自分の意見にばかり固執して、かたくなに他人の意見を拒む傾向があるので、気をつけて。人の意見に耳をかたむけ、たとえ自分とは違った考え方や意見を持っていたとしても、尊重し時には受け入れることも必要です。

協調性を持ち、周囲の人との関係を大切にしましょう。

# 末尾はどうなってる？

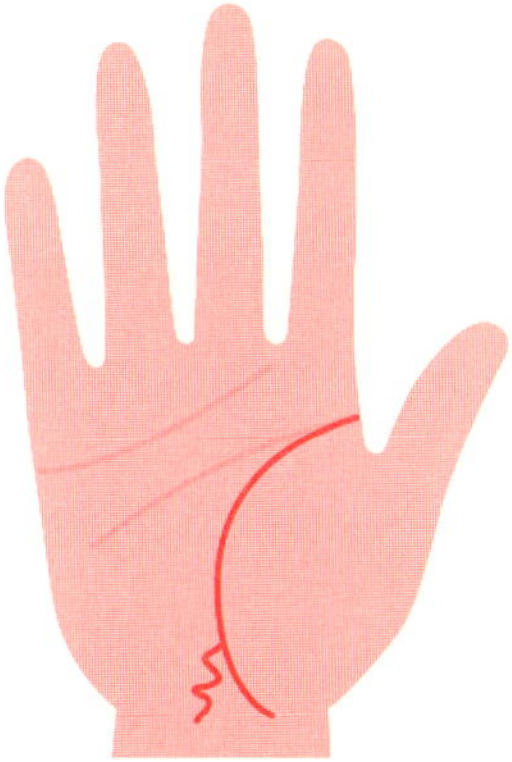

## 末尾の枝線が蛇行している

枝線の先端が蛇行している人は、呼吸器系や消化器系が弱い傾向が。疲れやすく体力がなく、精神的にも「ここ！」という場面で、がんばりがきかないといえます。そのせいか、周囲の人に、気弱で自信がなさそうな印象を与えてしまうことも。ひとつの事を長く続けることも、あまり得意ではありません。

### 運気UP！

体力や気力を充実させることで、生活面や仕事面もしっかりとしたものになります。まずは、ウォーキングなど、無理のない運動で体力をつけること。

また、呼吸器系が弱いので、喫煙は避けたほうが賢明。食生活などもきちんと見直し、胃腸の働きを活発にすると、体力、気力ともアップし、物事にもじっくりと取り組むことができるようになるでしょう。

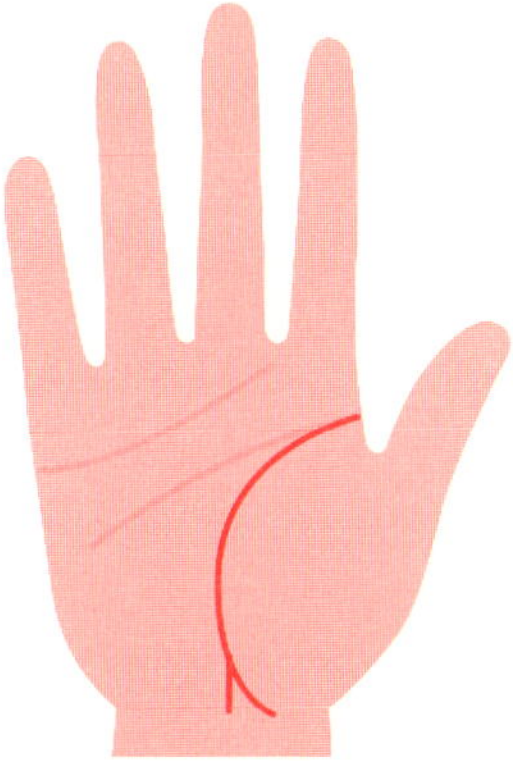

## 末尾が二また

手首に向かって枝分かれしている線が長いほど、郷里を離れる時期が早く、居住の苦労を重ねる傾向があります。また、複数の仕事を同時に持ち、自ら苦労しながら生活することも多いでしょう。細かい二またがいくつも見られる場合は、職業を転々とするか、安定した生活が持てない場合が多く、虚弱体質です。

### 運気UP！

体力がなく、体調不良に陥ると、生活が乱れがちになり、仕事面や生活面に悪影響が。体調管理は普段からしっかりと行い、体力、気力とも充実させることが大切です。また、性格的にあきっぽい面があるので、変化のある仕事を選ぶか、じっくりと腰を据え、よく考えてからチャレンジすることが大切。いざというときのために、貯蓄もきちんとしておくと安心です。

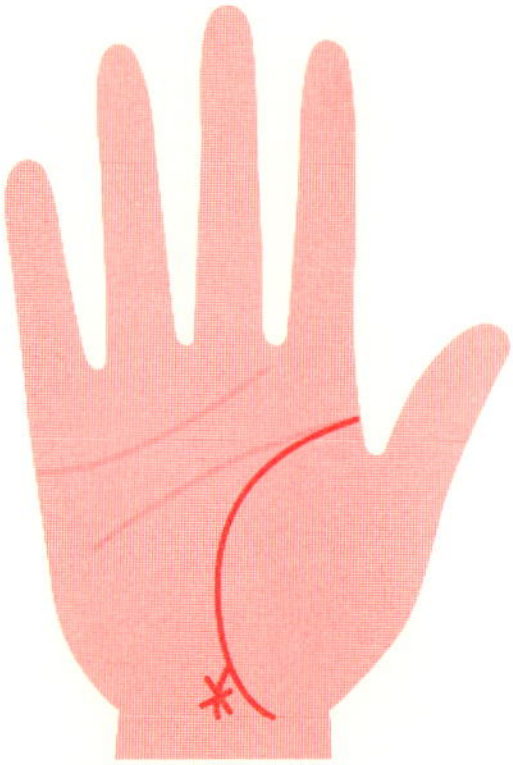

## 末尾にキズ・星紋がある

生命線の末尾に、キズや星紋、×紋がある場合は、本来持っている体力や生活力を表すのではなく、今後を暗示しています。不慮の事故に巻き込まれたり、思いもかけぬ病気で倒れるなど、災難を表しているので、注意が必要。四角紋がある場合は、深刻なトラブルに巻き込まれても、九死に一生を得る暗示です。

### 運気UP！

普段以上に、健康管理に気を遣い、行動も慎重に。精神的なストレスをためない、疲れを感じたらすぐ休息をとるなど、自分をいたわるモードに切り替えて。

また、体調がすぐれない、気になる症状があるなどの場合は、すぐに病院で診察を受けたほうが賢明。危険な場所などには、極力近づかないなど、細心の注意も払うようにしましょう。

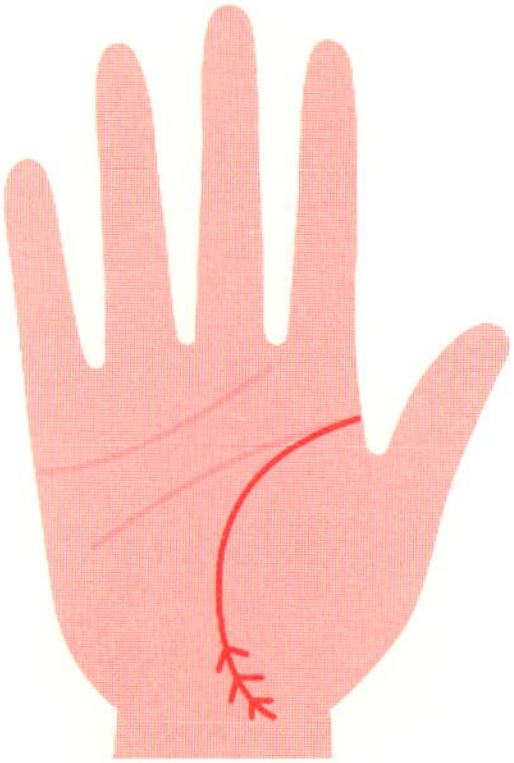

## 末尾がたくさん枝分かれしている

末尾にたくさんの枝分かれがある場合は、自律神経が弱い傾向にあります。特に晩年、急に体力が衰える可能性が高いので注意が必要です。

仕事面でもストレスが溜まりやすく、ケガもしやすいでしょう。そのため、転職を余儀なくされることがあるかもしれません。

また、団体行動が苦手で、自分のペースで行動することを好みます。

### 運気UP！

ストレスが溜まると、自律神経に変調をきたし、体調不良に陥ったり、精神的に追いつめられたりしがちです。疲れを感じたら、早めに体を休めたり、何か好きなことを見つけてストレスを発散させるようにしましょう。

また、1日の中で、一人の時間を少しでも作ることで、団体行動に対する苦痛もやわらぎ、人間関係がスムーズになります。

# 線上はどうなってる？

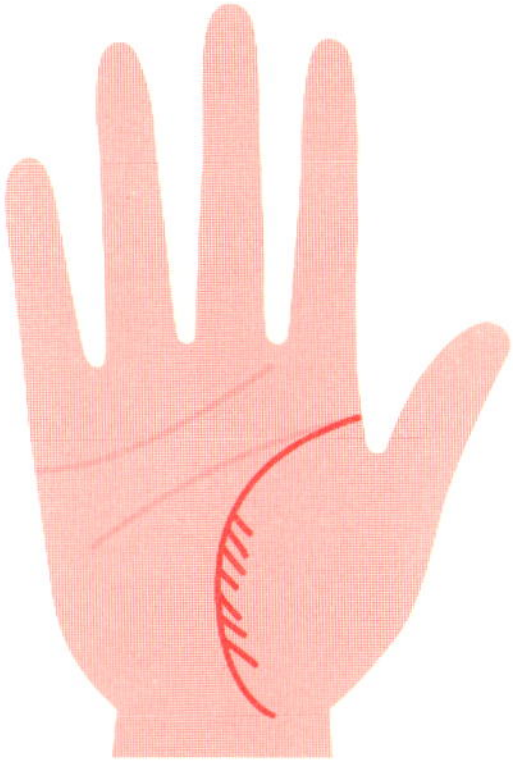

## 内側にキズ・枝線がある

生命線の内側、愛情丘にキズや枝線がたくさんある場合は、子供や家庭、社会的な活躍度に影響を与え、ケガや病気、家庭内トラブル、社会的な苦労を経験することが多い傾向にあります。線やキズの数は、病気やトラブルの数にあたります。多ければ多いほど苦労も多くなるといえます。

### 運気UP！

何かと苦労や心労の多い相ですが、それを嘆いたり、悲観したりするといっそうトラブルを引き寄せることになります。

普段から健康管理をしっかりし、人間関係に細かな気配りをするよう心がけましょう。万が一、トラブルが起きたときにも、前向きな気持ちで対処すれば、それ以上、トラブルが深刻化することを避けることができます。

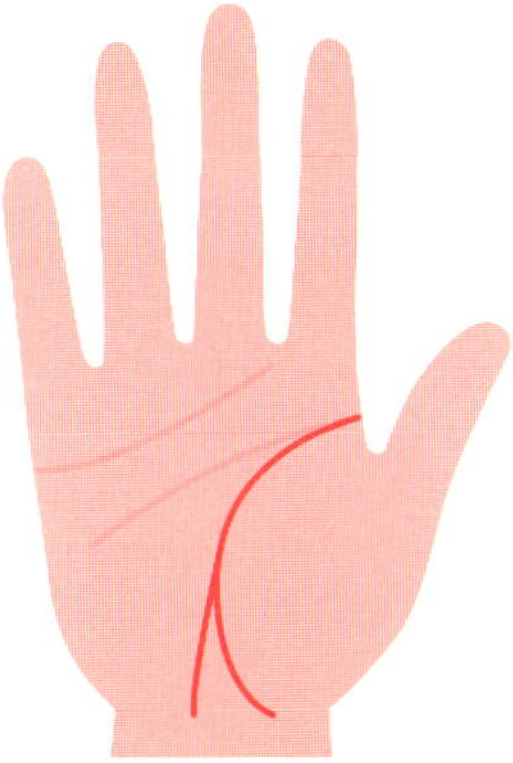

## 線上にキズ・枝線がある

線の途中から枝線が出ていて、神秘丘に流れている場合、セックスの問題や性的トラブル、浮気、生殖器の病気に悩まされる傾向が。悩みが発生する時期は、枝分かれした部分によって表されるので、P102の流年法で確認を。特に、キズがある場合は、キズの大きさや深さで、どの程度のトラブルが起きるかがわかります。

### 運気UP！

トラブルに見舞われる時期を確認し、その時期の恋愛や男女間の関係は慎重になるべきでしょう。感情に振り回されず、冷静に対処することで深刻なトラブルを避けることができます。くれぐれも自暴自棄にならないこと。

また、生殖器に関する不調を感じたら、ためらわず病院へ。早め早めの対応が深刻な事態を避ける、確実な方法といえます。

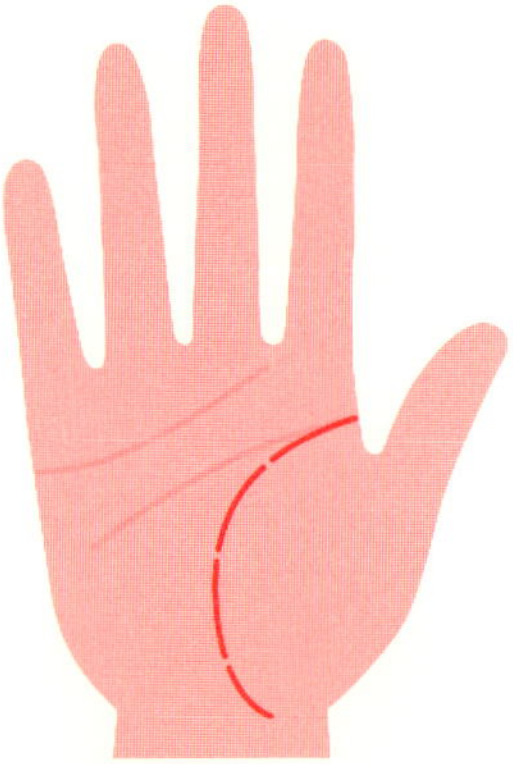

## 断続している

生命線が途中で切れていると、病気やケガなど体調面に問題が起きやすくなります。切れた幅が短ければ、病気の回復も早く、軽症ですみますが、切れ目がはっきりとわかるようなら、より深刻な状態であることが考えられ、健康上の理由で生活力がなくなるなど、問題が複雑化する可能性が高くなります。

### 運気UP！

断続していても、生命線が全体的に流れるようになっていれば、それほど心配する必要はありません。

運動などで体力作りをし、体力、気力を充実させることが、健康上のトラブルを最小限に防ぐポイント。

また、たとえトラブルが起きたとしても、ポジティブな思考で対処することが大切です。

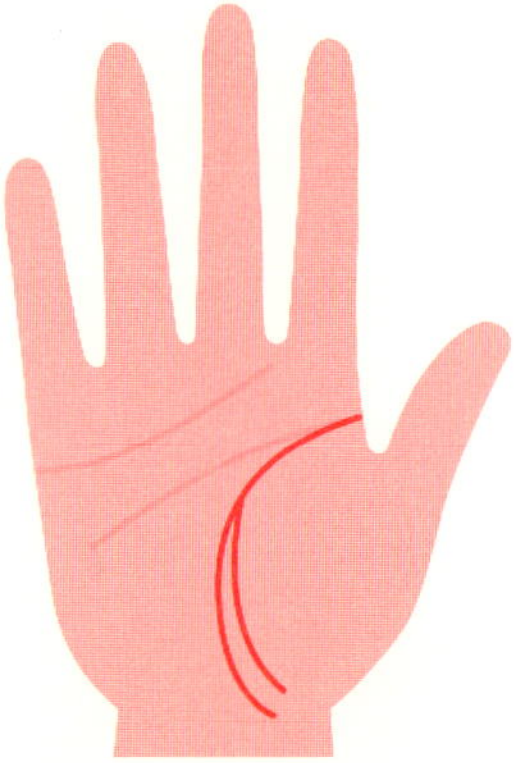

## 内側に平行な枝線・途中から2本ある

生命線の内側に平行に枝線があったり、途中から平行に2本線になっているのは、どちらも生命線を強化する相で、トラブルをうまく避けることができる相です。生命力やスタミナが旺盛で、長寿ですが、成功してもいったん破産し、のちにもう一度、大きな成功を得る傾向にあります。

### 運気UP！

健康面では恵まれていますが、油断すると病気やケガなどに見舞われることも。普段から摂生を心がけましょう。

また、大きな成功を収める一方で、トラブルも大きく極端な傾向があるので、精神的にタフであることが必要です。トラブルにあっても、前向きに対処することで、人生が開ける人なので、不屈の精神で人生を送れば成功する確率は大です。

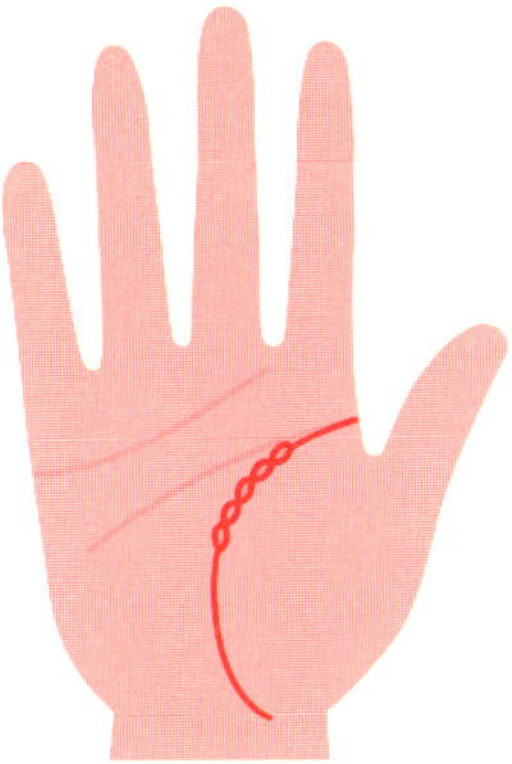

## 島が連鎖している

起点部分に鎖がある場合は、幼少時に病弱だったか、肺の病気になりやすい傾向があります。途中にある場合は胃腸系か肝臓系が弱く、中年期に大病をする知らせ。末尾にある場合は、膀胱や腎臓など排泄器官が弱く、晩年に大病をするおそれが。また、性病の可能性も。全部が鎖の場合は一生病気に苦しむ傾向に。

### 運気UP!

鎖のある位置を見極め、体質的に弱い部分をケアし、その時期は健康管理に注意すれば、鎖がない時期は健康的で気力に満ちた人生を送ることができます。

全体に鎖状になっている人も、身体に負担がかからない仕事や生活ペースを身につけることで、上手に身体と気力をコントロールしましょう。ムリをしたりがんばり過ぎないことが大切です。

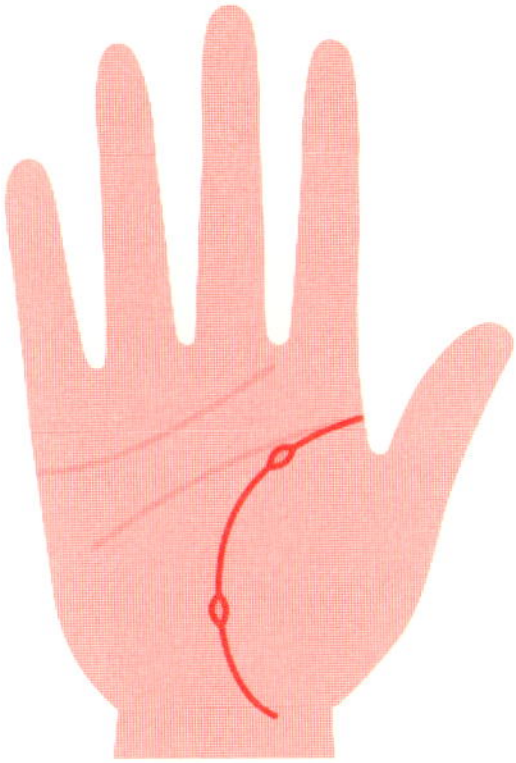

## 島がある

線が二またに分かれたあと、また1本につながってできる島。生命線の途中にこのような島ができると、流年法に示される時期に、一時的な体力の減退や、身体の衰弱、慢性の病気になる心配があります。

島が点々と見られるようなら、体質的に内臓が弱いことを意味します。

### 運気UP!

島が現れている時期は、疲労による疾患に見舞われやすいので、疲れをためないよう、十分に休養をとり体力を消耗しないようにしましょう。

また、この時期のダイエットは、健康を害することもあるので、ムリは禁物です。

島が点々と続く人は、内臓が弱く、病気になりやすいので、日ごろから食事や生活面でしっかりとした健康管理を行うようにしましょう。

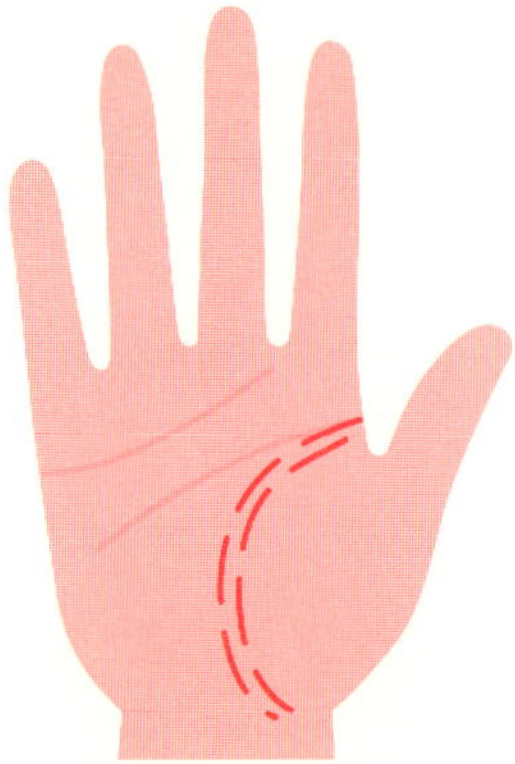

## くい違っている

本来の生命線の外側に、副生命線を伴うもので、くい違いがあるのは、生命線の強化とみなします。したがって、このような相を持つ人は、健康的でエネルギッシュ。積極性があります。ただし、くい違い線が下の方に集中している場合は、急激な体力の消耗を暗示するので、吉相とはみなしません。

### 運気UP！

手のひらの下のほうにくい違いが集中している人は、スタミナ配分をきちんとすれば、体力の消耗を防ぐことができ、持病の発症やトラブルを回避することができます。

全体にくい違っている場合でも、吉相を過信してはダメ。健康管理をしっかりと行い、常にエネルギーを切らさないようにしましょう。

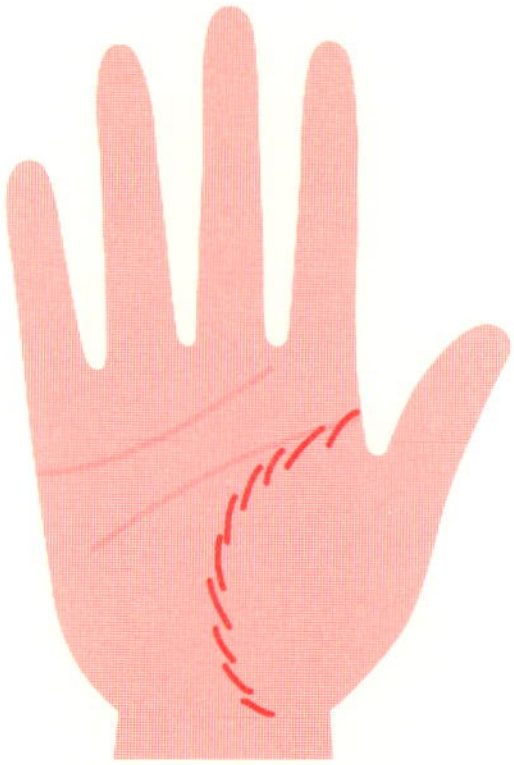

## はしご状になっている

鎖状の相と同じように、はしご状の生命線も病気になりやすく、活力が停滞することを意味しています。

全体的にはしご状態になっているのなら、生まれつき不健康な体質を持っているということ。そのため意志や気力が弱く、ひとつのことをやりとげる力に欠けています。人生そのものが浮き沈みの激しいものになる暗示。

### 運気UP！

病気になると、気力や体力が著しく低下して、仕事や生活面まで悪影響が及ぶ相。とにかく健康を維持し、気力を衰えさせないことが、運気を上げる最大のポイント。物事を始める際には、ムリのない、長いスパンで計画を立て、自分自身の体調や気力を維持すること。ゆっくりでも確実に計画を進めることを心がければ、浮き沈みの少ない人生を送ることができます。

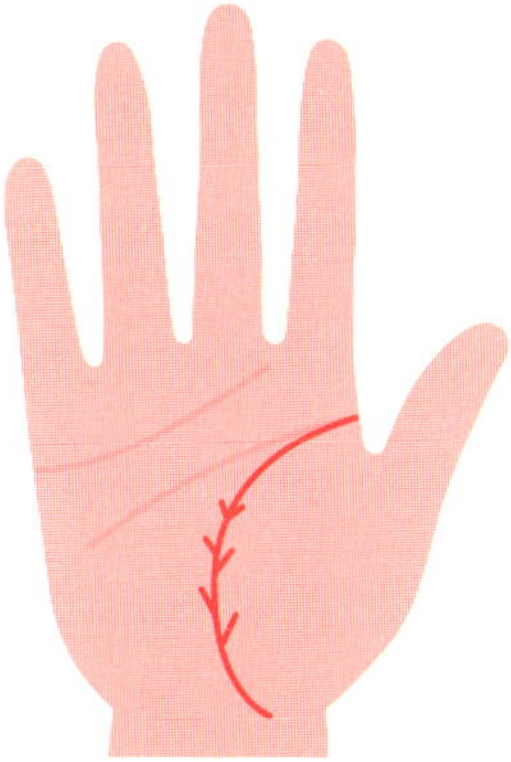

## 上昇枝線がある

生命線から、上に向かって枝線が出ている場合、生命線を強化する働きがあります。スタミナがあり、積極性のある人です。

多くは、手のひらの下の方に枝線が出る人が多く、人生の半ばから後半にかけて成功する可能性が高く、社会的にも活躍します。老後も充実した人生を送る暗示です。

### 運気UP！

健康を害すると、持ち前のスタミナの強さ、積極性を活かすことができず、せっかくの強運も逃げてしまいます。特に中年期から後半は健康に留意することが、人生の大きな成功を手にするポイントとなります。

健全な肉体が運気のバロメーターになることを覚えておきましょう。

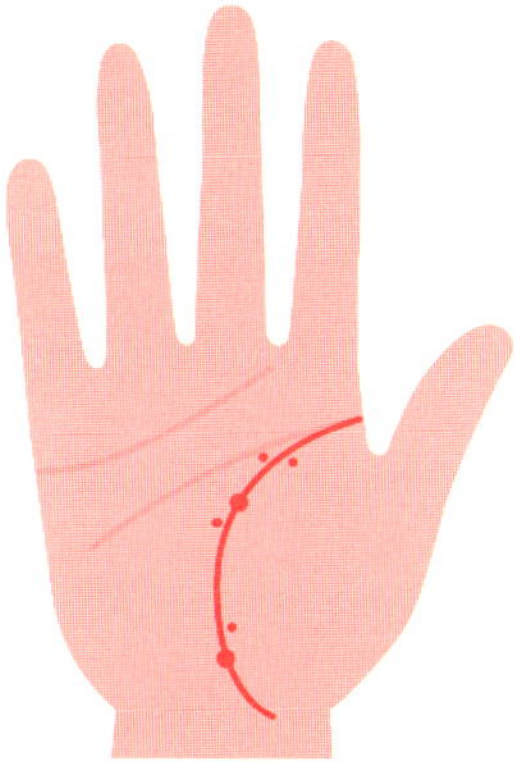

## 線上に斑点がある

生命線上や線の近くに斑点があれば、要注意。斑点の色によって、暗示されるトラブルは違います。

まず、灰色か黒褐色ならば、ケガや急性疾患にかかる可能性があります。赤い斑点なら、熱性の病気になる暗示です。

斑点は、線上に突然現れるものなので、注意深く観察しましょう。

### 運気UP！

斑点が現れた場合は、色をよく観察し、注意すべきことを確認しましょう。灰色や黒褐色の、えんぴつの芯を押し当てたような斑点なら、大ケガのリスクを避けるためにも、危険な場所や無茶な行動は控えめに。

赤い斑点が現れた場合は、体調管理をしっかりとする必要があります。特に、高熱が続く場合は、病気が重症化する可能性があるので注意が必要です。

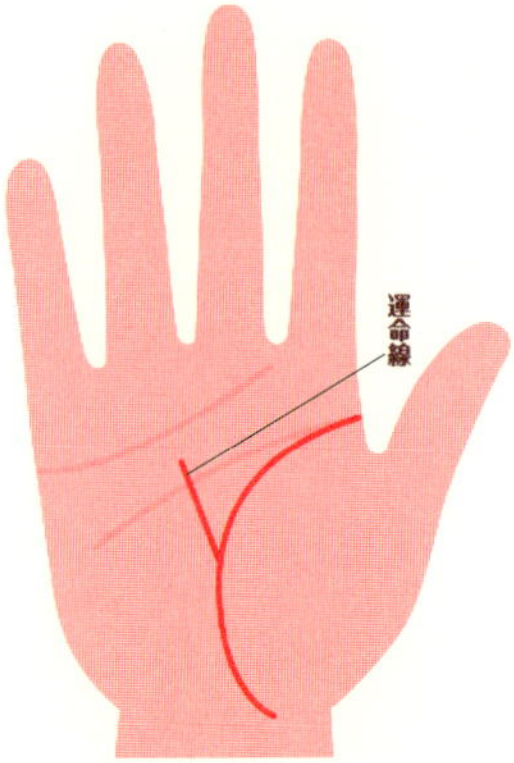


## 運命線が生命線から出ている

生命線から運命線が出ている人は、家族や縁故関係の応援を受けて、才能を活かして社会活動をするタイプです。運命線が、生命線の起点に近いほうが、才能が活かされる時期は若くなります。しかし、運勢的にもっとも強いのは、生命線の下の方から伸びる場合。中年や晩年に自ら運を開こうとする傾向があります。

### 運気UP！

家族や身内の援助を受けられる相であっても、自らが努力しなければ運を活かすことはできません。特に生命線の内側から、運命線が伸びている人は、家の責任を果たし、家族に愛情や感謝を持って努力することで、開運していきます。その際、末尾のほうから伸びている場合は親から、生命線の中央内側から伸びている場合は配偶者から、サポートを受けることになります。

# 頭脳線をチェック！

## 頭脳線で分かること

知性や才能、直感力など、知的活動のすべてに関わりのある頭脳線。しかし、頭脳線の働きはそれだけでなく、様々な線を支配する、司令塔のような役割を担っています。

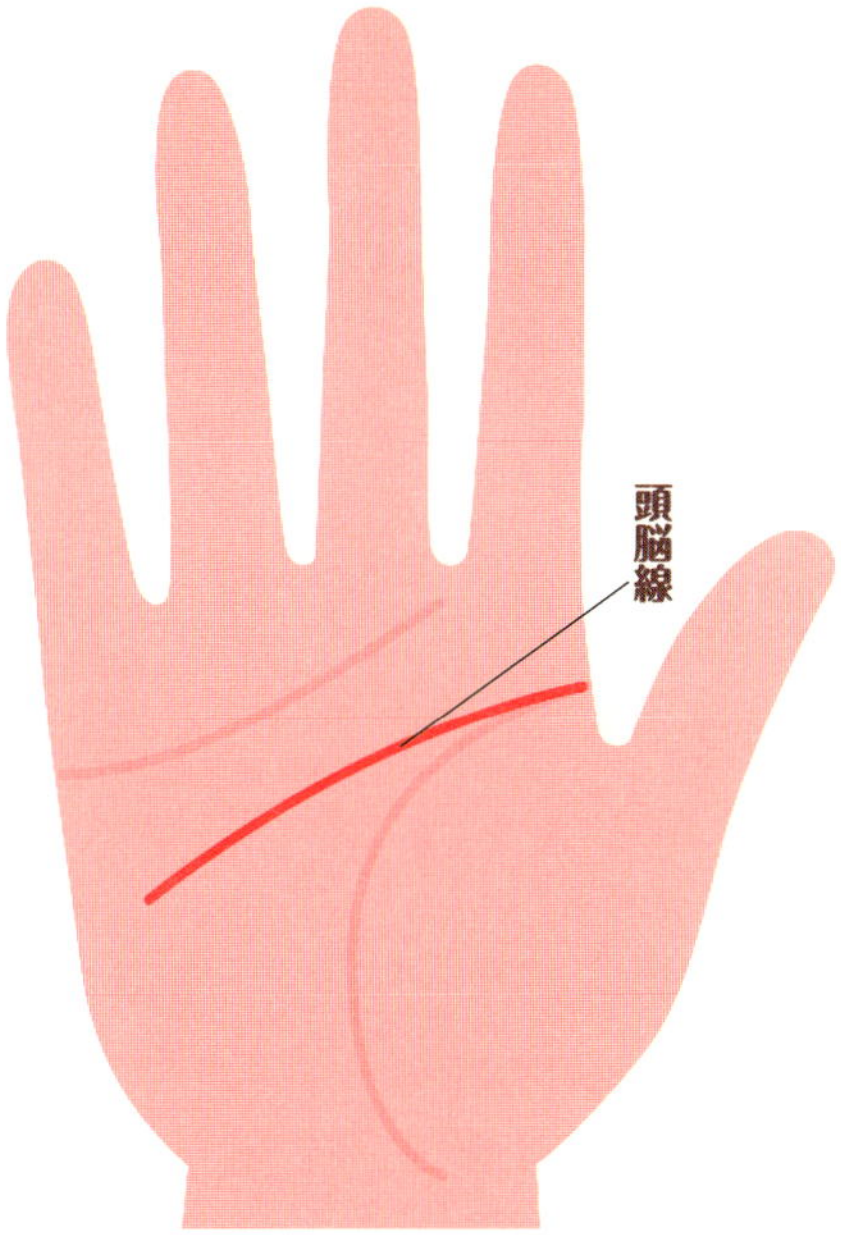


人差し指と親指の間から斜めに伸びる頭脳線は、生命線や感情線と並んで、運気を読む基本の線です。知力や知識、判断力、直感力を表す線です。いってみれば、その人の知的活動のすべてが、この線に表れており、人生の浮き沈みや生活力についても、表されています。

頭脳線にはもう一つ、大きな役割があります。それは、生命線や感情線に対する司令塔的な働きです。そオーケストラのコンダクターのような役割を持っていて、運気の全体の統一と調和を決定づけています。そのため、頭脳線が吉相であれば、たとえ他の線に多少の問題があっても、そのトラブルを回避し、よい運気を呼ぶことができます。逆に、頭脳線があまりよくないと、他の線が吉相でも、その吉を活かすことができない場合があるのです。

頭脳線の起点や、どちらのほうに流れているか、他の線との関係など、様々な観点から判断することで、トラブルを避け、開運することができます。

頭脳線

# 起点はどうなってる?

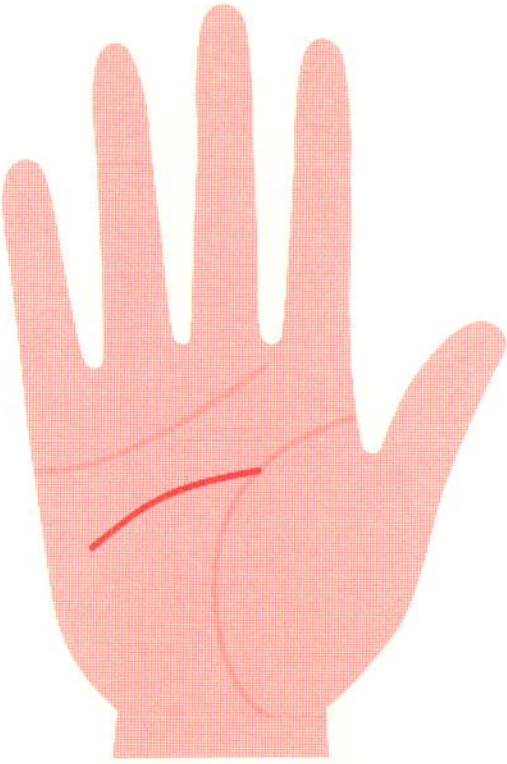

## 起点が生命線の途中

生命線の途中から始まっている場合、井の中の蛙タイプな人が多く、異常なほど警戒心が強く、喜怒哀楽を顔に出しません。また、途中から始まり、下に向かうカーブが少ないと、二重生命線が表す、決断力と行動力が吹き出し、周囲を驚かせるような大胆な行動に出ることが。普段は温和で高貴な人に多い相です。

### 運気UP!

井の中の蛙タイプの人は、慎重過ぎて決断がなかなか下せない部分があります。他人に対する警戒心が強く、表情も乏しいので「何を考えているかわからない人」と評価されがち。堅実なのはいいのですが、もう少し自分をオープンにして、周囲の人と交わる努力を。もともと穏やかな性格なので、自分のほうから飛び込んでいけば、周囲からよい評価を得られるようになります。

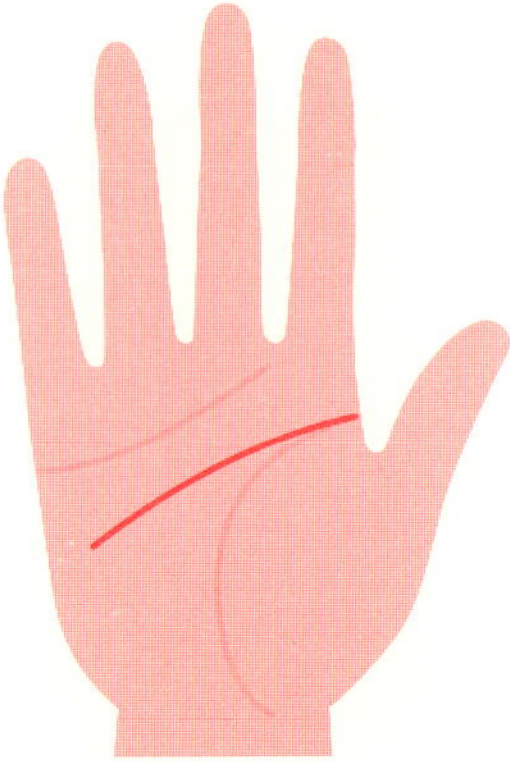

## 起点が生命線と同じ

常識的で、極端に走らず、危ない橋は決して渡らない人です。いつも冷静で現実的。無謀な夢や理想に走ることもなく、あくまでも堅実に細心の注意を払って人生を送るため、「よくできた人」という評価を受けることも。公明正大で、権力を行使する際も公正なので、敵を作ることもありません。

### 運気UP!

真面目で几帳面、つねに頭で考えて堅実な選択を選ぶため、理屈っぽくおもしろみのない人という印象を与えることも。自分の人生の選択は、大きな失敗もなく安心ですが、周囲の人を理屈で説得しようとしすぎるのは考えもの。

もともと争いを好まず、穏やかな性格ですので、納得できないことがあっても、笑顔で受け止めることも、ときには必要です。

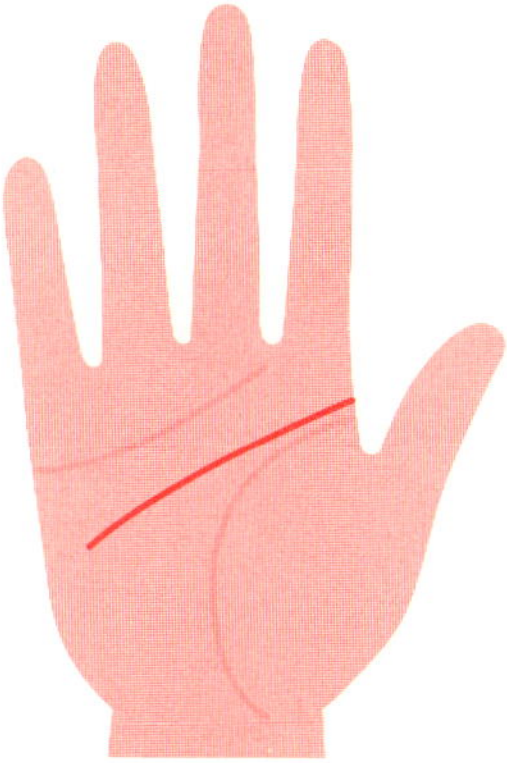

## 起点が生命線から離れている

頭脳線の働きを強化するもので、直感力にすぐれ、頭脳明晰で記憶力も抜群です。生命線と2～3ミリ離れている場合は、判断が的確で、独創的な行動をとります。一方、間隔が3ミリ以上の場合は、勝負好きで向こう見ずに突進するタイプ。失敗もありますが、当たれば大きい、まさに人生の勝負師といえます。

### 運気UP！

直感が鋭いので、時代を先取りするような職業が向いています。また、多芸多才で、本職以外のことで出世する可能性もあり、実業家や企業家なども向いています。変化のない単調な生活がきらいなので、ルーティーンな仕事は向いていません。

自分に自信を持っているため、自分のやりかたを人に押し付けようとする傾向があります。周囲の意見に耳を傾けることも大切です。

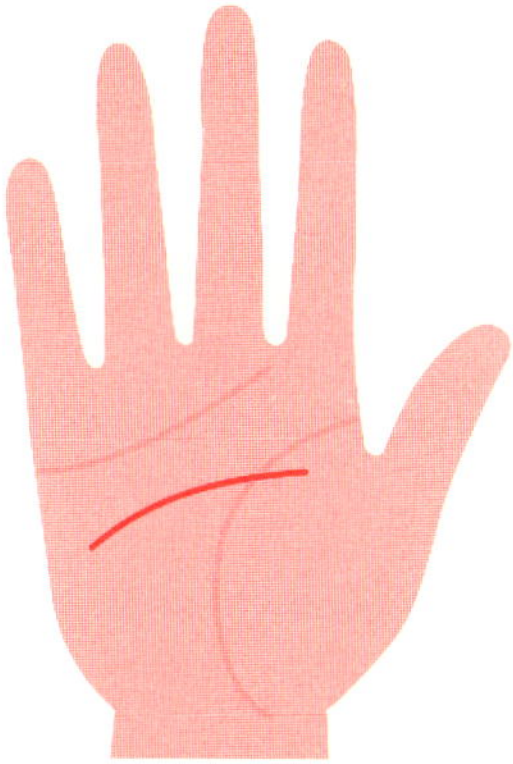

## 起点が生命線の内側

生命線の内側から、離れて始まるタイプは、極端に内向的で警戒心が非常に強い人です。大変、神経質で、小さなことに気をもんだり、人を信じることができず、疑心暗鬼になる傾向があります。自分では気を使っているつもりでも、周囲からは「頑固者」と見られることが多いでしょう。

### 運気UP！

神経過敏に心配ばかりしていると、周囲の人だけでなく、自分自身もつらくなるもの。「どうにかなる」とど～んと大きくかまえることも必要です。また、配偶者におおらかな人を選ぶと、神経質な面を上手にフォローしてくれて、人間関係がスムーズになります。自制心が乏しく、カッとなりやすいところがありますから、爆発しないよう、普段から感情のコントロールを心がけて。

# 末尾はどうなってる？

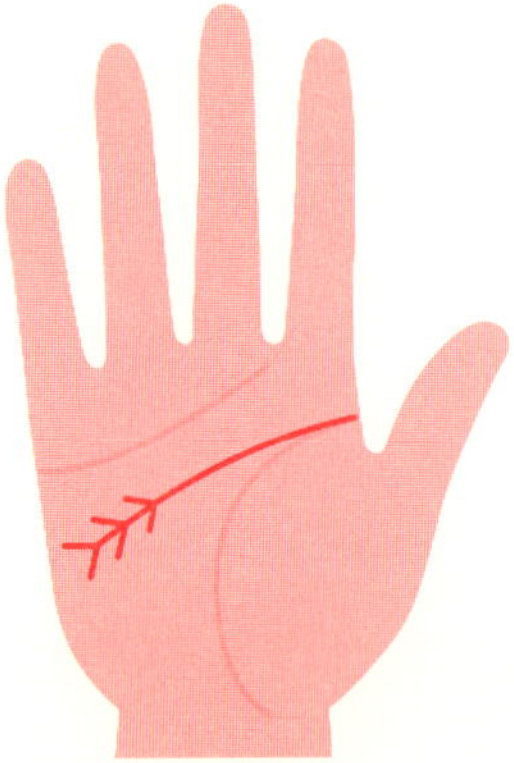

## 末尾が何本にも分かれる

末尾の先端が短く房状になっている人は、自己防衛本能が強く、損得勘定もしっかりしています。しかし、嫉妬深くエゴイストな面も。

末尾の先端が、長い房状に分かれて終わっている人は、記憶力や才能に恵まれていますが、優柔不断で人の意見に左右されるところがあります。

### 運気UP！

短く房状に分かれている人は、損得勘定だけで、人間関係を構築しすぎないことが大切。ときには自分に得がなくても、人のために動くことも必要です。

長く房状に分かれて終わっている人は、自分が何をしたいのか、どうすべきかなどよく考えるクセをつけましょう。人の意見を聞くことは大切ですが、結論は自分で出すようにしましょう。

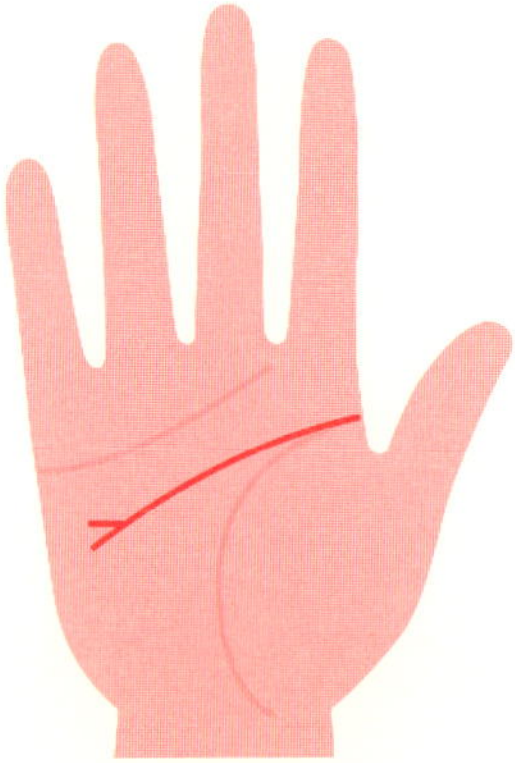

## 末尾が二分されている

枝分かれした線が横に伸びている場合は、処理能力にもすぐれ、常にアクティブに新しいことを求めて動いています。老後、いっそう元気になるのもこのタイプです。

枝分かれした線が感情線に向かってカーブしている人は、他人を動かすのが上手。特に金銭が絡むと、鉄壁の根回しと人脈で利益に結び付ける才能が。

### 運気UP！

枝線が横に伸びている人は、新しいことを求めて活動的に動くのが災いして、落ち着きがないと見られることもあるので注意が必要です。

枝線が上にカーブしている人は、感情よりも理性を優先するので、冷たいという印象を周囲に与えがちです。金融関係の仕事などに向いていますが、プライベートでは、打算的と受け取られて損をすることも。感情を豊かに表現することも必要になります。

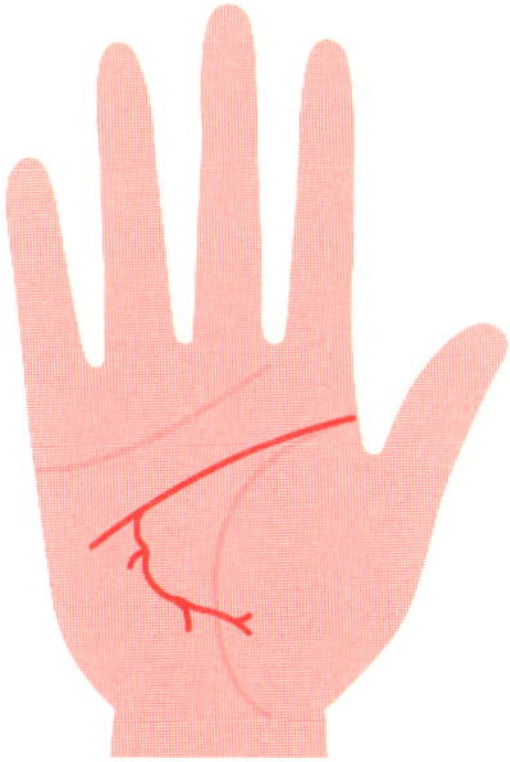

## 末尾が生命線に入り込んでいる

頭脳線が下に向かって回転し、生命線と交差する相。ひどく臆病か小心者で、とてもデリケートな人です。冒険を好まず、危険を避けるので大きな失敗もないかわりに、大きな成功もないタイプです。

女性の場合は、家庭を大切にするタイプなので、結婚すれば、夫によく尽くすよき妻になるでしょう。

### 運気UP！

慎重過ぎて、石橋をたたいて壊してしまうようなところがあります。あまり考え込まないようにしましょう。また、女性の場合は、家族を大切にするあまり、自分を抑えてストレスが溜まることも。もともとデリケートな神経の持ち主で、ストレスが溜まるのは好ましくありません。趣味や好きなことをみつけて、自分の時間を持つよう、心がけましょう。

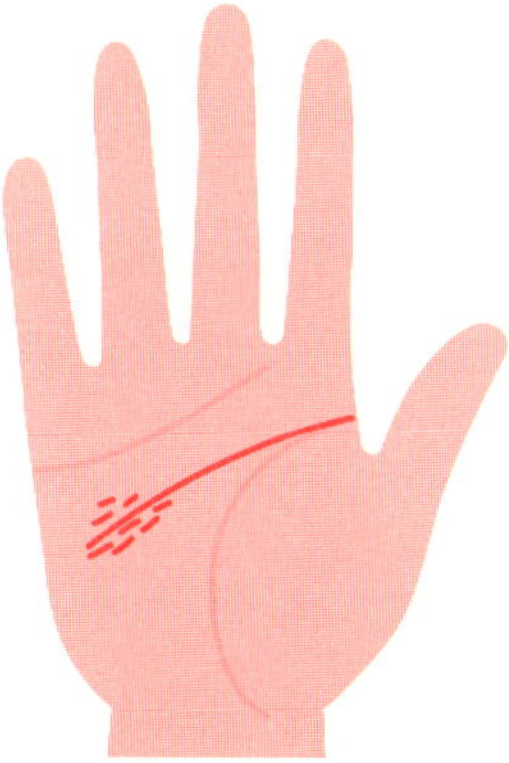

## 本線が途切れる枝線

しっかりした本線が途中で切れ、頭脳線の末尾の周りに数本の細い線がある人は、音楽や文学、技術的な才能を生まれつき持っています。美的センスに優れ、時代を先読みする力もあると同時に、理論的に物事をとらえる能力もあるので、アートの世界や最先端の技術分野で活躍することのできる人です。

### 運気UP！

美的センスが人気運と結びつくことで、多くの人にその才能を認めてもらうことができます。人差し指と中指の間に半円形に近い線（金星帯）がある人は、美的センスが人気運につながることを示しています。

金星帯がない場合は、人脈を大切にし、自分の直感を信じ、根気よく取り組むことで、道が開けていくでしょう。目先のことにとらわれないよう注意しましょう。

# 線上はどうなってる？

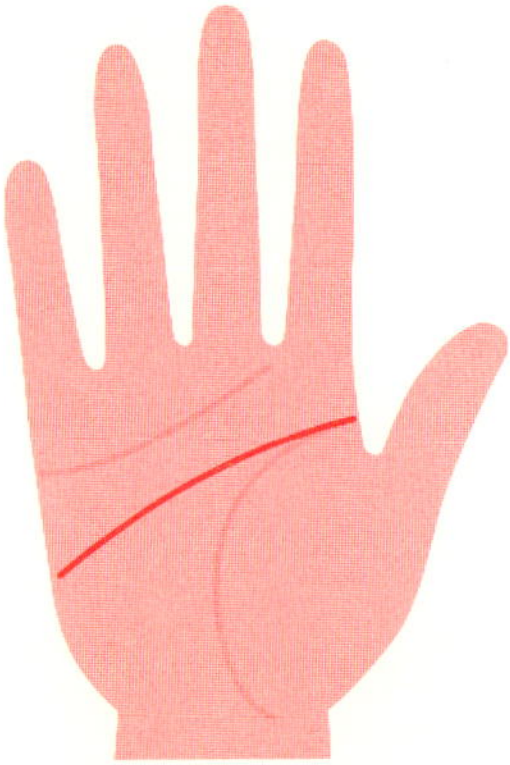

## 全体的に長い

神秘丘の外側まで頭脳線が伸びている人は、頭の回転が速く、記憶力や精神力も優れています。なにか決定する際も、いくつかのパターンを考え、じっくりと結論を出します。

末尾が手首に近いほど、想像力が豊かでロマンティックな傾向が強まります。詩や文学など、文化系のことに縁が深くなります。

### 運気UP！

知能を必要とする方面で活躍する相です。頭脳線が手首に近いほど、身体を動かすよりも考えることを好む傾向が強まるので、肉体を使う仕事よりも頭脳労働のほうが才能を活かして成功しやすいでしょう。

ときとして、現実離れした理想主義に走る場合があるので、注意してください。

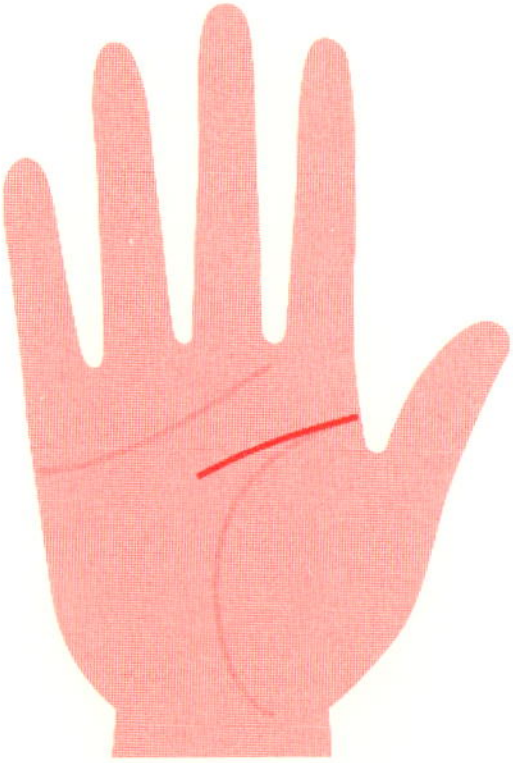

## 全体的に短い

短い頭脳線は、精神力に欠け、根気がなく短気で、記憶力も低いといわれています。しかし、深く濃く短い場合は、直感力に優れ、行動力もあり、返事をする前に身体が動いてしまうタイプです。器用で細かな作業を得意とし、几帳面なところもあるので、技術職や研究職などに向いています。

### 運気UP！

頭脳線が薄く短い人は、目先のことについとらわれて、長いスパンで物事をとらえるのが苦手なところがあります。結論を急がず、じっくりと考えるようにしましょう。根気よく物事に取り組むクセをつければ、運気も変わってきます。

深く濃い場合も、自分の直感にまかせて、軽はずみな行動をとることが。ときには一呼吸置いて行動することも必要です。

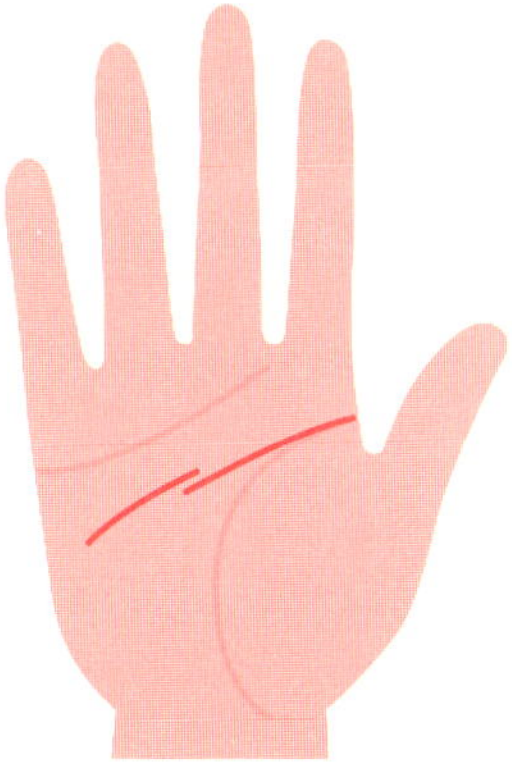

## くい違い頭脳線

頭脳線がくい違いに2本になっている二重頭脳線の一種。本来は1本だった頭脳線が、社会的環境の中で、努力を積み重ね、才能を生み出した結果、このような相が後天的に表れます。

ねばり強く、体力的にも恵まれている人で、スポーツ選手に多く見られます。

### 運気UP！

もともと本人の努力の結果、現れた相ですが、さらなる努力を積み重ね、体力をつけることで運気はもっと上がっていきます。自分の社会的な役割をきちんと認識し、目標を高く設定し、その目標を目指して、ねばり強く取り組むことが大切です。

逆に今の状態に満足し、努力を怠ると吉相も消え、成功はのぞめなくなります。これでいいと油断するのは禁物です。

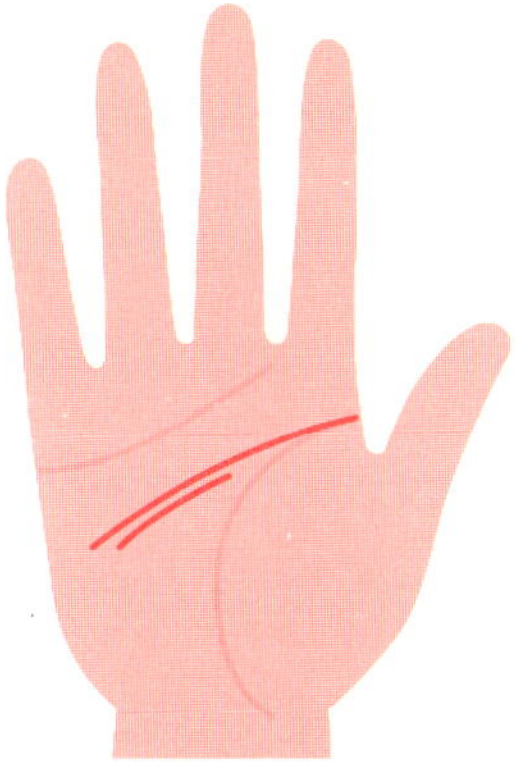

## 二重頭脳線

本線がしっかりとあり、その内側に似たカーブを描いて線がある場合は二重頭脳線の持ち主。一見、柔和でありながら、いざというときには敏速に動ける人です。大胆でありながら冷静さも備えている大器晩成タイプといえるでしょう。本線の外側に線がある場合は、金運にも恵まれ、出世するのも早い人です。

### 運気UP！

語学力に優れ、人を引き付ける話術も備えているので、誘いは多いはず。活発につきあうことで、引き合いも多くなり出世も早くなります。

生まれつき大物の雰囲気を備えているので、傲慢な態度をとると、偉そうで自信過剰と受け取られることが。謙虚な気持ちで人に接すれば、大物の雰囲気と相乗効果をなし、頼りになる人と、周囲からの信頼感が高まります。

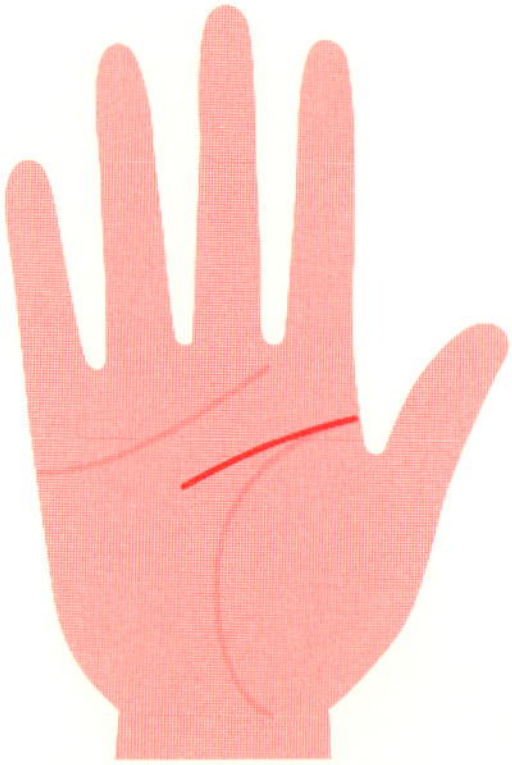

## プッツリ切れている

短いわけではありませんが、末尾が切断されたようにプッツリと切れているタイプは、石橋を叩かずに行動する傾向が。行動的でスタートダッシュが早いのですが、気力が続かず、とたんに休むというパターンにはまりがちです。そのため心変わりも早く、ひとつのことが長続きしません。

### 運気UP!

活動的な素質を活かすには、人前に出るような派手な仕事が向いています。また、行動する前に一呼吸置いて、心にゆとりを持つこと。慌てて行動するより、疲れにくくなり、ひとつのことにじっくりと取り組めるようになります。

吉相を求めるなら、知的分野の広がりを必要とするような趣味を持つのがおすすめ。上昇枝線が現れて運気が変わります。

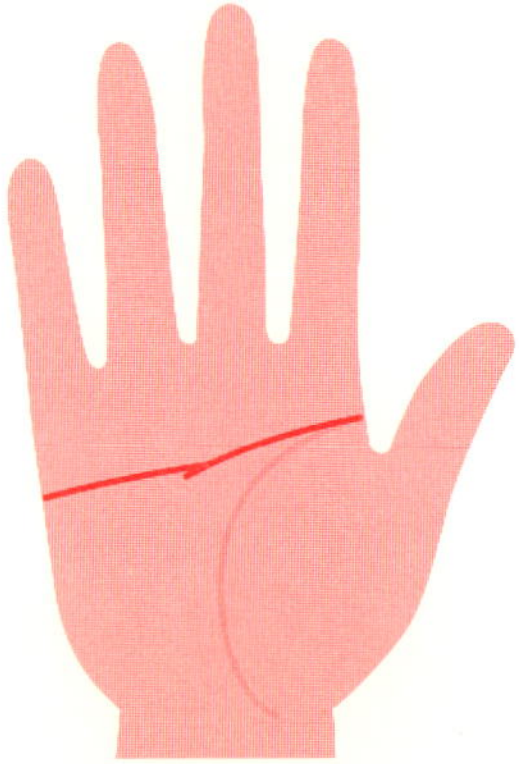

## 枡掛け線

頭脳線と感情線が一体となっている枡掛け線は、「天下取りの相」などとも呼ばれ、個性的で大物の相と言われています。常に現実的に物事をとらえ、経済観念が人一倍強いので実業の世界で成功しやすい人です。しかし、感情線と完全に一体化していない場合は、「枡欠け」と言われ金銭的にズボラです。

### 運気UP!

経済観念がしっかりしすぎて、周囲からケチと思われることが。使うべきところと、そうでない場合のメリハリをつけましょう。

「枡欠け」の場合は、逆に無駄遣いに注意して。このタイプは、紋線が吉相の人と結婚すると、運気が上がります。

女性の場合は、さっぱりとした性格が、恋愛や結婚ではマイナスに働くことが。プライベートでは、細やかな気配りを心がけましょう。

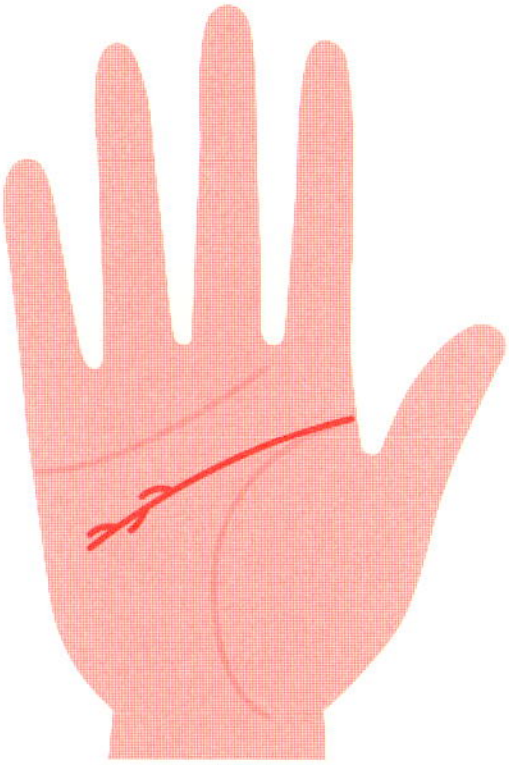

## 下降する枝線

枝線が下向きの人は、野心や意欲に乏しく、何事に対しても消極的でやる気が感じられません。根気もなく、物事を最後までやり遂げようという意志も薄弱で、人生に目標を見いだせない傾向があります。また、「仕方がない」「つまらない」というようなネガティブな発言が多いのも気になります。

### 運気UP！

全身からネガティブオーラが出ていると、周囲の人まで気分が落ち込みます。後ろ向きな発言を控え、表情も明るく保つことを意識して。

何事も前向きに考えるクセをつけましょう。

また、どんな小さなことでもいいので、何か熱中できることを見つけて、打ち込むこと。あきらめない根気と集中力が養え、人生が明るいものになります。

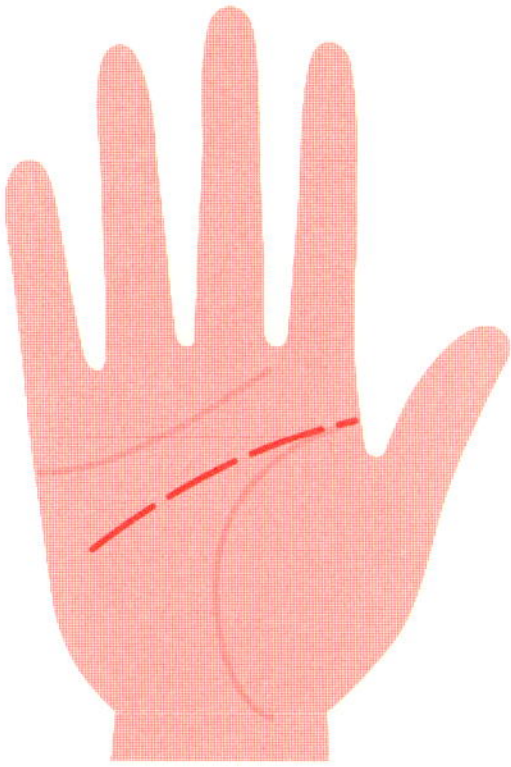

## 断続している

線が切れ切れになっているタイプは、記憶力はいいのですが、理性的な判断や集中力、忍耐力に欠け、根気がありません。

言動に統一性がなく、気が変わりやすくあきっぽい上に、人の主義主張に左右され言動を変えるので、ポリシーのない人という評価を受けやすいでしょう。

### 運気UP！

持続力に欠けるため、目の前の楽しみに流されやすい面があります。それが原因で、生活力も低下しがち。生活環境をしっかりと立て直し、もう少しストイックになりましょう。

根本的な解決策として、熱中できる好きなことを見つけて、打ち込むことをおすすめします。一生懸命取り組むことで、線がつながり、根気や集中力がアップ。運気を上げることができます。

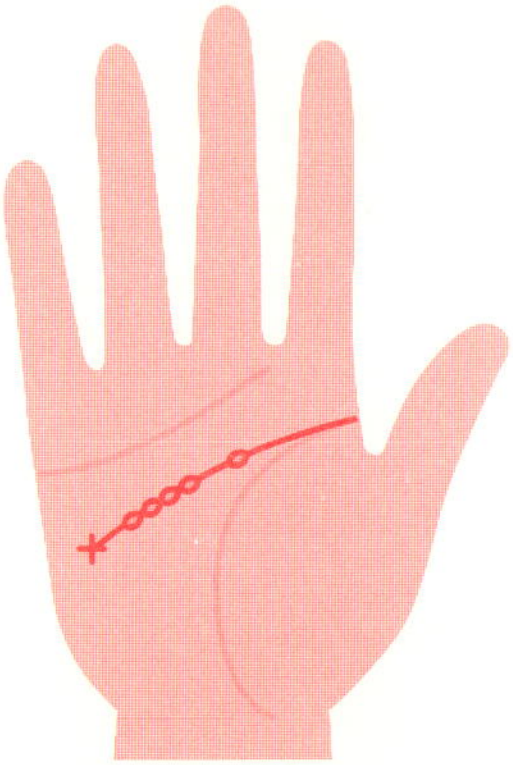

## 島・鎖・十字紋などがある

島がある場合を目方頭脳線といい、大脳の病気が心配されます。島が2つ以上ある場合は、精神的な異常を示しています。

鎖形は虚栄心が強く嫉妬深くて優柔不断な性格の持ち主です。

十字紋がある場合は、頭部の病気やケガをする前兆。また、感情の起伏が激しい人にも見られる相です。

### 運気UP!

どの場合もいい相ではありません。このような相が現れるときは、疲れがたまっていることが多く、ストレスも増大、集中力も低下しています。この時期にムリをすると、トラブルもより深刻になり、人生を左右する大事に発展する可能性もあります。なるべくゆったりとした気分で過ごし、心身ともに疲れがたまらないよう、生活のペースをゆるめましょう。

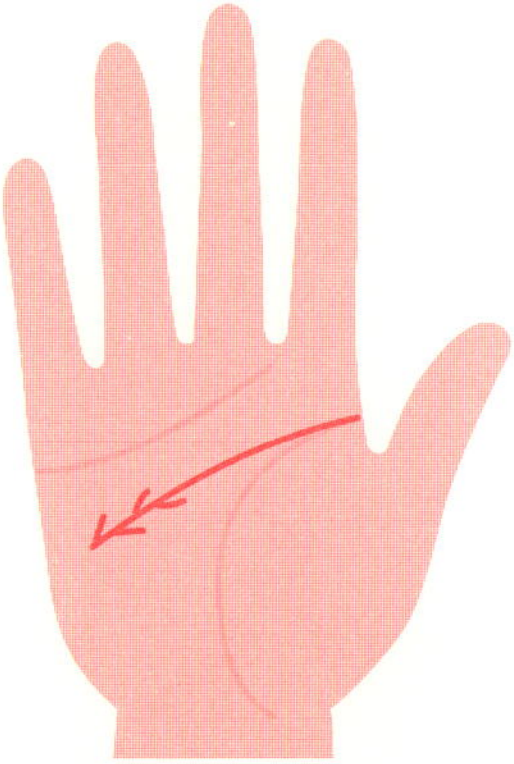

## 上昇する枝線

明朗快活でユーモアに富み、よく笑い、よく話し、臨機応変にその場を楽しくさせる才能があるので、人に好かれる相です。

上昇枝線が、1本でも長く人差し指のほうに向かっている人は、野心に燃え、希望に満ちている状態。目標に向かって、積極的に頑張っている時期であることを示しています。

### 運気UP!

少し集中力に欠けるところがあるため、お調子者と思われることがあります。人とうまくつきあえる人なので、慌てずにゆったりと構えていれば、人間関係はさらに充実するでしょう。

人差し指のほうへ枝線がない人でも、目標を持ち、積極的に行動に移せば、枝線が伸びてきます。仕事も恋も成功しやすくなりますので、前向きな気持ちを忘れずに、毎日を過ごすといいでしょう。

# 感情線をチェック！

## 感情線で分かること

恋愛や結婚、家族愛、友情など、情感の強さや働きを示す感情線。生命線や頭脳線とあわせて見ることで、性格や素質、運命までも判断することができます。

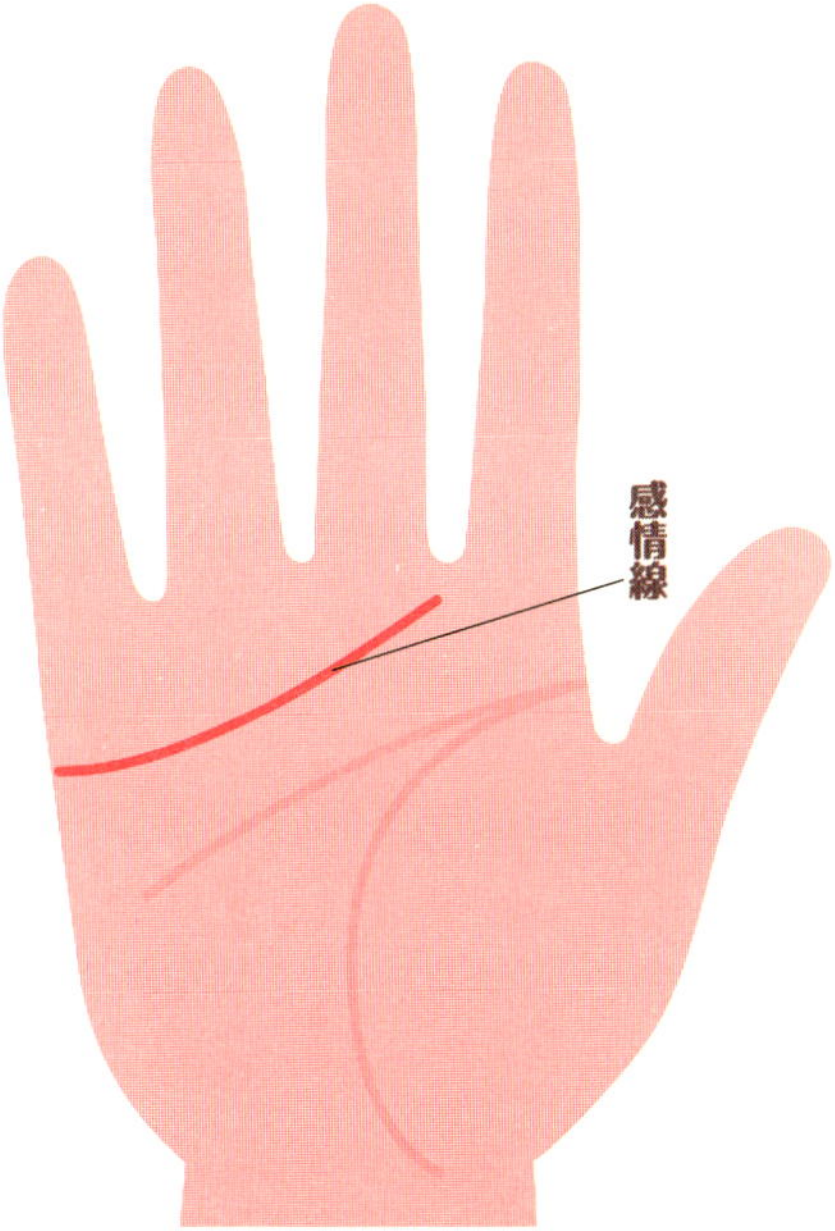


感情線は、生命線や頭脳線と同じ、三大基本線のひとつです。恋愛や家族愛、友情など愛情のあり方や感情の強さ、感覚的な働きを示すとされ、別名、愛情線とも呼ばれています。結婚線とあわせて見ることで、結婚に関する運を判断することができます。

感情線は、はっきりとゆるやかな上昇カーブを描いているのが、最もいい相とされています。末尾が上向きなら、いつもポジティブで向上心旺盛。下向きならば、感傷的で物事に批判的、苦労性のタイプといえます。

基本的に、感情線は、複数パターンの起点と末尾の組み合わせや、紋線上に現れる様々な障害と組み合わせて考える必要があり、それによって示す意味も違ってきます。

さらに、生命線や頭脳線と対比して見ることで、感情が優先するタイプか、感情より理性が優るタイプかなど、その人の性格や素質、ひいては運命まで判断することができるのです。

# 起点はどうなってる？

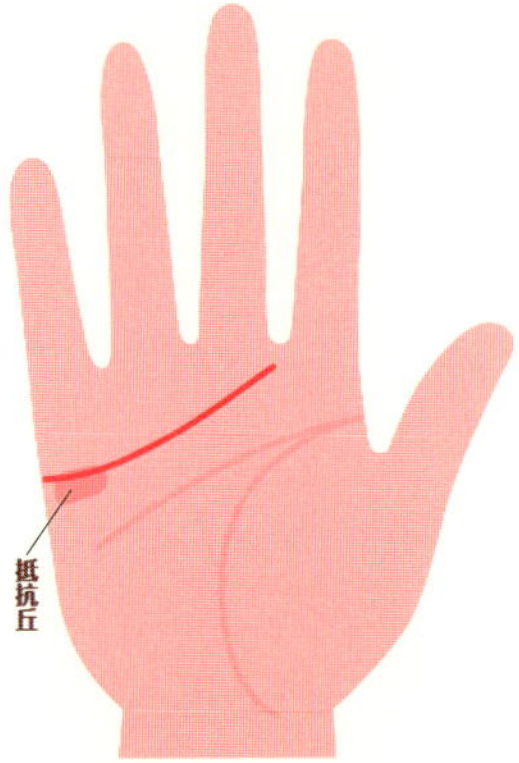


## 抵抗丘から スタートしている

抵抗丘よりスタートしている人は、消極的で、責任を引き受けることを嫌い、忍耐力も欠けています。しかし、一時の感情に流されて我を忘れるようなことは少ない人です。物質面よりも精神面に豊かさを求める面があり、そんな時でも一時の損得や激情に走ることはなく冷静です。

### 運気UP！

常に冷静で感情的になることは少ないですが、理想の世界に生きようとするあまり、ときとして宗教や迷信に凝る傾向があり、人並み外れた行動に出ることがあるので注意しましょう。

恋愛面では、消極性や冷静さがマイナスに働くことも。好きな人に対して、自分の感情を素直に出すことは悪いことではありません。ポジティブな気持ちは相手に伝えて。

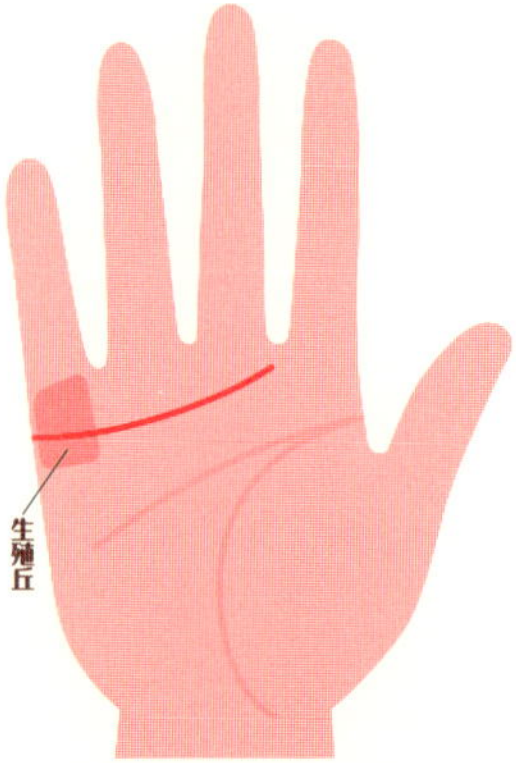


## 生殖丘から スタートしている

起点が、小指に近い生殖丘からスタートしている場合、理性よりも感情が優先される傾向にあります。何をするにも感情に流され、何事も自分の気がすむようにしなければ承知できない人です。

恋愛面でも情熱的、盲目的に相手を求めますが、金銭面では打算的です。

### 運気UP！

考える前に、思っていることが口に出てしまうタイプなので、失言には注意を。

また、嫉妬深い面があり、恋人や配偶者を自分の思いのままにコントロールしようとしがちです。感情に任せて、ネガティブな気持ちをぶつけるのは考えもの。相手の人格を認め、思いやる気持ちで接すると、穏やかで安定した愛情生活が送れるようになるでしょう。

# 末尾はどうなってる？

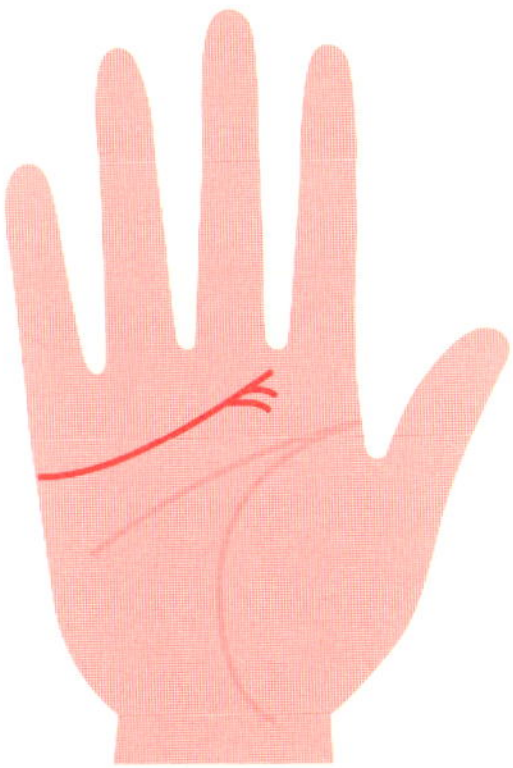

## 枝分かれが下降している

3本か4本の枝分かれがあり、そのうち1〜2本下降している人は、周囲の雰囲気に異常なほど敏感で、自分の感情を素直に表現できないタイプです。

ただ、下に向かうカーブがゆるやかな場合は、向上心はあっても冒険を好まないタイプ。思慮深い人といえるでしょう。

### 運気UP！

周囲の人たちを気にせず、ときには自分の素直な感情を表現しましょう。あなたが思うほど、周囲の人たちは感情を害することはありません。むしろ、意外なあなたの面に親しみを感じるようになるはず。

また時々、内向的になり決断力が乏しくなることがあります。そんなときは、人への依頼心が強くなっている状態です。なんでもかんでも人任せにしないよう注意しましょう。

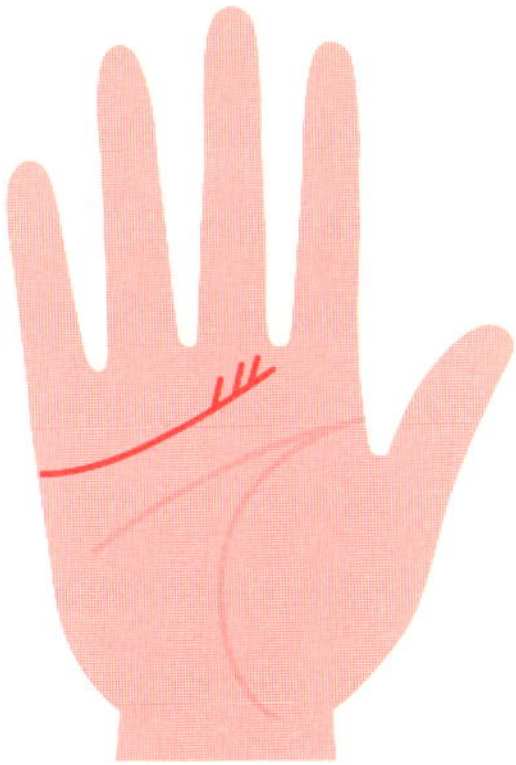

## 末尾が枝分かれしている

末尾が二分か三分されていて、そのすべてが上昇している人は、意志が強く、エネルギーやスタミナを充分に持った人です。情緒豊かで思いやり深く、きめ細やかな愛情表現ができるので、恋愛面でもモテます。

また順応能力や適応力にも優れているので、臨機応変に物事に対処することも得意です。

### 運気UP！

思いやり深いことが災いして、人につけこまれたり、余計なお世話と拒まれたりすることがあるので注意しましょう。

責任感が強すぎる面もあり、無理してでも自分がなんとかしようとしすぎて、疲れてスタミナ不足になってしまうことも。あれもこれもと引き受けすぎるのは、かえってよい結果が出せません。ペース配分を考えるようにしましょう。

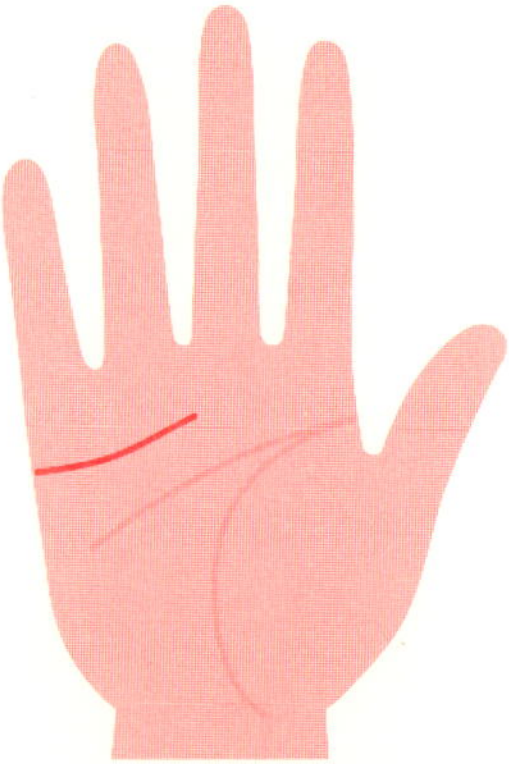

## 末尾がプッツリ切れている

感情線の末尾が、枝線もなく、ある場所でプッツリと切れている人は、物へのこだわりが強い人です。

感覚よりも理屈を優先するので、けんかや口論が多く、自分の運命を破壊するような自暴自棄な行動をとることも珍しくありません。

男女関係においてもクールで恋愛におぼれることは少ないです。

### 運気UP!

よくない結果になるとわかっていて、あえて飛び込むようなやけっぱちの行動は抑えるべき。

恋愛相手に対して割りきったつきあいができる人なので、後くされのない関係を作るのは上手ですが、結婚となると難しいタイプです。結婚を望むなら、カッとなる気持ちを抑え、もう少し感情を大切にして、おだやかな気持ちで生活するようにしましょう。

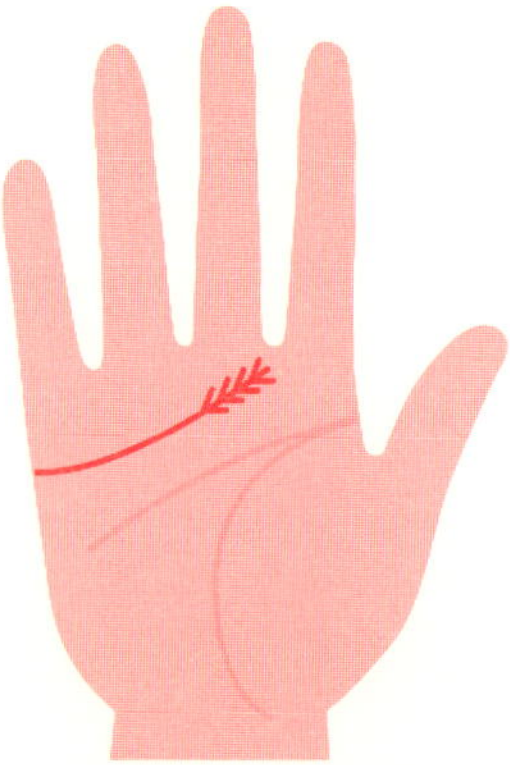

## 末尾が房状

何事にも迷いがちで、決断力に欠けています。また、感情に振り回されて、理論的に考えることが苦手。

恋愛においても、意志表示がヘタで、好きな相手に本心とは違うことをいってみたり、意地悪なことをついしてしまいがち。しかも、自分でも、その理由がわからない場合が多いようです。

### 運気UP!

一言でいえば、感情のコントロールができない人。そのため、自分の思った通りに事が進まず、不満がたまっていくという結果に。自分自身で自分の首をしめているところがあります。まずは、自分の内面をじっくりと見つめ、自分が何を求めているのか見極めることが大切です。

また、恋愛に疲れている人は、恋愛以外のことに目を向け、気力を充実させましょう。

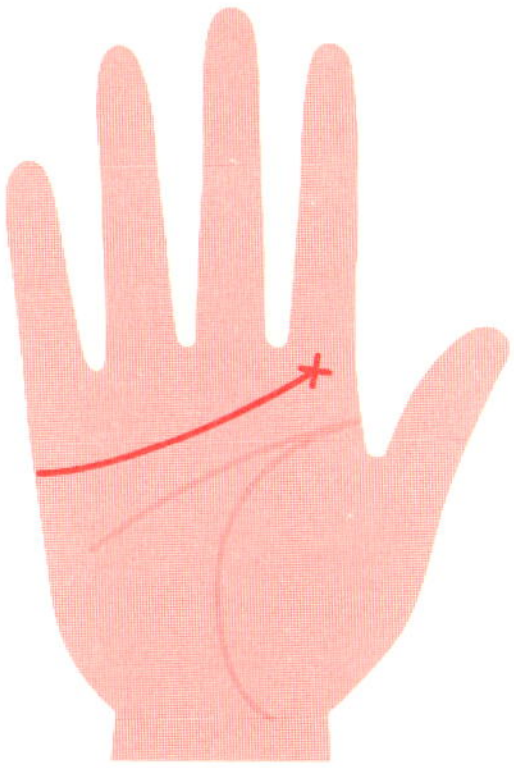

## 末尾が十字紋

末尾が支配丘にあり、十字紋で終わっていれば、幸運が訪れる吉兆。支配丘の十字紋が単独で小さく、くっきりと現れている場合は、近いうちに、結婚のチャンス到来の印です。

ただし、十字紋が中指の反省丘や人差し指のずっと下の攻撃丘にある場合は、傲慢で自制のない性格を表します。

### 運気UP!

十字紋が反省丘や攻撃丘にある人は、反骨精神が強く、相手の話もよく聞かず、反射的に反対したり、反抗したり、攻撃的な態度をとりがちです。そのため、人間関係のトラブルが多くなります。

人の意見を落ち着いて聞き、いいところは認める素直さや謙虚さを身につけましょう。おだやかな人間関係を築くことができれば、自然に運気も変わってきます。

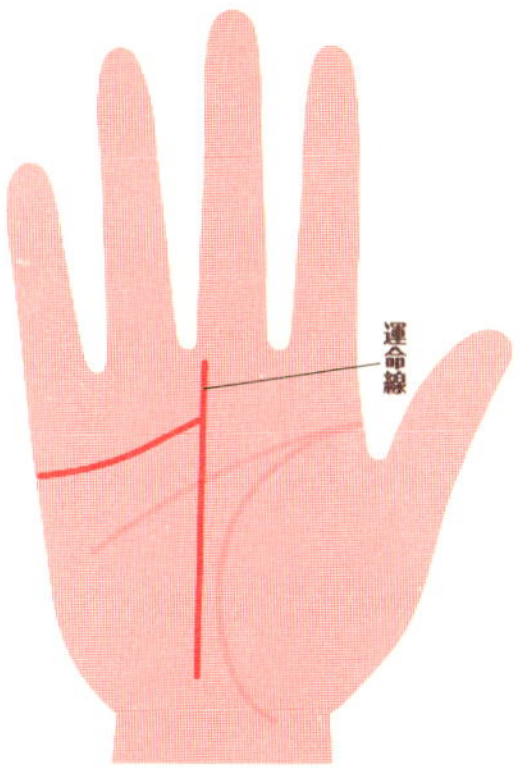


## 末尾が運命線上で切れている

感情線が運命線上でプッツリと切れている人は、周囲の意見や環境、感情に流されることなく、自分がやりたいことだけをやろうとするタイプ。特に中指の近くで切れているほど、その傾向が強くなります。

自己中心的で、周囲のことをまったく考えないので、つねにトラブルに見舞われます。

### 運気UP!

人の気持ちを推し量ったり、周囲の環境を見て行動する力を育てる必要があります。

年齢を重ねれば重ねるほど、自己中心的な人は嫌われ、周囲の人も離れていきます。一刻も早い段階で思いやりの心を持ち、他人に対して謙虚になることが、社会生活を平和に穏やかに過ごす大きなキーワード。子供っぽいエゴは捨て、大人になりましょう。

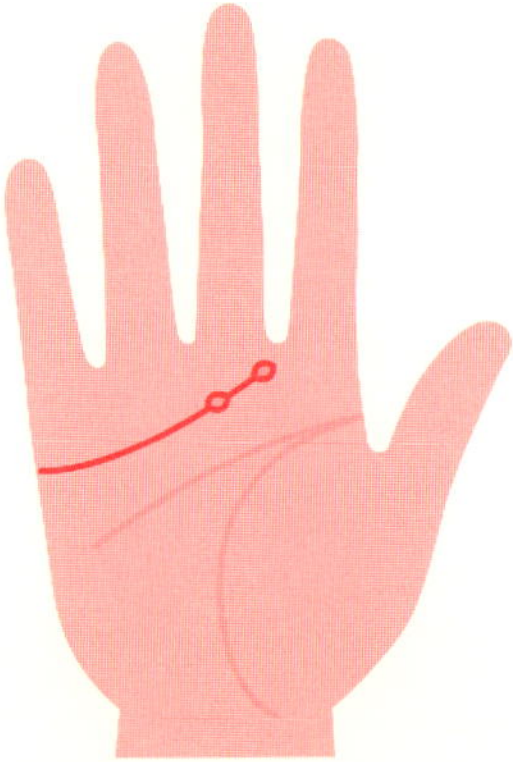

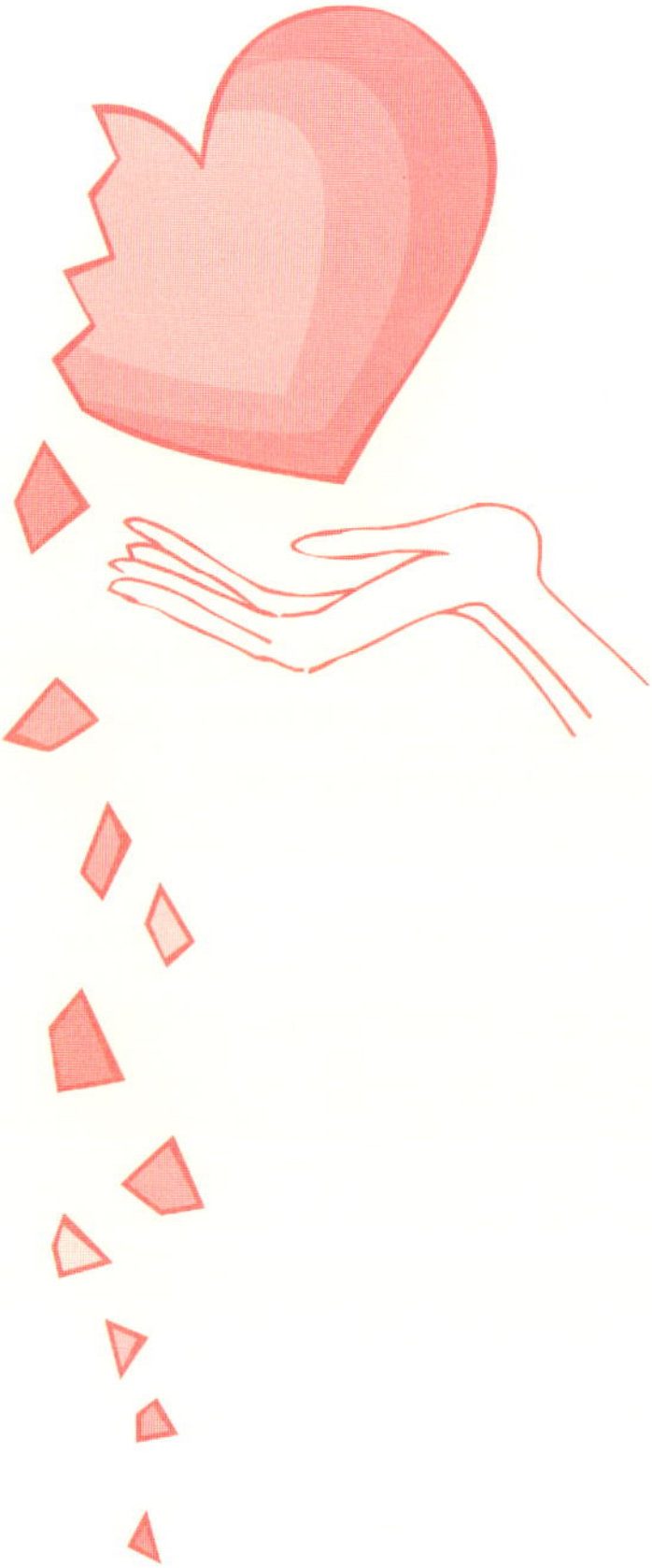

## 末尾が島や障害紋

島は、どの部分にあっても不吉な意味を含んでいますが、末尾に島がある場合は、恋愛や結婚の破綻、離別、親との別居、同性からの嫉妬で苦しむことを示しています。

格子紋や波状紋、縦断線なども不幸や危険を現しており、やはり愛情の破綻や別離、恋愛のトラブルなどが関係しています。

### 運気UP！

島や障害紋が現れたときは、パートナーや身内と細かなことも話し合い、感情のもつれや誤解がないよう、信頼関係をきっちりと保つようにしましょう。

また、障害紋の位置によっては、家庭のある人を好きになってしまうことも。そんなときは自分の求める幸せがどんなものか、じっくりと考えてみましょう。間違った方向に走っていることに気がつく場合があります。

# 線上はどうなってる？

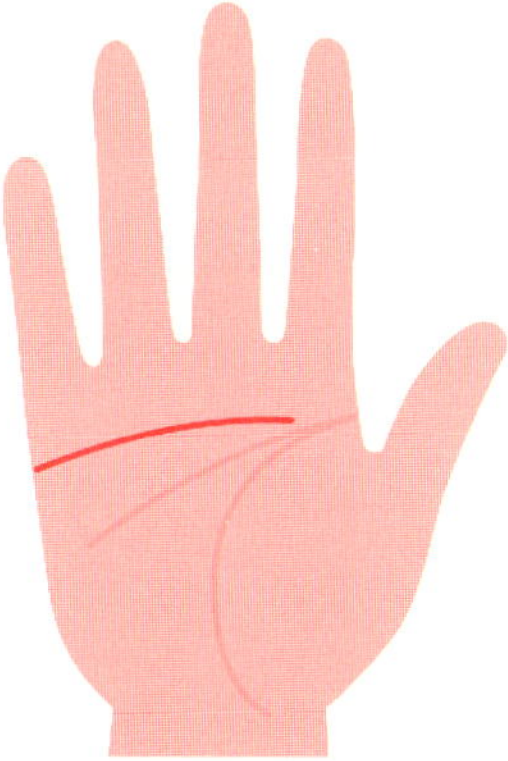

## 長い下向き

下に向かうほど人間味豊かで涙もろく、お人好しといえます。しかし、物事に対しては慎重で、じっくりと考え、時間をかけて結論を出す人です。仏様のような大きな慈悲の心を持った人で、周囲の人に誠実に向き合うため、人望は厚く信頼されるでしょう。恋愛においても大きな愛情を持って相手に接する人です。

### 運気UP！

無類のお人好しがあだとなり、人情で動いてしまうことが多い人です。そのため、いつの間にか利用され、苦い経験をすることも少なくはありません。「かわいそう」「気の毒」と思うのもほどほどにしておきましょう。

また、優しすぎるため、恋愛面では、押しの弱いところがあります。せっかくのチャンスを逃すことがあるので、気をつけましょう。

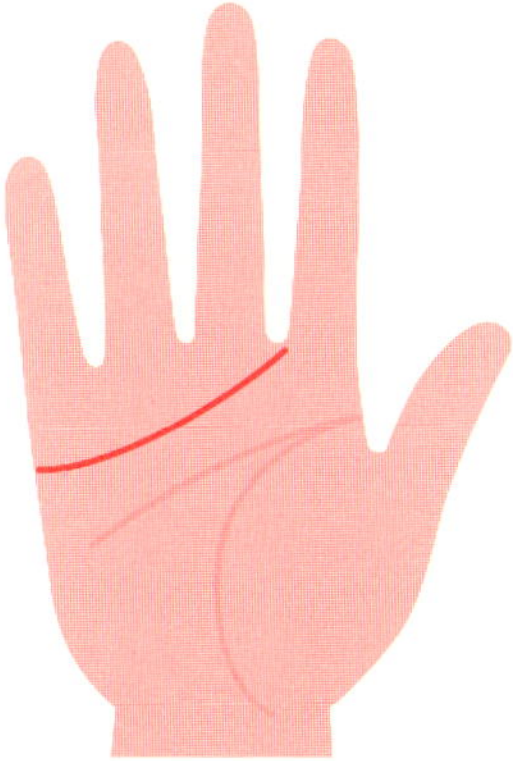

## 長い上向き

感情線が長い人は、温和で謙虚で協調性があります。ゆるやかな上昇カーブを描いている場合は、思いやりの深さや情の厚さも強くなります。恋愛面では、非常に情熱的で、魅力的な恋人であり、生涯のよき伴侶ともなれる人です。男女とも家庭を大切にしますが、男性は亭主関白、女性は世話女房タイプになります。

### 運気UP！

理想主義的な面があり、プライドが高く、価値観の合わない人や下品な人を敬遠することがあるので、ほどほどに。

女性の場合は、世話を焼き過ぎて、夫や子供からうるさがられることが。男性も亭主関白に振舞うだけでなく、ときにはパートナーに優しい言葉や態度をとってみては？　照れずに優しくすれば、二人の絆がいっそう深まります。

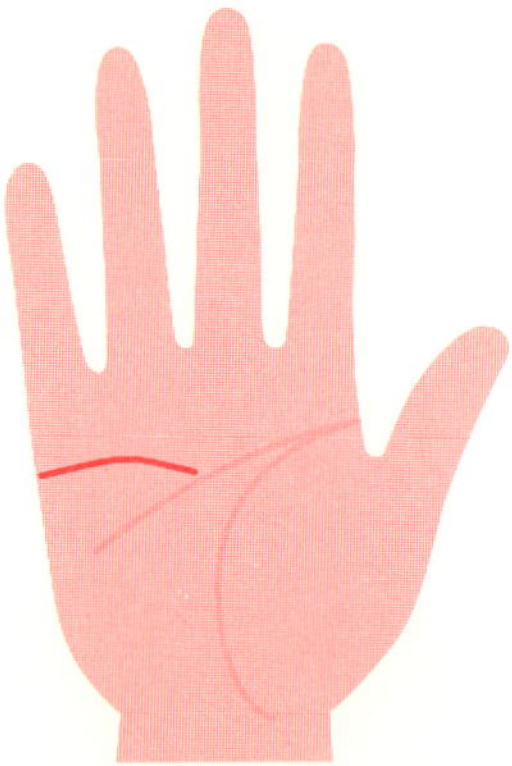

## 短い下向き

愛情が淡泊で、情に動かされることの少ないタイプですが、嫉妬心や執着心は非常に強い人です。自分の情熱的な感情に対して、同じように応えてほしいと思う傾向があります。頭脳線と感情線が薬指近くで合流するようなら、理想が高く完璧主義。仕事も完璧にこなそうとする人です。

### 運気UP！

仕事面でも恋愛面でも相手に完璧を求めすぎる傾向があります。プライドも高く、求めるものが高すぎるので、相手がまいってしまうことが多いようです。

自分が出来ること、感じることが相手も同じように出来る、感じるとは限りません。一方的に要求するのではなく、相手の性格や能力を見極めて接することを心がけましょう。完璧主義がよい方向に働きます。

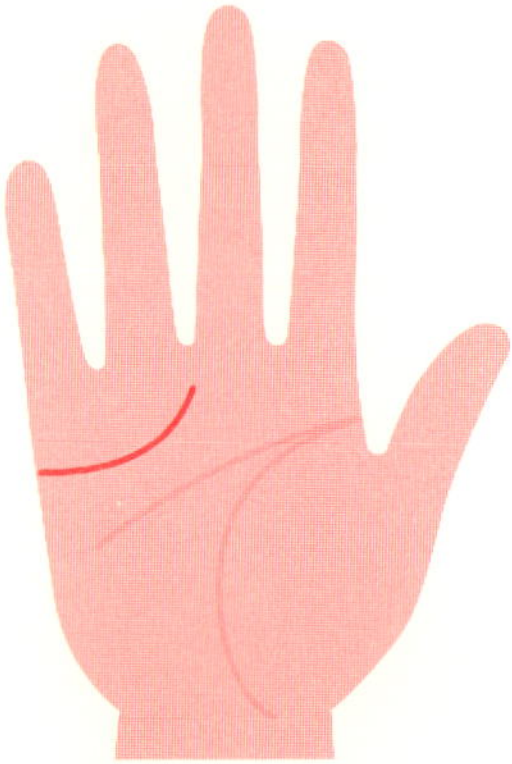

## 短い上向き

一般的に感情線が短い人は、現実的で理性的といわれています。上昇カーブを描いている場合は、思ったことをすぐに実行するタイプで、行動力抜群。いつも冷静で、周囲が動揺しても影響されることなく、自分の判断ができる人といえます。

恋愛面では追われるよりも追う方が燃えるタイプです。

### 運気UP！

周囲に影響されず、自分で判断をくだせるというのは、裏返せばエゴイストになりやすいという面が。相手の気持ちや都合も考えず、自分の都合だけで相手を振り回すところがあるので注意しましょう。

また恋愛中は熱心に相手を追いかけていたのに、恋が実ったとたんに冷めるクセがあります。最後まで相手に向き合う誠実さを身につけましょう。

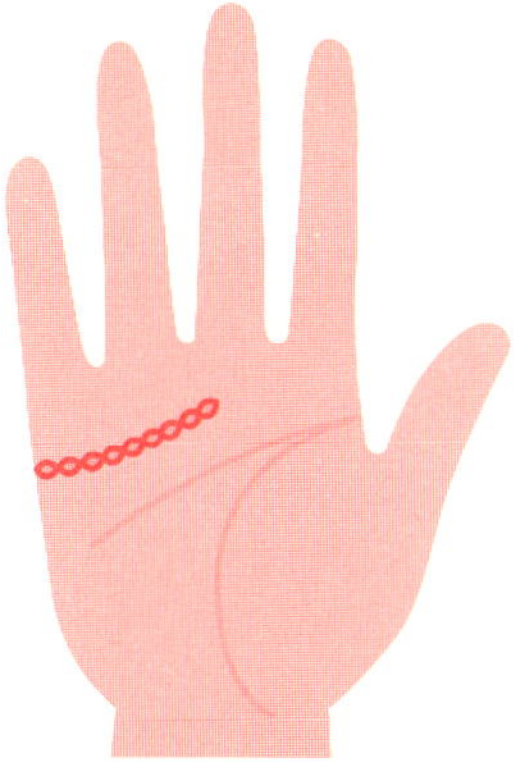

## 鎖状や細い線でできている

人情の機微に通じ、豊かな感受性があります。また、人を引き付ける不思議な魅力があり、社交性に富んでいるので、どんな環境でも大勢の友人が出来る人です。

優れたコミュニケーション能力は、社会生活でも活かされ、人脈に恵まれ、若いうちから引き立てられて出世するタイプです。

### 運気UP！

女性の場合は、男心をくすぐる小悪魔的な面があります。新しい刺激を求めて恋多き女となり、いつのまにか質の悪い男にだまされることが。持ち前のコミュニケーション能力を活かし、しっかりと相手を見極めましょう。

頭脳線が貧弱だと、お調子者で八方美人の傾向が強くなります。このような人は家族や友人とは誠実に向き合うよう気をつけましょう。

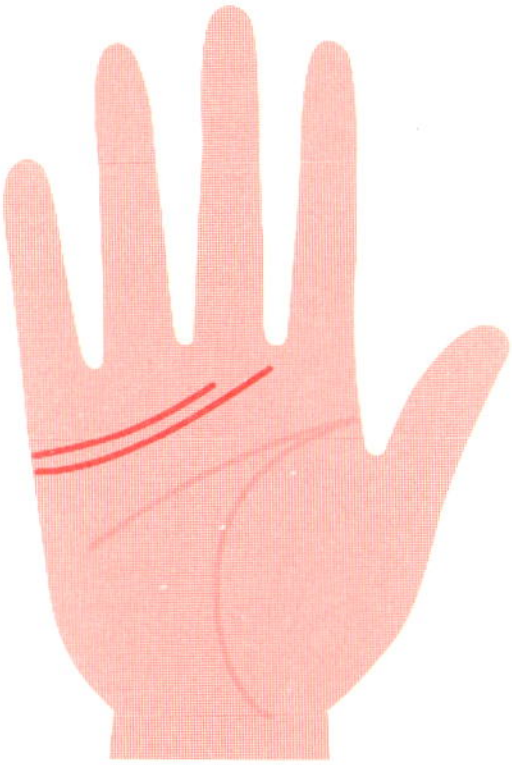

## 二重感情線

並行して2つの紋線がある人は、明るくて前向き。どんな困難にも立ち向かう不屈の精神を持っています。また、同時に2つの仕事をこなせる器用さがあり、本職のほかにサイドビジネスを持ち、成功する場合も。

異性に対しても積極的で、自分からアタックしていきます。

### 運気UP！

惚れっぽいところがあり、この人と決めたら、ためらわずアタックし、相手をその気にさせるのが上手。それだけに結婚に至るまでが早く、生活を共にしてから「こんなはずじゃなかった」と冷静になることが。そのため、結婚と離婚を繰り返すことになる場合があります。

肉体的にスタミナ十分なタイプですが、ときには休養をとることも運気アップには必要です。

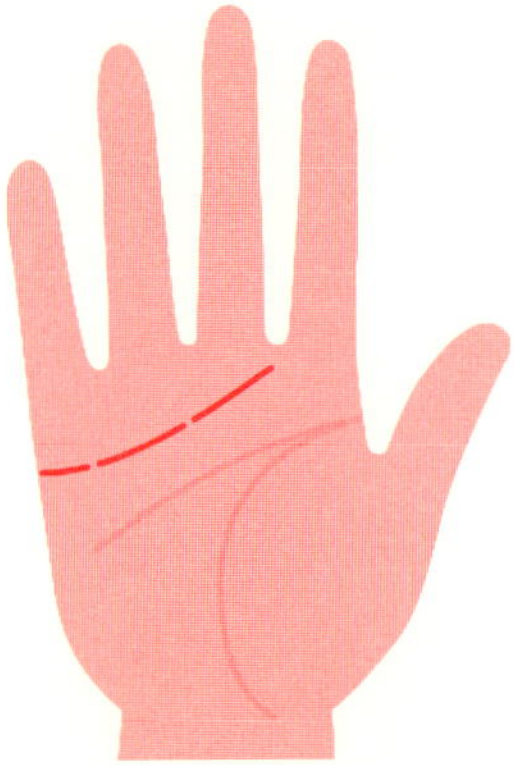

## 途中で切断されている

喜怒哀楽がとても激しく、エキセントリックなタイプ。意見が違う人に対しては、一歩も譲らず、自分の感情を優先させようとします。一方で情が深い面もあり、同情を感じる相手には、優しく接するところがあります。

仕事面では線紋が切れている数だけ転職を繰り返します。

### 運気UP！

納得できないことには、頑固なまでに立ち向かいますが、感情的に立ち向かうので、相手はただ疲れるだけです。

また、同情から恋愛に発展しがちで、「自分がいないと相手がダメになる」と思いこみ、ドロ沼状態になっても関係を断ち切れない弱さを持っています。情けをかけるのも相手を見てからということを肝に銘じておきましょう。

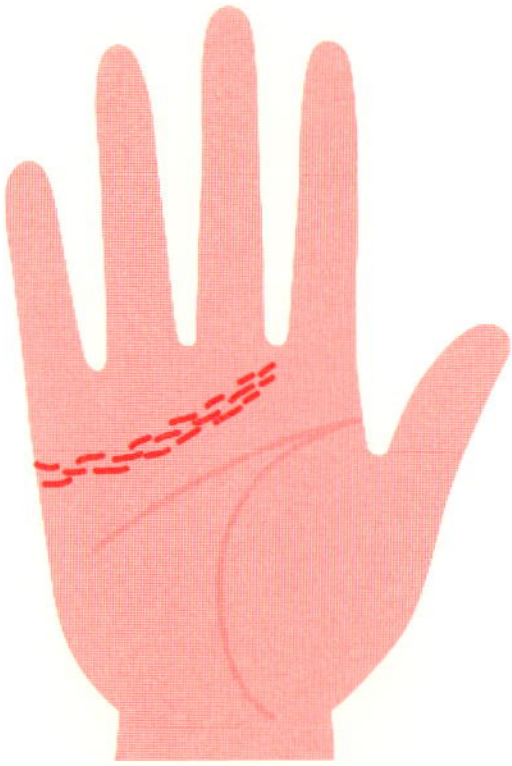

## 乱れながら細くつながっている

線紋の乱れは、そのまま感情や情緒の乱れを表しています。このタイプは、気分屋で感情の起伏が激しく気まぐれです。そのときの感情に左右されて動くので、言動に統一感がなく、とりとめがない印象を与えます。愛情面においても、相手との信頼感を作り出すことができず、つきあいが浅くなりがちです。

### 運気UP！

あなたの気まぐれに周囲は振り回され、すっかり疲れてしまいます。つきあいにくい人と思われるため、他人と深い関係を築くことができず、表面だけのつきあいが多くなりがち。あなたが一方的に相手を信頼している場合もあり、両者の気持ちのずれから、人間関係に問題が生じることもあります。きちんとした人間関係を作るためにも感情に振り回されないよう注意が必要です。

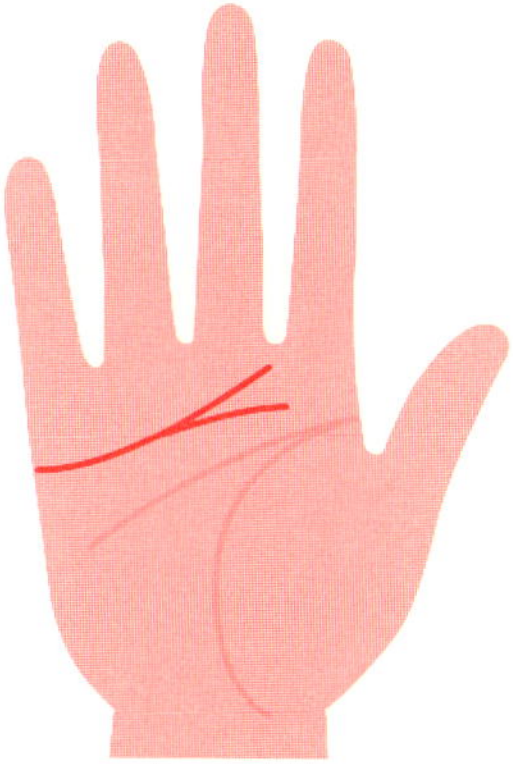

## 大きく二またに分かれている

明朗快活で働き者。友情に厚く、友人に対して常に誠実な態度をとる人です。情熱的なので、大恋愛をする傾向がありますが、結婚後は相手に尽くし、両家の世話を分け隔てなくする情け深さも持っています。

枝線のどちらか1本が人差し指と中指の間へ向かっている場合は、勝気で自尊心の強い性格です。

### 運気UP!

人もうらやむような大恋愛をする人ですが、結婚に至らなかった場合、いつまでもその恋愛をひきずるのは考えものです。特に結婚を望んでいる人は、いい思い出ができたと前向きに未来へ目を向けましょう。

また、周囲の人に頼られることが多く、それに応えようとがんばり過ぎる傾向があります。疲れを感じたら、ムリをせず、人に頼ることも考えましょう。

# 運命線をチェック！

## 運命線で分かること

運命線は、ほかの線とあわせて見ることで、その人の事業の成功や失敗、生活環境、健康状態、人間関係など、社会生活の中でどのように活動するのかを知ることができます。

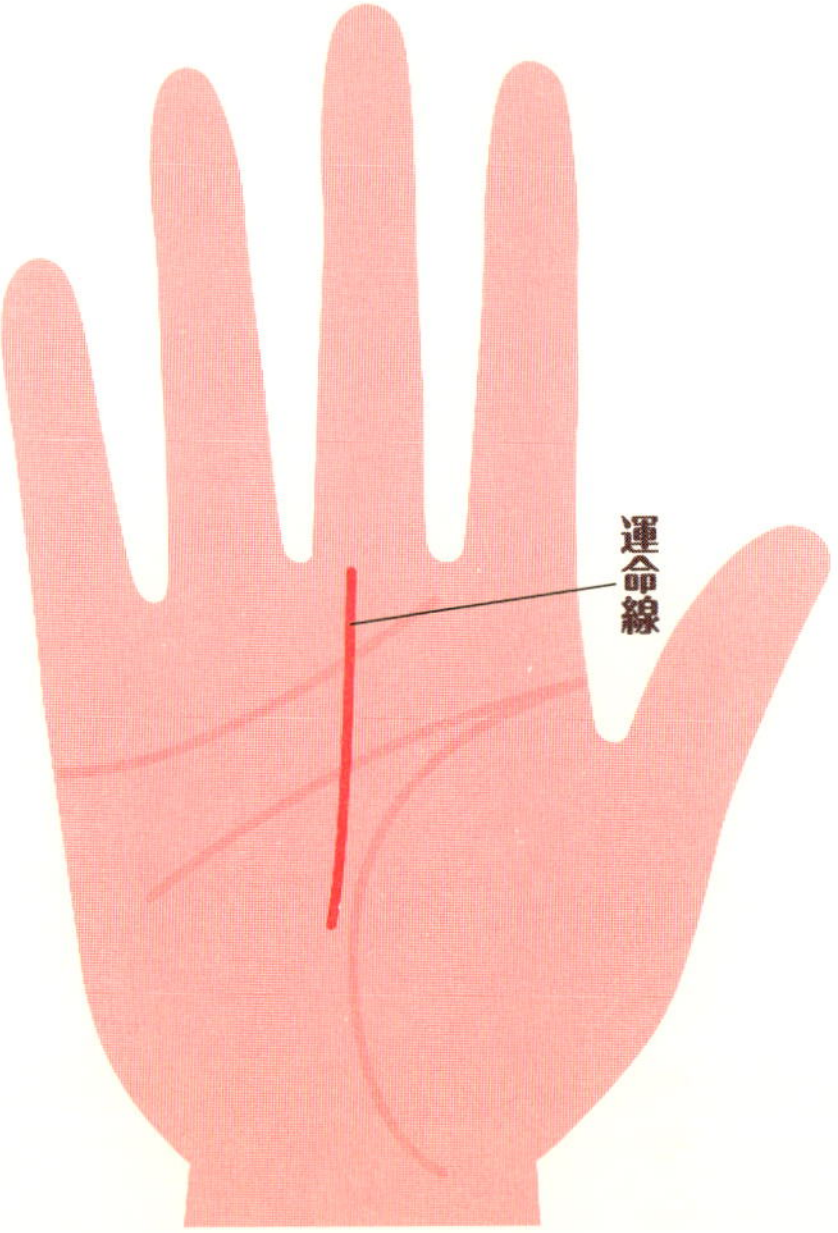


運命線は手首の中央から始まり、中指のつけ根の反省丘に向かって上昇している紋線です。生命線や感情線と比べると見えにくい場合が多く、中には運命線がないという人もいます。しかし、そういう人の中にも大成している人はたくさんいます。

運命線は単独で見るものではなく、生命線や頭脳線、感情線と照らし合わせて見る必要があります。

たとえば、生命線からは生まれ持った寿命が推測できますが、運命線は健康維持の方法や努力の有無を示しており、両者が吉相であれば、生まれ持った天寿まで健康的に生きることができるということになります。頭脳線や感情線に対しても、運命線は同じような働きを持ち、紋線の示す運を活かせるか否かは運命線にかかっているともいえます。

つまり、運命線は、それぞれの線とあわせて見ることで、社会生活全般の活動や環境の変化、また、成功や失敗の有無とその過程などが、より総合的に推測できるのです。

# 起点はどうなってる？

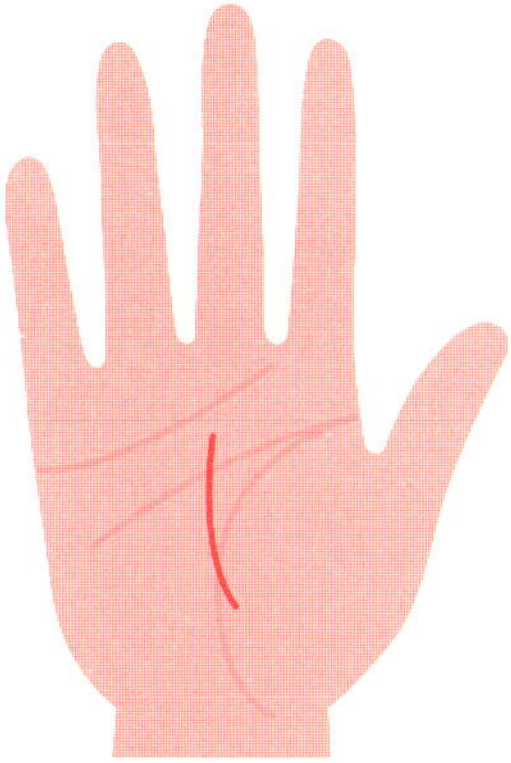

## 起点が生命線の内側

生命線の内側、つまり愛情丘の中から始まり、先端が感情線を越えている人は、先代から事業を引き継ぎ、大きな成功を収めるか、身内の援助によって成功を得る運を持っています。先端が感情線の前でストップしている場合は、恋愛や愛情のもつれが原因で、自らの運を放棄したことを意味しています。

### 運気UP！

生命線の内側から発する運命線は、両親や親戚、配偶者など、人とのつながりの中で成功を約束されています。周囲の人たちを大切にし、誠実につきあいながら、自分自身を磨き、向上させる努力を怠らないようにしましょう。たとえ、恋愛がうまくいかなかったとしても、努力を怠らないことが、次へのステップへとつながります。

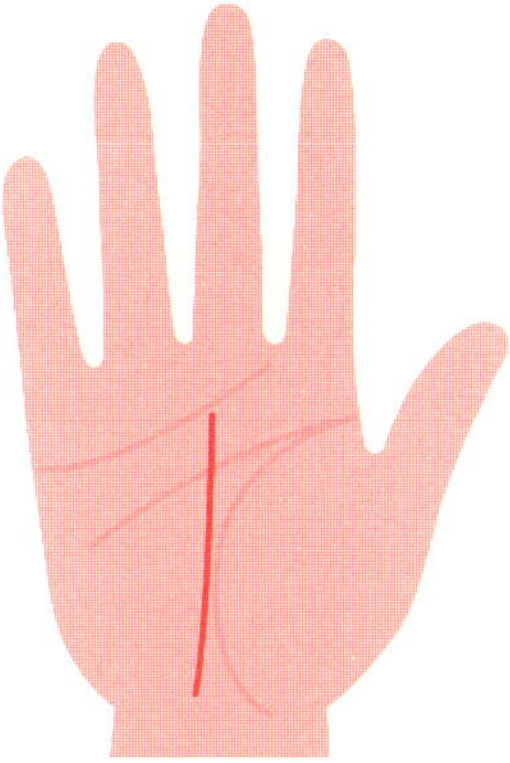

## 起点が手首に近い中央

起点が手首の中央から中指へまっすぐ昇っている運命線を持つ人は、生命エネルギーに満ちています。上昇志向が強く、本人の努力によって成功を手にするタイプ。俗に「天下筋」といわれ、目標を持って努力をすれば、どの業界においても、その道のトップに立てる、非常によい吉相です。

### 運気UP！

不屈の精神を持つ半面、気性が荒く、人の意見に耳を貸さないところがあります。起業した場合には、ワンマン社長といわれるタイプです。強気な態度一点張りでは、人はついてきません。気がつけば一人っきりで孤立してしまう可能性が。

また、この相の成功は、努力あってのもの。強運だからと、努力を怠ってはダメ。つねにベストをつくすよう心がけましょう。

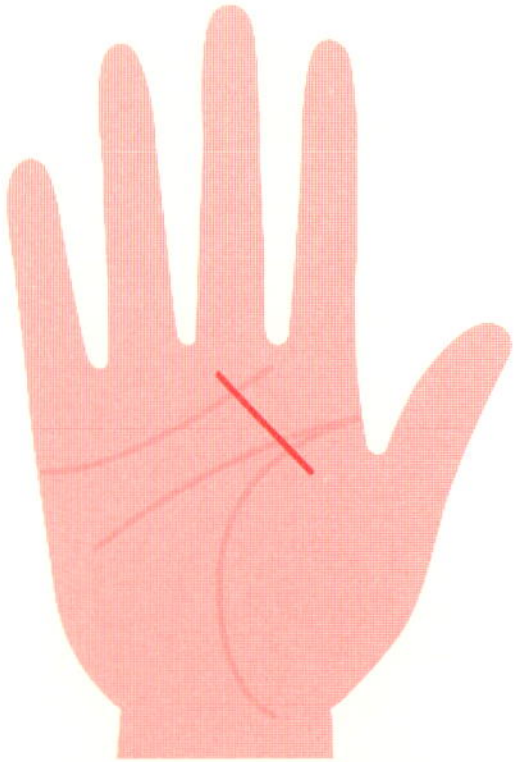

## 起点が生命線の起点近く

本来、生命線から始まる運命線は、その起点の位置に相当する年代に、努力が報われるという意味があります。生命線の起点の近くから始まるということは、幼少のころに幸運に恵まれることを意味し、生まれ持って幸運を手にしているといえます。

身近な人や、親、兄弟、親戚が、幸運をもたらしてくれます。

### 運気UP！

生まれつきの幸運も、何もしなければ、持っていないのと同じことです。もらった運を活かし、さらに大きな花を開かせるためには、慢心は禁物です。

ラッキーをもたらしてくれた人とのつながりを大切にし、常に感謝の気持ちを忘れず、努力することが大切です。そうすることで、新たな幸運が舞い込むことにもなります。

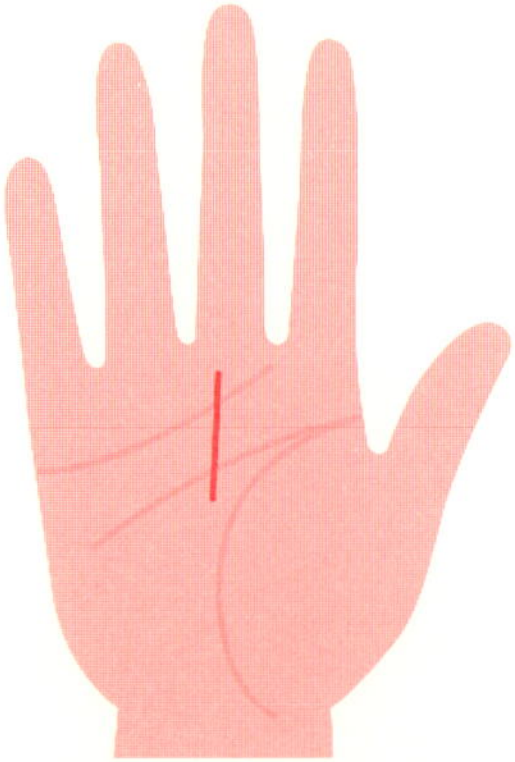

## 起点が頭脳線の下

末尾が感情線の上で止まっていて、指の先端が太かったり、小指が極端に短い場合は、物事に対して消極的で、運命が空転したり、つまずいたりすることを意味しています。しかし、生命線がしっかりしていれば、勤勉で努力家であり、多少の障害なら打ち勝つことのできる強さがあります。心配はいりません。

### 運気UP！

本来は、決してよい紋線とはいえませんが、指の形や長さ、ほかの紋線の状態によって、困難に打ち勝つことはできます。思った通りに事が運ばなかったり、つまずいたりしても、あきらめず前向きな気持ちを忘れないようにしましょう。

悪い時期があったとしても、努力次第で必ず報われるはずです。向上心を持ち、目標に向かって努力しましょう。

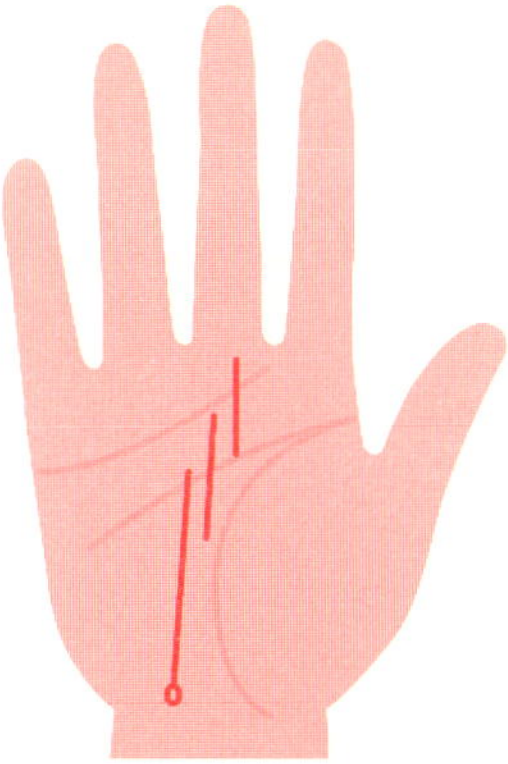

## 起点が頭脳線上、中央、手首付近

頭脳線から始まり中指へ伸びている場合は、文学や芸術、技術をじっくりと身につけ、それを職業とする人です。手首の中央から始まり、感情線の手前で終わっている場合は、仕事や人間関係に誠実で、他人から信頼されることで吉運を呼び込んだ印。手首に近いところから島で始まっている場合は、幼いころ病弱だったか、貧しい環境の中で育ったことを示しています。

### 運気UP！

頭脳線から始まる人が、成功できるのは35歳以後。それまであきらめずにコツコツと努力することが大切です。特に、このタイプで末尾が感情線を越えていない人は、目的を放棄してしまいがちなので注意。中央部が起点の人は、つねに誠実さを忘れず努力しましょう。手首が起点の場合、まれに出生になんらかの秘密がある場合が。前向きに受け入れることで運気が上がります。

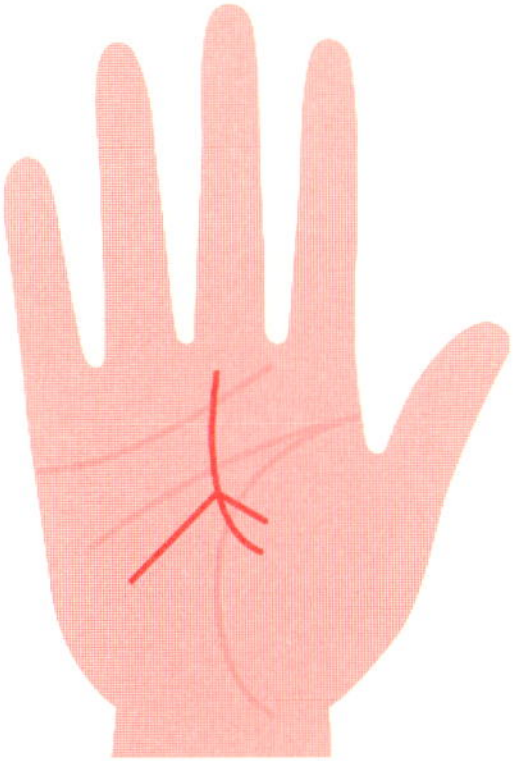

## 起点がフォーク状

起点がフォーク状になり、ひとつは愛情丘から、もうひとつは神秘丘から出ている場合、子供の頃に両親が離婚して父母への愛情に苦しんだなど、愛情を引き裂かれる経験があったことを示しています。フォーク状の起点が右手にだけある場合は、愛人問題などの浮気があることを意味します。

### 運気UP！

幼いころの生い立ちから立ち直ることは、簡単なことではありませんが、なるべく早く心の整理をつけ、立ち直り前向きに物事をとらえるようにしましょう。

また、愛人問題など夫婦間に問題を抱えている場合、問題が長引けば長引くほど、仕事や社会生活に悪影響を与えかねません。一刻も早くトラブルを解決し、吉運を呼び込むようにしましょう。

# 末尾はどうなってる？

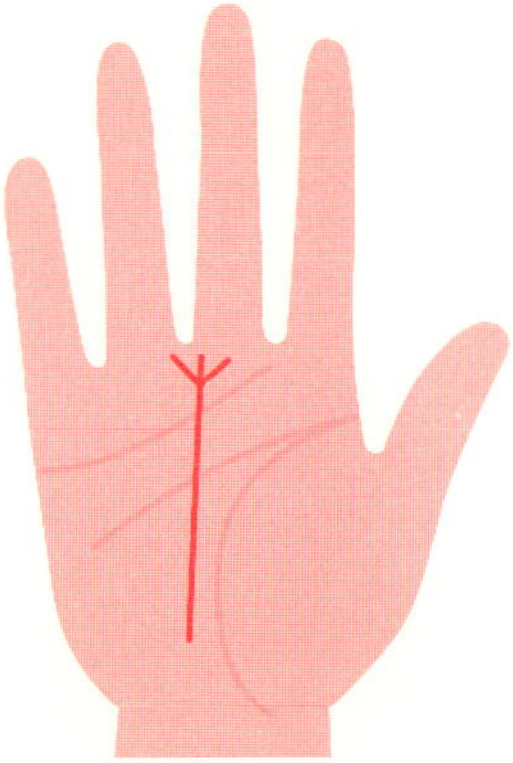

## 末尾がフォーク状、房状、十字紋、鎖、島

フォーク状で、末尾が2つの丘にまたがる場合、指導力があり、大変に才能のある人。房状で終わっている人は、誇大妄想家。晩年に孤独を味わいがちです。十字紋は、猪突猛進で、悲惨な人生を送ることになりかねない面が。鎖はその時期に、貧困や不運が、島は、晩年に貧困、病気になる可能性があります。

### 運気UP！

フォーク状の場合、愛情丘からスタートしていれば、身近な人からの支援が、神秘丘からなら、社会や信仰から恩恵を受ける運です。房状の人は、精神的な病気になりがちで注意が必要。十字紋は、無反省、無自覚が人生を狂わせる原因。思慮深く行動する必要があります。鎖や島のある人は、自分の運を自覚し、それを回避する努力をすることで運気が上がります。

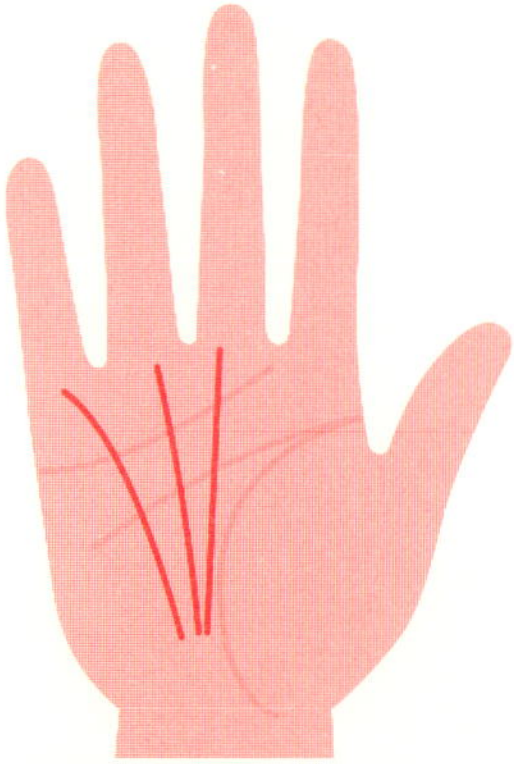

## 末尾が知能・反省・支配・生殖丘にある

運命線の本線の末尾が知能丘にある人は、芸術や文学の分野に向いています。本線が反省丘で終わっている人は、支配丘に向かう枝線を持っている場合が多く、人の上に立つ才能が。本線が生殖丘に向かっていれば、経済的に成功しようとする野心が強い人です。実業家などに向いているといえるでしょう。

### 運気UP！

知能丘で終わっている人は、自分の資質を活かした職業選択をすることで成功します。本線が反省丘で終わり支配丘に枝線がある場合は、政治家や研究者が最適。特に、頭脳線と太陽線がしっかりしている人は教育者として成功する可能性大。生殖丘に向かっている人は、人に使われるサラリーマンなどになると、悪目立ちして反感を買うことが。野心家なので、起業するほうが向いています。

# 線上はどうなってる？

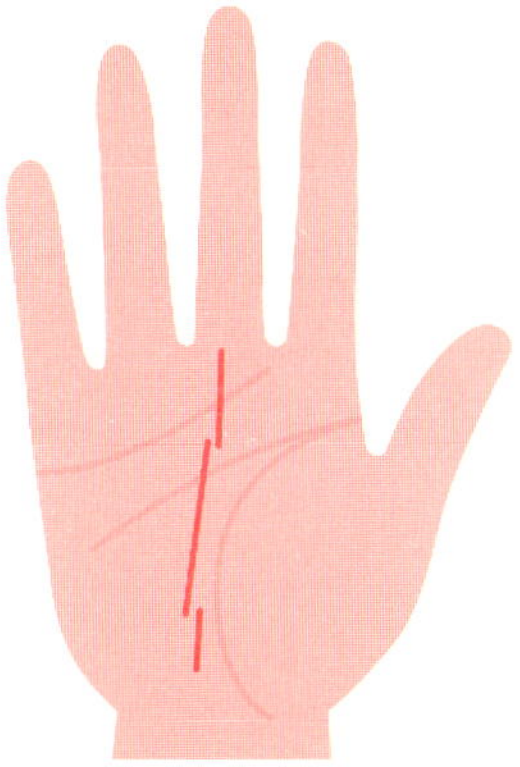

## 線上に切れ目がある

中断している時期に、転職や転勤、独立など、環境が大きく変化する場合に見られる紋線です。

この場合、必ずだぶって同じ方向に運命線が現れ、新しい環境の中を受け入れ、なじんでいく様子が見られるので心配する必要はありません。恐れることなく、新たな環境を受け入れていきましょう。

### 運気UP！

新しい環境の中で生きることと、その中で目的を遂行し、成功するかは別の問題です。

ねばり強く努力することができるかどうかは、生命線と頭脳線の深さに現れますが、どんな場合でも、目標に向かってあきらめずに努力することが運気アップの鍵となります。

環境の変化はある意味、忍耐力が試されるともいえます。

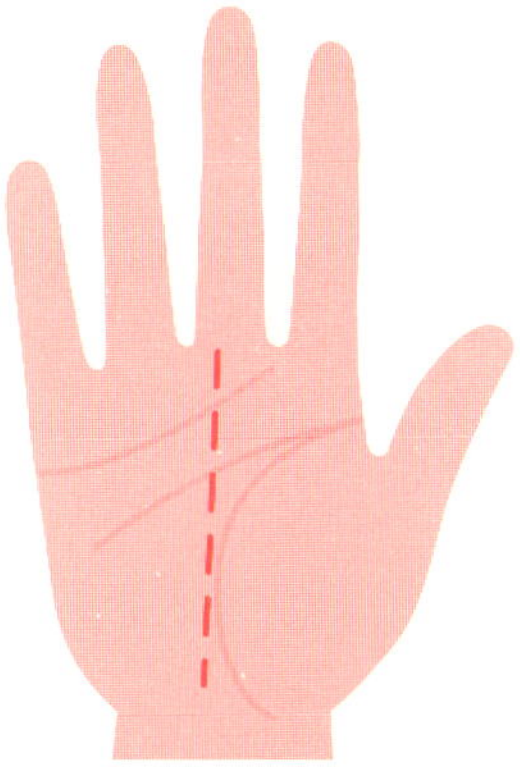

## 切れ切れになっている

切れ切れの運命線は、性格に弱いところがあり、精神的にも、もろいことを示しています。トラブルがあると、それを乗り越えるタフさがないため、仕事や生活が安定せず、浮き沈みの激しい人生になる傾向の強い人です。そのため、生活が苦しくなり、人に頼って生活をするようなことも珍しくはありません。

### 運気UP！

精神的にタフになることで、仕事や生活を安定させる方向に運が向いていきます。何事も、他人任せにしないようにしましょう。

運命線と平行に幅広い副線がある人は、非活動的で自主性に欠けたところがありますが、大きな成功もないかわりに、大きなトラブルもない、浮き沈みのない人生を送ることができます。平凡な生活ですが、安定しているといえます。

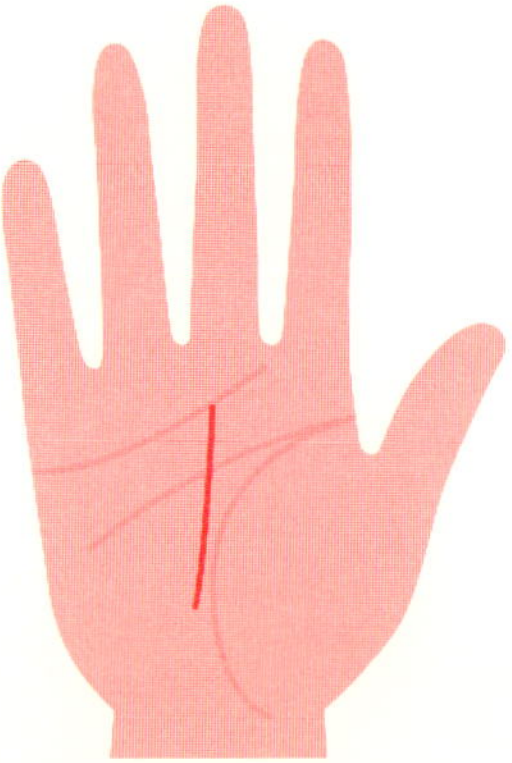

## 感情線で切れている

情にもろく、人に尽くすタイプですが、それがあだとなり、プライベートな異性関係のトラブルで、運命が暗礁に乗り上げる暗示です。好きな人に貢いだあげくに捨てられて、地位や名声、財産までもなくしてしまうなど、通常では考えられないほどの、大きなダメージを受ける可能性が高い紋線です。

### 運気UP！

人がよく、善意で動くタイプ。ボランティアなど、社会に貢献することで資質が活かされます。ただし、情に溺れて「かわいそう」という気持ちだけで動くと、だまされることもあるので、どのような団体かきちんと調べる必要があります。

恋愛面でも、相手のいいなりに尽くし過ぎないよう注意しましょう。いくら好きでも、その感情におぼれない冷静さを保ちましょう。

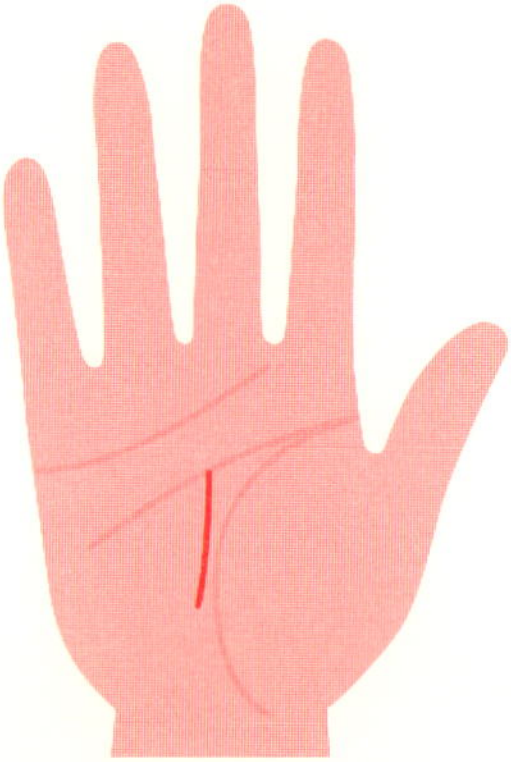

## 頭脳線で切れている

運命線が手首付近から始まっていたり、神秘丘から始まるなど、起点がよい位置からスタートしていても、末尾が頭脳線でぷっつり切れている場合は、自分の判断の誤りから、会社が破産したり、意見が違う相手と対立し、地位を失うなどのトラブルに見舞われることを示しています。

### 運気UP！

自己判断がトラブルの原因になるので、何事も判断する場合は慎重になりましょう。思いこみや勢いで動くと、よい結果が得られません。

ただし、運命線の切れ目から、別の運命線が始まっている場合は別です。これは、運勢が向上する印です。たとえ、地位の喪失や環境の変化があっても、心配する必要はありません。前向きにとらえ、対処しましょう。

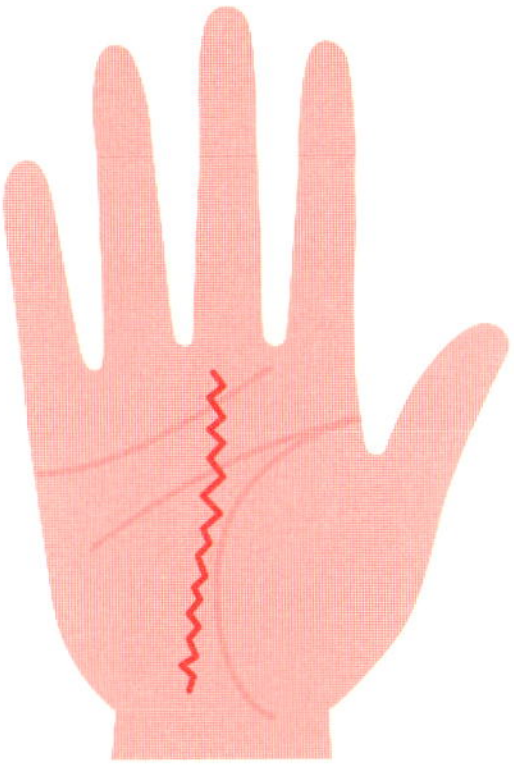

## 波状の運命線

運命線が波のようにうねっている人は、粘りがなく、ひとつの仕事に縛られるのも嫌いな人。これまでも絶えず転職を繰り返してきたことを物語っています。

そのため生活が安定せず、経済的にも生涯を通して苦労する可能性が高く、何も残さずに人生を終えてしまうことがあります。

### 運気UP!

粘り強く努力する精神的なタフさが必要です。働くこと自体が、あまり好きではないという、怠け者的な面があるので注意しましょう。

また、このタイプは、事業や商売を始めると、取り返しのつかない失敗をする恐れがあります。堅実な仕事を選び、長く続けることが、安定した生活を得る鍵。いい加減に大風呂敷を広げるような行動は慎みましょう。

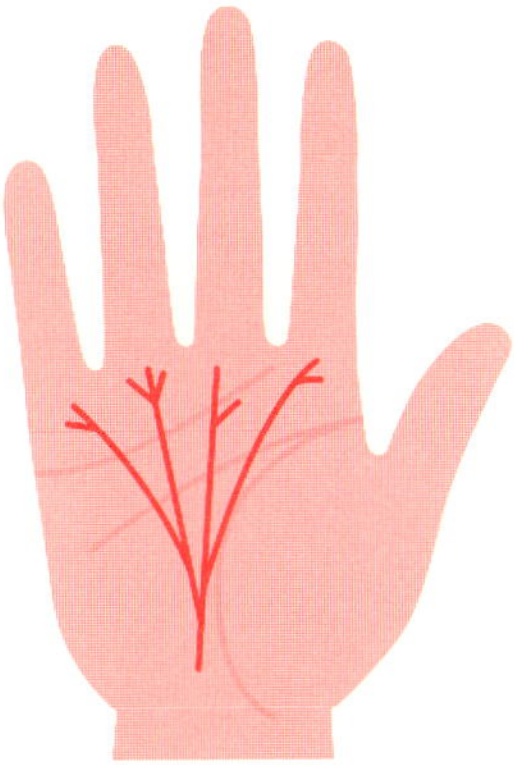

## 様々な枝線

枝線が、支配丘に向かう場合は、向上心があり、目標に向かって努力を惜しまない人。反省丘に向かう人は、研究熱心で、人の支援を得て、実力以上に高い評価を得ます。知能丘に向かう場合は、社交的で美的感覚に優れた人。生殖丘に向かう場合は、金儲けがうまく商売上手です。

### 運気UP!

1本も枝線のない人は、本線がいくら立派でも、傲慢で妥協性に乏しく、個性が強すぎる面が。そのため、一生を通してつきあえる友人や支援者に恵まれず、晩年を孤独に過ごす傾向があります。謙虚さや協調性を身につけることが大切です。

自分自身が変わることで、枝線も伸び、運勢を変えることができます。あきらめずに、努力することが大切です。

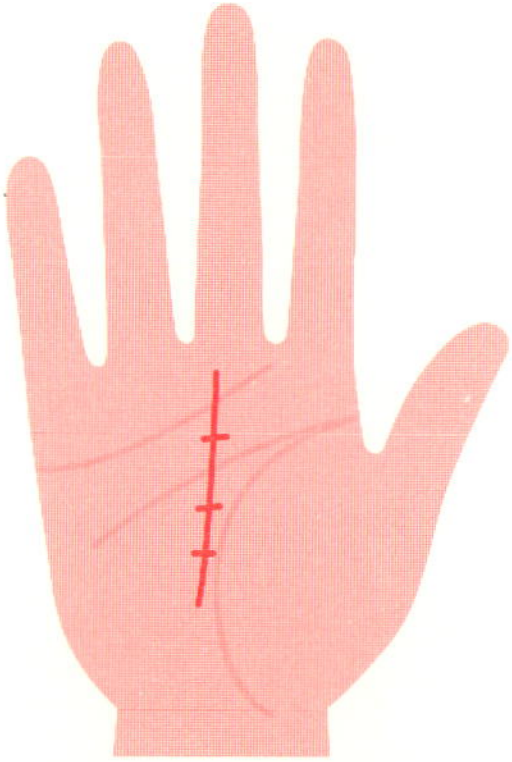

## 線上の障害線

運命線に、ものさしのメモリのような細い線が刻まれている場合、一時的に精神力が弱まることを意味しています。一方、長い障害線は宿命的な精神力の弱さを示します。長短の障害線が入り混じっている場合は、忍耐力がなく移り気で、不平不満の多い生活を送ってきたということの現れです。

### 運気UP！

短い障害線は、後天的に現れたり消えたりするもので、本人の行動や心がけ次第で消すことのできるものです。短い障害線が現れた場合は、自分の精神状態があまりよくないことを認識し、対処するようにしましょう。また、長短が入り混じった障害線を持つ人は、忍耐力を養うことで、精神も安定してきます。不平不満が多いのは、精神の安定が足りないためでもあります。

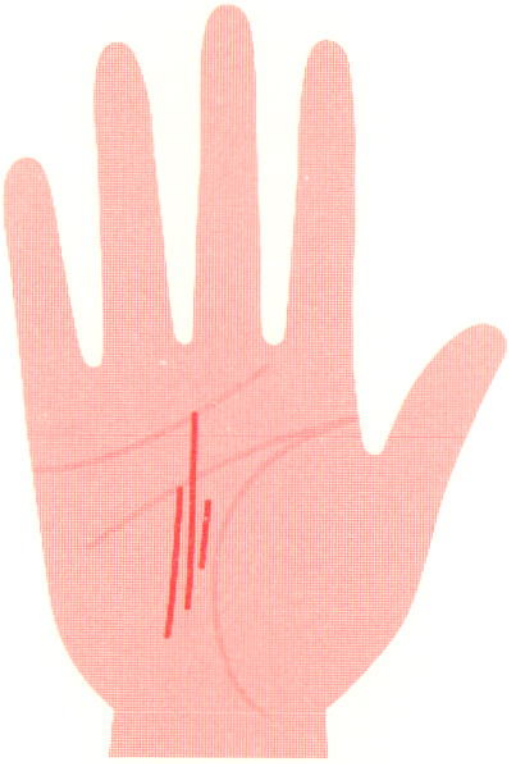

## 二重運命線

本線の内側か外側に、もう1本運命線がある二重運命線は、精神的にも肉体的にも恵まれ、自分自身で運を切り開いていくことのできる人。トラブルやピンチが起きても、屈することなく問題を解決する強さを持っています。特に本線に何の障害も見られない場合は、支援者が現れ助けてくれます。

### 運気UP！

積極的で、何事も精力的にこなしていく人ですが、ややもすると、やりすぎてしまったり、出しゃばりと思われたりして、人から疎まれる場合があります。

周囲の雰囲気を読み、ときには自分のパワーを抑え、人のペースに合わせることも大切。エネルギー配分が上手になれば、周囲の信頼度も上がり、支援してくれる人もより増えていくでしょう。

# 太陽線をチェック！

## 太陽線で分かること

人気運や成功、名声、財運など社会での評価や、芸術性や物質運を表す太陽線。別名「知能線」とも呼ばれています。運命線の示す意味を強化する働きもあります。

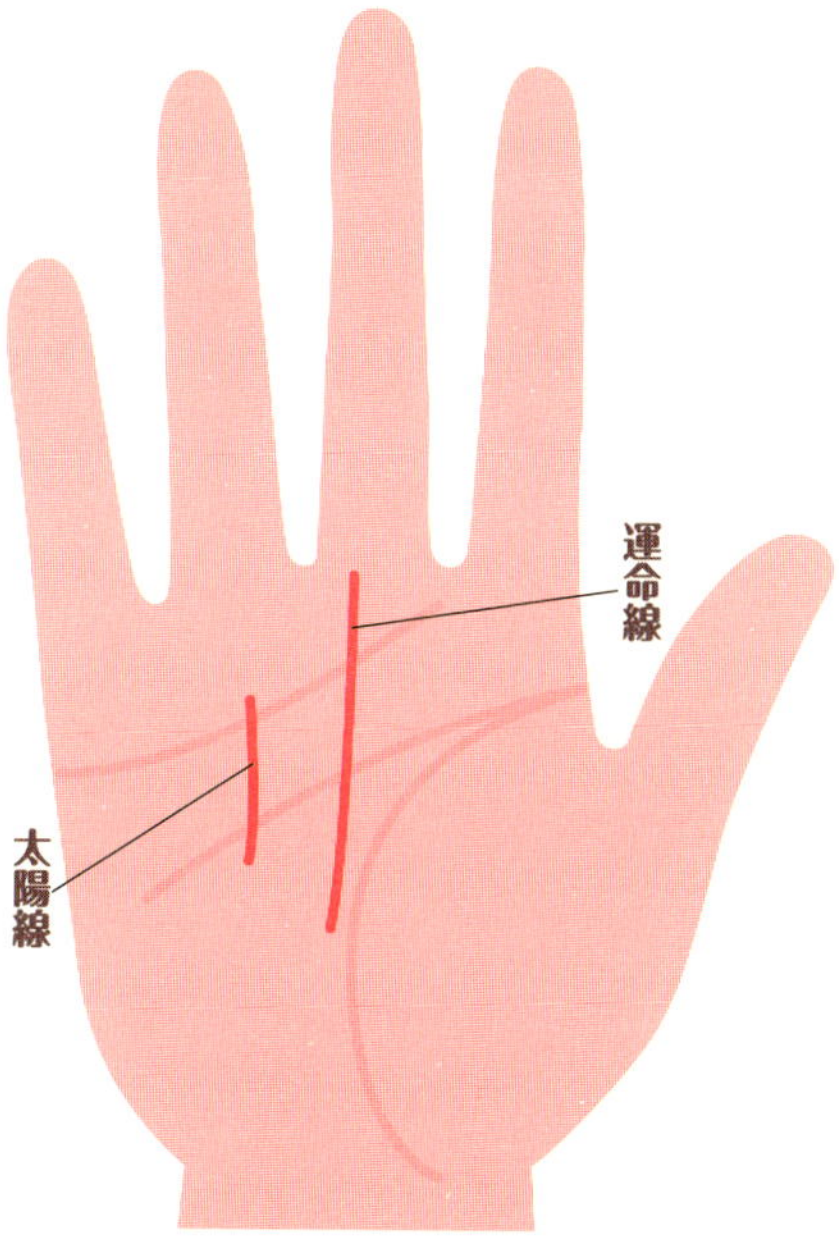


太陽線は、神秘丘や運命線から上昇し、薬指のつけ根に向かうすべての線の総称です。

太陽線のある人は、性格が明るく朗らかで楽天的。人をひきつける魅力を持っているため、人気が高まり、それがいずれは名声となって財運に結びつくことになります。太陽線が複数ある人は、ひらめきに優れたアイデアマンで気のきく人といえます。

また、運命線の意味を強化する働きもあります。これは運命線が、社会でどのように活躍するのかを表すのに対し、太陽線は、その活躍がどの程度、社会で認められるかを示すためです。従って、運命線とあわせて見ることが多く、運命線も太陽線もある人は、仕事運や物質運に恵まれているといえます。

また、芸術や芸能、文学の才能も持ち合わせており、その分野で活躍する人も多いでしょう。

太陽線がある人は、吉運といえますが、末尾の状態により、才能に欠けた状態を示す場合もあります。しかし、その場合も努力次第で紋線は変化します。

# 起点はどうなってる？

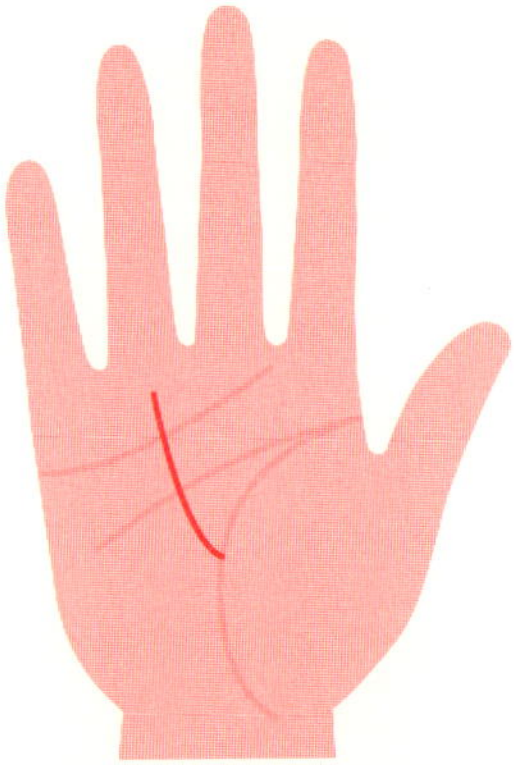

## 起点が生命線上

太陽線の起点が生命線の上にある場合は、文学や芸術、芸能、技術など、その人が持っている素質を活かした職業で大成功することを暗示しています。

強い目的意識を持った人なので、目標さえ定まれば、努力を苦にせずがんばれる人。あらゆる障害を乗り越え成功を手にすることができます。

### 運気UP！

運に恵まれているので、ある程度の成功は黙っていても手にすることができるでしょう。しかし、大きな成功を望むなら、成功後も努力し続けることが大切。もともとどんな困難も乗り越えるタフさを持っている人ですが、努力を怠ると、そのタフさも半減してしまい、そこそこの成功で終わってしまいます。努力なしには、せっかくの幸運も活かしきれないということを忘れないように。

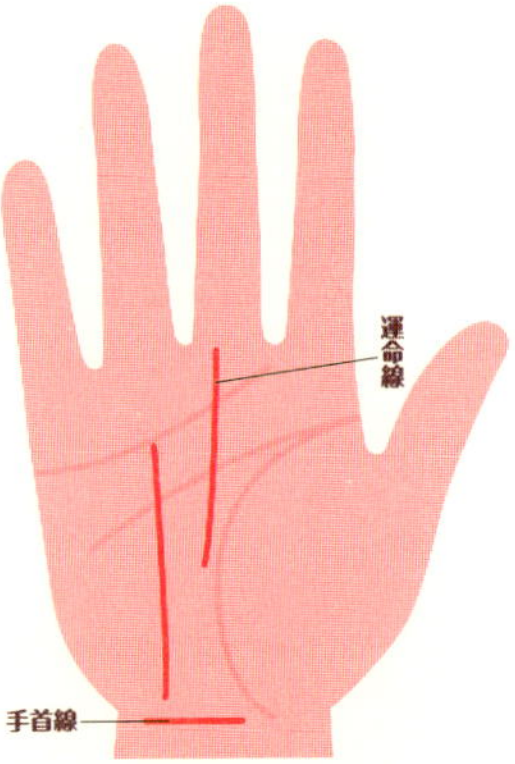


## 起点が手首線の近く

くっきりとした運命線に、平行するように手首線からはっきりと太陽線が出ている場合、とても楽天的で、明るく朗らかな人柄を表しています。困難があっても乗り越え、財産と名誉、名声を同時に得ることのできる、とてもよい吉相です。

断線している場合は、粘り強く物事をやり通すタイプです。

### 運気UP！

断線している場合でも、手首線が起点であれば、努力と忍耐力で最後には成功を手にすることができます。もともと持久力に恵まれているので、あきらめずに続けることが成功のカギとなるでしょう。

常に明るくふるまうことで、周囲からの評価が高まり、人気運がアップします。トラブルが起きた時も、前向きな気持ちを忘れずに、笑顔で乗り切りましょう。

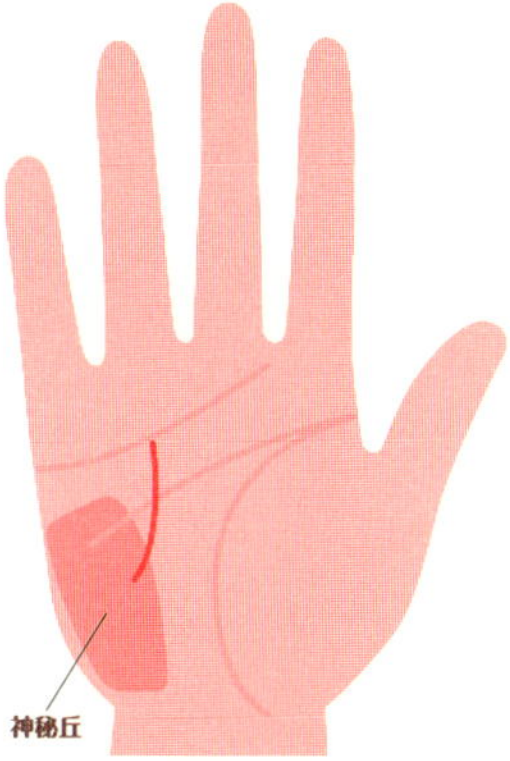


## 起点が神秘丘

太陽線の起点が神秘丘から始まる人は、文学的才能に恵まれ、直感や推理力に優れたアイデアマンです。

企画力に優れていますが、何から何まで一人でやるのではなく、アイデアを具体化する支援者や仕切ってくれる人とともに、企画を進めることで成功を手にするタイプ。ウソがつけない人でもあります。

### 運気UP！

熱意と情熱が強すぎて、冷静さを失うことが。自分のアイデアのおもしろさを伝えるには、熱意だけでなく冷静さも必要です。

また、人とのチームワークも成功のカギとなります。やりたい形や方向にこだわりすぎて、かたくなになるとチームワークにひびが入ります。

柔軟な心や臨機応変な対応を心がけると、結束が高まり、よい結果を生むことができるでしょう。

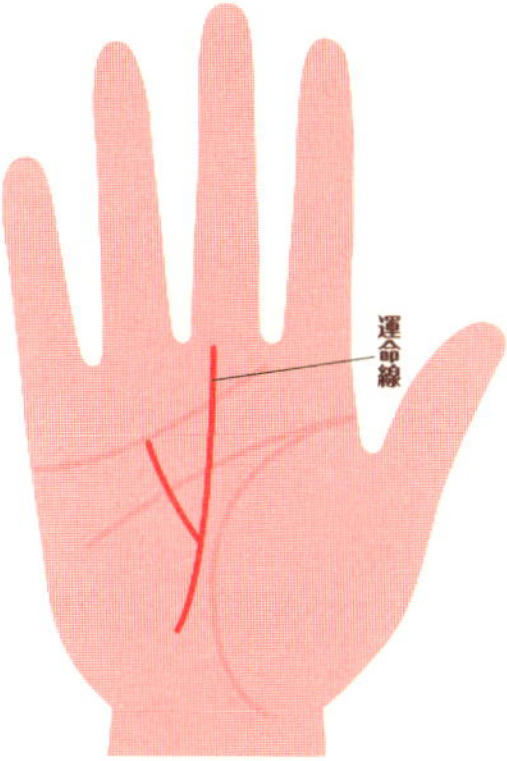


## 起点が運命線上

人からの支援を得て成功する暗示の太陽線ですが、このタイプは、本人の勤勉さと努力の積み重ねによって成功する大吉相です。努力すればするほど才能がより豊かになり、手にする成功を大きくなるでしょう。

運命線の枝線よりも、本線が起点となっているほうが、社会的名声を得やすいといえます。

### 運気UP！

努力なしには、才能を花開かせることはできません。常に、目の前にある課題や目標をクリアすることで世間に認められることを忘れないようにしましょう。

また、運命線上のどの位置から太陽線が出ているかで、成功の時期もわかります。運命線の起点に近ければ、その時期は早く、末尾にいくほど晩年に成功することを暗示しています。

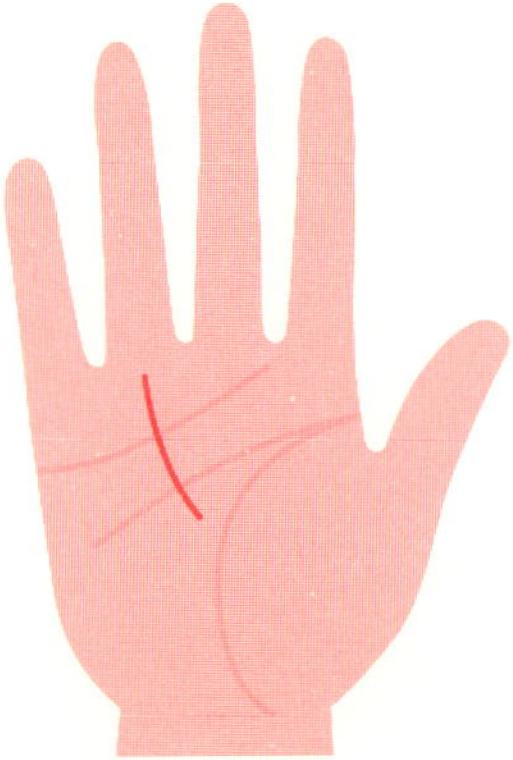

## 起点が手の中央

起点が手の中央、頭脳線のやや下から始まっている人は、若いうちはなかなか目的が定まらず、そのために生活も不安定であることを示しています。同時に、人生の前半はあまりうまくいかず苦労はしますが、中年以降に目的が定まることも意味していて、スロースターターながらいいきざしともいえます。

### 運気UP！

この位置に紋線があるということ自体が、目標達成に向かって一歩を踏み出したということ。このタイプの人は、一歩踏み出し努力を続ければ、名誉や財産を得て、社会で活躍することができる人です。「もう、遅すぎる」と努力もしないうちにあきらめるのは損。努力次第で成功は約束されているのですから、成功を信じ、目標に向かって粘り強く取り組みましょう。

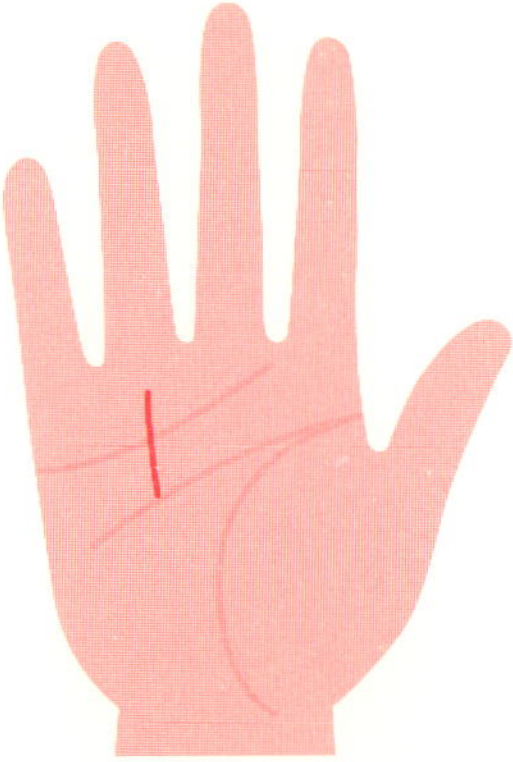

## 起点が頭脳線上

基本的には積極的な性格ですが、合理的思考を好み、計画的に物事を運ぶことの好きな人です。そのため、名声や名誉はあまり重視せず、もくもくと研究に没頭したり、著述にふけったりする傾向が強いようです。

ただし、枝線のうち１本でも抵抗丘を走るようなら、名誉や財産のためになりふり構わず活動します。

### 運気UP！

名声や財産を求めない姿勢が、浮世離れした現実感のない変わりものと受け取られがちです。研究者や著述業などの仕事を選べば、資質を活かすことは可能ですが、生活面では、浮世離れしていては人間関係が成り立ちにくくなります。

友人や知人とのつきあい、家族との時間を大切にすれば、生活面もさらに充実するはず。仕事一筋の変わりものにならないように注意しましょう。

# 末尾はどうなってる？

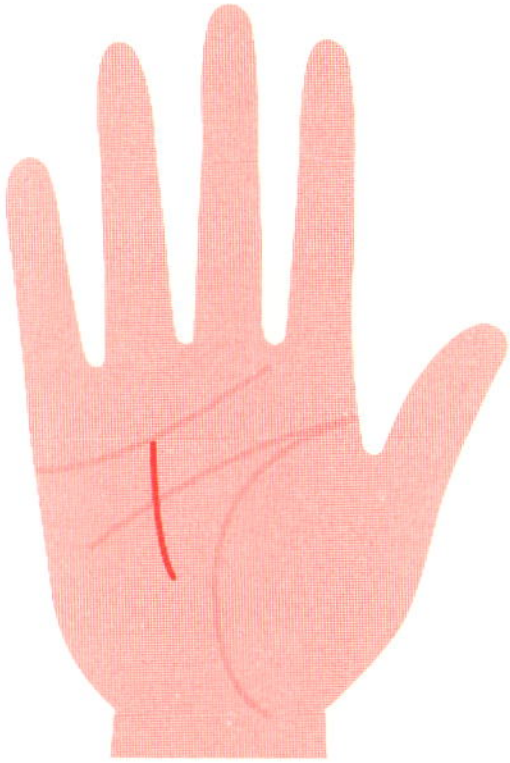

## 末尾が感情線で切れている

感情問題のトラブルを抱えることが多く、恋愛や結婚の問題で社会的な信用を失ったり、自分の立場を危うくしたりしがちな人です。チャンスを活かすだけの忍耐力がなく、結果的にあと一歩のところで挫折してしまい、成功を手にすることができません。言い出したら頑固でかたくななところもあります。

### 運気UP！

忍耐力を養い、感情的にならないことが開運の鍵です。そのことで、太陽線が感情線の先まで伸び、芸術家や教育者として成功することも夢ではなくなります。

また、自分の主義主張にこだわりすぎるのも考えもの。場合によっては、自分の考えを曲げてもつきあわなければいけない人間関係もあります。ここぞという大事な事態ではない限り、柔軟に対応しましょう。

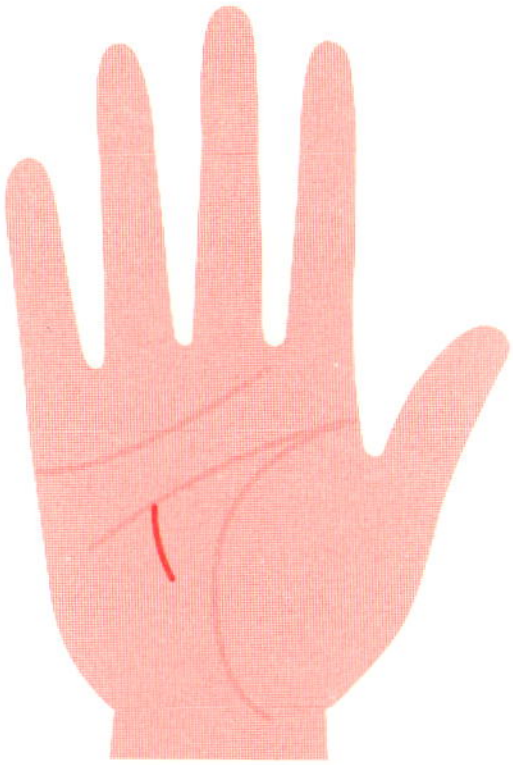

## 末尾が頭脳線で切れている

言動が理屈っぽいわりに、鋭敏な才能もありません。むしろ、迷いが多く、向上心や積極性に乏しいタイプです。そのため、知識の構築や教養を得るということもなく、また、夢中になる趣味もなく、目標も持たずにダラダラと日常生活を無為に送る人も多いようです。生気に乏しく、おもしろみのない人生を送ります。

### 運気UP！

趣味を持ち、教養を身につけることで、向上心や積極性を強化しましょう。このタイプは、日常を生き生きと過ごすことが運気アップの第一歩となります。理屈よりも「おもしろそう」「気になる」という感情を優先し、行動に移すことが大切です。

そうすれば、太陽線が頭脳線を越えて伸びていきます。太陽線は、その時々の状況に合わせて変化するもの。あきらめてはいけません。

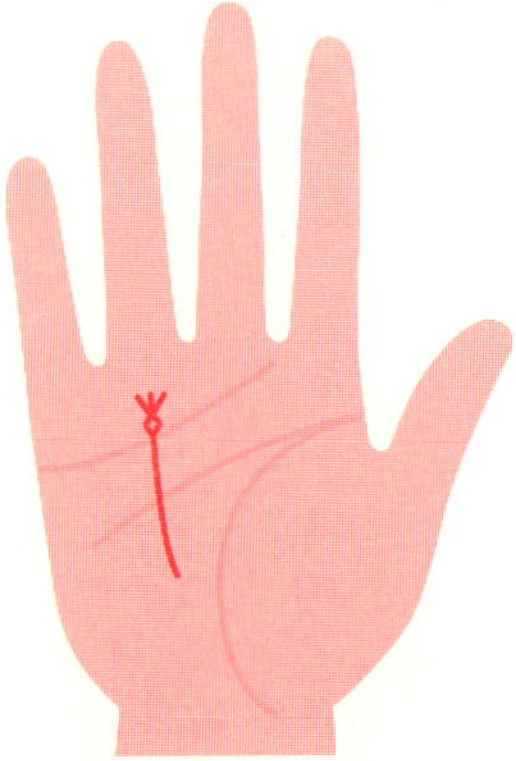

## 末尾が枝分かれ、十字紋、島、星

2～3本の枝線がある人は、機知に富み、思慮深く、本人だけでなく家族も名声と富を得ることができます。

十字紋で終わっている場合は、衝動的な性格が災いして孤独に。島で終わっている人は宗教や迷信に走りがちです。

星で終わっているのは、成功と経済力を約束された印です。

### 運気UP！

十字紋や島で終わっている場合は、精神的な障害がある可能性もあります。その精神的障害を取り除き、十字紋や島を消すことが大切です。

枝線がある場合、その枝線が薬指の下で分かれているようなら、人気運もあり人からのサポートを受けられるでしょう。星は、ときとして心に障害があることも。頭脳線とあわせて見る必要がありますが、健康管理はしっかりと。

# 金星帯をチェック！

## 金星帯で分かること

感情の敏感度を表す金星帯。紋線の出かたで、情の深さや感情の起伏がわかります。また別名「エロス線」「好色の紋」とも呼ばれ、異性に対する関心度や感受性も示しています。

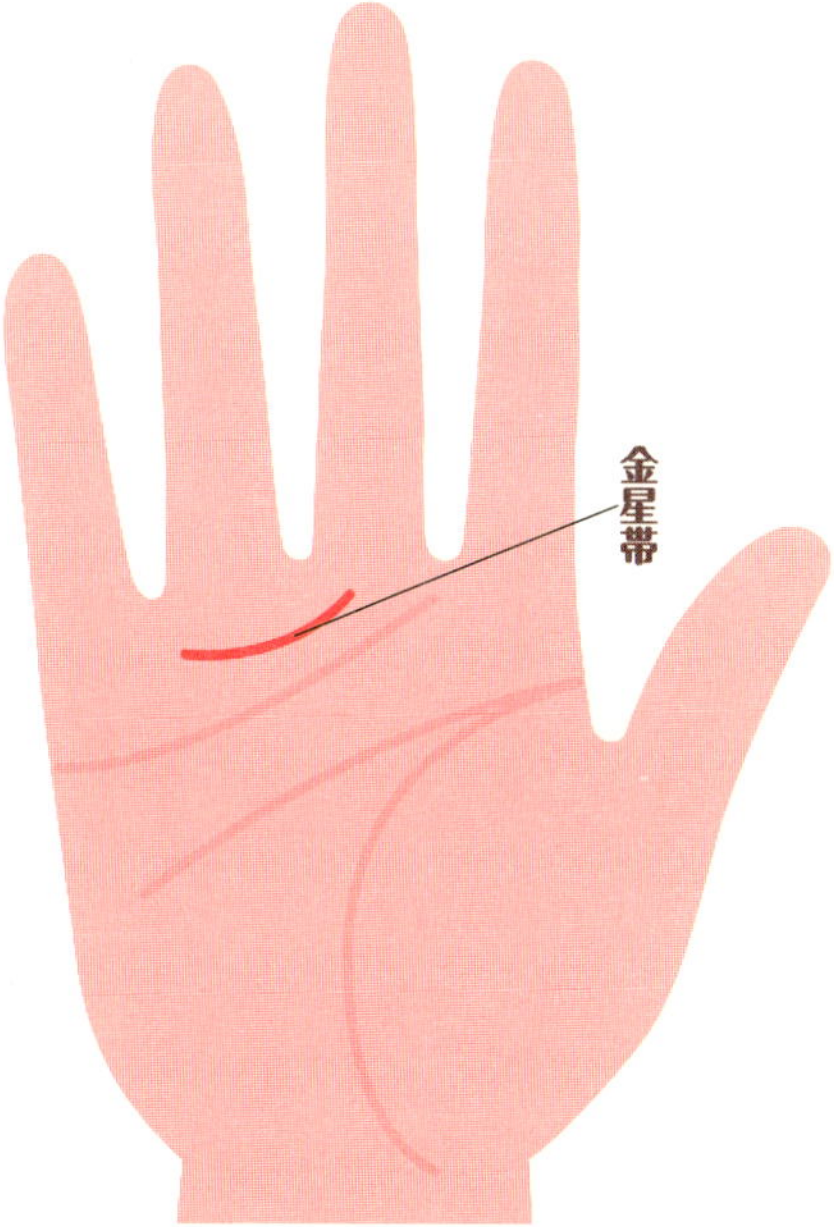


「心情紋」とも言われる金星帯は、人差し指と中指の間からスタートし、薬指と小指の間に向かって流れています。しかし見えたり、見えなかったり、長さも長短不規則な場合も多い紋線です。

金星帯は、感情の敏感度を表しています。はっきりしているほど、神経質で感情の起伏が激しく、薄ければおおらかで、感情が安定している人といえます。しかし、感情線とあわせて見る必要があり、単純にはっきりしているからエキセントリックと言い切れるものではありません。

もうひとつ、金星帯には別名があり、「エロス線」「好色の紋」とも呼ばれています。その名の通り、男女間の感情や感性を示すもので、異性に対する感情をストレートに表すタイプか、やんわりと表すタイプかということや、異性に対する情の深さなどもわかります。決して性欲的かどうかがわかるということではないので、くれぐれも誤解しないようにしましょう。

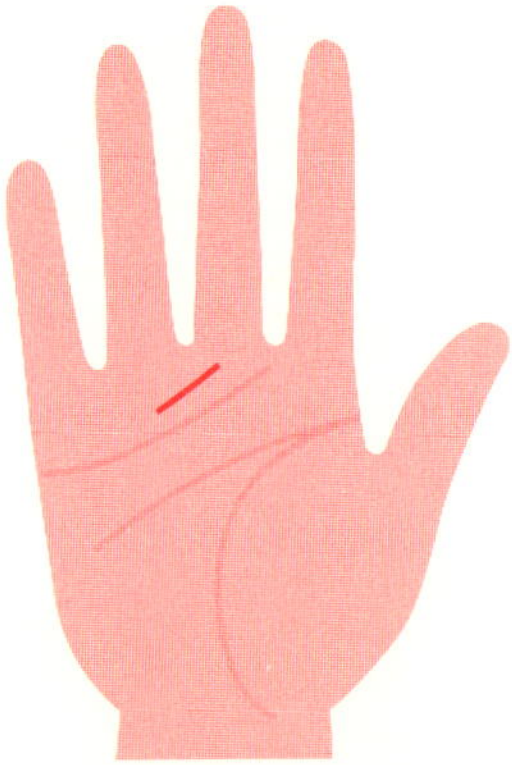

## 末尾が下降

末尾が下へ垂れている金星帯を、変形金星帯といいます。このタイプは感情よりも行動が先に出る人。

積極性や行動力があり、計画の実現のためには、一生懸命努力します。

目的のために精力的に行動する人なので、結婚生活などでも、家を買うなどする時でも、着々と計画を立てて実現するかもしれません。

### 運気UP！

愛情面においては、「何も言わなくてもわかってほしい」という気持ちが強すぎて、相手を不安にさせることが。行動で示しただけでは伝わらないこともあります。ときには言葉で自分の感情を表現しましょう。

また、行動力があるあまり、周囲の人を無視して、勝手に物事を決めてしまったり、進めてしまったりする面も。みんなと足並みをそろえることも大切です。

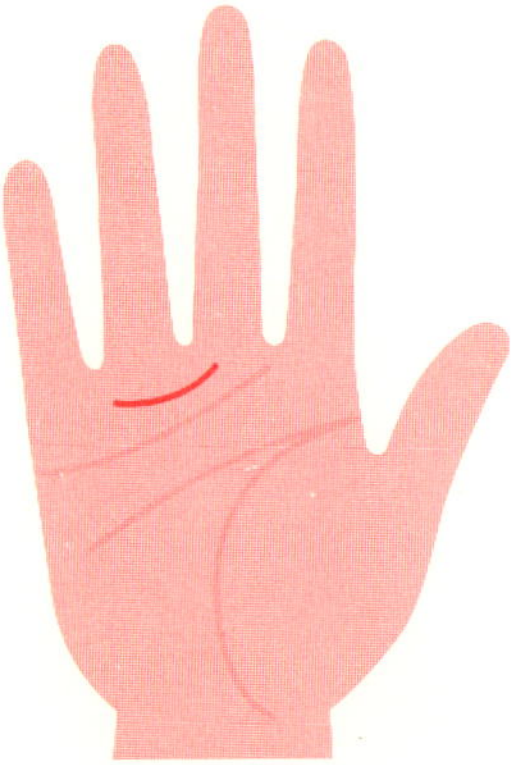

## 起点が中指の下

起点が中指の下にある場合、末尾が小指と薬指の間に向かって上昇している場合が多いようです。

愛情深い人ですが、それがマイナスに働き、愛情関係で失敗しがち。

この紋は、結婚前の遊びぐせを表すことが多いのですが、結婚後に出てきた場合、道楽か浮気が原因で財産を失ってしまう危険な暗示です。

### 運気UP！

惚れっぽいところがあり、ひとつでもいいところを見つけると、その人のすべてがよく見えてしまうという面が。しかも、そう思う相手には感情を素直に表してしまうので、男女間のトラブルは絶えません。

異性に対して、冷静な目を養うようにしましょう。また感情に左右されて行動に移すのも注意して。特に結婚後は問題が大きくなるので、感情のコントロールは徹底しましょう。

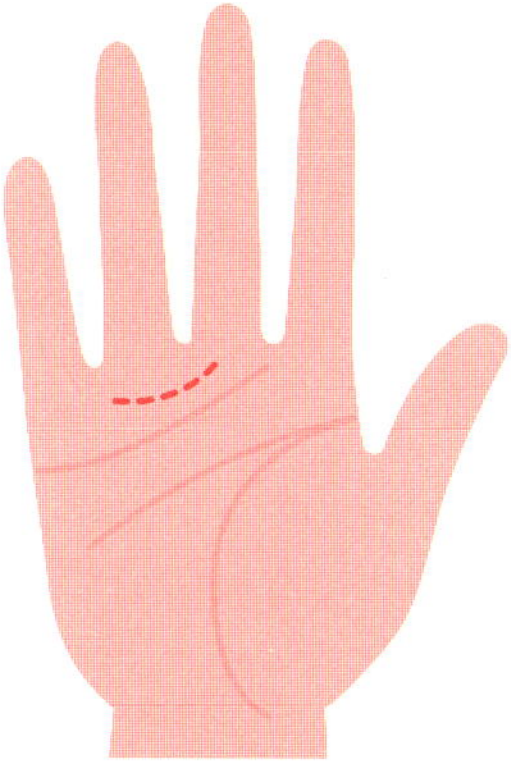

## 切れ切れになっている

切れ切れになりながらも、全体的に弧を描いている場合は、神経質で感情の起伏が激しい人です。異性に対する情が深く、相手の態度や言葉に敏感に反応します。特に、切れ目に縦線が入る場合は、セックスに対しての欲求が強く、精神的な欲求不満のはけ口としてとらえる傾向が強いようです。

### 運気UP！

異性のちょっとした一言やしぐさに敏感に反応して、一喜一憂。ときには考え過ぎというぐらいエキセントリックな反応をするので、パートナーが疲れてしまうことも。もっとおおらかに物事をとらえると、あなた自身もパートナーものびのびとするでしょう。

縦線が入っている人は、精神的に弱っている状態。まずは心の安定が先決です。

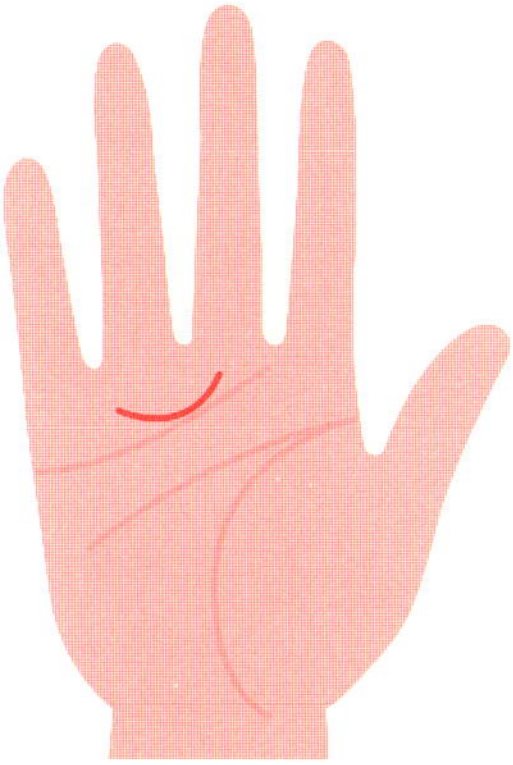

## 感情線に接している

人差し指側が、感情線と接してカーブしている場合、自尊心や虚栄心が強く、自意識過剰な面があります。いつも人の目を気にして、どう見られているかを意識しています。

小指側が感情線に接している場合は、人間性豊かで口が上手。特に恋愛に対しては常に前向きでロマンティストです。

### 運気UP！

人からどう思われるか、人が自分をどう評価するかばかりに気をとらわれていると、等身大の自分と、こうあるべきと思う自分の間にくい違いが生まれます。多少かっこ悪いところがあったほうが、周囲の人も親しみが持てます。

小指側が感情線に接している人は、夢見がちで地に足がつかないところがあります。現実的な対応を心がけましょう。

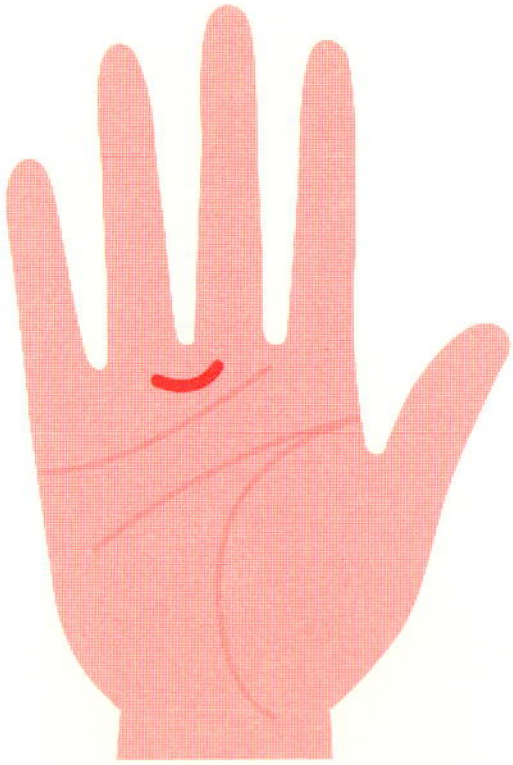

## 短く深い金星帯

中指と薬指の真下に短い金星帯がある人は、自意識がかなり強く、自己中心的な人といえます。

損得勘定や利害関係に敏感で、仕事や人間関係だけでなく、恋愛においても不利な立場に立つのを嫌い、他人に手を貸そうともしないところがあります。徹底的に有利な立場に立とうとする人です。

### 運気UP！

不利なことは嫌いますが、有利に立つことなら積極的に行動し、確実にものにする人です。その欲が逆に失敗につながることがあります。自分ではうまく立ち回っているつもりでも、周囲から見れば、あざとく人を利用する人と映っています。ときには損得抜きに行動するようにしましょう。親切がまわりまわって、将来の利益につながることになるでしょう。

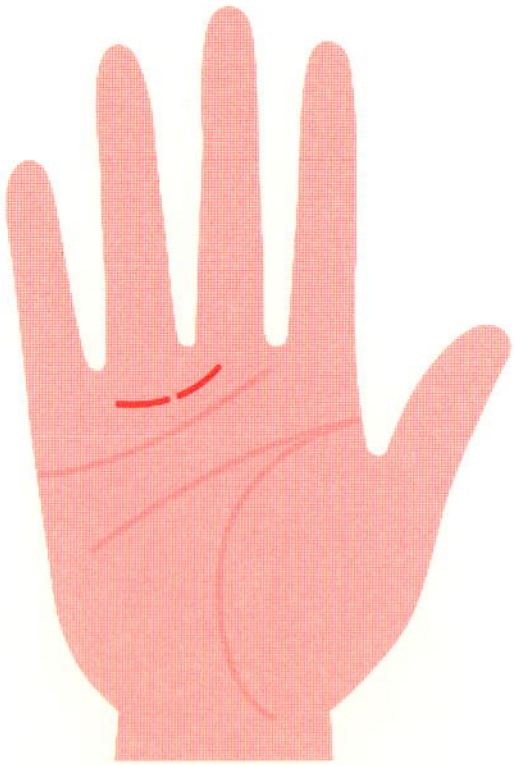

## 真ん中あたりが離れている

最初と最後がくっきりとしている紋線です。このタイプは異性に親切で、周りの人に対する気配りも大変に上手です。自分に関係することに対しては、非常に活発に行動し、研究熱心でもありますが、無関心なことや興味のないことには、横やりを入れるなど、冷たくいじわるな部分があります。

### 運気UP！

自分の関心がないことで、他人が成功したり、幸福にしていると、妬んだり、ひがんだりするところがあります。妬みやひがみは、自分に自信が持てていない証拠。逆にいえば、関心や興味のないことに対してコンプレックスがあるのかも。親切で気配りもできる人なのですから、自分に自信を持ちましょう。人の成功や幸福を受け止めることができれば、運は向いてきます。

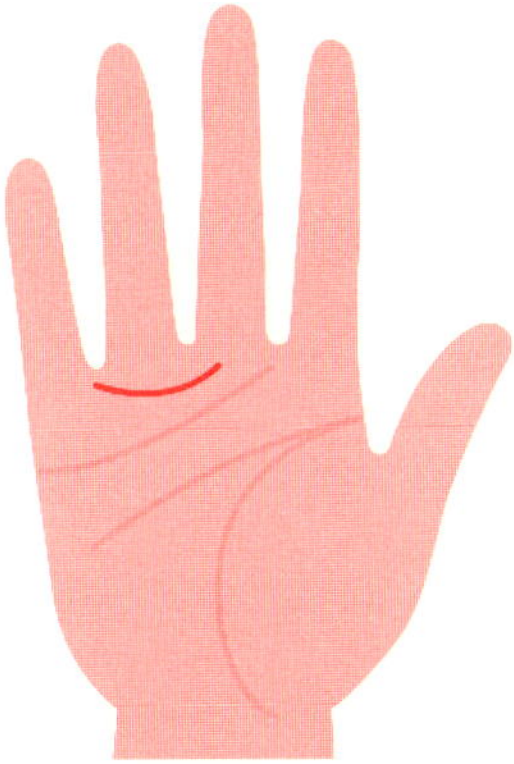

## 1本長く弧を描いている

たくさんの才能を持っていますが、気難しく神経過敏な面があり、それがマイナスに働いて、才能を開花させることができません。

ただし、金星帯まで運命線がのびている場合は、豊かな感受性と繊細な感覚が活かされ、芸術、美術、芸能、職人などの分野で成功する可能性が高いです。

### 運気UP!

芸術的センスを活かすには、ある程度のこだわりが必要ですが、あまりにも細かなことまで神経質にこだわりすぎると、ダイナミックに活動することができません。悠然とかまえ、周囲の人に対してもリラックスした態度で接するようにしましょう。神経質な面が感受性の豊かさに、気難しい面が繊細さに変われば運気も変わり、大きな成功を得ることができるでしょう。

# 結婚線をチェック！

## 結婚線で分かること

結婚線は、結婚に関する幸・不幸を示す紋線ですが、ほかにも恋愛や結婚生活、ときには性に関する意識や性生活なども表します。感情線や金星帯とあわせて判断することが大事です。

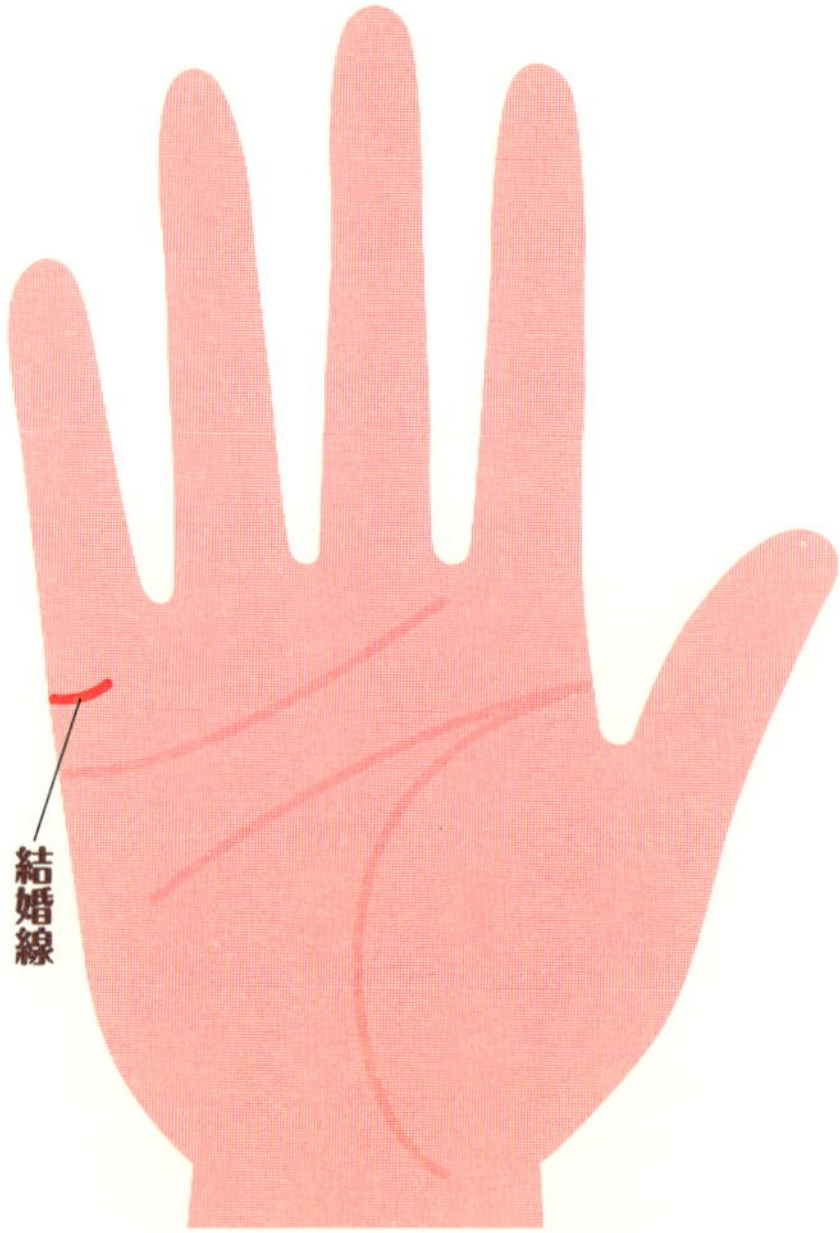


結婚線は、小指の下、生殖丘を水平に横切る短い線で、くっきりとまっすぐに走る紋線が吉相です。異性から受ける愛情や結婚に関する事柄だけでなく、結婚後の生活や性生活、勝負と競争までも表すことがあります。

ただし、結婚線だけで結婚の時期や良し悪しを判断することはできず、つねに感情線や金星帯との関係を見て判断する必要があります。例えば、感情線や金星帯になんらかの障害があれば、不幸な結婚になる可能性が高いといえます。

また、結婚線が2本あるからといって、2回結婚するというようなものではなく、2本あってもまったく結婚しない人もいれば、1度の結婚で円満に暮らす人もいます。むしろ、結婚線の数は、愛される恋愛の数を表しているととらえたほうがよいでしょう。結婚線がない場合も、生涯独身と見るのではなく、見合いで、早婚であることを暗示していると考えます。

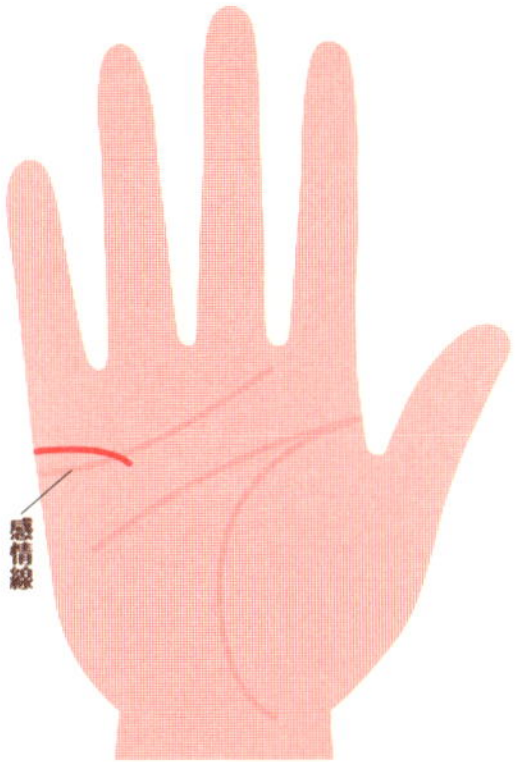


## 末尾が感情線を切っている

末尾が下がり、感情線の下に伸びている人は、配偶者との生き別れか、死別、離婚や別居を示しています。

また、感情線へのカーブが急な場合は、交際を周囲から反対され、それを押し切る形で恋愛する傾向があります。結婚後も夫婦間でいざこざが絶えず、溝が深まり、離婚に至ることもあります。

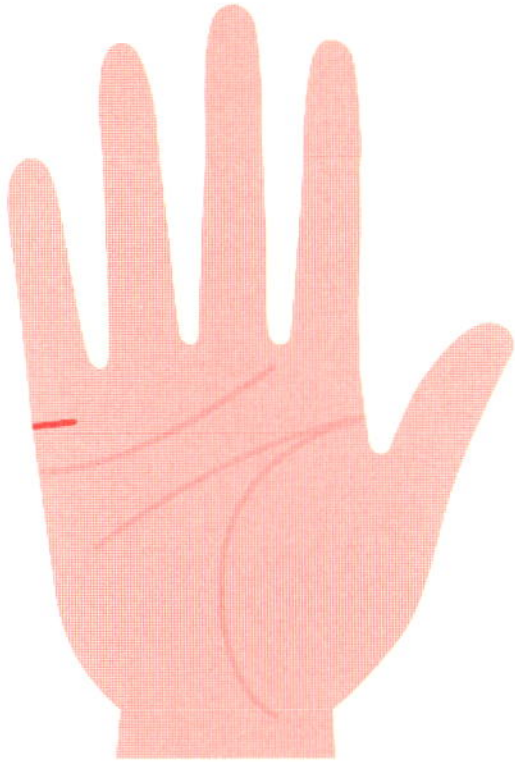

## 末尾が横に伸びている

一筋くっきりと伸びている場合、堅実で幸福な結婚生活を送る暗示。末尾が上に上がっている人は結婚願望が強く、理想の相手を求めるため晩婚です。長く伸びて太陽線と交わり、上に向かっている線は、お金持ちの配偶者を得る「玉の輿線」と言われます。末尾が下降している人は、恋愛に潔癖で結婚に悲観的です。

### 運気UP！

どちらのタイプも夫婦間の結びつきが弱く、何か問題が起きた時に乗り越えられるだけの絆の深さが足りないのが不運の原因です。

日頃からパートナーとのコミュニケーションを大切にし、お互いの意見や感じていることを把握し、よく理解し合うようにしましょう。

結びつきが深まれば、結婚生活も充実したものになり、お互いの運気も上がります。

### 運気UP！

末尾が上に上がっている人は、理想の相手を求めるあまり、決断できずにチャンスを逃すタイプです。相手の欠点を数え上げるのではなく、いい所を見るようにしましょう。

末尾が下降している人は、結婚に対してもっと前向きなイメージを持つことで運が上がります。「しょせん、結婚はガマンの連続」というような後ろ向きな発想は捨て、結婚のいい面を見るようにしましょう。

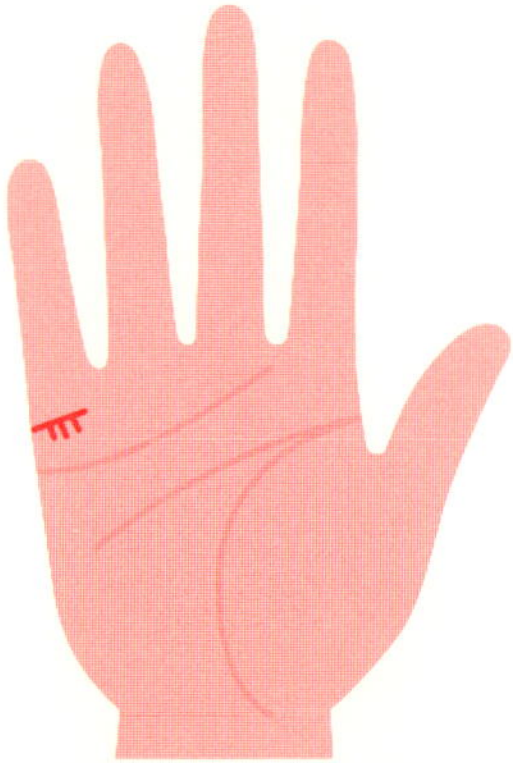

## 結婚線の枝線

結婚線から下向きに枝線が出ている人は、結婚生活が不幸な環境である暗示です。末尾が2つに分かれている場合は、単身赴任など夫婦の別居を意味しています。一方上向きの枝線がある人は幸せな結婚生活を送ることができます。結婚線に短い縦線が入っている場合は、障害があって結婚できない可能性が。

### 運気UP!

下向きの枝線は、配偶者の健康問題が結婚生活に悪影響を与える暗示です。パートナーの健康に気をつけるようにしましょう。末尾が二またの人は、コミュニケーションをマメに。特に二またが大きく分かれている人は、離婚まで発展する可能性が高いので、お互いの理解を深めて危機を乗り越えましょう。結婚線に短い線が入っている人は、結婚の妨げになる障害を取り除けば、幸せな結婚ができます。

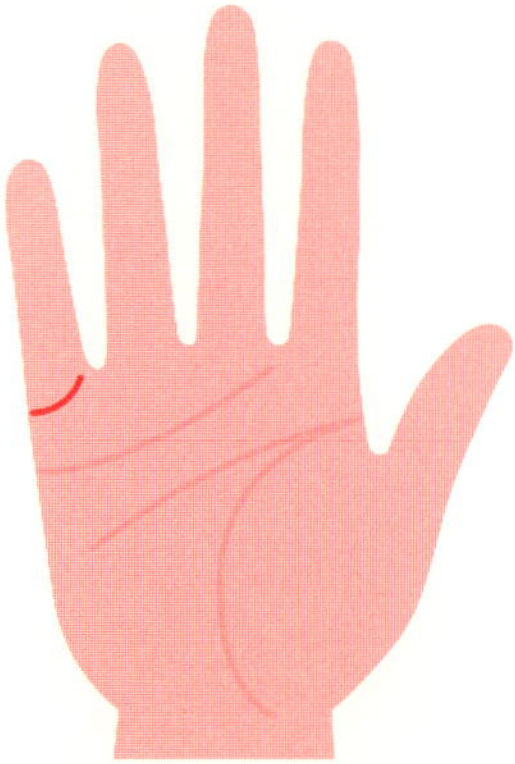

## 末尾が小指と薬指の間or極端に上

末尾が小指と薬指の間に入り込むように上がっている人は、結婚する意志が基本的に希薄か、結婚できない何らかの事情を抱えている人です。

結婚線が極端に小指のつけ根の近くにある人も同様で、結婚したとしても配偶者に問題があり、孤独な人生を送る可能性が高いでしょう。

### 運気UP!

どちらも家庭運に恵まれない相ですが、末尾が小指と薬指の間にある人が結婚を望むなら、抱えている事情の解決が先決です。

結婚線が極端に上にある人は、性格が中性的で、性欲も弱い傾向があります。そのため、結婚に具体的なイメージを抱けないのでいるのかもしれません。結婚を望むなら、前向きで明るい結婚生活を具体的にイメージしてみましょう。

# 健康線をチェック!

## 健康線で分かること

体の状態を表す健康線は、体の状態を知ることで、心理状態までも推測できる紋線です。また、現在の健康状態だけでなく、かかりやすい病気などについても知ることができます。

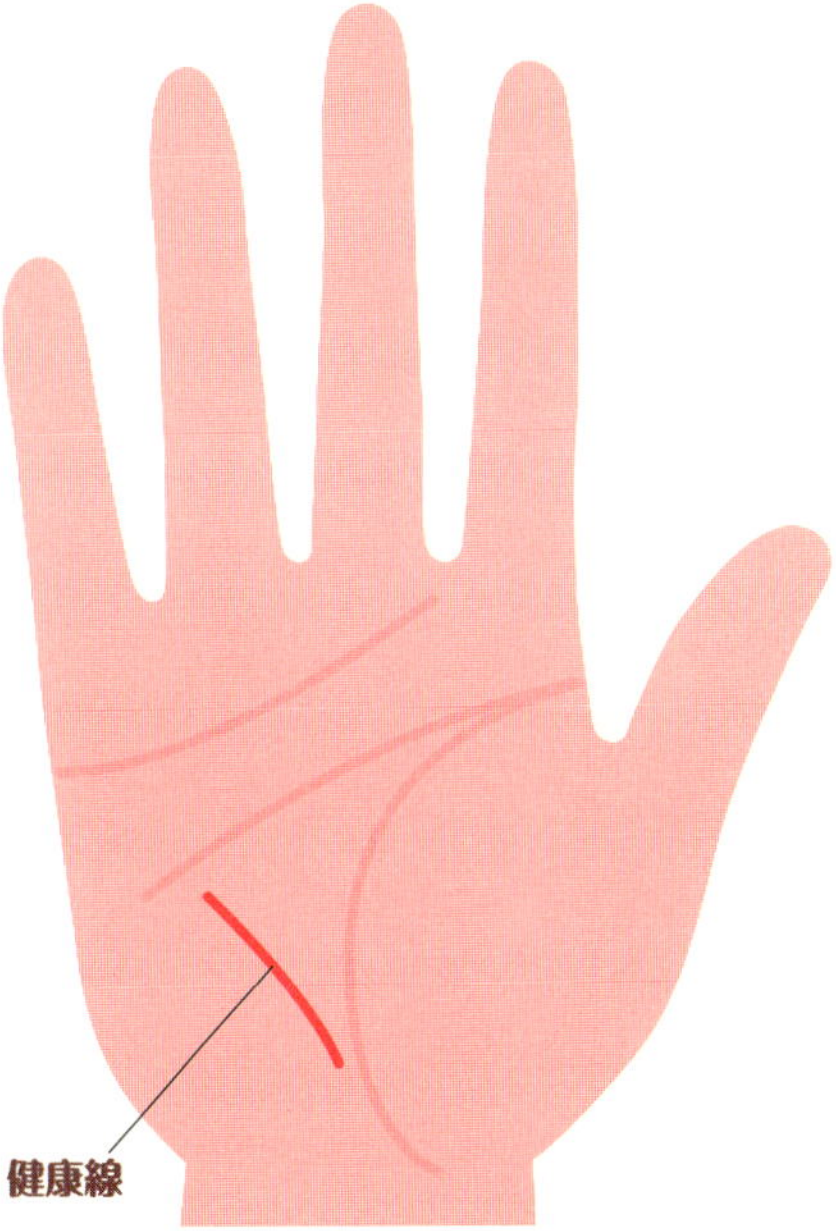


健康線は、手のひらの中央から小指に向かって斜めに伸びている紋線を指します。

勢いよく一直線に伸びているのが吉相といわれ、健康状態や体力的資質を示します。特に泌尿器系、消化器系、呼吸器系と密接な関係があります。

健康線は生命線とあわせて見ることが大事ですが、運気の判断に健康状態を見るのは、体の状態が心理にも影響を及ぼすからです。

例えば、肝機能が低下すると、脱力感を感じ、無気力で活発に動くことができなくなります。そのため責任を負うことを避けるようになるのです。このように、体の状態を知ることで、その時々のその人の心理状態を推測することができ、運気の軌道修正も可能になります。

また、健康線からは、現在の健康状態だけではなく、線の状態や障害の有無によって、かかりやすい病気などもわかります。

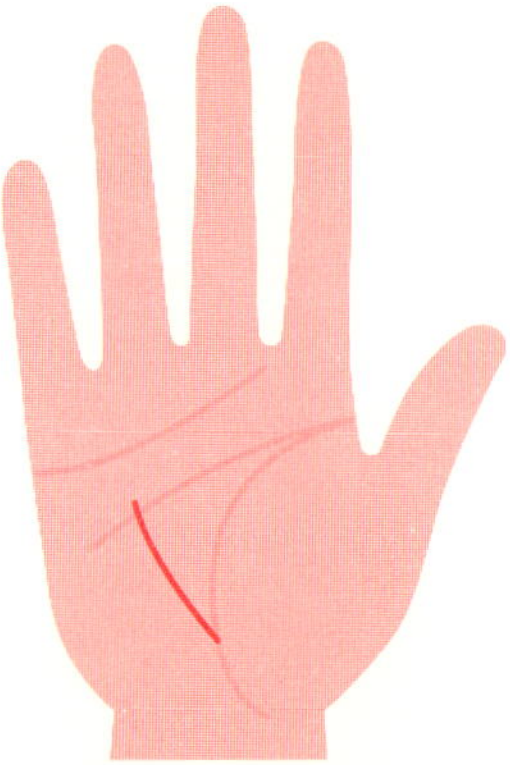

## 起点が生命線上

起点が生命線の場合は、スタミナがあり、事業の経営や、サラリーマンでも大きなプロジェクトを企画し出世するなど、仕事面で成功を収めるタイプです。

性格的には正義感の強い熱血漢で、常に前向きでパワフル。多少の障害にも、弱気になることなく果敢に挑み、人を引っ張っていきます。

### 運気UP！

エネルギッシュで体力的にも恵まれているため、昼夜を問わず働きすぎて体調を崩すことがあるので注意が必要です。

また、やりすぎて周囲の人から恨みを買ってしまうことも。

エネルギー全開で走り回るだけが成功の秘訣ではありません。周囲への気配りを忘れず、相手のペースを見ながら、物事を進めることも意識しましょう。

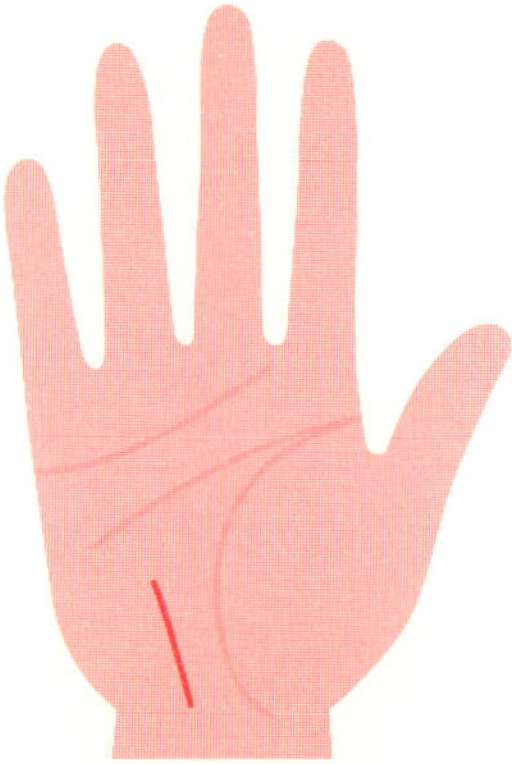

## 起点が手首近くで障害なく伸びている

起点が手首線の近くから始まり、線上に何の障害もなく生殖丘に向かっている人は、健康に何の問題もなく長生きできる人。性格的にも、明るく前向きで、積極的、魅力的な人といえるでしょう。そのため、人望も厚く、経済的にも比較的安定しており、穏やかな社会生活を営むことができます。

### 運気UP！

健康に問題がないからと言って、無茶な生活を送れば、健康を害することに。身体的な問題は、生活全般に影響を与えるので、常に規則正しい生活を心がけ、内臓の働きを活発な状態にキープすることが大切です。

特に、現在独身で結婚を望んでいる人は、健康線に勢いがあると、異性をひきつける魅力も豊かになることを忘れないで。出会いも体調次第です。

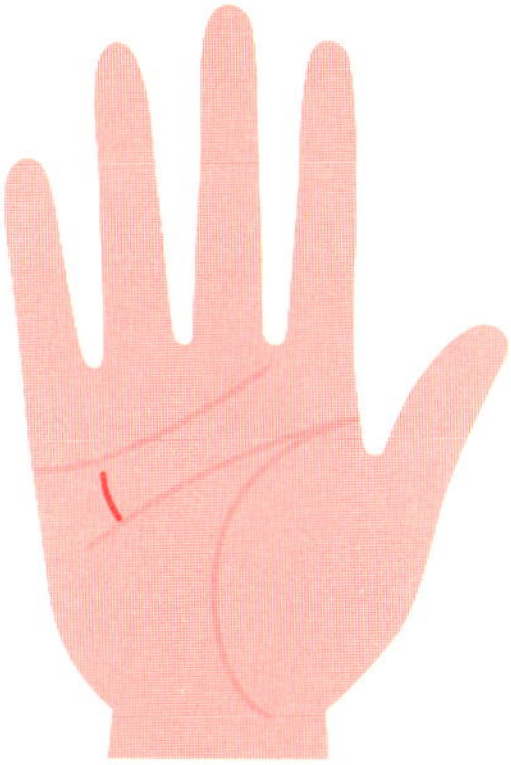

## 起点が頭脳線上

頭脳線から始まる場合は、手のひらか、ほかの線に障害が見られます。その障害によっては、悪い意味を示すことがあります。

たとえば、生命線の先端が房状になっている場合、大病や不摂生で体が急激に衰え、仕事に対する意欲が消失してしまったりします。

### 運気UP！

手のひらやほかの紋線の障害をすみやかに解決することが先決です。それにより、健康線にも変化が生まれます。

何の対処もせず、障害を放置したままだと、人生の転落を味わうことにもなりかねません。健康線は、運を導くナビゲーターです。このような紋線だとしても、生活を見直し軌道修正すれば、吉運を手にすることができます。

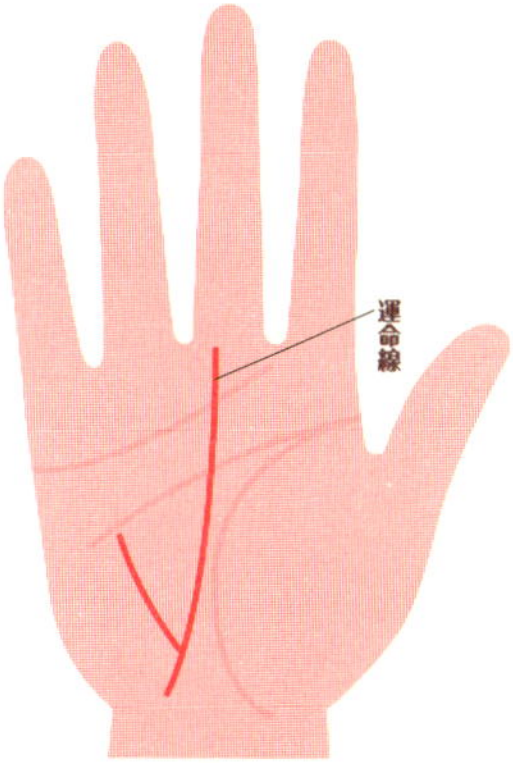


## 起点が運命線上

起点が運命線の人は、勤勉で努力家です。健康面でも比較的恵まれており、フットワークが軽く活動的。面倒な仕事も嫌がらずにマメに動き、目標達成のためには、努力を惜しまないので、人から信頼を得ることができます。

社会的成功を手にする可能性が大きい人です。

### 運気UP！

線に勢いがなく色が悪い場合は、心臓関係の疾患が心配されます。くれぐれも健康管理には気をつけてください。

また、このタイプも生命線を起点とする人同様、勤勉過ぎて過労で倒れたり、やりすぎて人から恨みを買うことが。疲れたらきちんと休息をとること。また、自分が出来ることは、他の人も出来て当たり前、という思い込みを捨てましょう。

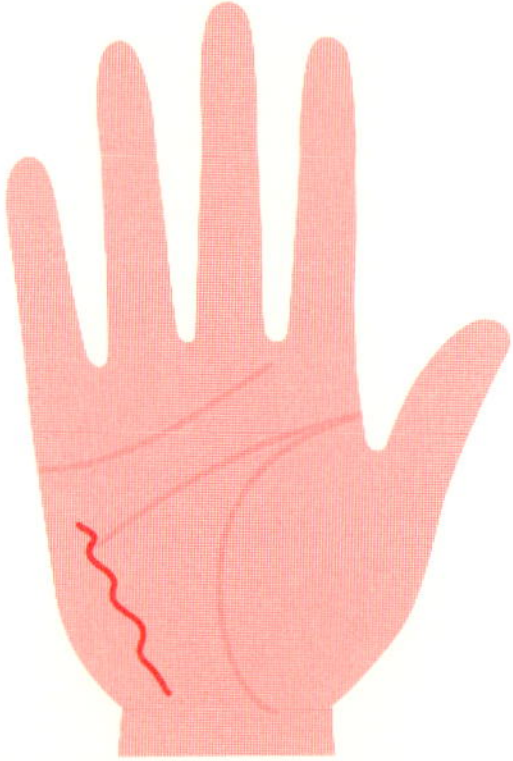

## 曲がりくねっている

肝臓や胆のうが弱いことを示し、その結果、便秘や下痢、ときとしてリウマチを患う人もいるでしょう。長い期間、体調が優れず、そのために人生の浮き沈みが激しく、生活も不安定になりがちです。性格的にもゆがみが生じ、悪意のある意地悪な性格になりやすい傾向があります。

### 運気UP！

肝臓の弱い人は、イライラしたり怒りっぽくなりがちといわれています。アルコールを控えるなど、肝臓のケアをして、体調を整えることで、イライラや怒りもある程度はおさまるでしょう。やる気もよみがえり、ポジティブな気持ちも生まれてくるので、性格的にも大きく変化するでしょう。経済的にも安定し、人間関係もよいものに変わります。

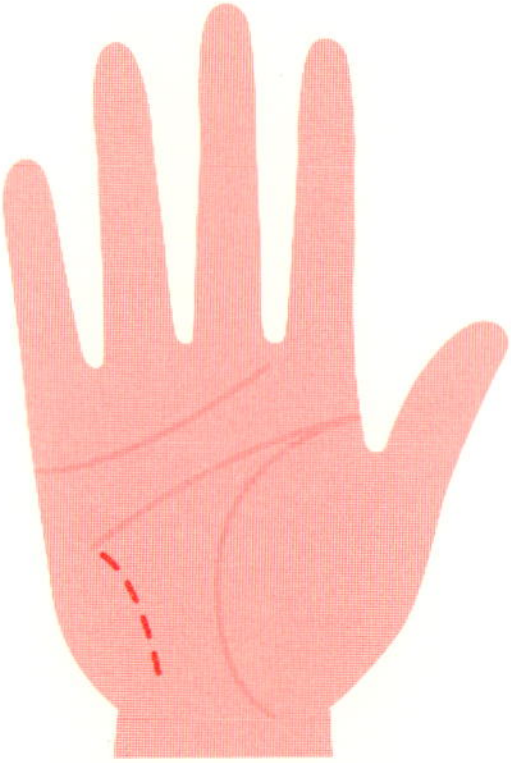

## 途切れ途切れ、または弱々しい

健康線が途切れ途切れの人や、弱く薄い線の人は、胃腸が弱い体質。そのため、物事に対して消極的で受け身。面倒なことを引き受ける自信も気力もありません。

もし枝線の一つが頭脳線を横切っていたら、慢性の頭痛持ち。感情線を横切っていれば心臓病の暗示です。

### 運気UP！

ふだんから胃腸を健康に保つ配慮が必要です。また、疲れやストレスにも弱いので、心身ともに、休息はマメに。無理は禁物です。

特に細かく切れ切れの状態になっている人は、胃炎や胃潰瘍、腸炎など、胃腸の病気にかかりやすいので注意しましょう。胃腸の調子が整ってくると健康線も整い、運気も好転します。

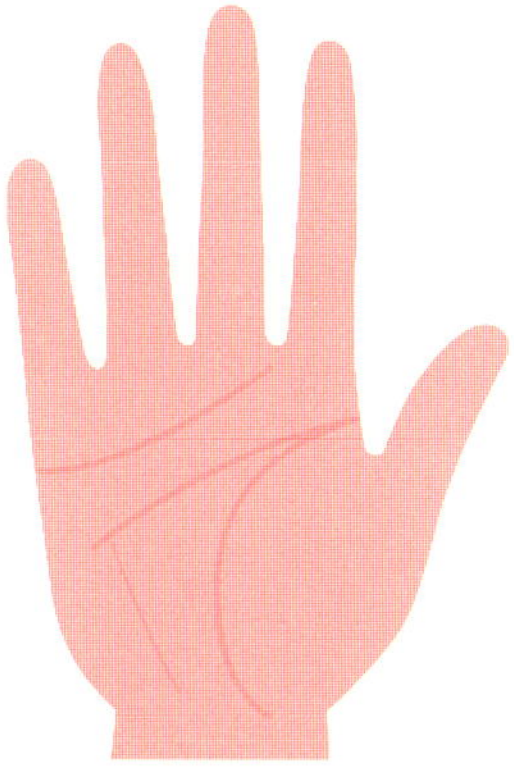

## 健康線がない

健康線は、神秘丘の厚さや弾力性、血色などを総合して判断するものなので、一概に決めることはできませんが、まったく健康線がない人は、非常に健康な証拠と言われています。敏速に動き、活動的な人で、性格的にも明るく元気で開放的です。ムードメーカーとして、周囲の人に愛されるでしょう。

### 運気UP！

強いて問題があるとすれば、血の気が多く、血圧が高めであるということです。病気と言うほどではありませんが、不摂生を続ければ、ここが弱点となり、運も傾く可能性があります。

元気なあまり、深刻な雰囲気の場での配慮が苦手な面もあります。がさつな人ではありませんが、もう少し繊細さを身につけてもいいかもしれません。

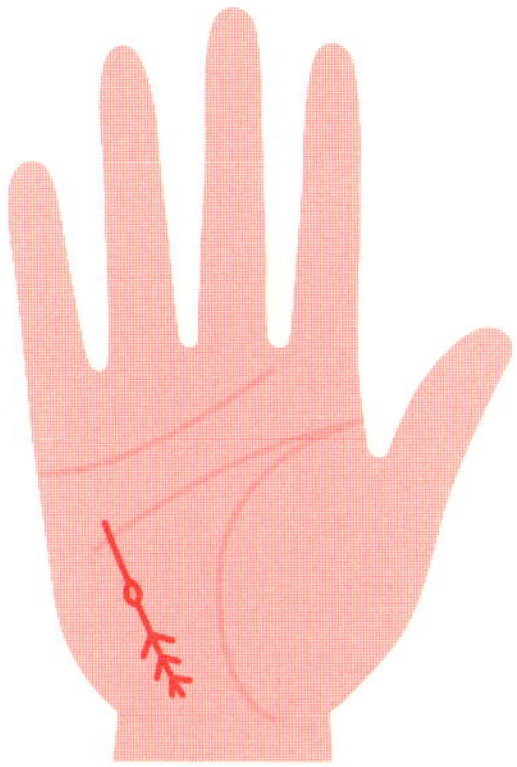

## 十字紋、アミ紋、枝線、島、房状

健康線が十字紋に交差していると、病的幻想や恐怖症に悩むことに。神経が極端に細く弱い人です。アミ紋は、喘息など呼吸器系の病気や慢性胃腸病の人。たくさん枝線が出ている人は、内臓が強く、進歩的な精神の持ち主です。島は、神経衰弱の暗示。房状になっている場合は、老後に健康を害することを示します。

### 運気UP！

どの障害も、健康なときに現れた場合は、今後を暗示しているととらえ、予防策をとることが大切です。

アミ紋がある人は体力がないので、体力増強のために適度な運動を心がけましょう。また、房状の人も、内臓や神経機能の低下から、老後に不健康になるので、食生活や生活習慣を早い段階で改め、対策を練ることが大切です。健康的な枝線の人も、不摂生は禁物です。

# 財運線をチェック！

## 財運線で分かること

仕事、商売、営業、取引など、財運を呼び込む事柄の吉凶がわかる財運線。生殖丘の発達状態とあわせて見ることで、その人が持つ才能を最大限に活かす能力があるかどうかもわかります。

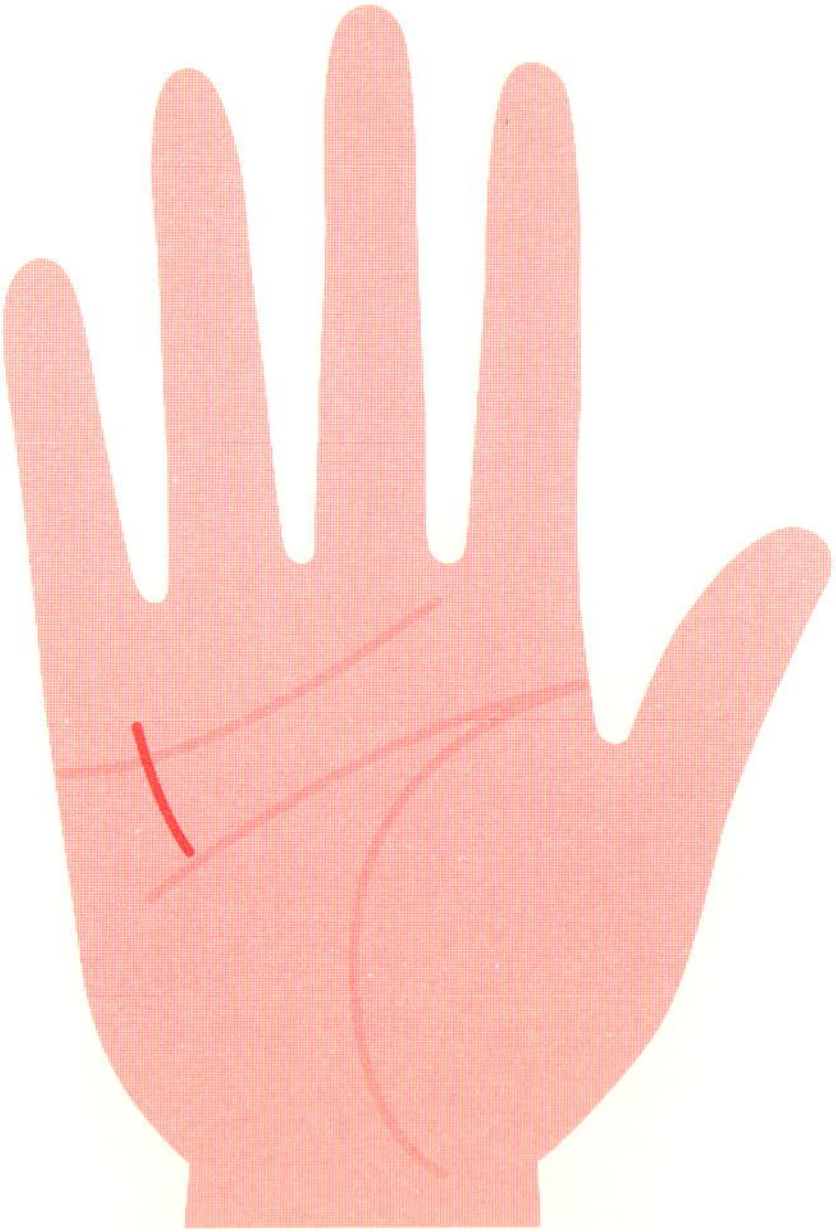

財運線は、商業やお金と深い関係がある生殖丘にある、小指のつけ根に向かって走る短い縦線です。

仕事や商売、営業、取引、貯蓄や資金の増加など財運を生み出す事柄がわかる紋線です。しかし、財運線の勢いには、目的に向かって走るエネルギーと本能も示されるため、技術的才能や研究心などにも深く関わっています。

財運線は勢いがよければ、大きな財をなすことができ、薄かったり勢いがないと金運にはあまり恵まれていないとみなします。しかし、紋線だけでなく生殖丘の発達具合も金運に影響を与えますので、一緒に見ることが大事です。

生殖丘の発達した人は、自分の才能や可能性を最大限に活用する能力があります。従って、商才ばかりでなく、財産を築くために必要な臨機応変さや人の気持ちを読み取り、いち早く需要を読み取る勘の良さなども有効に活かすことができます。生殖丘が発達していない人は、この能力が劣ります。

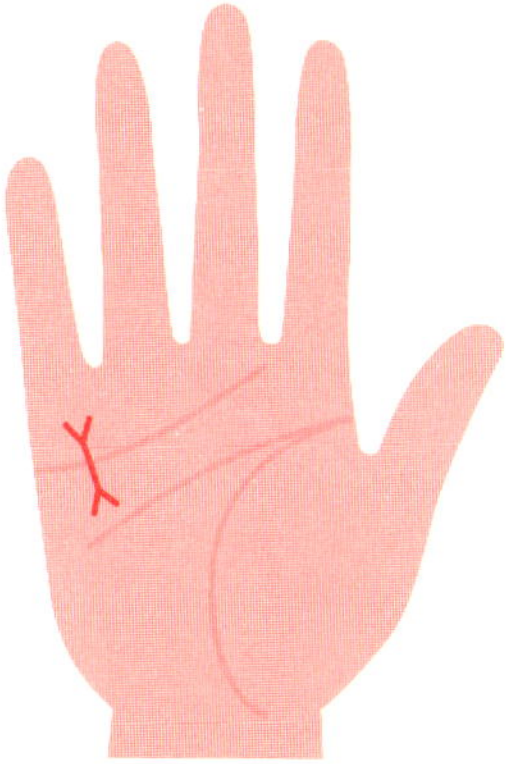

## 起点や末尾が二また

起点が二またに分かれている人は、社交的で顔が広いタイプ。その縁からよき仲間に恵まれたり、仕事が生まれたりする運を持っています。一方、末尾が二またに分かれている人は、どんな人とも仲良くなれるフレンドリーな人。気取ったところのない親しみやすさが人をひきつけ、財へとつながる人です。

### 運気UP！

起点が二またの人は、活動的で、周囲の人からの誘いも多いはずです。なるべく、誘いには応じて交際範囲を広げることが開運の第一歩となります。

末尾が二またの人は、親しみや安心感が人気の秘訣です。自分を飾らず、ありのままの自分でいたほうが得な人。ストレスをため込まず、マメに発散して、気持ちをいつもオープンにしておきましょう。

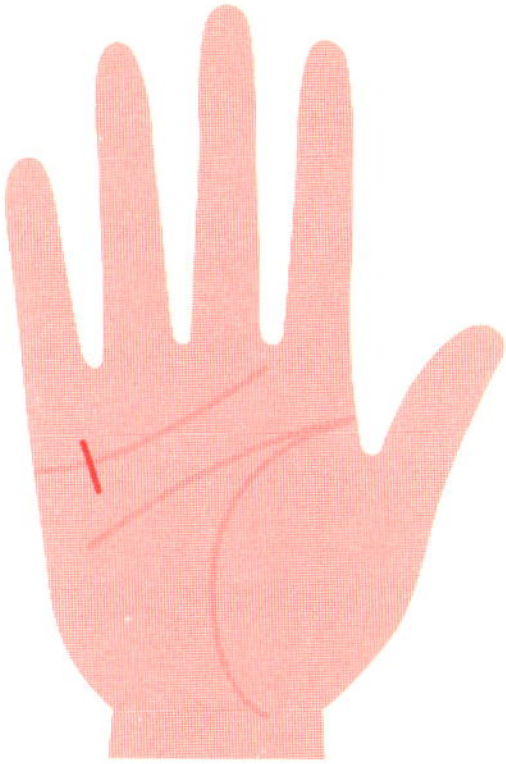

## 起点が感情線の下

起点が抵抗丘から始まる場合は、勘が鋭く、商才に恵まれ、投機の才能を持った人です。社交的で、人からも信用されるので、人脈を活かし話のうまさで仕事を成功させる人です。一方、起点が頭脳線近くから始まる人は、技術的才能や特殊技能を持った研究者や職人肌の人。与えられた環境の中で、成功を得ることのできる人です。

### 運気UP！

抵抗丘を起点に持つ人は、人脈を築こうとあせるあまり、八方美人になることがあります。信頼関係があってこそ、人脈が役立つ運なので、一人一人との関係をきちんと築くことが大切です。また、話術で信頼が深まるテクニックも磨きましょう。頭脳線近くから始まる人は、自分の技術や技能に関する努力を怠らないことが大切です。油断をすると運気が逃げていきます。

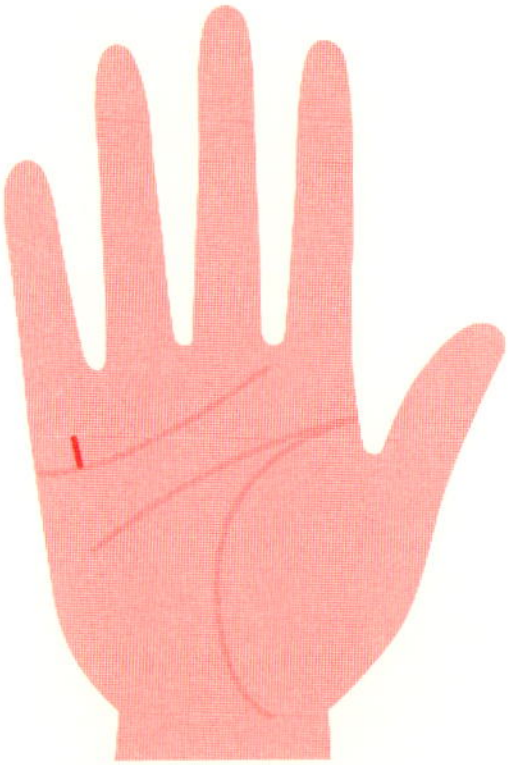

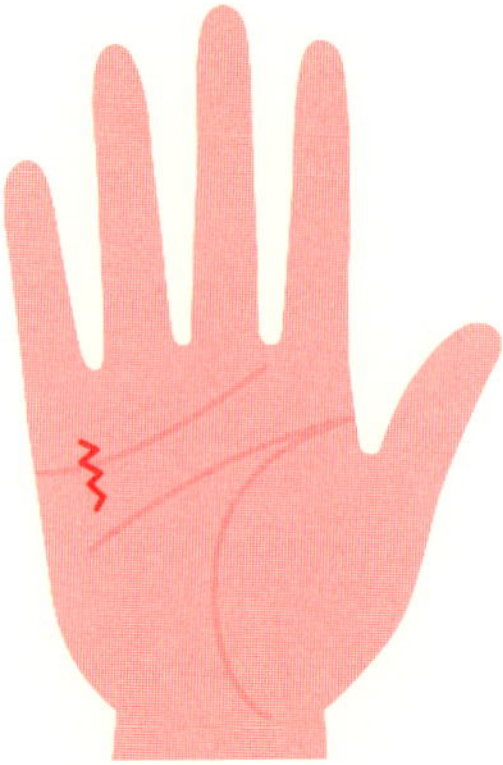

## はっきりと強く上昇

感情線からまっすぐ乱れずに上昇している人は、自分の努力と商才によって地位や名誉を得ます。その結果、財力を手にする人です。知的能力も高く、人望も厚いので、黙っていても人が集まってきます。特に、感情線からまっすぐに上昇する線が2本ある場合は大吉相です。莫大な富を得る運を持っています。

### 運気UP!

人格的にも優れ、結果的に財運にも恵まれているので、多くの人が周囲に集まってきます。中には、悪知恵の働く狡猾な人が、利用しようと寄ってくることもあるでしょう。知的能力が高いので、簡単にだまされる人ではありませんが、油断をするとつけこまれる可能性も。

人を見る確かな目を養い、能力があり誠意のあるブレーンを若いうちから見つけるようにしましょう。

## 曲がりくねっている

財運線がくねくねと曲がっている人は、悪知恵が働くタイプ。その場その場で都合よく立ち回ろうとするため、意見や主張がコロコロと変わります。また、目的のためにはウソをつくことも平気です。そのため一時は財産を築くことができますが長続きせず、信用とともに、財運も失うことになります。

### 運気UP!

財産を築くのに不可欠なのは、人からの信用です。信用できない人には誰もついてきません。ですから、誠実に人とつきあい、自らも努力することが大切です。

まずは、楽して儲けようという浅はかな気持ちを捨てましょう。

お金に振り回されない強い心と信念が持てるようになれば、おのずと財運はついてきます。あせらず、着実に努力を積み重ねましょう。

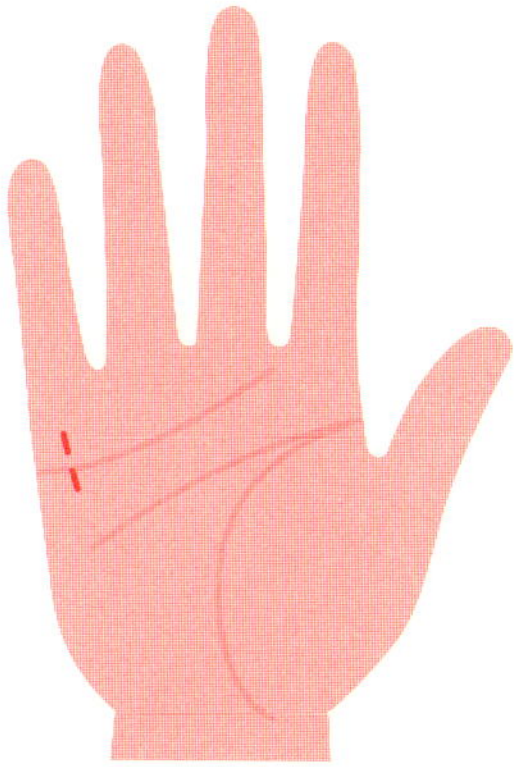

## 途中が切れている

意思表示がヘタで無口。口下手のために愛想が悪いと思われたり、態度が横柄だと誤解されがちな人です。

そのため、スムーズな人間関係を築けず、才能があっても、周囲に理解されず、チャンスを逃してしまいます。また、入ったお金がすぐ出て行ってしまったり、貸したお金を返してもらえなかったりします。

### 運気UP！

人間関係をきちんと築くには、まず口下手を克服し、少しずつでも意思表示ができるようにしましょう。

貸したお金が返ってこないのも、「返してほしい」という意思表示ができないのが原因です。また、借金の申し込みをはっきり断れないせいでしょう。

口下手が解消されれば、態度も和らぎ、誤解されることも少なくなります。

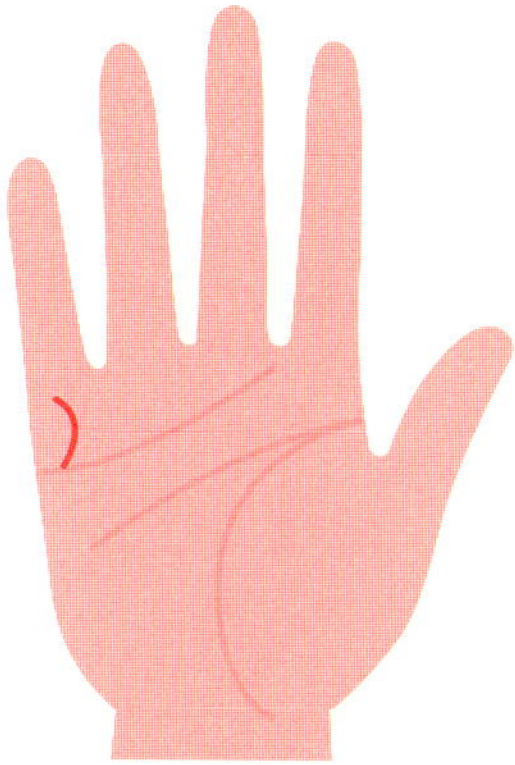

## カーブしながら上昇

途中から左右どちらかにカーブしている人は、口が軽い人。おしゃべりや余計なひと言から、チャンスを逃がしてしまうタイプ。また、悪気はなくても思慮に欠けた発言をしてしまい、嫉妬や反感を買い、同僚から足を引っ張られるなど、なかなか持っている才能を活かすことができません。

### 運気UP！

とにかく頭と口が直結している人。悪気はないのですが、思ったことが、そのまま口に出てしまいます。

口に出す前に一呼吸おくクセをつけましょう。

また、正直に気持ちを吐露しすぎるのも問題。場の雰囲気を読んで、口にすべきではないこと、今はやめておいたほうがいい話題など、判断できるようになりましょう。口は災いの元です。

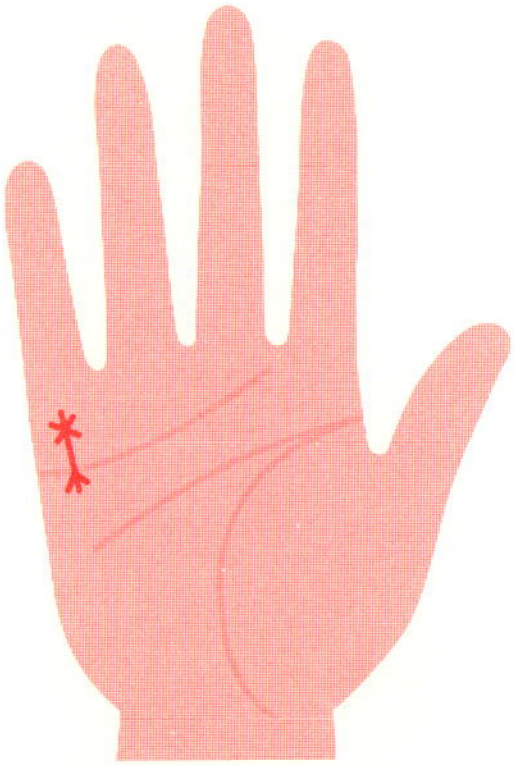

## 障害紋、鎖、枝分かれ

紋線の上に障害紋がある人は、自分の意思を人に伝えることが苦手で社交下手。友人も少なく地味な存在です。鎖状の場合は、頭脳明晰で、投機や勝負事が大好き。時々嫌味になり人間関係に摩擦が起きることがあります。末尾が房状の人は、ちゃっかり者で気がまわり、自分の才能や能力を鼻にかけるところがあります。

### 運気UP！

障害紋のある人も鎖状の人も、人間関係がうまくいかないことがネックになっています。障害紋のある人は、引っ込み思案を解消し、積極的に行動しましょう。鎖状の人は、嫌味な言動は控えることです。

末尾が房状の人の場合、枝線が多いと人から嫌われ孤立します。自己中心的な態度を改め、謙虚になって人と接するように気をつけましょう。

# 抵抗線をチェック!

## 抵抗線で分かること

「反抗線」「防御線」「兄弟線」と別名の多い抵抗線。それだけ意味することが多い線ともいえます。この線が意味しているのは、精神力と闘争心、冒険心と自制心です。

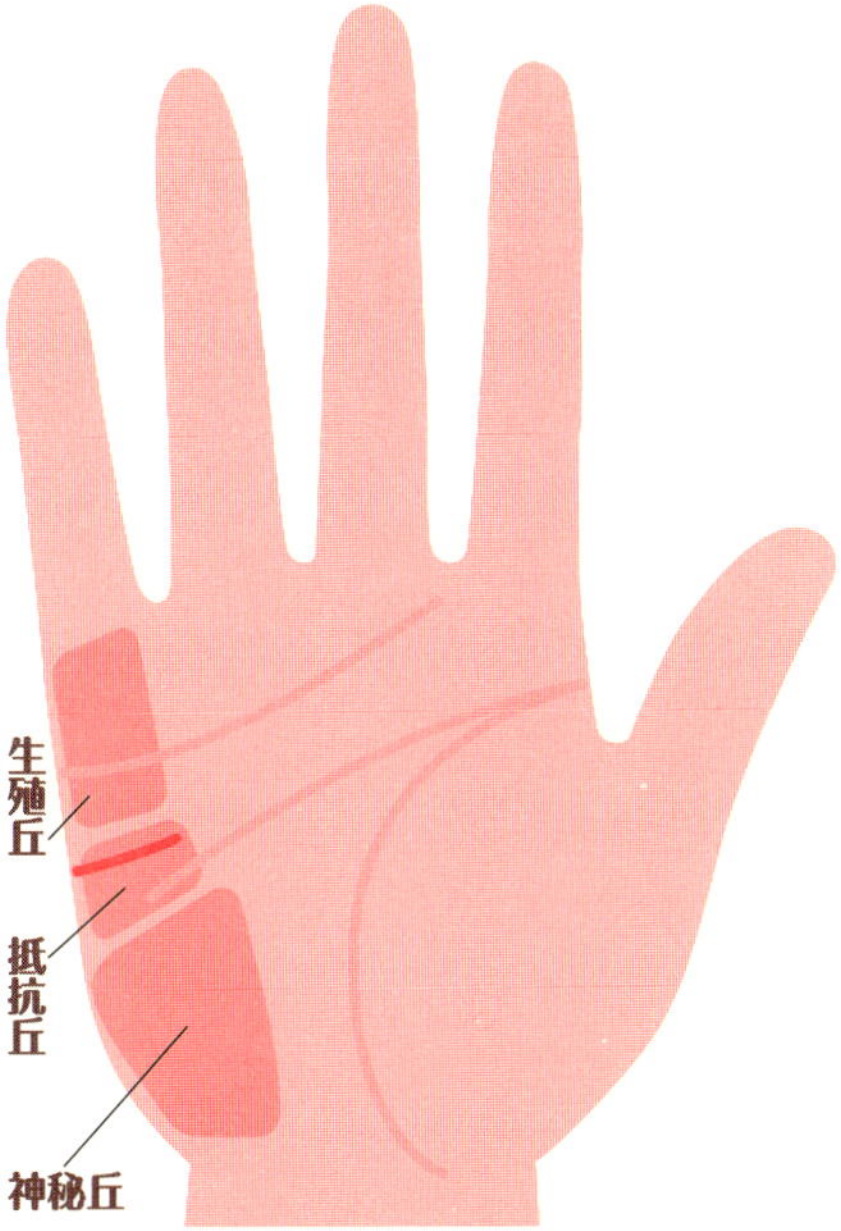


小指の下の生殖丘と手首の上の神秘丘との間、抵抗丘に横に走る短い線が抵抗線です。目立つ線ではありませんが、誰にもある紋線です。

抵抗線は、その人の気質や決断力、問題に立ち向かう力の有無や、チャレンジする精神、反抗的気質や、正義感の有無、家族や兄弟仲の良し悪しなどを表します。ほかにも、知性や忍耐力、社交性や協調性など、その人の気質全般を推測することができます。別名「反抗線」や「防御線」「兄弟線」とも呼ばれているのは、このように意味することが非常に多いからともいえます。

抵抗線が長ければ、野心や自信にあふれ、プライドが高いタイプ。顕示欲が強すぎて、協調性に欠ける性格です。反対に短ければ、すべてに対して自分の意志を通すことがなく妥協的。争いを好まない性格です。しかし、長さだけでなく、形態、末尾の向き、抵抗線の本数なども総合的に見て、その人の気質を判断します。

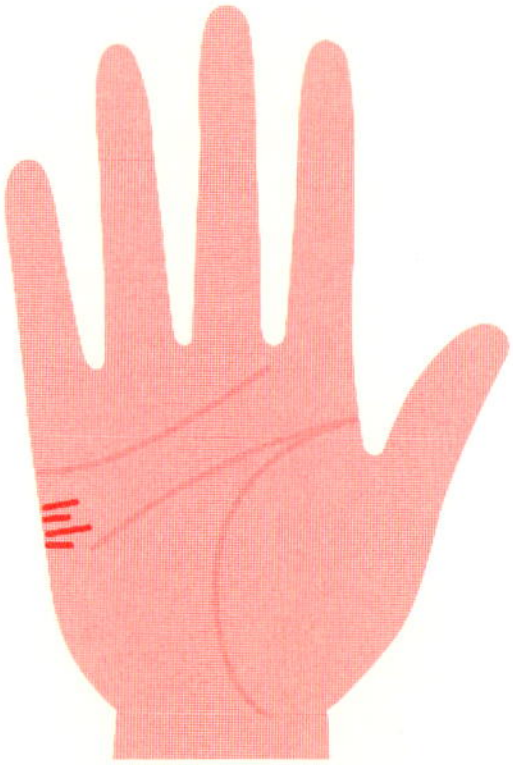

## まっすぐな線が数本ある

抵抗線が、深くはっきりしているほど、機知に富み、パフォーマンスがうまく商才があるといえます。

数本の並行した細い線があれば、それに加え、社交性もあり駆け引きが上手な人。トラブルがあっても、果敢に立ち向かう勇気もあり、正義感もあるので、周囲の人から頼りにされるでしょう。

### 運気UP！

勇敢に立ち向かう姿勢は素晴らしいのですが、やりすぎると強引で傲慢な態度になり、周囲の人たちから反感を買うだけでなく、敵をつくることもあります。

熱い気持ちと同時に冷静な判断も必要です。突っ走るだけでは、本来持っている商才を活かすことができません。勢いにまかせた言動は、くれぐれも注意するようにしましょう。

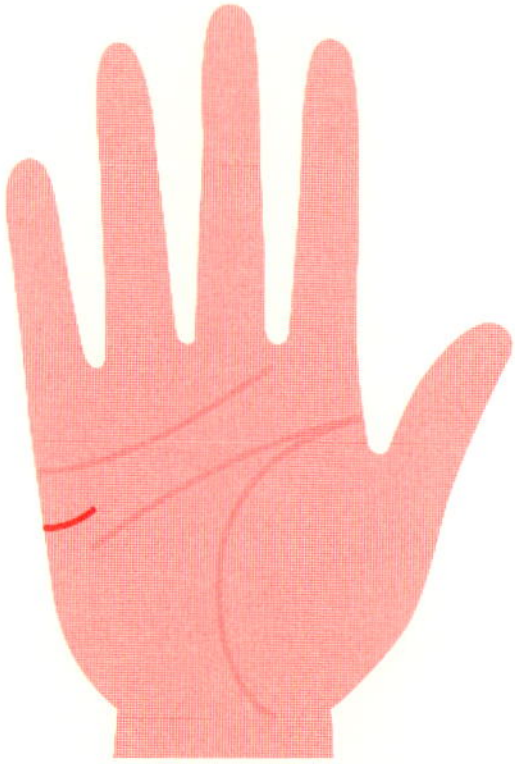

## 末尾がカーブしている

末尾が上にカーブしている人は、男性的気質の人で、女性なら男勝りです。人の上に立つ人に必然的に現れる紋線です。将来的には家族や兄弟を援助する家族愛の強い人です。

逆に下にカーブする人は、忍耐力があり理知的。家族や兄弟とは仲が良く、アットホームな温かさを持ち合わせた人です。

### 運気UP！

上にカーブしている人は、決断力や意志の強さが、ワンマンさに結びつくことがあるので注意が必要です。また、責任感から無理をしてしまい、疲労がたまるまで働き続けてしまいがちです。

下にカーブする人は、優柔不断なところがあり、信念をつらぬく度胸がないのが弱点です。自分の意志をしっかり持てば、実力を十分に発揮できるでしょう。

# 子供線をチェック！

## 子供線で分かること

子供を授かるか否か、出産の状態などがわかる子供線。子供線が発生する生殖丘のほか、愛情丘などとあわせて推測することで、子供に関する問題の有無などもわかります。

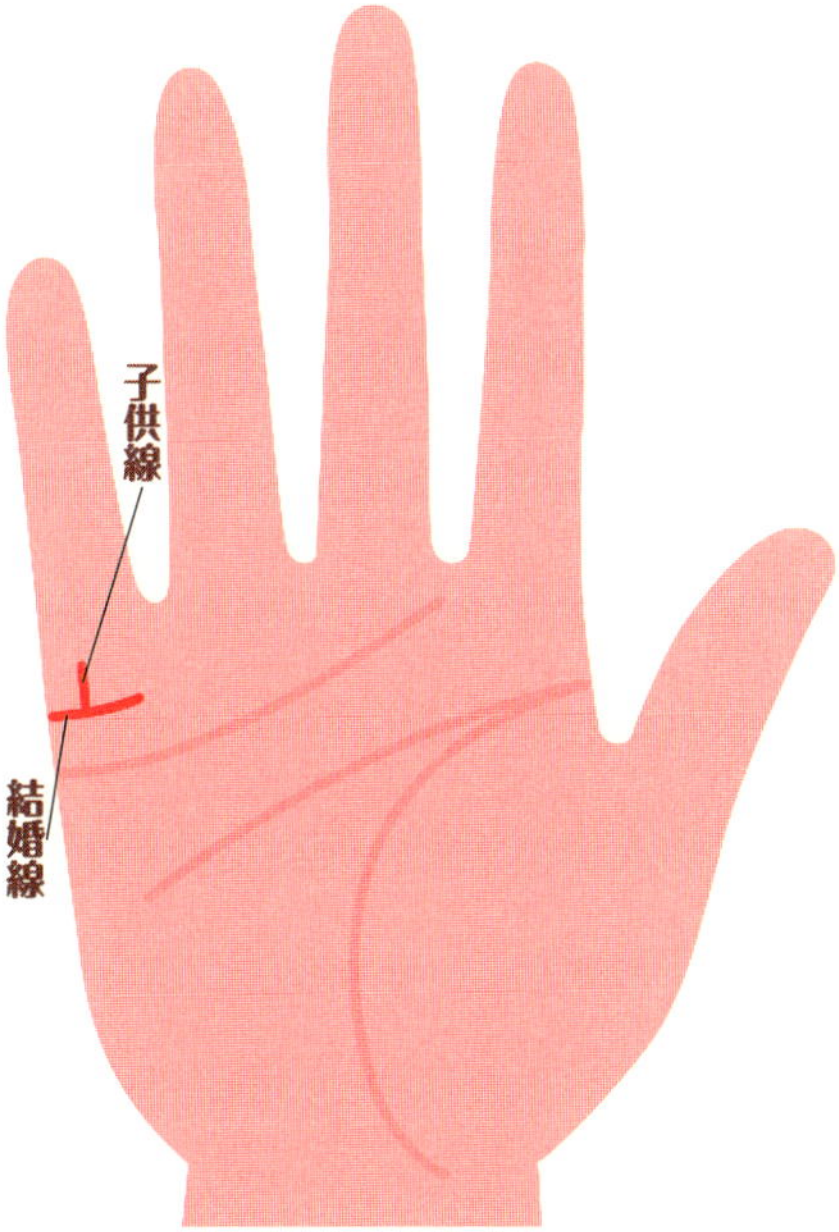


生殖丘にある結婚線から縦に細い枝線が出る時があります。この線を子供線、別名「ホルモン線」と呼びます。女性にとっては、とても重要な線のひとつともいえるものです。

生殖丘は、生理的なことばかりではなく、生殖器系の働きやホルモンバランスなどの状態も読み取ることのできる場所です。ここに上昇する枝線がたくさんある場合は、精力やスタミナのある人を示しています。

また、何らかの障害線があれば、婦人科系の疾患や難産、または流産などが予測されます。

さらに、愛情丘が貧弱だったり、感情線が短かったりすると、持続力のない淡泊な性生活になりやすいため、より精力も弱まります。

このようにほかの丘や線とあわせて見ることで、ある程度の子供の数や、子供との関係、性生活の状況までもを読みとり、運気アップの指針とすることができます。

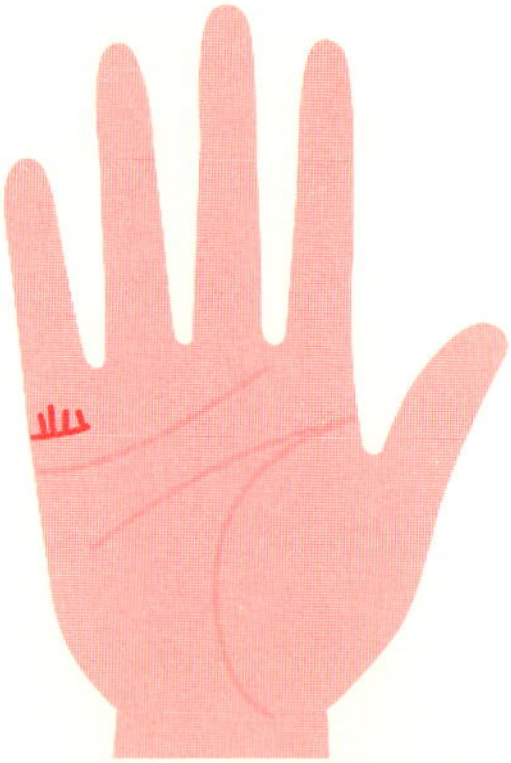

## 上昇枝線が何本もある

1本でもはっきり見える線があれば子供運はよく、健康で丈夫な子を授かることができます。

ただ、同じような状態の線ばかりならば、精力の浪費か減退を意味し、子供運にも陰りがでます。

細く薄い線は、夫婦間のお互いの気持ちが原因で、子供運に恵まれない可能性を表しています。

### 運気UP！

上昇枝線が細い人は、パートナーとのコミュニケーションをしっかりととり、お互いの理解を深めるようにしましょう。二人の関係が変わることで枝線もくっきりとしてきます。同様に、同じような状態の枝線ばかりの人も、体力をつけ、心身ともにコンディションを整えることで、状況は変わってきます。くっきりとした目立つ枝線が出てくれば、子供運がアップした証拠です。

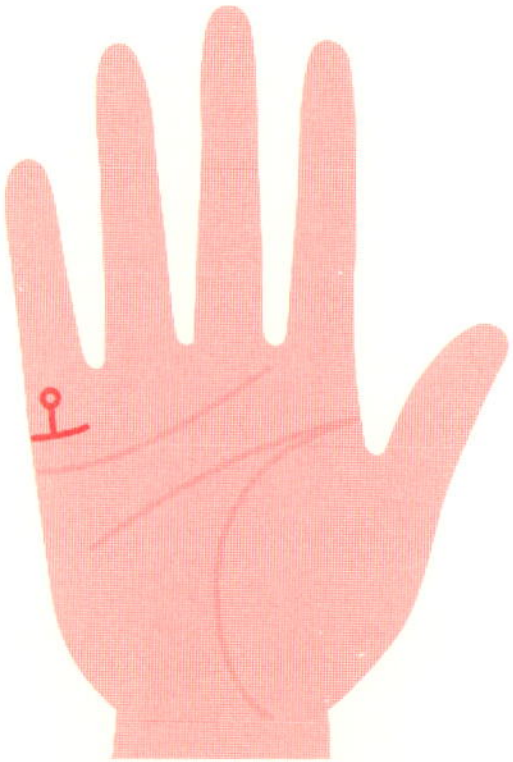

## 末尾に障害

房状や交差している障害線は、流産を経験した印。末尾が島の場合は、つわりが激しいか早産や難産の傾向あり。末尾が分かれている人は、子供を産まないか、産んでも子供が病弱など問題を抱えることに。、曲がりくねった線は体力に問題があるだけで子供運は良好です。切断線がある場合は、中絶の可能性があります。

### 運気UP！

房状や交差した障害線、末尾に島がある人、曲がりくねった線の場合は、身体的、体力的に問題を抱えているため、妊娠、出産に悪影響が出ています。病気を治療したり、体力をつけることが大切です。

末尾が分かれている人は、子供が非行に走るなど、子供の健康以外の問題も起きる可能性があります。小さなうちから子供との関係をしっかりと作り上げておきましょう。

# 野心線をチェック！

## 野心線で分かること

権力を得ようとする野心、人を支配する能力や指導力の有無を表す野心線。目的意識を強く持ち、そこに向かって突き進むことができるか否かがわかる紋線です。

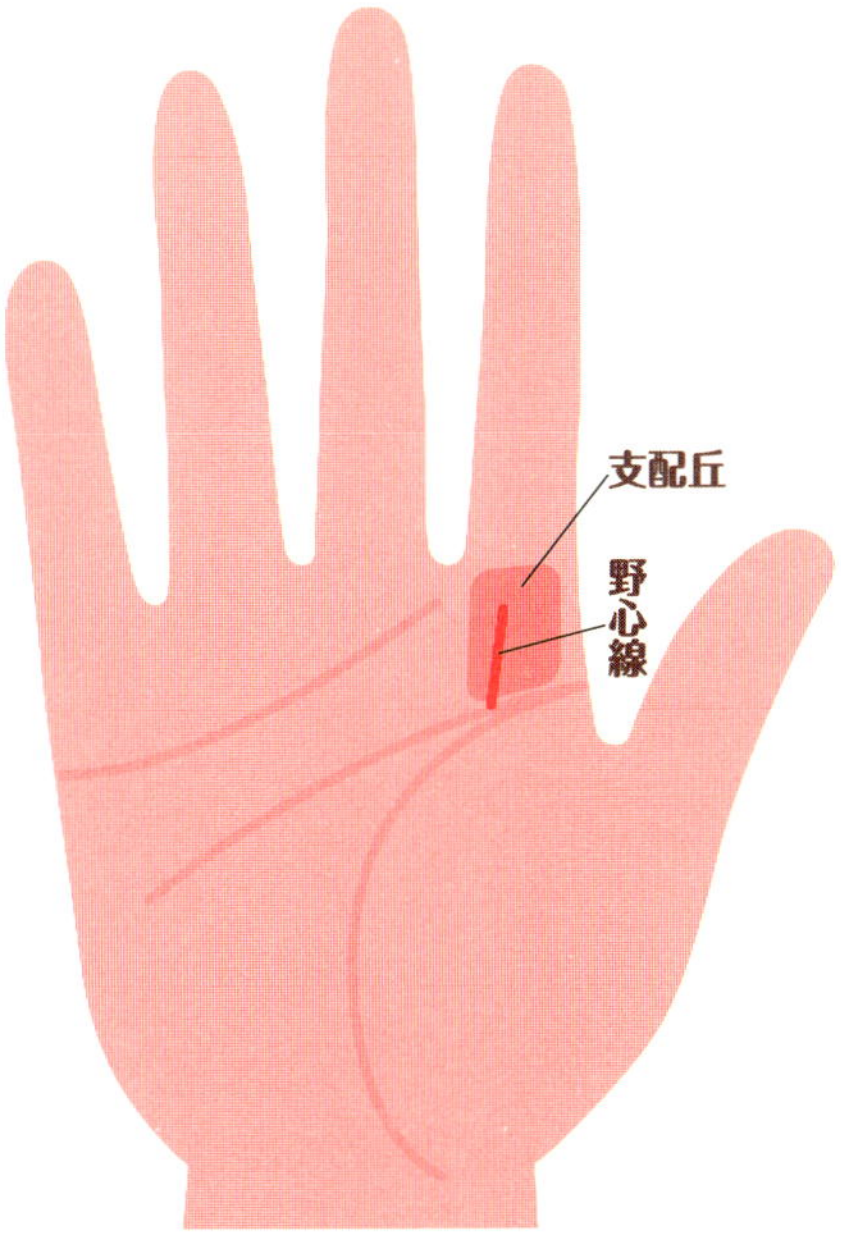


野心線は、支配丘の上にある線で、頭脳線の起点の近くか、感情線の末尾のあたりに現れます。感情線の枝線と間違えられやすいのですが、人差し指に向かって伸びている縦線なので、注意深く確認する必要があります。

その名の通り、権力を求める野心や支配力、指導力の有無がわかる線で、何本もある人は、向上心と指導力に優れ、目的意識も高い人です。自分の野心や目的に向かって迷うことなく進むことができます。

枝線があったり、枝分かれしている場合は、目的が定まらず、力不足からひとつのことを貫徹することができない人です。最後まで、自分の意志を貫くことができるようになれば、枝線が消え、1本の紋線になります。

切断線がある場合は、自分の目的や目標を妨害する出来事があることを暗示しています。人間関係のこじれが原因となる場合が多いので、切断線が現れた時は注意が必要です。

# 旅行線をチェック！

## 旅行線で分かること

一時的な環境の変化や生まれ故郷を離れて暮らすことについて表す紋線。その際の状況や災難の有無など、変化の吉凶の一部始終を知ることができます。

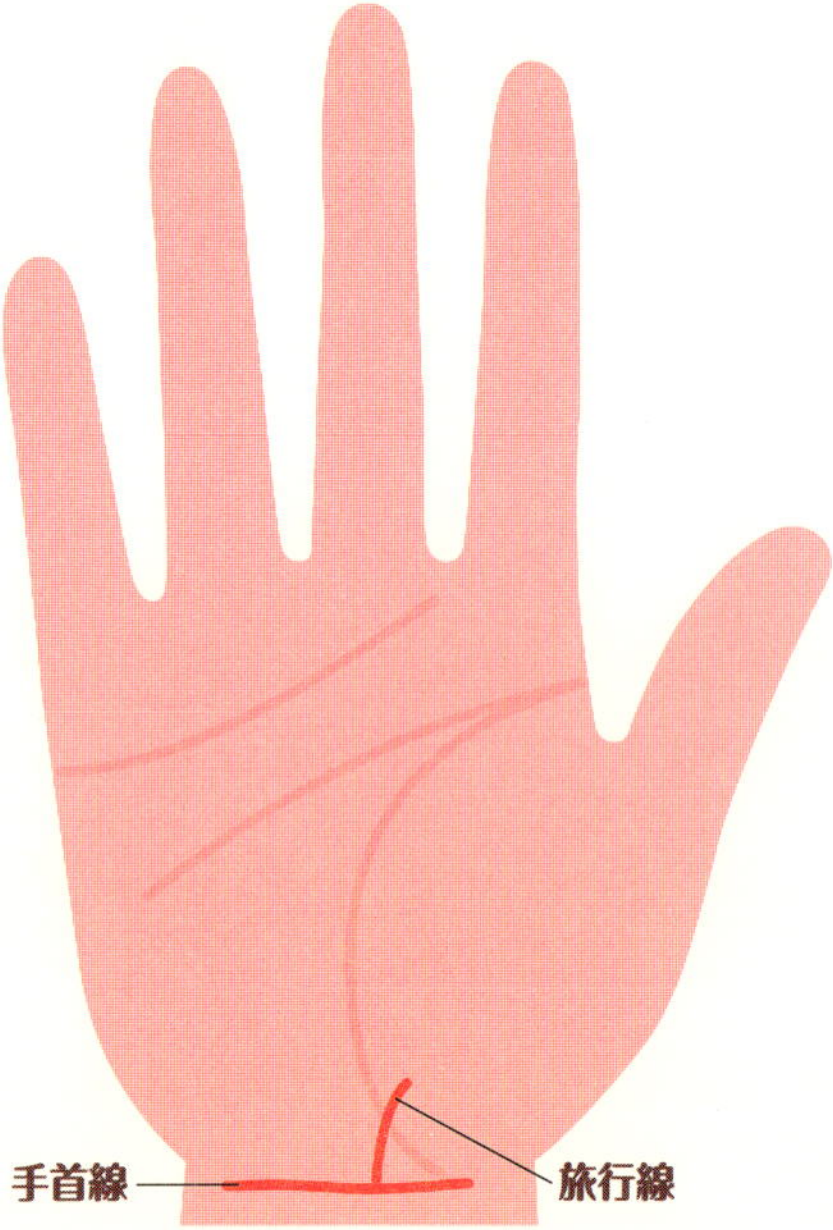


手首にある横しわの中で、最も手のひらに近い内側の線から、愛情丘や地丘、神秘丘に向かって流れている紋線を指します。人によっては愛情丘や地丘、神秘丘から手首のしわのほうへ流れている人もいます。旅行線が示すのは、一時的な環境の変化や生まれた地を離れて暮らすことなどで、吉凶は、線と手のひらの血色から読み取ることができます。

生命線から手首に向かう枝線が二また、または手首から生命線に向かう枝線が二またの場合、旅行先で事故に遭ったり、ケガをしたりする暗示です。命に関わる可能性が高いので注意が必要です。

末尾に島や四角紋がある場合は、旅行中のトラブルで損害や大きな災難があり、また、十字紋やアミ紋は、旅行先で病気や体調不良になるなど、旅行がつまらないものになることを意味しています。

2〜3本並行した線がある場合は幸運の印です。長期か遠方への旅行を暗示し、多少の冒険を伴いますが、充実したものとなるでしょう。

# 手首線をチェック！
## 手首線で分かること

何本かある手首線の中でも、第一線は健康状態と深く関係しています。また、紋線のラインによっては、その人の気質的傾向もある程度は読みとることができます。

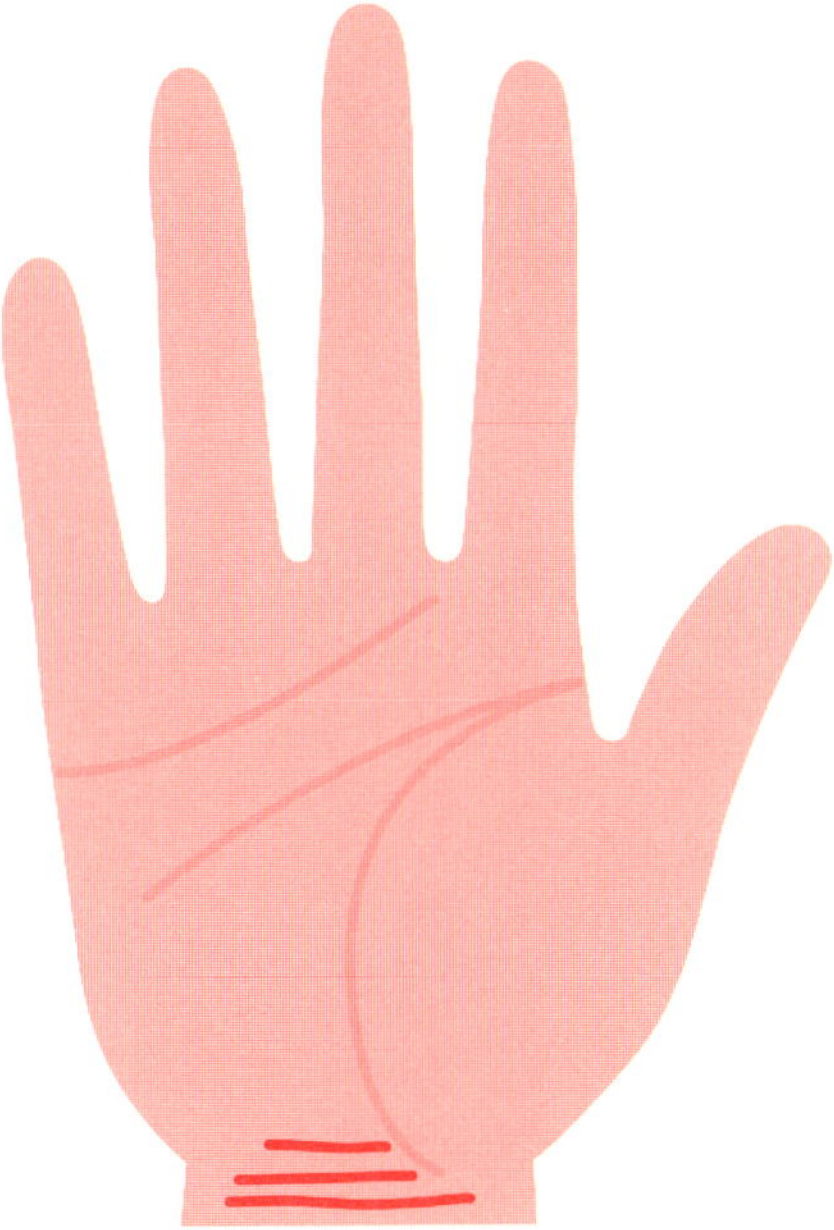

手首線は、手のひらと手首の境目にある紋線で、3本程度あるのが普通です。本来手首線には、生理的、運命的暗示は現れないとされていますが、線の間隔がほぼ同じなら、善良で健康、幸福な状態であるといえます。

特に手のひらのきわにある第一線は、健康状態と深く関係があると言われ、貧弱だったり曲がったりしていると健康にはあまり恵まれていません。女性の場合は、生理不順や不妊症の傾向があります。

また、どの線も薄く、ほとんど見えない人は、病弱か意志薄弱といえるでしょう。

もし、第一線がはっきりと見え、親指寄りで下がっていれば愛情豊かな人、神秘丘側に下がっていれば、秘密主義だったり、宗教、信仰と関わりがある人です。どちらも遺伝と深い関係があり、母親の性格や情愛と合わせて観察することが大切です。

また、第一線の中央が山形に突起している場合は虚弱体質を示しています。

# 直感線をチェック！

## 直感線で分かること

将来のことや、日常の中でのさまざまなことを予感する勘のよさを示す直感線。誰にでもあるものではなく、この紋線が出現すること自体が、その人の勘のよさを物語っています。

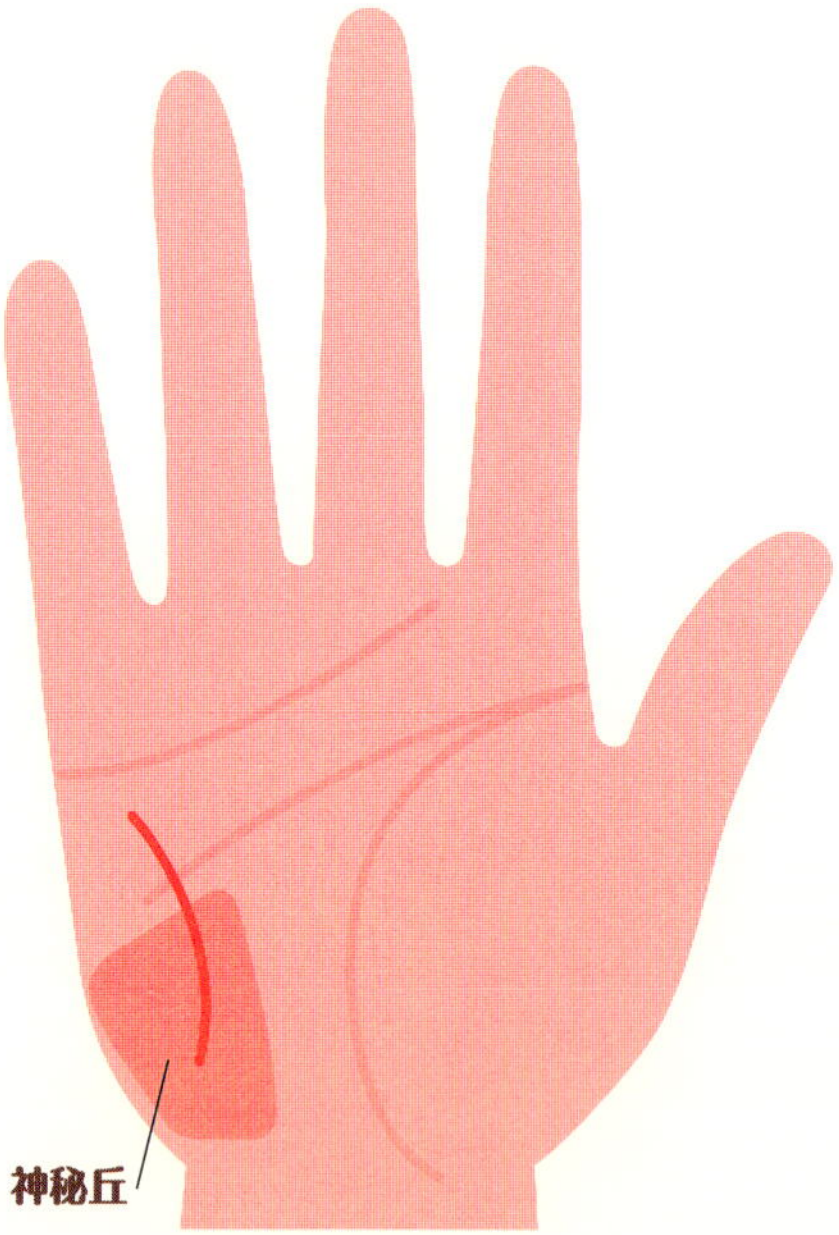


神秘丘から生殖丘に向かって、弧を描く直感線は、すべての人にある紋線ではありません。先々を敏感に予感する人に多く見られる線で、紋線の存在そのものが、勘のよさを表しているといえます。紋線が見られる人は、神秘的、宗教的なことに深い興味を持っていて、感受性が強く、第六感が働く人です。

ただし、直感線の中に島や十字紋、ほかの障害紋がある人は、なんらかの悪い因縁をうけていることを暗示しています。夢遊病や神経衰弱の傾向があり、場合によっては幻覚に怯えることもあるでしょう。迷信に左右される面もあります。

枝線が太陽線と一体となっている人は、芸術的センスに優れ、同時に神秘的なものにも興味を持つ人です。芸術の分野にとどまらず、精神科学や哲学の分野まで興味の対象範囲を広げていくでしょう。

枝線が運命線に同化し、中指に向かって上昇している場合は、神仏のご加護があることを意味しています。そのため、大きな成功を得るでしょう。

# 第9章

# 丘の見方

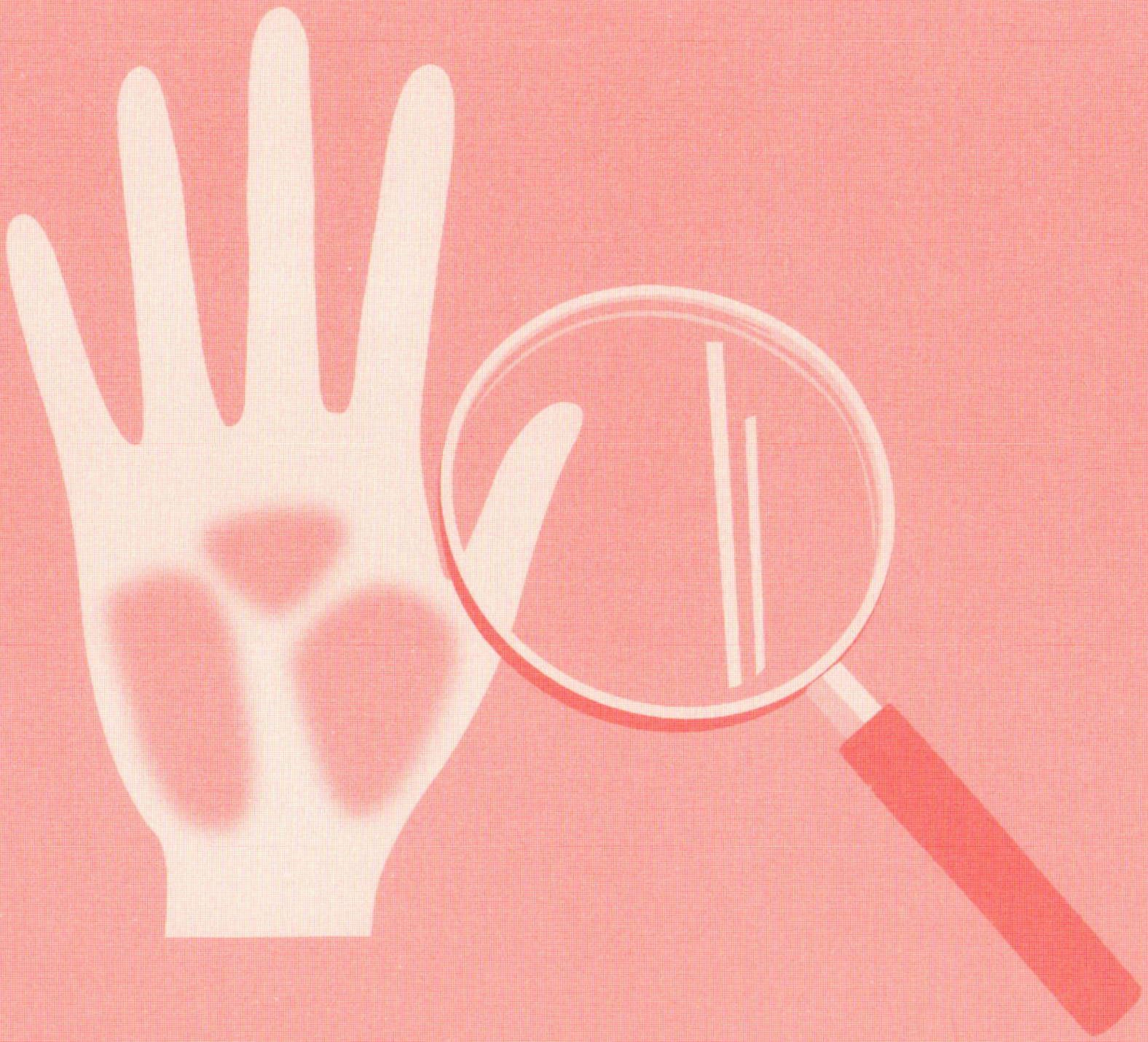

# 丘で分かること

手相を見るときは、紋線だけでなく丘の発達状態、頂点の位置や大きさ、広さ、血色、形状などもあわせて見ていきます。

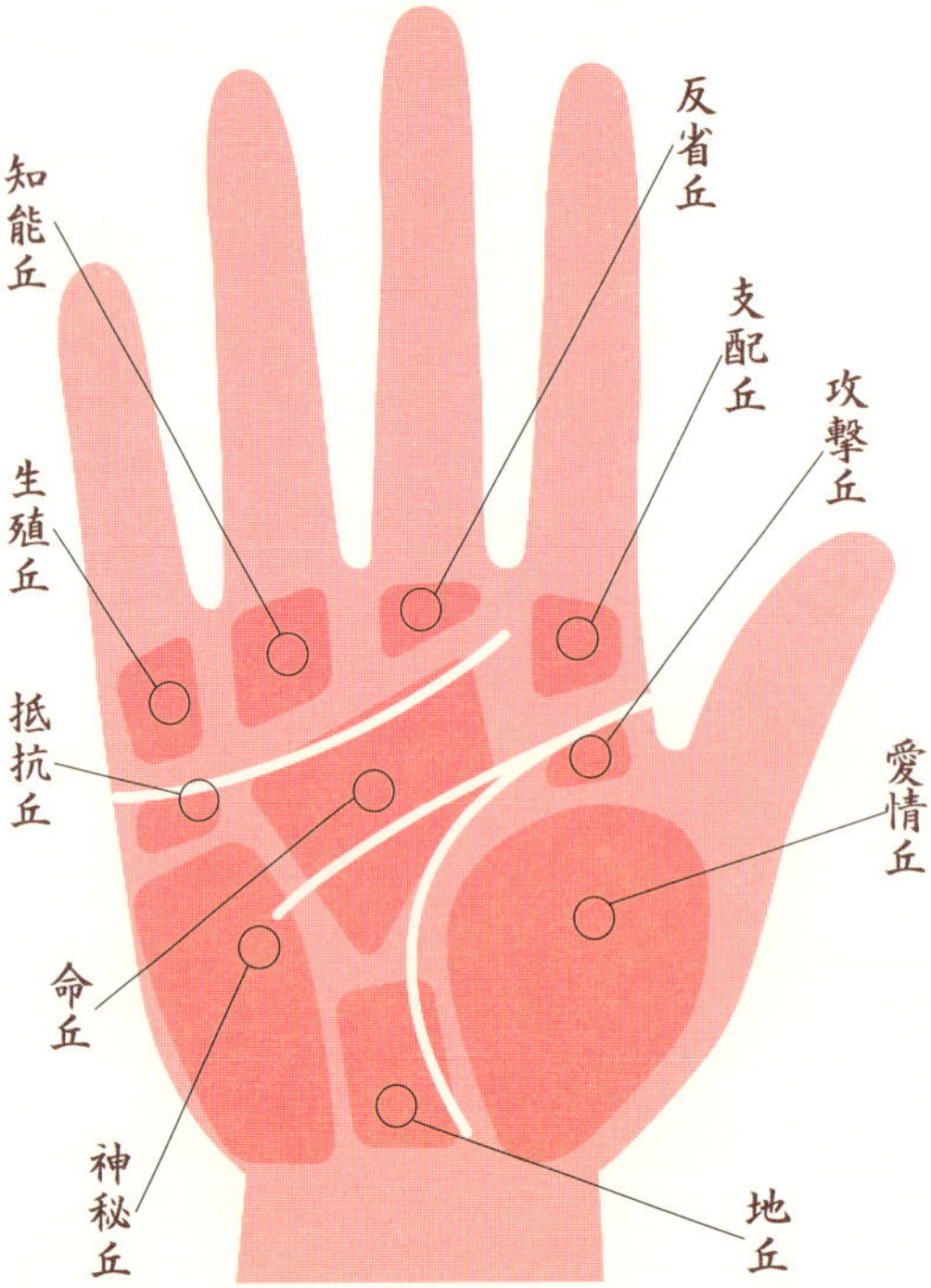


手のひらには、こんもりと盛り上がった愛情丘、神秘丘、支配丘、反省丘、知能丘、生殖丘、攻撃丘、抵抗丘の8つの丘と、中心部の平坦な部分の命丘、手首のすぐ上の地丘があります。

これらの丘には、それぞれ代表される性格的な特徴があり、どんな意味を持つのかは、丘の発達の状態、頂点の位置や大きさ、広さ、血色などもあわせて見なければなりません。

丘を見る上で、まず大事なポイントは、親指の下にある愛情丘と、その反対側に位置する神秘丘の肉づきと血色です。この2つの丘の肉づきがよく、赤味のある手の人は、慈愛に満ち、思いやりや労わりの心、快活さ、スタミナ、芸術を愛する心などのある人。幸せな人生を築くための要素を持っている人といえるでしょう。

このほかにも、丘の特徴を見れば性格をはじめとして、体力や体調の良し悪しも分かるので、紋線の状況と合わせて総合的に判断します。

# 愛情丘をチェック！

## 愛情丘で分かること

愛情丘は、親指のつけ根にある大きな盛り上がりです。その肉づきの量で、生命線の現れ方が決まる重要な部分で、体力や活動力、慈愛や愛情、さらに財力などを表します。

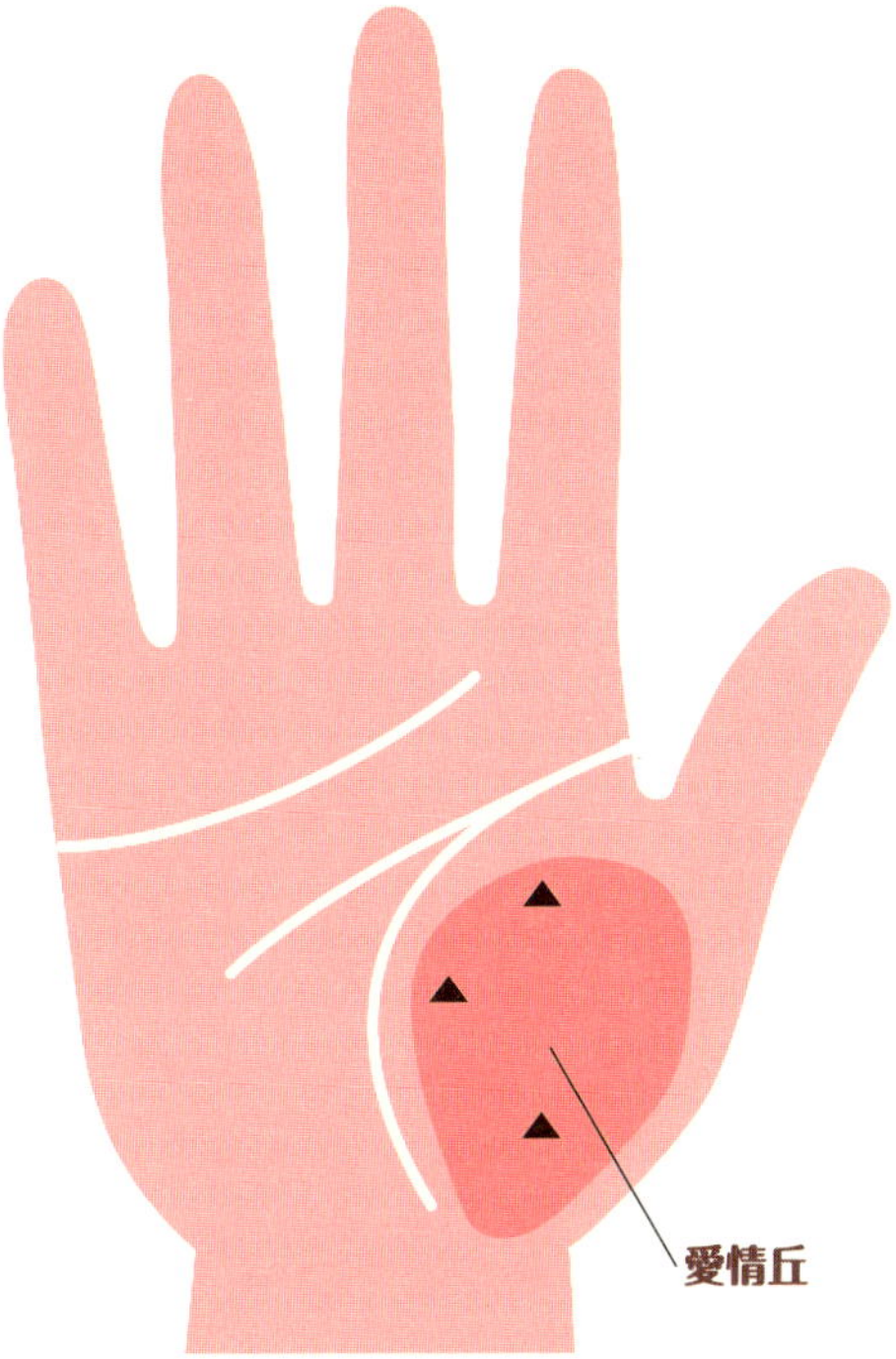


愛情丘の肉づきがいい人は、やさしい性格で思いやりのある人です。誰にでも愛情を持って親しく接することができるので、人気者でもあります。健康にも恵まれエネルギッシュで、勇気と決断力があり、強い意志の持ち主。合理的な考え方をするタイプで、時間の観念もしっかりしています。

盛り上がりの頂点が手首のほうにある場合は、音楽的な才能が豊かで、リズム感にも優れています。

また、愛情丘が隣の神秘丘に向かって大きく発達していて、その頂点が図に示した▲にあれば、神秘的な愛情を持つロマンチスト。つねに理性的で、健全な思想を持っていることを表します。

攻撃丘近くで発達している場合は、精力が強く本能的に行動しがちで、早熟といえます。さらに、生殖丘が発達していて結婚線に障害があれば、淫乱や浮気の暗示となります。

もし、愛情丘の肉が薄ければ、病弱な体質で活動力に欠ける人といえるでしょう。

# 神秘丘をチェック！

## 神秘丘で分かること

神秘丘は、愛情丘の反対側に位置しています。手のひらの中では、愛情丘に次いで広い面積があり、神秘性や想像力、感受性、芸術的才能、美に対する意識などを表します。

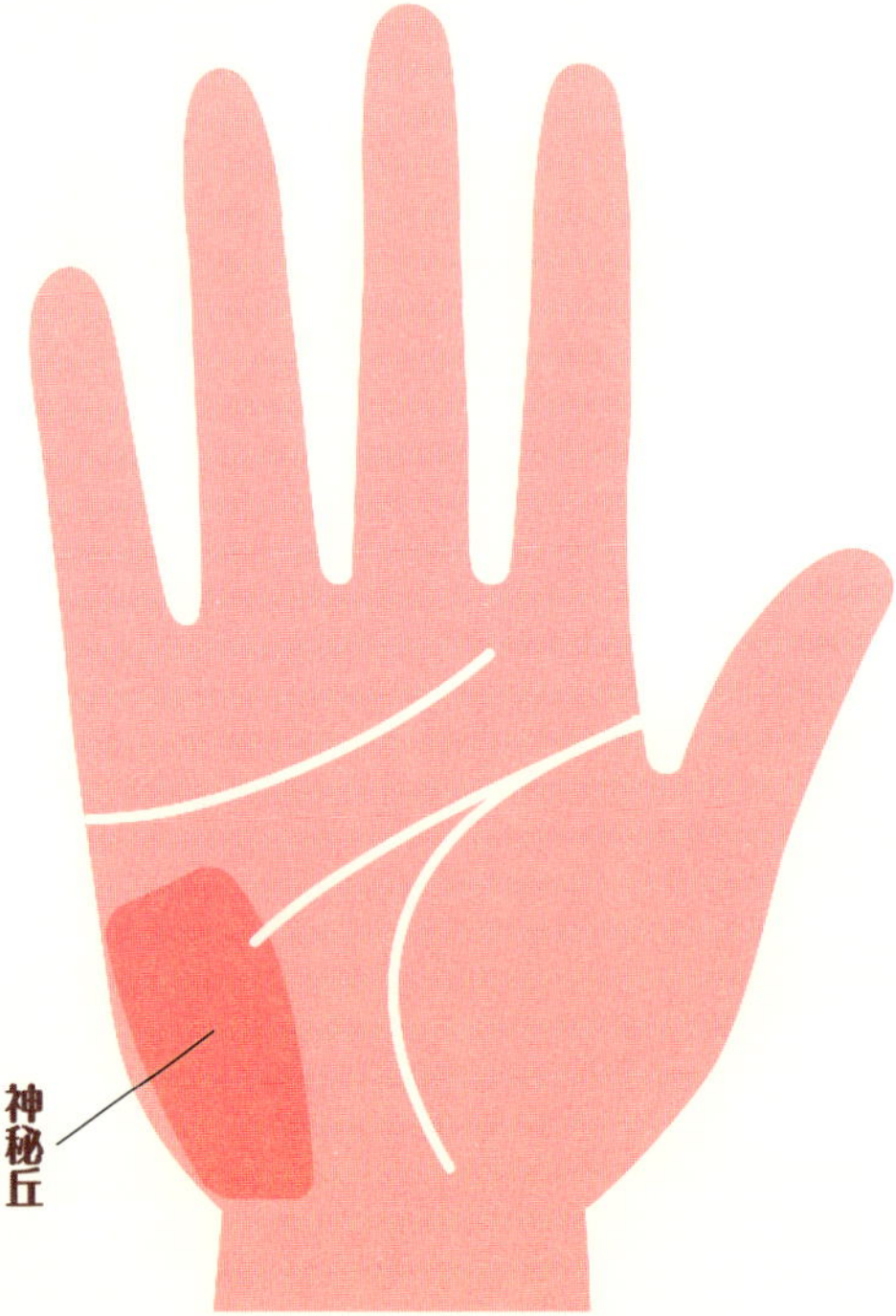


神秘丘は、「想像の丘」ともいわれています。この神秘丘がよく発達していて、血色がいい人は、神秘的なことを好み、頭の中であれこれ想像をめぐらせることが好きな性格です。文学的、芸術的な感性の豊かな人といえます。

手首の近くで発達している場合は、想像力がたくましく、人が思いつかない発想をしたり、ユニークなアイデアがひらめくタイプ。現実離れした幻想を抱く傾向もあります。その反面、精神性の世界に関心があり、内面を磨き人格を高めようとする心を持ったロマンチストでもあります。

また、愛情丘の近くで発達している神秘丘は、恋愛に対して感情的になりやすいことを表しています。理性よりも情に左右される人でしょう。

抵抗丘に向かって発達しているなら、つねに自分の言葉や行動に反省的で、物事に対して慎重な分析型タイプ、中央部に大きく寄って張っていれば、神秘的、宗教的要素が、より強くなるでしょう。

# 支配丘をチェック！

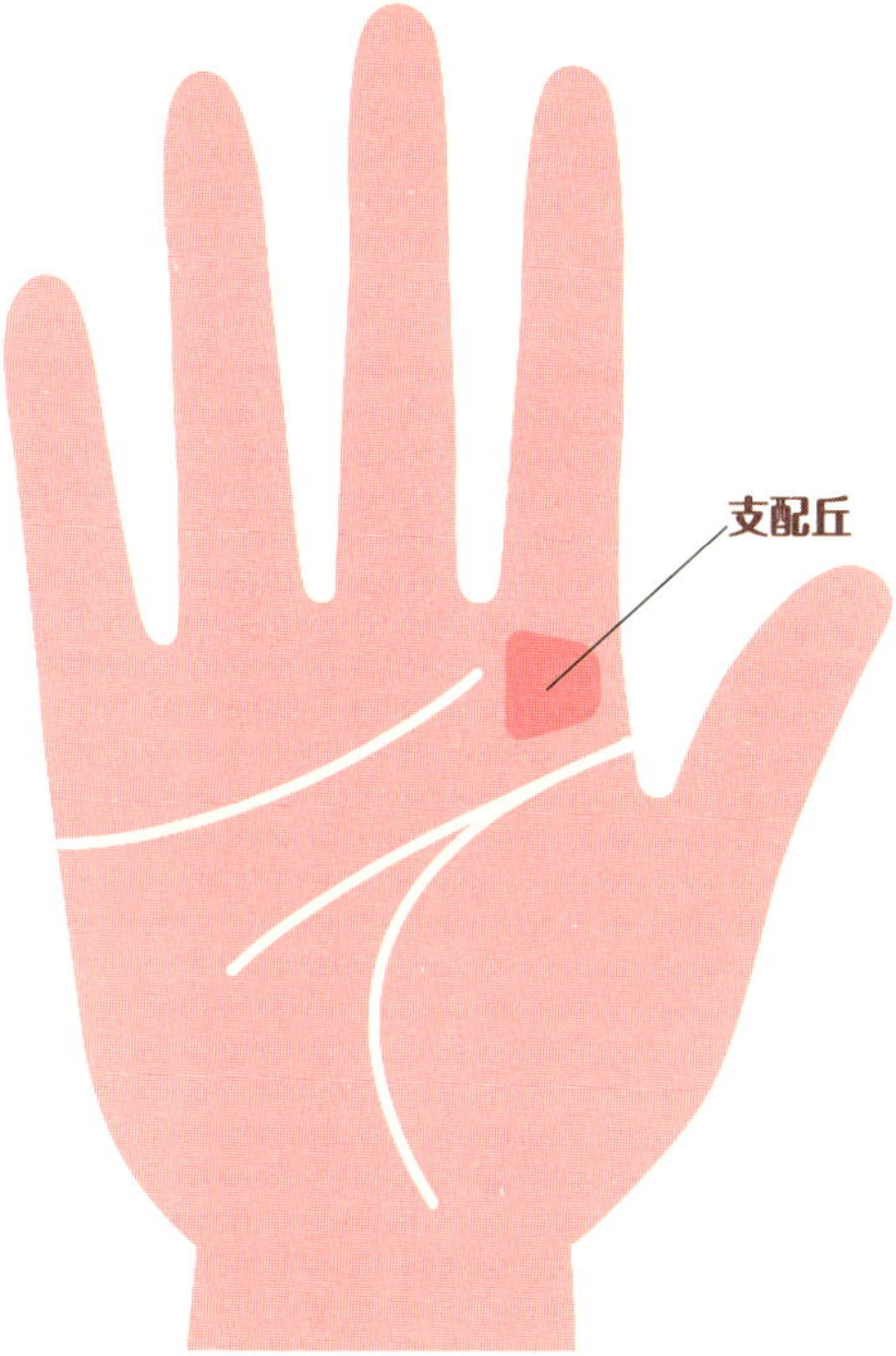


## 支配丘で分かること

支配丘は、人差し指のすぐ下にある丘です。その名の通り、支配力や権力、野心、名誉欲、指導力などを意味し、人の上に立つリーダーとしての素質も表します。

支配丘が発達している人は、目標を達成しようとする向上心があり、上昇志向で、権力や財産を得ようとする野心が強いことを意味します。

支配丘のふくらみが人差し指のつけ根に接近している場合は、プライドが高く、独占欲、名誉欲があります。指導力や支配力にも優れ、リーダーとして人の上に立つでしょう。自分の計画したことに対しては熱心で、行動的ですが、面倒見がよく親分肌な反面、独断的でワンマンな面も持っています。

また、このふくらみが反省丘のほうに近づいている場合、生活意欲はありますが、用心深く、どんなときも自分を失わず、冒険的な活動を好みません。野心が薄く、寛大な人ともいえます。

支配丘のふくらみが、頭脳線に接近して発達している人は、何ごとにも合理的なタイプ。頭のよさを活かした実務的な才能に優れています。

支配丘が貧弱な場合は、引っ込み思案で内向的な人。指導力に欠け、好奇心も弱いでしょう。

# 反省丘をチェック！

## 反省丘で分かること

反省丘は、中指のつけ根にあるふくらみですが、平坦に近い状態が正常な発達です。思慮分別、冷静さや慎重さ、物事の判断力、正義感などを表しています。

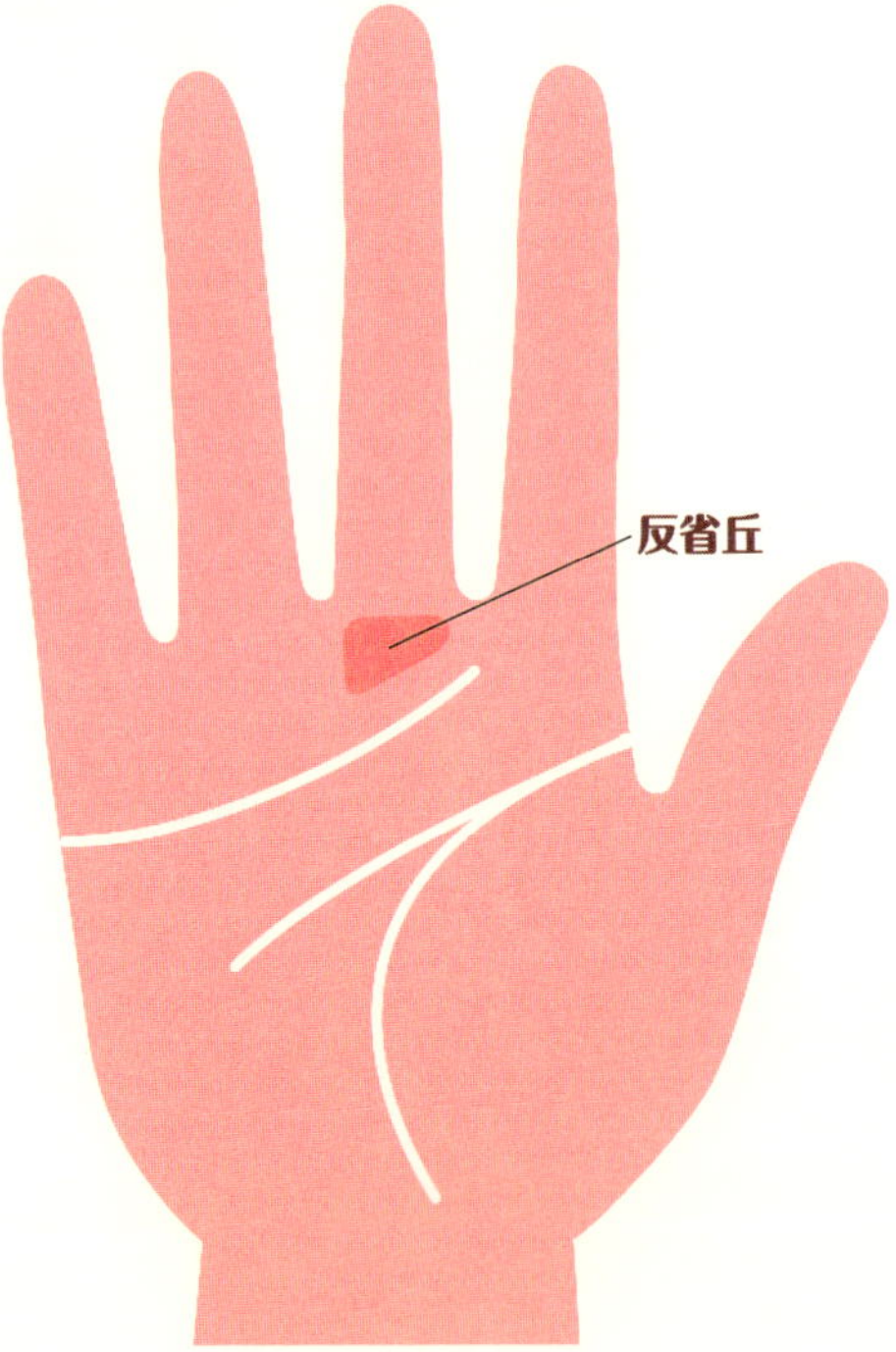


反省丘の肉づきが薄いほうが、明るく社交的で、誰とでも気軽に話せる人といえます。研究意欲が旺盛で、何ごとも冷静に判断できる力があり、考え方や行動も慎重です。

もし、反省丘の上部、特に中指のつけ根に接近して発達している場合は、孤独になりがち。地味で、人間嫌いなのも、このタイプです。ときには、浮世離れした感覚の持ち主となり、孤高孤立の運命を好むでしょう。人一倍、正義感が強く、不正や悪に対する嫌悪感を感じる真面目な性格でもあります。

また、感情線に近いところで発達している人は、愛情に盲目的で嫉妬深く、相手を束縛したがるタイプ。社交的とはいえません。

人差し指に近いほうで発達している場合は、誇大妄想の傾向があります。話もおおげさで、そのため友人も少なくなります。

薬指のほうに寄って発達している人は、人並み外れた芸術愛好家で、創造力やひらめきも抜群です。

# 知能丘をチェック！

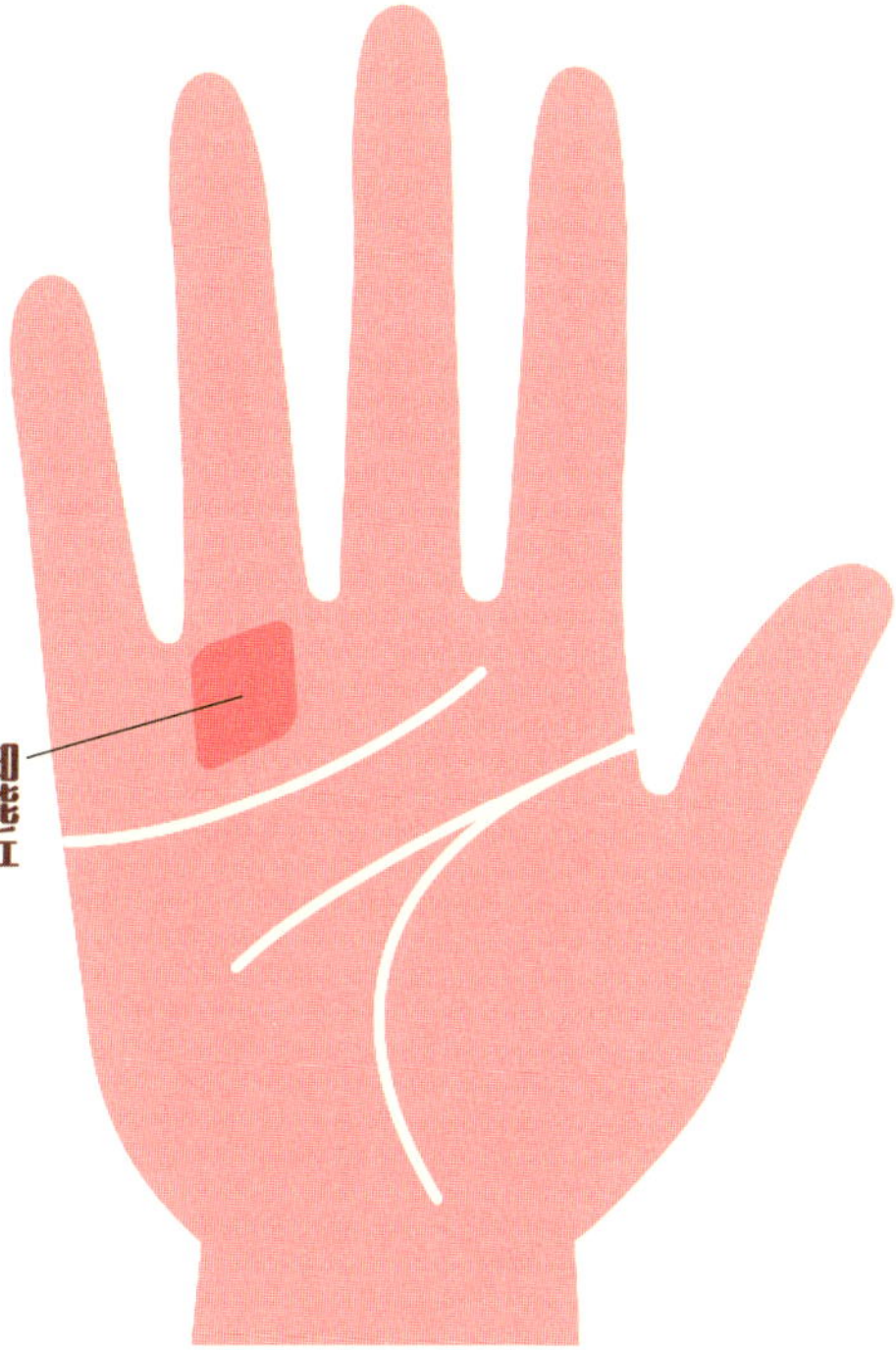


## 知能丘で分かること

知能丘は、薬指のつけ根近くにある丘です。想像力や独創性、芸術性や美的センス、性格的な快活さ、さらに人としての品格や知的魅力などを表しています。

知能丘の発達は、運命の向上や発展、人間としての魅力も表します。

特に、感情線に近づいて発達している場合は、明るく活発な人。美的感覚に優れた芸術家タイプで、音楽や文学などの表現力にも富み、才能に恵まれた幸せな人といえるでしょう。また、現実離れした空想家で、争いごとや競争を好まない平和主義者です。

しかし、丘の頂点が、薬指のつけ根や両隣の指のつけ根、感情線の中間で発達している人は、上辺を飾って見栄を張りたがり、派手好き。口ばかりで、なかなか行動に移さない人です。

もし、中指や反省丘近くで発達している場合は、崇高な精神の持ち主で、知識欲も旺盛、社交性も豊かです。ただ、自分の生活を大事にするため、ときとして利己主義、個人主義と思われかねません。

また、生殖丘に傾いている場合は、芸術や芸能方面に深い関心と才能があることを表しています。研究心が旺盛で、執着心も強いでしょう。

# 生殖丘をチェック！

## 生殖丘で分かること

生殖丘は、小指のつけ根にあるふくらみで、事業や商売、お金に縁の深いところです。社交性や商才、機敏さ、研究心、雄弁さ、自己表現する力などを表します。

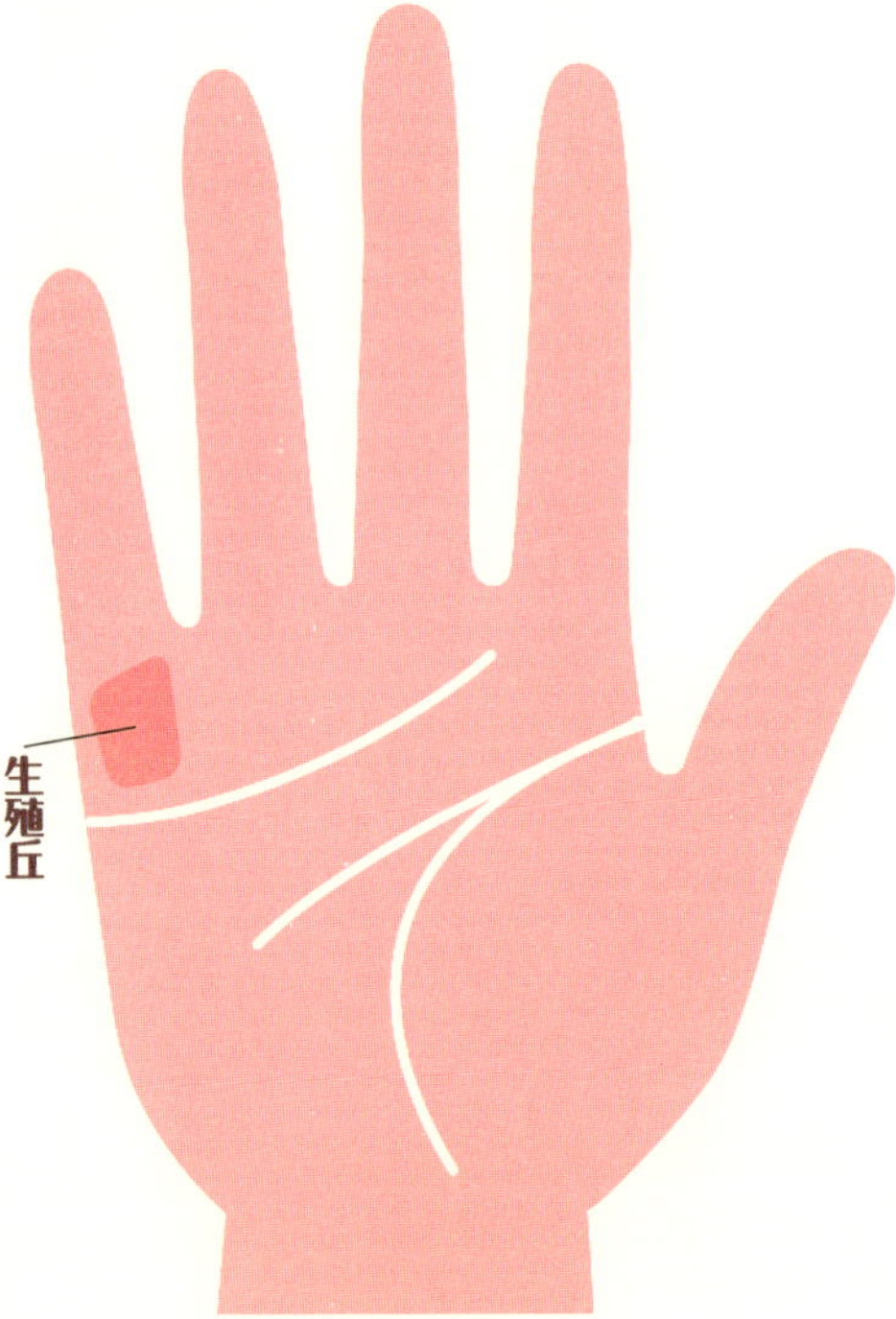


生殖丘のふくらみは、社交性の豊かさやユーモア精神、話のうまさ、適応能力を表しています。

この生殖丘の頂点が、小指のつけ根に接している場合は、ユーモアがあり、話し上手です。相手の気持ちを敏感に察することができ、商才もあります。

また、丘の頂点が、薬指や知能丘に寄っている場合は、好奇心が旺盛で研究意欲があり、機知に富んでいる人といえるでしょう。

感情線の近くで発達している場合は、温かい愛情の持ち主で、恋愛に対しても前向きなことを表しています。また、商才もあり、相手の心理をつかむことが上手。自己表現のうまい人でもあります。

小指の外側に、丘の頂点が寄っている場合は、独立心や意志が強い人。自分に与えられた可能性を最大限に活用し、大胆な行動力と綿密な計画で、目的を達成するタイプです。

逆に、生殖丘が貧弱な人は、口下手で決断力に乏しく、商才にも恵まれないでしょう。

# 攻撃丘をチェック！

## 攻撃丘で分かること

攻撃丘は、支配丘と愛情丘の間にあるふくらみです。活動するための勇気と精神力、防衛のための攻撃性や闘争心、積極性などを意味し、プライドや忍耐力も表します。

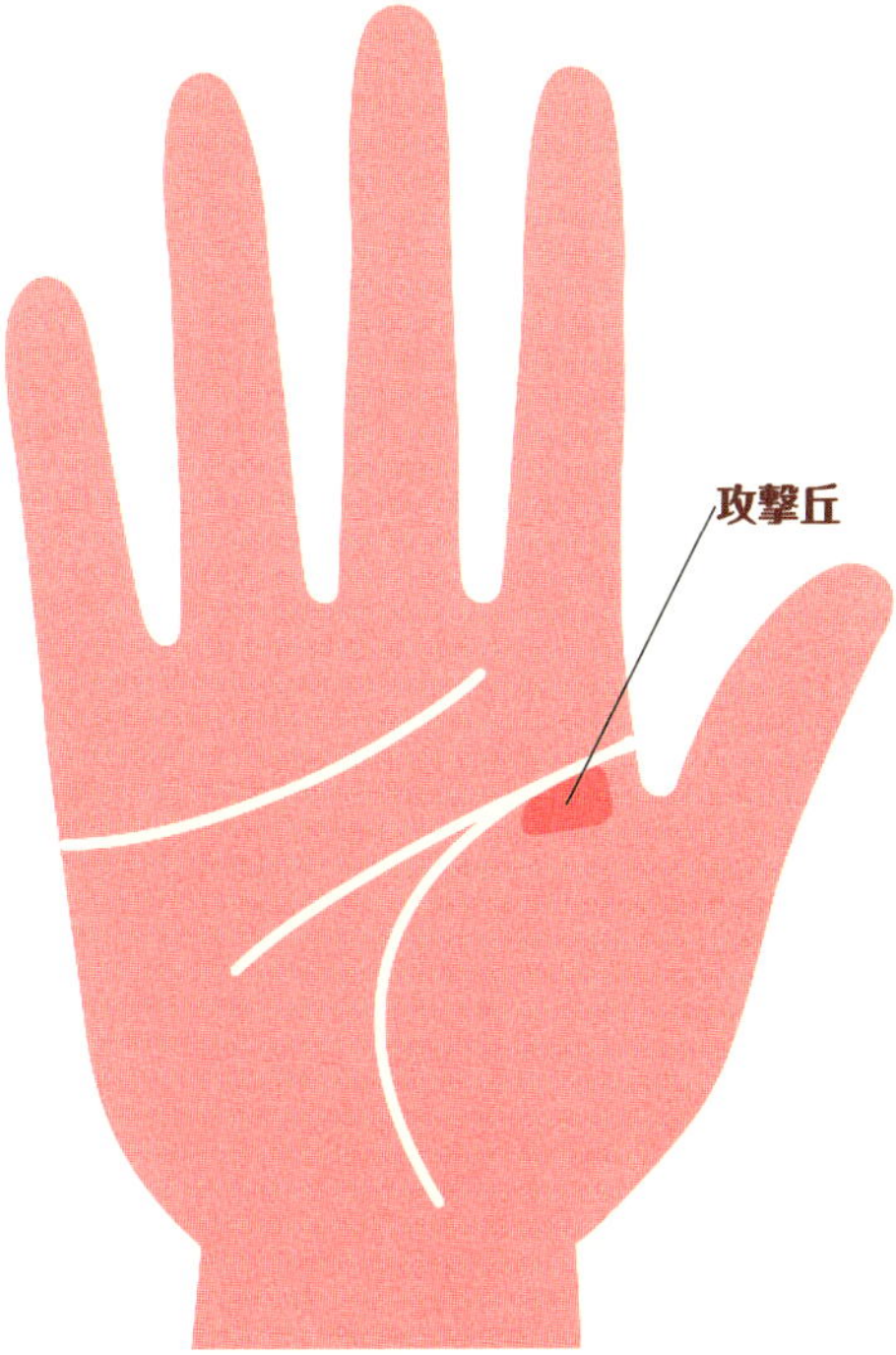


攻撃丘の頂点はわかりにくく、わずかにふくらんで見える程度です。親指を手のひらに合わせて揃えたときに、生命線の起点あたりが少し盛り上がっていれば、そこが攻撃丘の場所となります。

攻撃丘のふくらみが、人差し指の下の支配丘に傾いて発達している場合は、自意識が強く闘争的で、高慢な人といえるでしょう。新しいことにチャレンジする勇気、目標を達成するための精神力があり、忍耐力も強いので、自分がやり始めたことや計画したことに対しては、執念深いまでに努力します。そして、反対する人がいるほど、つまり、障害が多いほどファイトがわいてくるのが、このタイプです。

また、攻撃丘が、愛情丘に寄ってふくらんでいる場合は、情熱のままに行動する傾向があります。状況を判断するときにも情が絡んでしまい、客観性や冷静さを失いがちです。

攻撃丘が貧弱な人は、パワー不足で覇気がなく、強い相手に立ち向かう勇気はありません。

# 抵抗丘をチェック！

## 抵抗丘で分かること

抵抗丘は、生殖丘の下、神秘丘との中間にあるふくらみをいいます。別名「防御丘」「消極丘」ともいい、正義感、冷静さ、忍耐力、度胸、冒険心、意志などを表します。

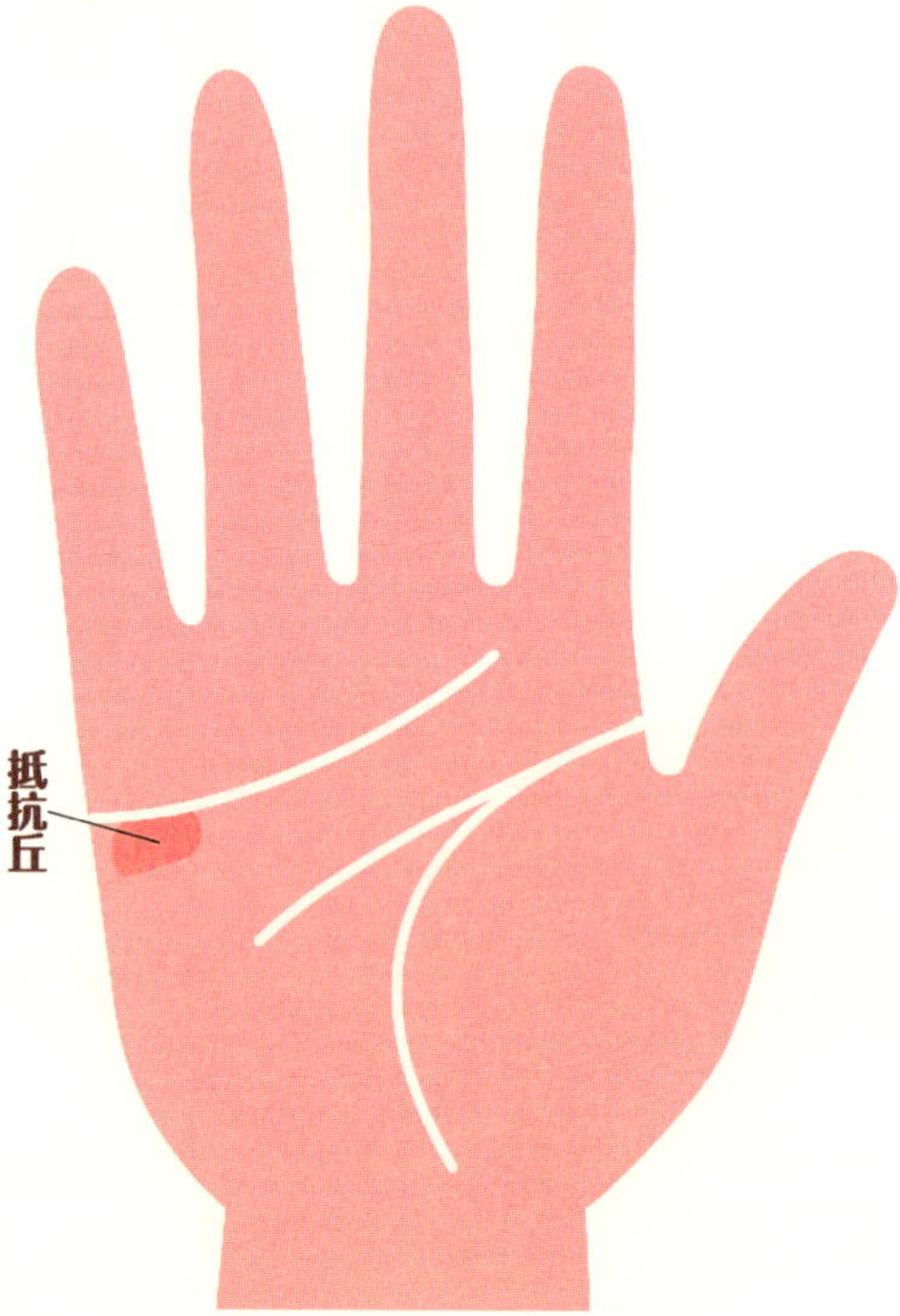


抵抗丘は、勇気と、悪に対する抵抗力を表しています。よく発達している人は、正義感が強く、冷静で、周りからも頼りにされる人です。ただ、防御のための行動力と実行力の表れなので、ときとして消極的に見えてしまいます。

この抵抗丘が、中央の命丘のほうに寄って発達していれば、情熱的で行動派。度胸がよく、忍耐力と冒険心をあわせ持った人といえます。逆に、丘の頂点が外側に発達している場合は、何ごとにも闘争的で自意識が強いタイプです。防衛本能が強く、自分の身を守るためには平気でウソもつきかねません。

また、神秘丘のほうに寄って発達している人は、神秘的、宗教的なことに興味を持ちやすく、精神世界に生きるでしょう。

抵抗丘は、特に神秘丘からの延長上でふっくらしている場合がほとんどです。まれに貧弱な人がいますが、その場合は、極端に消極的だったり、実行力に乏しく、陰気で、順応性がなかったりします。

# 命丘をチェック！

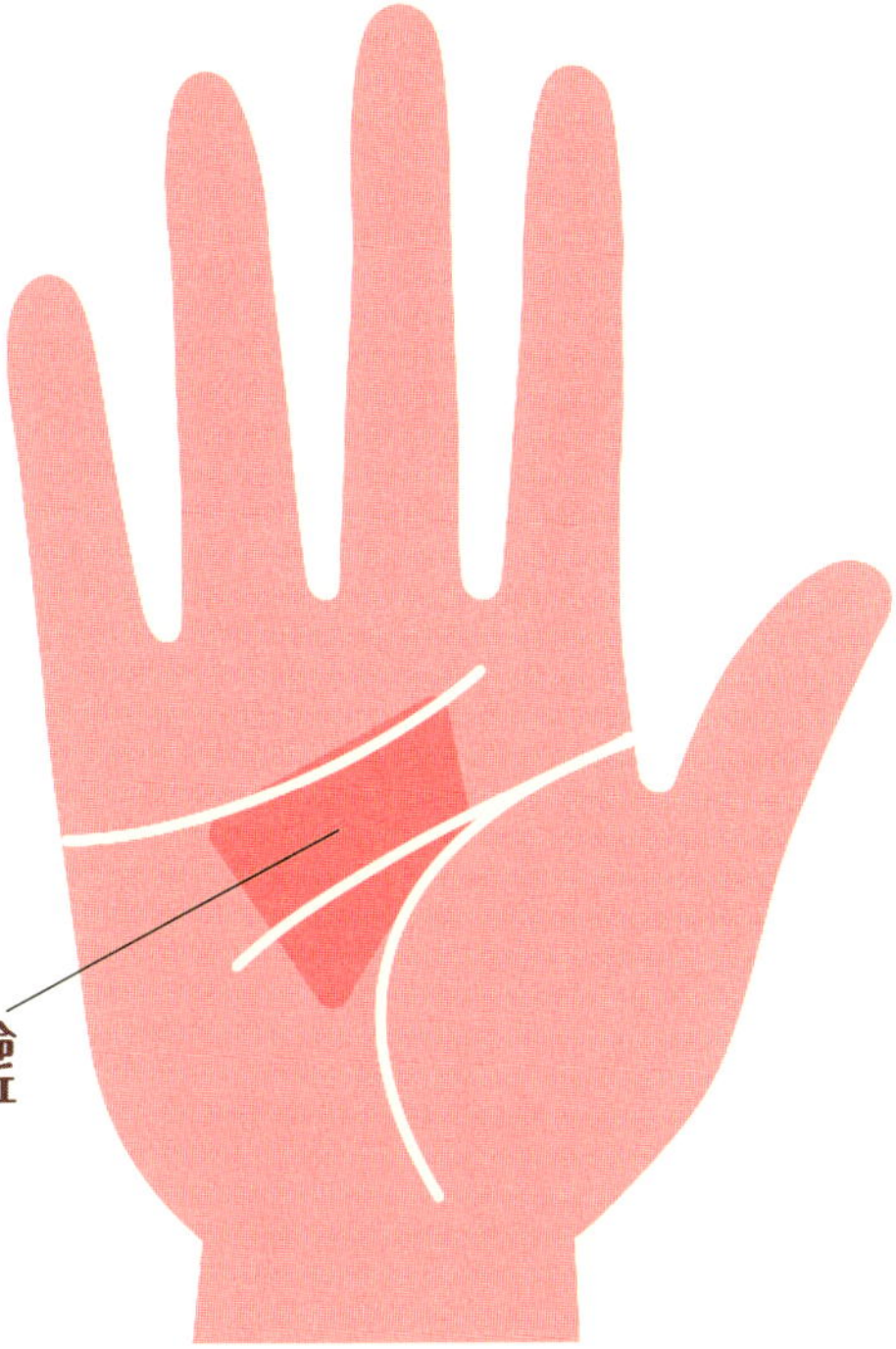


## 命丘で分かること

命丘は、手のひら中央の少しくぼんだところ全体で、周りの8つの丘によって、くぼみ方が異なります。丘全体をつかさどる中心軸といえ、性格と、運気のゆくえをみるところです。

命丘が深い人は、8つの丘が等しく発達している人。向上心があり活動的、やさしい性格で思いやりが深く、友情にも厚い人です。また、想像力も豊かで、金運もあります。仕事の面では、早くから出世するか、自らの才能に目覚めて独立し、活躍する人が多いでしょう。

逆に浅い場合は、8つの丘の肉づきも悪くなっています。これは肉体的な弱さを表し、体力不足やエネルギーが少ないことを意味します。このスタミナ不足が、すべての生活に対する姿勢、思考、活動力、社交性、さらに運気にまで影響します。ただ、命丘が浅い人は広いはずで、この広さは精神性の豊かさを表すもの。芸術的感性の豊かさや、文学的、宗教的思想、クリエイティブな発想を暗示しています。

また、全体的に肉がついているだけで、へこみが少なく肉厚の人は、感情的なタイプ。ときと場合によっては、激情的になったり、偏屈、強情っぱりに変身してしまう傾向があります。

COLUMN

# 手の大小

手の大小とは、その人の体型や体格からみて手が大きいか小さいか、ということです。ただ単に、手の大きさを比べるわけではありません。

大小は、一般的には、自分の顔が両手で隠れるかどうかを基準とします。顔全体が、両手ですっぽり隠せるようなら大きい手、額や両頬が広く見えるようなら小さい手ということになります。

また、親指をアゴに当て、中指が額の髪の生え際に届けば大きい手で、額の途中までしか中指が届かない場合は、小さい手ということです。

この手の大小もまた、性格的な特徴を表しています。大きい手の人は職人タイプで、何ごとにも器用な性格。人の心をよく理解し、気がきいて人をそらしません。注意深く、几帳面なところもあります。真面目な努力家で、自分の才能を伸ばすことにも熱心です。

一方、小さい手の人はリーダータイプです。何をするにも大胆でパワーがあり、支配力と統率力もあるので、人の先頭に立つと力を発揮します。人に負けることを恥と思う気持ちが強いので、成功するための努力も惜しみません。明るく的確に物事を見通せる人です。

# 第10章

# 指や爪の見方

# 指をチェック！

## 指で分かること

それぞれが、大切な働きや役割を持っている手の指。この指の形状や柔軟性などからも、その人の基本的な性格が見えてきます。

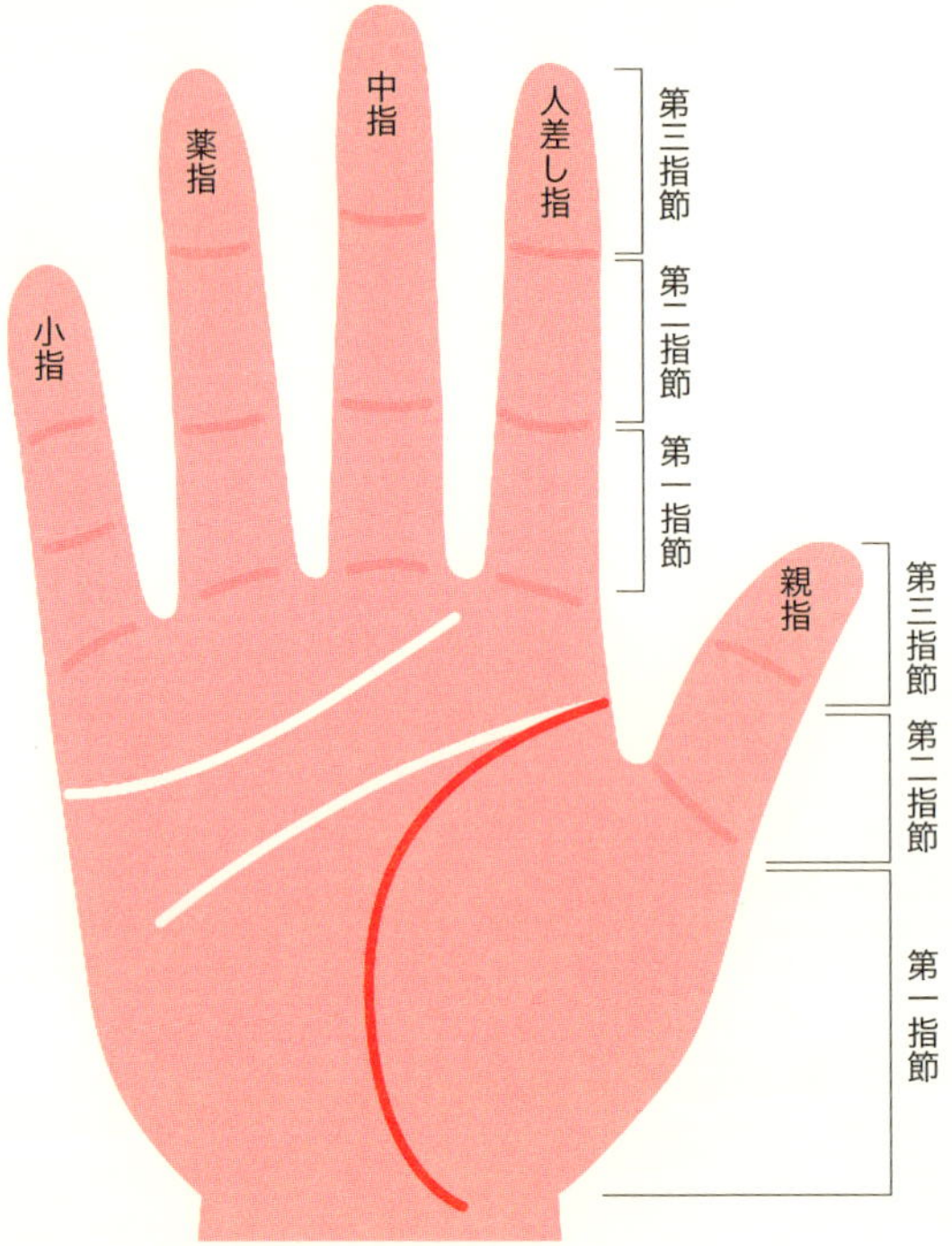


手相を見るときには、指の節をそれぞれ3つに区分します。本書では、手のひらの丘に近いほうから指先に向かって、「第一指節」「第二指節」「第三指節」と呼んでいます。

ただし、親指だけは呼び方が異なり、愛情丘全体を第一指節として、愛情丘に近いほうから、第二指節、第三指節としています。

また、親指を除く人差し指、中指、薬指、小指は、それぞれのつけ根にある丘を代表するもので、丘と同じ意味を持っています。

指の形状や長さ、どの指節が発達しているかなどによって、その人が持つ基本的な性格が見えてきますが、指の肉づきよく、すらりと平均的に長ければ、その指が意味する性質が際立っていることがわかります。血色がよく活気があれば、その意味はより一層強化されるのです。

さらに、環境への適応性に深く関わっている指の柔軟性も、大切なポイントといえるでしょう。

# 指を見るポイント

## 親指で分かること

親指は、情、知恵、意志と判断力を表します。標準より長い場合は、とても意志の強い人。短い場合は、意志が弱く鈍い人といえます。

指節ごとにみると、情を表す第一指節が発達している場合は、愛情が豊かで、親切。精力的でスタミナもあり、忍耐と慈悲を美徳とする人です。

知恵を表す第二指節が発達している場合は、知的才能があり、理論家タイプ。世渡り上手で、争いを好みません。強い精神力の持ち主でもあります。

意志を表す第三指節が発達していれば、意志力と決断力があり、理屈より行動が先という人です。

また、親指がよく反る人は、環境や人への適応性があり、融通がきき、好奇心旺盛。反らない人は、保守的で勤勉家。誠実さと強い意志を持っています。

## 人差し指で分かること

支配力や指導力を表す人差し指は、中指の第三指節の中央に位置するのが標準とされています。

これより上にあって長い場合は、支配欲が強く策略家で、人に頭を下げることを好みません。たとえ小さなグループでも、自分が先頭に立ち、全体を仕切らないと気がすまないタイプです。しかし、生活力が旺盛で、有言実行型の力強い生き方をするバイタリティもあわせ持っています。

それとは逆に、標準の位置より下にあって短い場合は、何ごとにも消極的で、あれこれ迷いやすく、引っ込み思案のタイプ。指導力もないため、支配される側になる可能性が大きいでしょう。

また、肉づきがよく、活力の見られる人差し指なら、体力が必要な労働にも耐える力があります。

## 中指で分かること

進んで物事に取り組む気性や内省的な傾向を表す中指は、指の中で最も長く、節も太く、薬指よりも1センチほど長いのが標準とされています。

この標準の長さの人は、慎重派で、物事を何でも真面目に、几帳面にとらえる人。また、何ごとに対しても研究心が旺盛で、ひとりでコツコツと学び、努力するタイプです。

中指は、思想の独立性を意味していますから、太く長い人ほど、その特徴が一層強くなって、思索にふけることが多くなります。孤独を愛し、自分のほうから他人との交流を避けるようになってしまいがちでしょう。

反対に、中指が、標準よりやや短い人の場合は、思慮分別のある良識家ですが、はっきりと短い人は、無神経な楽天家。そのため、勝手気ままなひとり暮らしを好みます。

## 薬指で分かること

薬指は、美的感覚や芸術性を表します。中指の第三指節の3分の2くらいに位置し、人差し指より少し長いのが特徴です。

中指と並ぶくらい長い薬指の場合は、文学や芸能、芸術関係の才能があり、その方面で地位を築き、有名になろうとする気持ちがあります。また、どんな逆境におかれても決してくじけず、つねにチャンスを狙っているのも特徴といえます。

つまり、この指の発達は、鋭い感覚と、〝人生は何ごとも勝負〟という投機的な性格を示しているのです。この勝負感覚が、芸術性や美意識に働けば、鋭い感受性とひらめき、研究心で名を残す大人物となることがあります。

しかし、地道に努力してお金を稼ぐことを好まないタイプですから、チャンスをつかむまで、生活と夢とのジレンマに苦しむことも多いでしょう。

# 小指で分かること

商才と弁舌、そして実務能力を表す小指は、薬指の第三指節あたりまで発達しているのが標準です。これより上に位置していれば長い小指、下に位置していれば短いといえます。

一般に、その長さは、小指の下にある生殖丘と神秘丘の発達具合によって決まります。

長い小指の人は、商才があり、話題も豊富な人。外交的で実行力のあるタイプとです。書くことも話すことも、機知に富んだ内容で、自ら望まなくても人を指導する立場になることを示しています。

指のつけ根が下がって、小指が短く見える場合は、ユーモアがあって話し上手な人。社交家で、雄弁家でもあります。グループをつくって統率したり、リーダーとなって仲間を仕切る才能を持ち、役割を果たす強い責任感もあります。ただし、このタイプの人は、子供運が薄い暗示もあります。

# 爪をチェック！

## 爪で分かること

**手の爪は、形状によって性格や健康状態がわかる大切なポイント。仕事の内容や指先の使い方、体調などでも形状が変わります。**

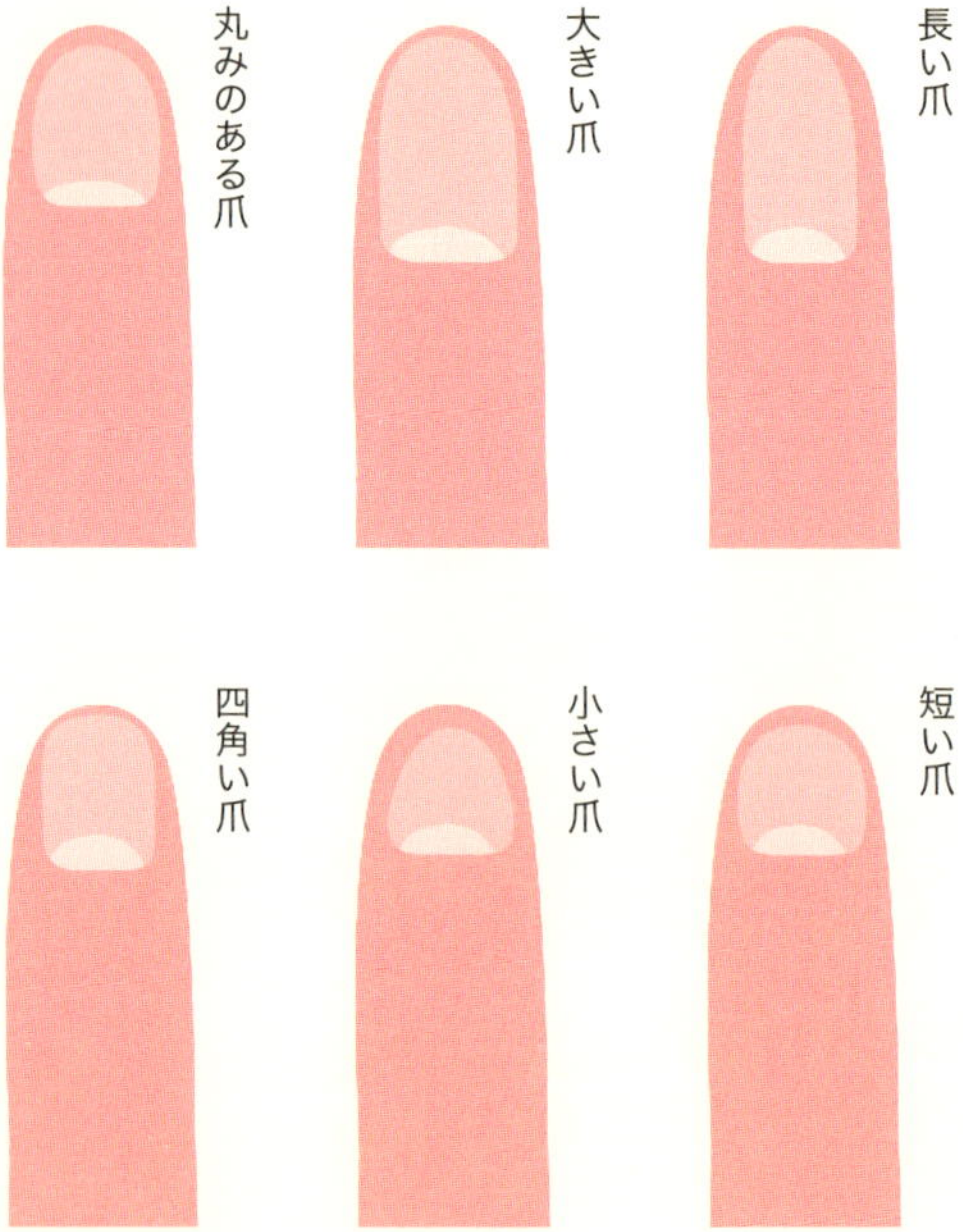


爪の形状も性格を表し、その人の健康状態や精神状態と深い関わりがあります。

基本的に吉相とされる爪は、薄いピンク色でツヤがあり、ほどよく長く、適当な柔軟性があり、表面に凹凸やキズなどがないものです。

爪にもさまざまな形状がありますが、長い爪の人は、静かでおとなしく、争いを好まない人タイプ。思いやりが深く、情熱的な芸術心もあります。

全体に丸味をおびていれば、協調性もあり、人を出し抜くようなことはしません。

短い爪の人は、鋭い観察力を持ち、理論家で分析能力に優れた人。つねに、しっかりとした自分の主義主張を持って行動している人です。

全体に爪の幅の広い人は、何ごとに対しても積極的で活発です。その反面、純真ひたむきで頑固、無器用で融通のきかないところもあります。

また、爪に現れた半月や白点・黒点によっても、体調や性格の特徴が分かります。

# 半月をチェック！

## 半月で分かること

半月は、爪の根底部にある半円を描いた白い部分のことです。誰にでもあるとは限らず、全部の指に揃っている人のほうが珍しいでしょう。

この半月が、爪の5分の1程度の長さにくっきりと白く出ているのは、健康のあかしです。それ以上大きく出すぎていれば、不健康のしるしとなります。

また、半月が強く出ている爪は、血液の循環がよく、胃腸や腎臓の働きが活発すぎるぐらいの人に多くみられます。栄養の吸収率がよいだけに、糖尿病などの成人病になりやすい体質といえるでしょう。

全指に出ている人は、脳溢血、くも膜下出血の危険もあるので注意が必要です。

血液の循環が悪く、貧血、低血圧、過労が続いたときは、半月は消えてしまいます。

# 白点・黒点をチェック！

## 白点・黒点で分かること

爪に現れる白点は、喜びごとがある兆しです。しかし、3つ以上や数本の指に出るときは、精力減退や身体の疲労、ストレス過剰の証拠となります。

白点が親指に出れば恋人の出現、人差し指に出れば転居や転勤、中指に出れば旅行、薬指に出れば名声、小指に出れば金銭的な恩恵といわれます。

これとは逆に、黒点が親指に出れば、不名誉なことを犯したという良心の表れ。人差し指に出れば、真心を失う、邪心に支配されている、因縁の妨げがあるなどの暗示です。また、中指に出れば、注意力の欠如、不注意から失敗する警戒。薬指に出れば、転職、転居など、環境の変化を暗示しています。小指に出れば、苦悩の暗示で、恋愛問題、商売の失敗など、頭を悩ませる問題が出現するでしょう。

# 手の出し方をチェック！

## 手の出し方で分かること

無意識に差し出す手ひとつにも、潜在的な意識が表れるもの。その出し方にも、さまざまな心理が隠されているのです。

指全部を思いきり開いて出す人は、明るく活発で社交的なタイプ。物事をあまり深く考えない楽天家ですが、ひとりで突っ走る傾向があります。

なんとなく開いて出す人は、やさしく穏やかな社交家で、人情に厚い人です。また、忍耐力や独立心も強く、困難があってもくじけません。

ふんわりと閉じて出す人は、芸術的な感性の持ち主。権利や感情を大切にする良識家ですが、バカ正直だったり、意固地になることもあります。

指先までしっかり伸ばして出す人は、意志力と決断力のある活動派。自分の権利をはっきり主張します。衝動的な面もありますが、本来は保守的で、お世辞も下手。社交面でも無器用な人です。

また、親指だけ開いて出す人は、支配力と統率力、行動力があり、好奇心旺盛な社交家。ただ、なんでも仕切ろうとする強引さが問題です。親指と小指を開いて出す人は珍しく、支配力と指導力を持ち、実行力にも優れている人。話し上手で商才もあります。

# 手の色をチェック！

## 白っぽい手

もともと色白の人は別ですが、手が白っぽい人は、内向的でおとなしく、進んで何かをやる意気込みもありません。物事にはきちんと対処しますが、自分に関係ないことには興味を持たないタイプです。

## 黒褐色の手

もとから色黒の肌ではなく、腎臓が悪いために黒くすすけて見えます。疲れやすく、つねに脱力感があり、特に集中力のいる細かい仕事は苦手です。

## 赤紫色の手

赤い手で、丘が赤紫色なら、理論家タイプ。自分が納得できなければ、行動しない人です。社交的なことにも関心が薄く、抵抗力もありません。

## 青っぽい手

循環器系が弱いため、スタミナ不足。物事をなんでも悲観的に見やすく、ネクラな性格です。太っていて手が柔らかく、線に活気がありません。

## ピンク色の手

理想的な血色です。明るく活発で、活動力もある行動派。健全な身体と精神の持ち主で、何ごとにも積極的に取り組み、前向きな性格です。

## 黄色っぽい手

肝臓の働きが弱く体力不足。几帳面で、細かいことにも気を取られ、気難しく、学者タイプです。

## 赤っぽい手

血の気の多い人で活動的。物事に熱中しやすく、喜怒哀楽も激しいですが、裏表のない働き者です。

# 終わりに

手相が、運や人の本質、心境や環境の変化を表すこと、運勢の盛衰に大きく関わっていることを理解していただけたと思います。

そもそも「運気」とは誰かから与えてもらうものではなく、自分の精神エネルギーで作り出すもので、運気の流れが悪ければ、自分が作ったエネルギーで変えることができるものです。

つまり、自分の現状を知り、思いや考え方を少し前向きにすることで、いつの間にか自分の環境も変わり、目標や夢に向かって「運気」が後押ししてくれるようになるのです。

これが「運」のメカニズムであり、「手相」を自己啓発のメッセージボードととらえている観象学からみた「手相学」の根拠であります。

ですから、心の持ち方や考え方、健康管理ひとつで、あなたの性格や運命は大きく変化します。それが手相に反映されて紋線が変わり、生命線や運命線も力強く伸び、太陽線も生き生きと現れるのです。

江戸後期の平澤白翁口授書に「掌中厚く和らかなるは福禄厚く、掌中紅にして潤い多きは常に仁義を施す人なり」「指長きは慈悲善根あり、指白くして潤いあるは福壽延命、智才に富む相」とあります。また、手の相は人相に及び、「清和にして肉厚きは富貴の人相を得ること必然なり」とも言っています。

手相をみることは、自分自身を知り、自分の人生に向きあうことにほかなりません。読者の皆さんも〝じっと手をみる〟ことで、ご自身の目に見えない「運」を知り、自らを有意義で幸福な人生に導いてください。そして、本書が、そのガイドとなることを心から願っています。

井上象英

著者　**井上象英**（いのうえしょうえい）

カバーデザイン　小島智典
編集　小田草介
イラスト　芳賀愛
構成　たなかゆうこ
池田ちか
編集協力　三創企画研究所
スタジオアール
創作工房あとらえる
本文デザイン・ＤＴＰ　廿楽英幸・福田工芸株式会社

知っておきたい　幸せになれる手相学
2012年3月2日　第1版発行

発行者　木村通子
発行所　株式会社 神宮館
〒110-0015 東京都台東区東上野1丁目1番4号
電　話　03-3831-1638（代）
ＦＡＸ　03-3834-3332
印刷・製本　図書印刷株式会社


ISBN978-4-86076-156-1　　1230130
Printed in Japan
神宮館ホームページアドレス　http://www.jingukan.jp

# 主な線の種類

**島**

線の一部が目のような形に膨らんでいるもの。現れる場所によっては、重大な変化を表します。

**三角**

短い線で三角形をつくっているもの。紋線上に現れると、運勢が停滞する兆しです。

**星**

数本の線が1点で交わって、星の形をつくっているもの。突発的で予想外の変化を表します。

**格子**

線が縦横に交わったもの。運気が衰退する暗示です。ただし、親指のつけ根にある場合は富を表します。

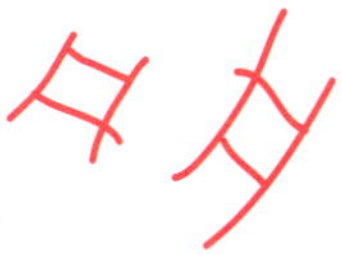

**四角**

短い線が集まって、四角形をつくっているもの。大きな災難などから免れる幸運を表します。

**十字**

線が交差し十字になっているもの。人差し指のつけ根以外は、突発的なトラブルを表す凶相です。

**やり**

末尾の先に短い線が集まって、やり状になっているもの。幸運や運勢の好転を表します。

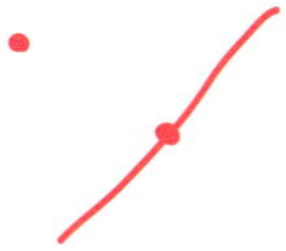

**斑点**

薄く色のついた斑点状のもの。大きさはさまざまで、色によって表す意味が異なります。

ここをめくると紋線の場所の一覧があります。
本からはみ出したままにしておくと便利です。

左手

# 性格判断にお使いください

## 紋線の場所と名前

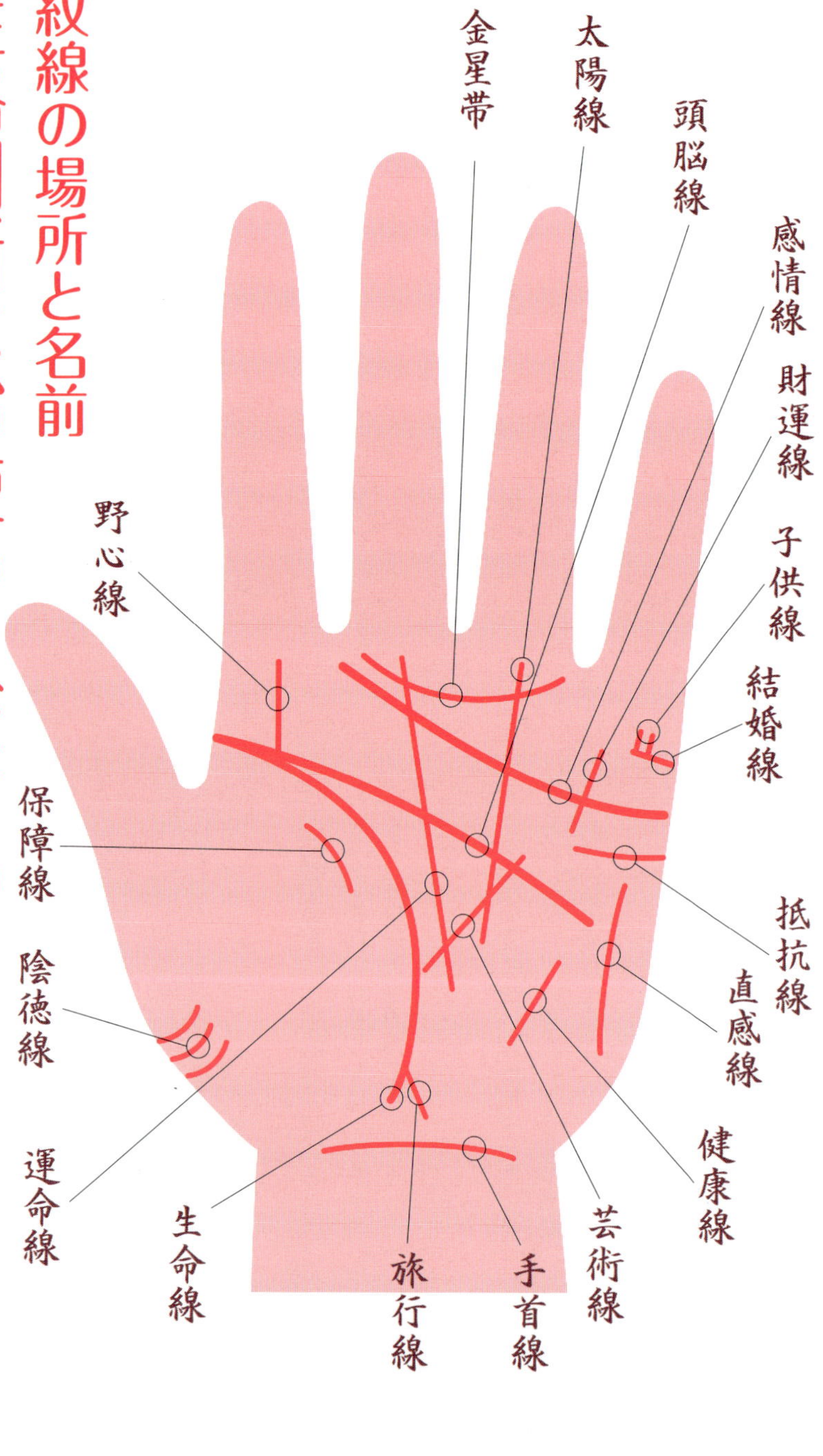

# 丘の場所と名前

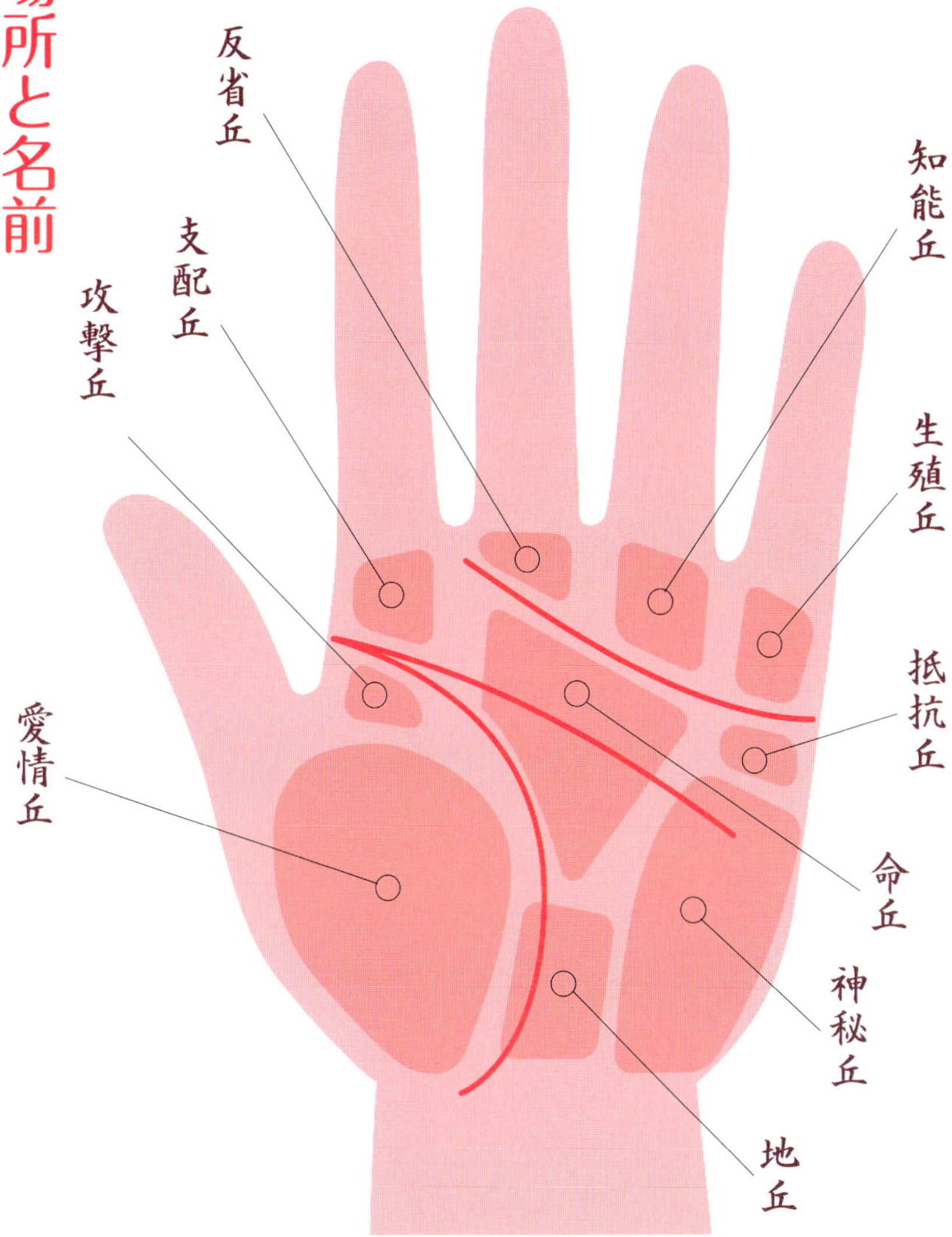
知能丘
生殖丘
抵抗丘
命丘
神秘丘
地丘
反省丘
支配丘
攻撃丘
愛情丘

# 生命線の時期の見方

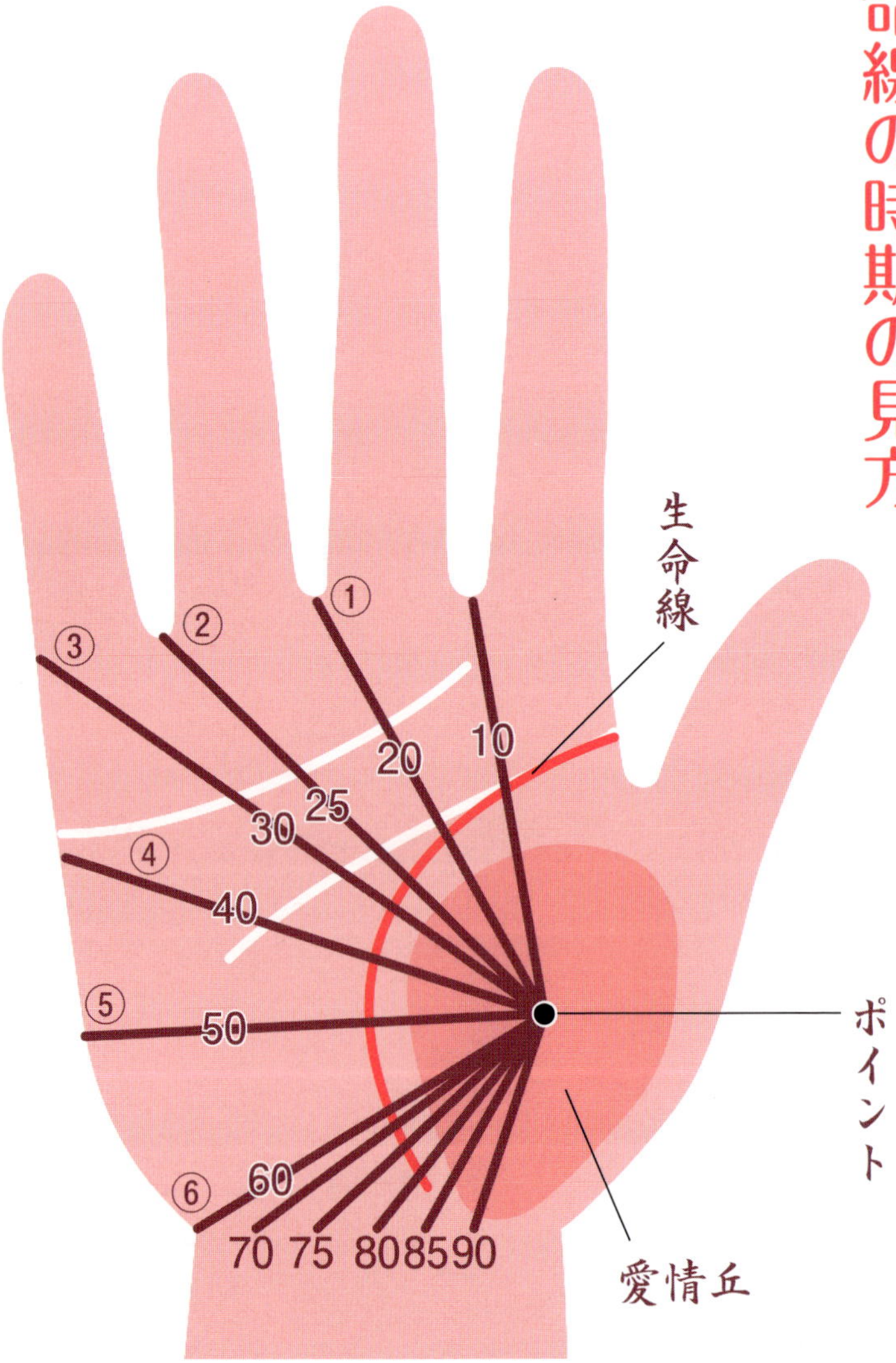


生命線に年齢の目盛を割り当て、そこから開運の時期や不運の時期など、運勢の盛衰を読み取ることができます。※詳しくはP102参照